Der Kapitalschutz im europäischen, serbischen und deutschen Recht der Gesellschaft mit beschränkter Haftung

Studien zum vergleichenden und internationalen Recht -
Comparative and International Law Studies

Herausgeber: Bernd von Hoffmann, Erik Jayme
und Heinz-Peter Mansel

Band 136

PETER LANG
Frankfurt am Main · Berlin · Bern · Bruxelles · New York · Oxford · Wien

Predrag Maksimovic

Der Kapitalschutz im europäischen, serbischen und deutschen Recht der Gesellschaft mit beschränkter Haftung

PETER LANG
Europäischer Verlag der Wissenschaften

Bibliografische Information der Deutschen Nationalbibliothek
Die Deutsche Nationalbibliothek verzeichnet diese Publikation in der Deutschen Nationalbibliografie; detaillierte bibliografische Daten sind im Internet über <http://www.d-nb.de> abrufbar.

Zugl.: Freiburg (Breisgau), Univ., Diss., 2006

D 25
ISSN 0930-4746
ISBN-978-3-631-56601-5

www.peterlang.de

IM ANDENKEN AN MEINE MUTTER MILICA

Vorwort

Die vorliegende Arbeit wurde im Sommersemester 2006 von der Rechtswissenschaftlichen Fakultät der Albert-Ludwigs-Universität Freiburg i. Br. als Dissertation angenommen. Literatur, Rechtsprechung und Gesetzgebung konnten bis Oktober 2006 berücksichtigt werden.

Mein Dank gilt insbesondere meinem Doktorvater, Herrn Prof. Dr. Hanno Merkt, der die Anregung zu diesem Thema gab und die Fertigstellung der Arbeit in vielfältiger Weise gefördert hat. Ferner möchte ich Herrn Prof. Dr. Peter Sester für die zügige Erstellung des Zweitgutachtens danken.

Des Weiteren möchte ich Saskia Preuninger für ihre liebevolle und geduldige Unterstützung danken. Mit ihrem Verständnis und ihrer Ermunterung hat sie zur Fertigstellung dieser Arbeit beigetragen. Bei Angela Preuninger möchte ich mich für die umfassende Korrekturhilfe bedanken.

Ganz besonders möchte ich mich bei meinen Eltern bedanken, denen ich diese Arbeit widme. Ihre Unterstützung und die uneingeschränkte Förderung meiner Ausbildung hat die Anfertigung dieser Arbeit erst möglich gemacht.

Abkürzungsverzeichnis

a.d.	akcionarsko društvo (Aktiengesellschaft, Serbien/Montenegro)
AcP	Archiv für die civilistische Praxis
AG	Die Aktiengesellschaft/Akteingesellschaft/Amtsgericht
AktG	Aktiengesetz
Art.	Artikel
Aufl.	Auflage
B.V.	Besloten Vennootschap (Gesellschaft mit beschränkter Haftung, Niederlande)
BB	Der Betriebs-Berater
BGH	Bundesgerichtshof
BKR	Zeitschrift für Bank- und Kapitalmarktrecht
BRJ	Bundesrepublik Jugoslawien
bzw.	Beziehungsweise
CMLR	Common Market Law Review
CREDA	Centre de recherche sur le droit des affaires
d.d.	dioničko društvo (Aktiengesellschaft Kroatien)
d.h.	das heißt
d.o.o.	društvo sa ograničenom odgovornošću (Gesellschaft mit beschränkter Haftung, Serbien/Montenegro/Kroatien)
DB	Der Betrieb
Del.Gen.Corp.L	Delaware General Corporation Law
Diss.	Dissertation
DNotZ	Deutsche Notar-Zeitschrift
DStR	Deutsches Steuerrecht
EBOR	European Business Organization Law Review
ECFR	European Company and Financial Law Review
EEA	Einheitliche Europäische Akte
EG	Europäische Gemeinschaft
EGBGB	Einführungsgesetz zum Bürgerlichen Gesetzbuche
EGInsO	Einführungsgesetz zur Insolvenzordnung
EGV	Vertrag zur Gründung der Europäischen Gemeinschaft
Einl.	Einleitung
EPG	Europäische Privatgesellschaft
ERJUKoG	Gesetz über elektronische Register und Justizkosten für Telekommunikation
EU	Europäische Union
EU-GEN	Europäische Genossenschaft
EUGGES	Europäische Gegenseitigkeitsgesellschaft
EuGH	Gerichtshof der Europäischen Gemeinschaften
EUInsVO	Europäische Insolvenzverordnung

EUV	Europäischer Verein
EuZ	Zeitschrift für Europarecht
EuZW	Europäische Zeitschrift für Wirtschaftsrecht
EWG	Europäische Wirtschaftsgemeinschaft
EWGV	Vertrag zur Gründung der Europäischen Wirtschafts-gemeinschaft
EWiR	Entscheidungen zum Wirtschaftsrecht
EwiV	Europäische Wirtschaftliche Interessenvereinigung
EWS	Europäisches Wirtschafts- und Steuerrecht
EWSA	Europäischer Wirtschafts- und Sozialausschuss
FS	Festschrift
GAA	Gesetz über ausländische Anlagen (Serbien)
ggf.	gegebenenfalls
GmbH	Gesellschaft mit beschränkter Haftung
GmbHG	Gesetz betreffend die Gesellschaft mit beschränkter Haftung
GmbHR	GmbH-Rundschau
grds.	grundsätzlich
h.M.	herrschende Meinung
HGB	Handelsgesetzbuch
HLG	High Level Group
HRK	Kroatische Kuna
i.d.S.	in diesem Sinne
i.R.d.	im Rahmen des/der
i.S.d.	im Sinne des
i.S.e.	im Sinne eines/einer
IAS	International Accounting Standards
IASB	International Accounting Standards Board
IASC	International Accounting Standards Commitee
VO	Verordnung
IFRS	International Financial Reporting Standards
InsO	Insolvenzordnung
IPRax	Praxis des Internationalen Privat- und Verfahrensrechts
JZ	Juristenzeitung
KG	Kommanditgesellschaft
KMU	Kleine und Mittlere Unternehmen
KoR	Zeitschrift für kapitalmarktorientierte Rechnungslegung
KritV	Kritische Vierteljahreszeitschrift für Gesetzgebung und Rechtswissenschaft
LSRL	Ley des Sociedades de Responsabilidad limitada (Gesetz betreffend die Gesellschaft mit beschränkter Haftung, Spanien)
Ltd.	Private limited company
m.w.N.	mit weiteren Nachweisen

MDR	Monatsschrift für Deutsches Recht
N.Y.Bus.Corp.L.	New York Business Corporation Law
NJW	Neue Juristische Wochenschrift
NZG	Neue Zeitschrift für Gesellschaftsrecht
NZI	Neue Zeitschrift für das Recht der Insolvenz und Sanierung
o.g.	oben genannt
OGH	Oberste Gerichtshof (Österreich)
OHG	Offene Handelsgesellschaft
OLG	Oberlandesgericht
OUR	Organizacija Udruženog Rada
PLC	Public limited company
RabelsZ	Rabels Zeitschrift für ausländisches und internationales Privatrecht
RCG	Republika Crna Gora (Republik Montenegro)
RdW	Recht der Wirtschaft
RegG	Zakon o registraciji privrednih subjekata (Registrierungsgesetz, Serbien)
RIW	Recht der internationalen Wirtschaft
RMBCA	Revised Model Business Corporation Act
Rn.	Randnummer
RS	Republika Srbija (Republik Serbien)
Rspr.	Rechtsprechung
S.A.R.L.	Societé à résponsbilitée limitée (Gesellschaft mit beschränkter Haftung, Frankreich)
S.L	sociedad de Responsabilidad limitada (Gesellschaft mit beschränkter Haftung, Spanien)
s.p.a.	società per azioni (Aktiengesellschaft, Italien)
s.r.l.	società a responsabilità limitata (Gesellschaft mit beschränkter Haftung, Italien)
SCE	Societas Coorperativa Europaea
SE	Societas Europaea
SFRJ	Sozialistische Föderative Republik Jugoslawien
SiCG	Srbija i Crna Gora (Serbien und Montenegro)
SIT	Slowenischer Tolar
SLIM	Simpler Legislation for the Internal Market
SME	Small and medium-sized entities
sog.	so genannte
SRJ	Savezna Republika Jugoslavija (Bundesrepublik Jugoslawien)
StuB	Steuern und Bilanzen
Tz.	Teilziffer
u.a.	unter anderem

Vgl.	Vergleiche
WFBV	Wet op de formeel buitenlandse vennootschappen (Gesetz über formal ausländische Gesellschaften, Niederlande)
WiRO	Wirtschaft und Recht in Osteuropa
WM	Wertpapier-Mitteilungen. Zeitschrift für Wirtschafts- und Bankrecht
WpG	Die Wirtschaftsprüfung
ZBB	Zeitschrift für Bankrecht und Bankwirtschaft
ZEuP	Zeitschrift für Europäisches Privatrecht
ZfRV	Zeitschrift für Rechtsvergleichung, Internationales Privat und Europarecht
ZGR	Zeitschrift für Unternehmens- und Gesellschaftsrecht
ZHR	Zeitschrift für das gesamte Handelsrecht und Wirtschaftsrecht
Ziff.	Ziffer
ZinsO	Zeitschrift für das gesamte Insolvenzrecht
ZIP	Zeitschrift für Wirtschaftsrecht
ZOJP	Zakon o javnim preduzećima (Gesetz über öffentliche Unternehmen, Serbien)
ZOP	Zakon o preduzećima (Unternehmensgesetz, Jugoslawien)
ZOPDS CG	Zakon o privrednim društvima Crne Gore (Gesetz über Wirtschaftsgesellschaften, Montenegro)
ZOPDS	Zakon o privrednim društvima (Gesetz über Wirtschaftsgesellschaften, Serbien)
ZOPP	Zakon o privrednim preduzetnicima (Gesetz über Einzelunternehmer, Serbien)
ZORR	Zakon o računovodstvu i reviziji (Gesetz über die Rechnungslegung und Revision, Serbien)
ZVglRWiss	Zeitschrift für vergleichende Rechtswissenschaft
GBP	Britisches Pfund
USA	Vereinigte Staaten von Amerika

Literaturverzeichnis

Adams, Michael — Eigentum, Kontrolle und Beschränkte Haftung, 1. Aufl., Baden-Baden, 1991.

Adler, Hans/ Dürig, Walther/ Schmaltz, Kurt — Rechnungslegung und Prüfung der Unternehmen, Kommentar zum HGB, AktG, GmbHG, PublG nach den Vorschriften des Bilanzrichtlinien-Gesetzes, Teilband 2, 6. Aufl., Stuttgart, 1995.

Aktiengesetz Großkommentar, Erster Band, Einleitung; §§ 1-53, Hopt, Klaus J./Wiedemann, Herbert (Hrsg.), 4. Auflage, Berlin, 2004.
(zitiert: Bearbeiter in Großkommentar AktG)

Albach, Horst — Globalisierung und Organisationsstruktur mittelständischer Unternehmen – Eine Analyse aus europäischer Sicht, Festschrift für Marcus Lutter, 2000, S. 3.

Alberth, Markus R. — USA – Vertraglicher Gläubigerschutz und Ausschüttungsbemessung durch Covenants als Vorbild zur Änderung des deutschen Bilanzrechts?, WpG 1997, S. 744.

Altmeppen, Holger — Änderungen der Kapitalersatz- und Insolvenzverschleppungshaftung aus „deutsch-europäischer" Sicht, NJW 2005, S. 1911.

ders. — Schutz vor „europäischen" Kapitalgesellschaften, NJW 2004, S. 97.

Altmeppen, Holger/ Wilhelm, Jan — Gegen die Hysterie um die Niederlassungsfreiheit der Scheinauslandsgesellschaften, DB 2004, S. 1083.

Anderßen, Rüdiger — Birgt der § 292 a HGB Ausstiegspotenzial aus der HGB-Rechnungslegung in sich?, DB 2001, S. 2561.

Andžić, Snežana/ Bjelica, Vera/ Brkić, Slovenko/ Jovčić, Andrija — Priručnik za organizovanje i uskladjivanje opštih akata sa Zakonom o preduzećima, Beograd, 1998.
(zitiert: Andžić/Bjelica/Brkić/Jovčić, Priručnik)

Ankele, Jörg	Zum Vorschlag der Kommission der Europäischen Gemeinschaften für eine Zweite gesellschaftsrechtliche Richtlinie, BB 1970, S. 988.
Apelt, Bernd	Die Publizität der GmbH: die Regelungen des BiRiLiG, der Mittelstandsrichtlinie und der GmbH & Co.-Ergänzungsrichtlinie, Berlin, 1991.
Armour, John	Legal Capital: An Outdated Concept ?, EBOR 7 (2006), S. 5.
ders.	Share Capital and Creditor Protection: Efficient Rules for a Modern Company Law, Modern Law Review 2000 Volume 63, S. 355.
Babić, Ilija	Osnivanje društva sa ograničenom odgovornošću, Pravo i privreda 5-8/1998, S. 82.
ders.	Zakon o preduzećima I status malih preduzeća, Pravo i privreda 5-8/1999, S. 97.
Bachmann, Gregor	ECLR – Grundtendenzen der Reform geschlossener Gesellschaften in Europa. Dargestellt am Beispiel des britischen Reformprozesses und der Europäischen Privatgesellschaft, ZGR 2001, S. 351.
	Beck´scher Bilanz-Kommentar: der Jahresabschluss nach Handels- und Steuerrecht; Konzernabschluss, Prüfung, Offenlegung; §§ 238 bis 339 HGB/ bearbeitet von Wolfgang Dieter Budde, Hermann Clemm, Helmut Ellrott, Fröschle Gerhardt, Martin Hoyos, 4. Aufl., München, 1999. (zitiert: Bearbeiter in Beck Bil-Komm.)
Baetge, Jörg/ Thiele, Stefan	Gesellschafterschutz versus Gläubigerschutz – Rechenschaft versus Kapitalerhaltung. Zu den Zwecken des deutschen Einzelabschlusses vor dem Hintergrund der internationalen Harmonisierung, Festschrift für Heinrich Beisse, 1997, S. 11.
Baetge, Jörg/ Dörner, Dietrich/ Kleekämper, Heinz/ Wollmert, Peter	Rechnungslegung nach International Accounting Standards (IAS): Kommentar auf der Grundlage des deutschen Bilanzrechts, Stuttgart, 1997. (zitiert: Bearbeiter in Baetge/Kleekämper/Wollmert)

Baldamus, Ernst-August Reform der Kapitalrichtlinie, Köln, Berlin, Bonn, München, 2002.

Ballerstedt, Kurt 75 Jahre GmbH-Gesetz, GmbHR 1967, S. 66.

Balz, Manfred Das neue Europäische Insolvenzübereinkommen, ZIP 1996, S. 948.

Barbić, Jakša Anpassung des Gesellschaftsrechts der Transitionsländer an das europäische Recht – Beispiel Kroatien, Festschrift für Peter Doralt, 2004, S. 51.

Barta, Sebastian Das Kapitalsystem von GmbH und AG – Inhalt und Zweck der Regelungen über Stamm- bzw. Grundkapital. Zugleich Anmerkungen zum Referentenentwurf eines „Gesetzes zur Neuregelung des Mindestkapitals der GmbH (MindestKapG)“, GmbHR 2005, S. 657.

Barth, Kuno Die Publizitäts- und Prüfungspflicht der GmbH & Co. KG nach dem jetzigen Stand der Gesetzgebung. Zugleich ein Anlass für eine kontroverse Diskussion der Pflicht zur Offenlegung der Bilanzen der kleinen und mittleren Kapitalgesellschaften, BB 1987, S. 1045.

ders. Die Publizitäts- und Prüfungspflicht der GmbH & Co. KG, BB 1986, S. 2235.

Bascopé, Hugo/ Hering, Alexander Die spanische Gesellschaft mit beschränkter Haftung (Sociedad de Responsabilidad Limitada, SRL). Errichtung, Organisation, Liquidation und Besteuerung, GmbHR 2005, S. 609.

Basedow, Jürgen Über Privatrechtsvereinheitlichung und Marktintegration, Festschrift für Ernst- Joachim Mestmäcker, 1996, S. 347.

Baudenbacher, Carl/ Buschle, Dirk Niederlassungsfreiheit für EWR- Gesellschaften nach Überseering, IPRax 2004, S. 26.

Bauer, Markus Gläubigerschutz durch eine formelle Nennkapitalziffer – Kapitalgesellschaftsrechtliche Notwendigkeit oder überholtes Konzept?, Frankfurt am Main, 1995.

Baumbach, Adolf/ Hopt, Klaus J. Handelsgesetzbuch mit GmbH & Co., Handelsklauseln, Bank- und Börsenrecht, Transportrecht (ohne Seerecht), 31. Aufl., München, 2003. (zitiert: Baumbauch/Hopt/Bearbeiter, HGB)

Baumbach, Adolf/ Hueck, Alfred GmbH-Gesetz: Gesetz betreffend die Gesellschaften mit beschränkter Haftung, 17. Auflage, München, 2000. (zitiert: Baumbach/Hueck/Bearbeiter, GmbHG)

Bayer, Walter/ Lieder, Jan Der Entwurf des „MoMiG" und die Auswirkungen auf das Cash-Pooling. Zur Rechtslage de lege lata und Überlegungen de lege ferenda, GmbHR 2006, S. 1121.

Bayer, Walter Die EuGH-Entscheidung „Inspire Art" und die deutsche GmbH im Wettbewerb der europäischen Rechtsordnung, BB 2003, S. 2357.

ders. Neue und neueste Entwicklungen zur verdeckten GmbH-Sacheinlage, ZIP 1998, S. 1985.

ders. Aktuelle Entwicklungen im Europäischen Gesellschafts-recht, BB 2004, S. 1.

ders. Zentrale Konzernfinanzierung, Cash Management und Kapitalerhaltung, Festschrift für Marcus Lutter, 2000, S. 1011.

Becker, Patricia Baldiges neues Gründungsverfahren in Frankreich: Die französische „Blitz-S.A.R.L.", GmbHR 2003, S. 706.

dies. Verabschiedung des Gesetzes über die französische Blitz-S.A.R.L., GmbHR 2003, S. 1120.

Beckmann-Petey, Monika Wirtschaftsbeziehungen zu jugoslawischen Partnern, RIW 1988, S. 431.

ders. Neues Gesellschafts- und Investitionsrecht in Jugoslawien, RIW 1989, S. 271.

Behrens, Peter Das Internationale Gesellschaftsrecht nach dem Übersee-ring-Urteil des EuGH und den Schlussanträgen zu Inspire Art, IPRax 2003, S. 193.

ders. Gemeinschaftsrechtliche Grenzen der Anwendung inländischen Gesellschaftsrechts auf Auslandsgesellschaften nach Inspire Art (zu EuGH, 30.9.2003 – Rs. C-167/01 – Kamer van Koophandel en Fabrieken voor Amsterdam/Inspire Art. Ltd., unten S. 46, Nr. 1), IPRax 2004, S. 20.

Behrens, Peter Das Gesellschaftsrecht im Europäischen Binnenmarkt, EuZW 1990, S. 13.

ders. Krisensymptome in der Gesellschaftsrechtsangleichung, Festschrift für Ernst-Joachim Mestmäcker, 1996, S. 831.

ders. Voraussetzungen und Grenzen der Rechtsfortbildung durch Rechtsvereinheitlichung, RabelsZ 50 (1986), S. 19.

Beisse, Heinrich Die paradigmatischen GoB, Festschrift für Welf Müller, 2001, S. 731.

Bernstorff Graf von, Christoph Das Betreiben einer englischen Limited in Deutschland, RIW 2004, S. 498.

Bezzenberger, Tilman Das Kapital der Aktiengesellschaft. Kapitalerhaltung, Vermögensbindung, Konzernrecht, Köln, 2005.

Binnewies, Burkhard/ Olbig, Klaus/ Schwedhelm, Rolf Aktuelles zum Jahreswechsel 2004/05, GmbHR 2004, S. 1489.

Bitz, Michael/ Hemmerde, Wilhelm/ Rausch, Werner Gesetzliche Regelungen und Reformvorschläge zum Gläubigerschutz: Eine ökonomische Analyse, Berlin, Heidelberg, New York, Tokyo, 1986.

Black, Bernard/ Kraakman, Reinier A SELF-ENFORCING MODEL OF CORPORATE LAW, Harvard Law Review 109 (1996), S. 1911.

Blanquet, Francoise Das Statut der Europäischen Aktiengesellschaft (Societas Europaea, SE) –Ein Gemeinschaftsinstrument für die grenzüberschreitende Zusammenarbeit im Dienste der Unternehmen, ZGR 2002, S. 20.

Blaurock, Uwe Europäisches und deutsches Gesellschaftsrecht –Bilanz und Perspektiven eines Anpassungsprozesses, ZEuP 1998, S. 460.

ders.	Mindestkapital und Haftung bei der GmbH, Festschrift für Thomas Raiser, 2005, S. 3.
Böckmann, Tobias	Gläubigerschutz bei GmbH und close corporation. Eine rechtsvergleichende Untersuchung nach deutschem und US-amerikanischen Recht unter besonderer Berücksichtigung des Rechts von Delaware, Kalifornien und New York, Köln, 2005.
Bödecker, Carsten	Die Kapitalerhaltung im englischen Gesellschaftsrecht, Frankfurt am Main, 1994.
Bogdanović, Mirko/ Pürner, Stefan	Handbuch Wirtschaft und Recht in Osteuropa. Das neue kroatische Gesellschaftsrecht unter besonderer Berücksichtigung ausländischer Investitionen, Breidenbach, Stephan (Hrsg.), Band 2, SYST 31 KRO, München, 2005, S. 1.
Borges, Georg	Gläubigerschutz bei ausländischen Gesellschaften mit inländischem Sitz, ZIP 2004, S. 733.
Borić, Tomislav/ Petrović, Siniša	Gesellschaftsrecht und Wirtschaftsprivatrecht in Kroatien, 2000, Wien.
Bormann, Michael	Der Entwurf des „MoMiG" und die Auswirkungen auf die Kapitalaufbringung, GmbHR 2006, S. 1021.
Born, Karl	Rechnungslegung international: Konzernabschlüsse nach IAS, US-GAAP, HGB und EG-Richtlinien, 2. Aufl., Stuttgart, 1999. (zitiert: Born, Rechnungslegung international)
Boucourechliev,Jeanne	Die Harmonisierung des Gesellschaftsrechts in der Europäischen Union: Erreichtes und Perspektiven, RIW 1999, S. 1.
Boucourechliev,Jeanne/ Hommelhoff,Peter	Vorschläge für eine Europäische Privatgesellschaft, 1. Auflage, Köln, 1999.
Bowen, Michael/ Usher, J.V.W.	THE LAW OF PRIVATE COMPANIES, Second Edition, London, 1995.

Brandner, Hans Erich — Verdeckte Sacheinlage: eine Aufgabe für den Gesetzgeber?, in: Verantwortung und Gestaltung, Festschrift für Karlheinz Boujong, 1996, S. 37.

Bratton, William W. — Bond Covenants and Creditor Protection: Economics and Law, Theory and Practice, Substance and Process, EBOR 7 (2006), S. 39.

Breitenstein, Jürgen/ Meyding, Bernhard — GmbH-Reform: Die „neue" GmbH als wettbewerbsfähige Alternative oder nur „GmbH light" ?, BB 2006, S. 1457.

Breker, Norbert/ Naumann, Klaus-Peter/ Tielmann, Sandra — Der Wirtschaftsprüfer als Begleiter der Internationalisierung der Rechnungslegung (Teil I), WPg 1999, S. 140.

Brödermann, Eckart — Europäisches Gemeinschaftsrecht als Quelle und Schranke des Internationalen Privatrechts (Primärrecht,Verordnungen, Richterrecht). Unter besonderer Berücksichtigung des Internationalen Gesellschaftsrechts (Art. 58 EG-Vertrag), in: Europäisches Gemeinschaftsrecht und Internationales Privatrecht von Eckart Brödermann und Holger Iversen, Tübingen, 1994.

Buenger, Florian — Die Reform des italienischen Gesellschaftsrechts. Geschäftsführung und Kontrolle in der Gesellschaft mit beschränkter Haftung, RIW 2004, S. 249.

Bungert, Hartwin — Die GmbH im US-amerikanischen Recht – Close Corporation, Köln, 1993.

ders. — Gesellschaftsrecht in den USA. Einführung mit vergleichenden Tabellen, 3. Aufl., München, Berlin, 2003.

Burg, Michael — Existenzvernichtungsschutz in der Private Limited Company?, GmbHR 2004, S. 1379.

Burger, Anton/ Buchart, Anton — Bietet eine investororientierte Rechnungslegung den besseren Gläubigerschutz, BB 2000, S. 2197.

Büschgen, Hans E. — Zur Eigenkapitalausstattung der GmbH und GmbH & Co. KG (I), GmbHR 1974, S. 25.

ders. — Zur Eigenkapitalausstattung der GmbH und GmbH & Co. KG, (II), GmbHR 1974, S. 49.

Buse, Michael Reform des italienischen Gesellschaftsrechts, RIW 2002, S. 676.

Busekist von, Konstantin Philipp „Umwandlung“ einer GmbH in eine im Inland ansässige EU-Kapitalgesellschaft am Beispiel der englischen Ltd. Möglichkeiten und Gestaltungen in gesellschafts- und steuerrechtlicher Sicht, GmbHR 2004, S. 650.

Buxbaum, Richard M./ Hopt, Klaus J. Integration Through Law, Volume 4; Legal harmonization and the business enterprise: corporate and capital market law, harmonization policy in Europe and the U.S.A., Berlin 1988.

Carić, Slavko Društvo sa ograničenom odgovornošću u našem pravu, PRAVO – teorija i praksa, 3/1998, S. 11.

Carstensen, Britta/ Leibfried, Peter Auswirkungen von IAS/IFRS auf mittelständische GmbH und GmbH & Co. KG, GmbHR 2004, S. 864.

Cascante, José Christian RIW-Kommentar, RIW 1999, S. 450.

Coenenberg, Adolf G. Jahresabschluss und Jahresabschlussanalyse: Betriebswirtschaftliche, handelsrechtliche, steuerrechtliche und internationale Grundlagen, 17. Auflage, Stuttgart, 2000.

Deckert, Martina R. Zu Harmonisierungsbedarf und Harmonisierungsgrenzen im Europäischen Gesellschaftsrecht, RabelsZ 64 (2000), S. 478.

Dejmek, Paulina Das künftige Europa und die Europäische Privatgesellschaft, NZG 2001, S. 878.

ders. Neue Dynamik im Europäischen Gesellschaftsrecht – eine Europäische Privatgesellschaft als Ergänzung zur Europäischen Aktiengesellschaft?, GmbHR 2002, S. 107.

Diem, Andreas Zur Vermeidung des Eigenkapitalersatzes von Bankkrediten, BKR 2002, S. 1034.

Dierksmeier, Jochen Der Kauf einer englischen „Private Limited Company“: Rechtsvergleichende Darstellung gesellschaftsrechtlicher und zivilrechtlicher Probleme, insbesondere der Haftung für Mängel, Heidelberg, 1997.

Dierksmeier, Jochen/ Scharbert, Markus	GmbH und englische Ltd. im Wettlauf der Reformen 2006, BB 2006, S. 1517.
Doralt, Peter/ Kocbek, Marian/ Pivka, Hilda Marija	Die Aktiengesellschaft und ihre Satzung nach slowenischem Recht: Slowenisch-Deutsch = Delniska družba in njen statut po slovenskem pravu, 1997, Wien.
Döser, Wulf Henrich	Steuern im Gesellschaftsrecht, in: Freundesgabe für Friedrich Kübler, 1997, S. 391.
Dreher, Meinard	Wettbewerb oder Vereinheitlichung der Rechtsordnungen in Europa?, JZ 1999, S. 105.
Drygala, Tim	Stammkapital heute – Zum veränderten Verständnis vom System des festen Kapitals und seinen Konsequenzen, ZGR 2006, S. 587.
ders.	Für eine alternative Rechtsform neben einer reformierten GmbH – Leipziger Entwurf einer Kommanditgesellschaft mit beschränkter Haftung (KmbH), ZIP 2006, S. 1797.
ders.	Stand und Entwicklung des europäischen Gesellschafts-rechts, ZEuP 2004, S. 337.
ders.	Die Vorschläge der SLIM – Arbeitsgruppe zur Vereinfachung des Europäischen Gesellschaftsrechts, AG 2001, S. 291.
ders.	Abschied vom qualifizierten faktischen Konzern – oder Konzernrecht für alle?, GmbHR 2003, S. 729.
Dubovizkaja, Elena	Überseering–Rechtsprechung: Gerichtliche Klarstellung zur Niederlassungsfreiheit von Gesellschaften, GmbHR 2003, S. 694.
Ebenroth, Carsten Thomas/Hopp, Thorsten-Tankmar	Die ausländischen Kapitalgesellschaften KG, JZ 1989, S. 883.
Ebenroth, Carsten Thomas/ Auer, Thomas	Zur Sitzverlegung einer GmbH mit deutschem Personalstatut in einen anderen EG-Mitgliedstaat, DNotZ 1993, S. 191.

dies.	Die Vereinbarkeit der Sitztheorie mit europäischem Recht. Zivil- und steuerrechtliche Aspekte im deutschen Recht, GmbHR 1994, S. 16.
Ebenroth, Carsten Thomas/ Boujong, Karlheinz/ Joost, Detlev	Handelsgesetzbuch Kommentar, Band 1, §§ 1-342a, München, 2001. (zitiert: Ebenroth/Boujong/Bearbeiter, HGB)
Ebenroth, Carsten Thomas/ Eyles, Uwe	Die innereuropäische Verlegung des Gesellschaftssitzes als Ausfluss der Niederlassungsfreiheit? (Teil I), DB 1989, S. 363.
Ebenroth, Carsten Thomas/ Kräutter, Thomas	Der Einfluss der 2. gesellschaftsrechtlichen EG-Richtlinie auf die Lehre von der verdeckten Sacheinlage bei der Aktiengesellschaft, DB 1990, S. 2153.
Ebert, Sabine/ Levedag, Christian	Die zugezogene private limited company by shares (Ltd.) nach dem Recht von England und Wales als Rechtsformalternative für in- und ausländische Investoren, GmbHR 2003, S. 1337.
Ebke, Werner F.	Überseering: Die wahre Liberalität in Anerkennung, JZ 2003, S. 927.
ders.	Going International von kleinen und mittleren Unternehmen, RIW 2004, S. 241.
ders.	Das Schicksaal der Sitztheorie nach dem Centros-Urteil des EuGH, JZ 1999, S. 656.
ders.	Überseering und Inspire Art: Auswirkungen auf das Internationale Gesellschaftsrecht aus der Sicht von Drittstaaten, in: Deutsches Gesellschaftsrecht im Wettbewerb der Rechtsordnungen, Sandrock, Otto/Wetzler, Christoph F. (Hrsg.), Heidelberg, 2004, S. 101.
ders.	Märkte machen Recht – auch Gesellschafts- und Unternehmensrecht !, Festschrift für Marcus Lutter, 2000, S. 17.
ders.	Unternehmensrecht und Binnenmarkt – E pluribus unum ?, RabelsZ 62 (1998), S. 195.

Eckhold, Thomas	Materielle Unterkapitalisierung: Zur Gesellschafterverantwortlichkeit in der Gesellschaft mit beschränkter Haftung, Köln, Berlin, Bonn, München, 2002.
Ehling, Frank	Der Sanktionsmechanismus bei Nichtoffenlegung der Jahresabschlüsse von Kapitalgesellschaften aus Sicht der handelsrechtlichen Rechnungslegungszwecke und seine verfassungsrechtlichen Grenzen – zugleich Anmerkung zu der beim EuGH anhängigen Klage vom 26.06.1995 der Europäischen Kommission gegen die Bundesrepublik Deutschland -, WPg 1997, S. 513.
Ehricke, Ulrich	Die Überwindung von Akzeptanzdefiziten als Grundlage zur Schaffung neuer supranationaler Gesellschaftsformen in der EU. Ein Beitrag zur Entwicklung einer sog. Société Fermée Européene (Europäische Privatgesellschaft), RabelsZ 64 (2000), S. 497.
Ehricke, Ulrich/ Ries, Julian	Die neue Europäische Insolvenzordnung, JuS 2003, S. 313.
Eidenmüller, Horst/ Grunewald, Barbara/ Noack, Ulrich	Das Mindestkapital im System des festen Kapitals, in: Lutter Marcus (Hrsg.), Das Kapital der Aktiengesellschaft in Europa, ZGR-Sonderheft 17, 2006, S. 17.
Eidenmüller, Horst	Vertragliche Vorkehrungen gegen Insolvenzrisiken in: Privatrecht im „Risikostaat", Dieter Hart (Hrsg.), 1. Aufl., Baden-Baden, 1997, S. 43. (zitiert: Eidenmüller, Vertragliche Vorkehrungen gegen Insolvenzrisiken)
ders.	Zur Vereinbarkeit der Sitztheorie mit EG Art. 43, 48, speziell bei Sitzverlegung in einen anderen Mitgliedstaat, ZIP 2002, S. 82.
ders.	Mobilität und Restrukturierung von Unternehmen im Binnenmarkt, JZ 2004, S. 24.
ders.	Wettbewerb der Gesellschaftsrechte in Europa, ZIP 2002, S. 2233.
ders.	Ausländische Kapitalgesellschaften im deutschen Recht, Eidenmüller (Hrsg.), 2004, München.

ders. Beurteilung der Rechtsfähigkeit einer ausländischen Gesellschaft nach dem Recht des Gründungsstaates, JZ 2003, S. 526.

ders. Europäisches und deutsches Gesellschaftsrecht im europäischen Wettbewerb der Gesellschaftsrechte, Festschrift für Andreas Heldrich, 2005, S. 581.

Eidenmüller, Horst/ Engert, Andreas Rechtsökonomik des Mindestkapitals im GmbH-Recht, GmbHR 2005, S. 433.

dies. Die angemessene Höhe des Grundkapitals der Aktiengesellschaft, AG 2005, S. 97.

Eidenmüller, Horst/ Rehm, Gebhard M. Niederlassungsfreiheit versus Schutz des inländischen Rechtsverkehrs: Konturen des Europäischen Internationalen Gesellschaftsrechts, ZGR 2004, S. 159.

Einsele, Dorothee Verdeckte Sacheinlage, Grundsatz der Kapitalaufbringung und Kapitalerhaltung, NJW 1996, S. 2681.

Ekkenga, Jens Einzelabschlüsse nach IFRS – Ende der aktien- und GmbH-rechtlichen Kapitalerhaltung ?, AG 2006, S. 389.

ders. Neuordnung des europäischen Bilanzrechts für börsennotierte Unternehmen: Bedenken gegen die Strategie der EG-Kommission, BB 2001, S. 2362.

Embid Irujo, José Miguel Eine spanische „Erfindung“ im Gesellschaftsrecht: Die „Sociedad limitada nueva empresa“ – die neue unternehmerische GmbH, RIW 2004, S. 760.

Engel-Ciric, Dejan Einschränkungen der Aussagekraft des Jahresabschlusses nach IAS durch bilanzpolitische Spielräume, DStR 2002, S. 780.

Engert, Andreas Kapitalgesellschaften ohne gesetzliches Kapital: Lehren aus dem US-amerikanischen Recht, in: Lutter Marcus (Hrsg.), Das Kapital der Aktiengesellschaft in Europa, ZGR-Sonderheft 17, 2006, S. 743.

ders. Solvenzanforderungen als gesetzliche Ausschüttungssperre bei Kapitalgesellschaften, ZHR 170 (2006), S. 296.

Enriques, Luca/ Gelter, Martin — Regulatory Competition in European Company Law and Creditor Protection, EBOR 7 (2006), S. 417.

Escher-Weingart, Christina — Reform durch Deregulierung im Kapitalgesellschaftsrecht: eine Analyse der Reformmöglichkeiten unter besonderer Berücksichtigung des Gläubiger- und Anlegerschutzes, 1. Aufl., Tübingen, 2001.

Euler, Roland — Paradigmenwechsel im handelsrechtlichen Einzelabschluss: Von den GoB zu den IAS?, BB 2002, S. 875.

Everling, Ulrich/ Roth, Wulf-Henning — Mindestharmonisierung im europäischen Binnenmarkt: Referate des 7. Bonner Europa Simposions vom 27. April 1996, Ulrich, Everling/Wulf-Henning, Roth (Hrsg.), Baden-Baden, 1997.

Fabricius, Fritz — Das Stammkapital der GmbH – Zur Frage seiner Rechtfertigung und der Rechtfertigung seiner Höhe. Gedanken zum Referentenentwurf eines GmbH-Gesetzes 1969, GmbHR 1970, S. 137.

Fassbender, Heinz-Hubert — Gründung und Publizität bei einer Reform der Gesellschaft mit beschränkter Haftung, Köln, 1961.

Fastrich, Lorenz — Optimierung des Gläubigerschutzes bei der GmbH – Praktikabilität und Effizienz, DStR 2006, S. 656.

Festl-Wietek, Wolfgang — Bewertung von Sacheinlagen, Umwandlungen und Verschmelzungen bei Gesellschaften mit beschränkter Haftung, BB 1993, S. 2410.

Finken, Manfred/ Weitbrecht, Andreas — Zum gegenwärtigen Entwicklungsstand des Europäischen Gesellschaftsrechts, ZIP 1990, S. 959.

Fischer, Michael — Die Verlagerung des Gläubigerschutzes vom Gesellschafts- in das Insolvenzrecht nach „Inspire Art", ZIP 2004, S. 1477.

Fleck, Hans-Joachim — Der Grundsatz der Kapitalerhaltung – seine Ausweitung und seine Grenzen, Festschrift 100 Jahre GmbHG, 1992, S. 391.

Fleischer, Holger — Legal Capital: A Navigation System for Corporate Law Scholarship, EBOR 7 (2006), S. 29.

ders. Covenants und Kapitalersatz, ZIP 1998, S. 313.

ders. Gläubigerschutz in der kleinen Kapitalgesellschaft – Deutsche GmbH versus englische private limited company, DStR 2000, S. 1015.

ders. Grundfragen der ökonomischen Theorie im Gesellschafts- und Kapitalmarktrecht, ZGR 2001, S. 1.

ders. Die Finanzverfassung der Europäischen Gesellschaft in: Marcus, Lutter/Peter, Hommelhoff, Die Europäische Gesellschaft. Prinzipien, Gestaltungsmöglichkeiten und Grundfragen aus der Praxis, Köln, 2005, S. 169.

ders. Kapitalschutz und Durchgriffshaftung bei Auslandsgesellschaften in: Europäische Auslandsgesellschaften in Deutschland. Mit Rechts- und Steuerfragen des Wegzugs deutscher Gesellschaften, Marcus, Lutter (Hrsg.), Köln, 2005, S. 49.

Flume, Werner Allgemeiner Teil des Bürgerlichen Rechts, Erster Band, Zweiter Teil, Die juristische Person, Berlin, 1983.

Forsthoff, Ulrich Internationales Gesellschaftsrecht im Umbruch, DB 2003, S. 979.

ders. EuGH fördert Vielfalt im Gesellschaftsrecht, DB 2002, S. 2471.

Frank, Susanne/ Wachter, Thomas Kapitalaufbringung bei der Bargründung einer GmbH in Europa, GmbHR 2002, S. 17.

Franzmann, Georg Kapitalaufbringung im spanischen Kapitalgesellschaftsrecht: Studie und Vergleich mit der Kapitalaufbringung nach europäischem und deutschem Recht unter besonderer Berücksichtigung verdeckter Sacheinlagen, 1. Aufl., Frankfurt am Main, 1995.

Freitag, Robert Der Wettbewerb der Rechtsordnungen im Internationalen Gesellschaftsrecht, EuZW 1999, S. 267.

Frey, Kaspar Gesellschaftsrecht als Systembaukasten, NZG 2004, S. 169.

ders.	Das IBH-Urteil. Zur Umwandlung von Altforderungen in Beteiligungen, ZIP 1990, S. 288.
ders.	Einlagen in Kapitalgesellschaften: Gläubigerschutz und Gestaltungsfreiheit, Köln, Berlin, Bonn, München, 1990.
Friauf, Karl Heinrich	Die Publizitätspflicht für Gesellschaften mit beschränkter Haftung aus verfassungsrechtlicher Sicht, GmbHR 1985, S. 245.
ders.	Registerpublizität für GmbH und Verfassungsrecht, GmbHR 1991, S. 397.
Fromm, Rüdiger	Gläubigerschutz durch Kapitalaufbringung und Kapitalerhaltung in Kommanditgesellschaft und Gesellschaft mit beschränkter Haftung. Zugleich eine kritische Würdigung der Tendenz für die GmbH & Co. KG ein Kapitalisierungsmodell zu entwickeln, Bonn, 1979.
Fröschle, Gerhart/ Kroner, Matthias/ Mandler, Udo	Internationale Rechnungslegung: US-GAAP, HGB und IAS, 4. Aufl. 2000.
Früh, Andreas	Eigenkapitalersetzende Gesellschafterkredite. Eine kurze Bestandsaufnahme nach Inkrafttreten des KapAEG, des KonTraG und der InsO, GmbHR 1999, S. 842.
Gansen, Georg	Harmonisierung der Kapitalaufbringung im englischen und deutschen Kapitalgesellschaftsrecht: vergleichende Studie zur Zweiten gesellschaftsrechtlichen EG-Richtlinie,1.Aufl., Frankfurt/Main, 1992.
Gehb, Jürgen/ Drange, Günter/ Heckelmann, Martin	Gesellschaftsrechtlicher Typenzwang als Zwang zu neuem Gesellschaftstyp, NZG 2006, S. 88.
Geyrhalter, Volker/ Gänßler, Peggy	„Inspire Art" – Briefkastengesellschaften „on the Move", DStR 2003, S. 2167.
dies.	Perspektiven nach „Überseering"- wie geht es weiter?, NZG 2003, S. 409.
Goerdeler, Reinhard	Überlegungen zum künftigen Gesellschaftsrecht in der EG, Festschrift für Ernst Steindorff, 1990, S. 1211.

Görk, Stefan Das EuGH-Urteil in Sachen „Centros“ vom 9. März 1999: Kein Freibrief für Briefkastengesellschaften!, GmbHR 1999, S. 793.

Goette, Wulf Zu den Folgen der Anerkennung ausländischer Gesellschaften mit tatsächlichem Sitz im Inland für die Haftung ihrer Gesellschafter und Organe, ZIP 2006, S. 541.

ders. Krisenvermeidung und Krisenbewältigung in der GmbH – Überblick, ZGR 2006, S. 261.

Gross, Wolfgang Die Lehre von der verdeckten Sacheinlage, AG 1991, S. 217.

Großerichter, Helge Ausländische Kapitalgesellschaften im deutschen Rechtsraum – Das deutsche Internationale Gesellschaftsrecht und seine Perspektiven nach der Entscheidung, DStR 2003, S. 159.

Großfeld, Bernhard Internationales und europäisches Unternehmensrecht: das Organisationsrecht transnationaler Unternehmen, 2. Aufl., Heidelberg, 1995.
(zitiert: Großfeld, Internationales Unternehmensrecht)

Grundmann, Stefan Europäisches Gesellschaftsrecht: eine systematische Darstellung unter Einbeziehung des europäischen Kapitalmarktrechts, 1. Aufl., Heidelberg, 2004.

ders. Wettbewerb der Regelgeber im Europäischen Gesellschaftsrecht – jedes Marktsegment hat seine Struktur, ZGR 2001, S. 783.

ders. Information und ihre Grenzen im Europäischen und neuen englischen Gesellschaftsrecht, Festschrift für Marcus Lutter, 2000, S. 61.

Grunewald, Barbara Rechtsfolgen verdeckter Sacheinlagen, Festschrift für Heinz Rowedder, 1994, S. 111.

Grunewald, Barbara/ Noack, Ulrich Zur Zukunft des Kapitalsystems der GmbH – Die Ein-Euro-GmbH in Deutschland, GmbHR 2005, S. 189.

Grünwald, Alfons Europäisches Gesellschaftsrecht, Wien, 1999.

Haas, Ulrich Kapitalerhaltung, Insolvenzanfechtung, Schadensersatz und Existenzvernichtung – wann wächst zusammen, was zusammen gehört, ZIP 2006, S. 1373.

ders. Reform des gesellschaftsrechtlichen Gläubigerschutzes. Gutachten E für den 66. Deutschen Juristentag, München, 2006.

ders. Gläubigerschutz in der Europäischen Privatgesellschaft – Ein Überblick in: Peter, Hommelhoff/Dieter Helms (Hrsg.), Neue Wege in die Europäische Privatgesellschaft: Rechts- und Steuerfragen in der Heidelberger Diskussion, 2001.

ders. Aktuelle Rechtsprechung zum Kapitalersatzrecht, NZI 2002, S. 457.

ders. Die Subordination von Gesellschafterdarlehen im deutschen und italienischen GmbH-Recht, GmbHR 2004, S. 557.

Habersack, Mathias Europäisches Gesellschaftsrecht. Einführung für Studium und Praxis, 2. Auflage, München, 2003.

ders. Grundfragen der freiwilligen oder erzwungenen Subordination von Gesellschafterkrediten, ZGR 2000, S. 384.

Hachenburg, Max Kommentar zum Gesetz betreffend die Gesellschaften mit beschränkter Haftung, Erster Band (§§ 1- 34), 6. Auflage, Berlin, 1956.
(zitiert: Hachenburg, GmbHG)

ders. Kommentar zum Gesetz betreffend die Gesellschaften mit beschränkter Haftung (GmbHG), Erster Band (Einleitung; §§ 1- 34), 8. Auflage, Berlin, New York, 1992.
(zitiert: Hachenburg-Ulmer, GmbHG, 8. Aufl.)

Halbhuber, Harald Limited Company statt GmbH?. Europarechtlicher Rahmen und deutscher Widerstand. Ein Beitrag zur Auslegung von Art. 48 EG und zum Europäischen Gesellschaftsrecht, Baden-Baden, 2001.

ders. NATIONAL DOCTRINAL STURCTURES AND EUROPEAN COMPANY LAW, CMLR 38 (2001), S. 1385.

Haller, Axel/ Walton, Peter Unternehmenspublizität im Spannungsfeld nationaler Prägung und internationaler Gesetzgebung, in: Axel Haler/ Bernard Raffournier/Peter Walton (Hrsg.), Unternehmenspublizität im internationalen Wettbewerb, Stuttgart, 2000, S. 3.

Hansen, Herbert Entwicklung, regionale Gliederung und Struktur der GmbH, GmbHR 1988, S. 15.

ders. GmbH-Bestand stieg auf mehr als 500.000 Gesellschaften an, GmbHR 1993, S. 146.

ders. Die unbefriedigende Kapitalstruktur deutscher Unternehmen, GmbHR 1996, S. 327.

ders. Die GmbH´s besitzen unter allen Rechtsformen das größte Gewicht, GmbHR 1989, S. 363.

Hartl, Martin Reform des italienischen Gesellschaftsrechts, NZG 2003, S. 667.

Häuser, Franz Rechte und Pflichten der Kreditinstitute bei der Sanierung von Unternehmen in: Sicherheitsfreigabe und Unternehmenssanierung: aktuelle Rechtsfragen Bankrechtstag 1994, 1995.

Havermann, Hans Der Aussagewert des Jahresabschlusses, WPg 1988, S. 612.

Hayder, Roberto Neue Wege der europäischen Rechtsangleichung? – Die Auswirkung der einheitlichen Europäischen Akte von 1986, RabelsZ 53 (1989), S. 622.

Heering, Dirk/ Heering, Andrea Die Anhangangaben (notes) nach IAS/IFRS, StuB 2004, S. 149.

Heider, Karsten Gesellschafterpflichten nach dem EPG-Statut in: Peter, Hommelhoff/Dieter Helms (Hrsg.), Neue Wege in die Europäische Privatgesellschaft: Rechts- und Steuerfragen in der Heidelberger Diskussion, 2001.

Hein von, Jan Rechtswahlfreiheit im Internationalen Deliktsrecht, RabelsZ 64 (2000), S. 595.

Heine, Klaus/ Röpke, Katarina	Die Rolle von Qualitätssignalen – eine ökonomische und juristische Analyse am Beispiel der deutschen Kapitalschutzvorschriften, RabelsZ 70 (2006), S. 138.
Heintges, Sebastian/ Härle, Philipp	Probleme der Anwendung von IFRS im Mittelstand –Eine Analyse anhand der Vorschriften zur Bilanzierung von Finanzinstrumenten-, DB 2005, S. 173.
Heinze, Meinhard	Die Europäische Aktiengesellschaft, ZGR 2002, S. 66.
Hellermann, Klaus	Die Publizität des Jahresabschlusses geschlossener Kapitalgesellschaften. Eine juristisch-ökonomische Analyse am Beispiel Deutschlands und Großbritanniens, 1. Aufl., Baden-Baden, 2004.
Helms, Dietmar	Die Europäische Privatgesellschaft. Rechtliche Strukturen und Regelungsprobleme einer supranationalen Gesellschaft des Gemeinschaftsrechts, Köln, 1998.
Henze, Hartwig	Europäisches Gesellschaftsrecht in der Rechtsprechung des Bundesgerichtshofs, DB 2003, S. 2159.
ders.	Handbuch zum GmbH-Recht: Höchstrichterliche Rechtsprechung, 2. Aufl., Köln, 1997.
Herchen, Axel	International-insolvenzrechtliche Kompetenzkonflikte in der Europäischen Gemeinschaft, ZinsO 2004, S. 61.
Herring, Rod Alexander	Der Finanzplan und die Gründerhaftung in Belgien, RIW 1998, S. 840.
Herrmann, Marcus	Der Companies Act 1989 in Großbritannien, RIW 1991, S. 378.
Heuhaus, Paul Heinrich/ Kropholler, Jan	Rechtsvereinheitlichung – Rechtsverbesserung?, RabelsZ 45 (1981), S. 73.
Heuser, Paul J.	IAS (IFRS) und zukünftige Rechnungslegung in Deutschland. Anmerkung zu der Stellungnahme der Centrale für GmbH Dr. Otto Schmidt vom 23.01.2003 zur Verordnung (EG) Nr. 1606/2002 vom 19.07.2002, betreffend die Anwendung Internationaler Rechnungslegungsstandards, GmbHR 2003, 350 – in diesem Heft, GmbHR 2003, S. 340.

Heuser, Paul J./ Theile, Carsten — IAS Handbuch, Einzel- und Konzernabschluss, 1. Aufl., Köln, 2003.

Hirsch, Alexander/ Britain, Richard — Artfully Inspired – Werden deutsche Gesellschaften englisch?, NZG 2003, S. 1100.

Hirte, Heribert — Kapitalgesellschaftsrecht, 4. Auflage, 2003.

ders. — Einige Gedanken zur Entwicklung des Bezugsrechts in den Vereinigten Staaten, AG 1991, S. 166.

ders. — Die organisierte „Bestattung" von Kapitalgesellschaften: Gesetzgeberischer Handlungsbedarf im Gesellschafts- und Insolvenzrecht, ZinsO 2003, S. 833.

Hoffmann, Jochen — Die unzulässige Einlage von Dienstleistungen im GmbH- und Aktienrecht, NZG 2001, S. 433.

Hoffmann, Wolf-Dieter/ Lüdenbach, Norbert — Der Diskussionsentwurf des IASB-Mitarbeiterstabes zum SME-Projekt, DStR 2006, S. 1903.

dies. — Bilanzrechtsreformgesetz – Seine Bedeutung für den Einzel- und Konzernabschluss der GmbH, GmbHR 2004, S. 145.

Höffner, Eckhard/ Scheele, Michael/ Hunstein, Martin/ Schubert, Hermann — Rechtliche Rahmenbedingungen für Investitionen in der Bundesrepublik Jugoslawien (Teil 2: die GmbH), WiRO 1997, S. 254.

dies. — Rechtliche Rahmenbedingungen für Investitionen in der Bundesrepublik Jugoslawien (Teil 3: die GmbH), WiRO 1997, S. 293.

Hommelhoff, Peter — Zivilrecht unter dem Einfluss europäischer Rechtsangleichung, AcP 192 (1992), S. 71.

ders. — „Die Société fermée européenne" – eine supranationale Gesellschaftsform für kleine und mittlere Unternehmen im Europäischen Binnenmarkt-, WM 1997, S. 2101.

ders. Die Auslegung angeglichenen Gesellschaftsrechts – eine Analyse der EuGH-Rechtsprechung, in: Schulze (Hrsg.), Auslegung europäischen Privatrechts und angeglichenen Rechts, Baden-Baden, 1999.

ders. Die Europäische Privatgesellschaft – Diskussionsstand 2003 und Fortgang, Festschrift für Peter Doralt, 2004, S. 199.

Hommelhoff, Peter/ Helms, Dietmar Weiter auf dem Weg zur Europäischen Privatgesellschaft, GmbHR 1999, S. 53.

Hommelhoff, Peter/ Kleindiek, Detlef Flexible Finanzierungsinstrumente im GmbH-Recht. Das eigenkapitalersetzende Gesellschafterdarlehen zwischen Nachschusskapital und Finanzplankredit, Festschrift 100 Jahre GmbH-Gesetz, 1992, S. 421.

Hopt, Klaus J. Europäisches Gesellschaftsrecht, - Krise und neue Anläufe, ZIP 1998, S. 96.

ders. Europäisches und deutsches Übernahmerecht, ZHR 161 (1997), S. 368.

ders. Harmonisierung im europäischen Gesellschaftsrecht – status quo, Probleme, Perspektiven-, ZGR 1992, S. 265.

ders. Gesellschaftsrecht im Wandel, Festschrift für Herbert Wiedemann, 2002, S. 1013.

ders. Europäisches Gesellschaftsrecht und deutsche Unternehmensverfassung – Aktionsplan und Interdependenzen, ZIP 2005, S. 461.

Horn, Norbert Deutsches und europäisches Gesellschaftsrecht und die EuGH-Rechtsprechung zur Niederlassungsfreiheit – Inspire Art-, NJW 2004, S. 893.

Huber, Ulrich Die Insolvenzantragspflicht der Geschäftsführer von Auslandsgesellschaften in: Europäische Auslandsgesellschaften in Deutschland. Mit Rechts- und Steuerfragen des Wegzugs deutscher Gesellschaften, Marcus, Lutter (Hrsg.), Köln, 2005, S.307.

Hüffer, Uwe Aktiengesetz, 6. Auflage, München, 2004. (zitiert: Hüffer, AktG, 6. Aufl.)

ders. Aktiengesetz, 4. Aufl., München, 1999. (zitiert: Hüffer, AktG, 4. Aufl.)

Hüls, Dagmar Früherkennung insolvenzgefährdeter Unternehmen, Düsseldorf, 1995.

Ilić, Gordana Savetodavni izveštaj o razvoju kompanijskog prava u Srbiji i Crnoj Gori u kontekstu procesa stabilizacije i pridružava-nja Evropskoj Uniji (ADVISORY REPORT ON THE DEVELOPMENT OF COMPANY LAW IN SERBIA AND MONTENEGRO IN THE CONTEXT OF THE EU STABILISATION AND ASSOCIATION PROCESS), SCEPP AIA Report No. 11, September 2003. (zitiert: Ilić, Savetodavni Centar)

Jankovec, Ivica Komentar Zakona o preduzećima sa sudskom praksom i registrom pojmova, Beograd, 2003. (zitiert: Jankovec, Komentar)

ders. Privredno pravo, 4. Auflage, Beograd, 1999. (zitiert: Jankovec, Privredno pravo)

Jessel-Holst, Christa Republik Montenegro: Hypothekengesetz, WiRO 2004, S. 337.

Joost, Detlev Der Eigenkapitalschutz vor neuen Herausforderungen – Cash-Pool-Systeme, International Financial Reporting Standards, Solvency Test. Die GmbH-Reform in der Diskussion, Sondertagung der Gesellschaftsrechtlichen Vereinigung (VGR), Band 11, 2006, S. 46. (zitiert: Joost, Die GmbH-Reform in der Diskussion)

ders. Verdeckte Sacheinlagen, ZIP 1990, S. 549.

Jungmann, Carsten Solvenztest- versus Kapitalschutzregelen – Zwei Systeme im Spannungsfeld von Gläubigerschutz und Finanzierungsfreiheit der Kapitalgesellschaft, ZGR 2006, S. 638.

Just, Clemens Die englische Limited in der Praxis, München, 2005.

Just, Daniela Die unzulässige Einlage von Dienstleistungen im Kapitalgesellschaftsrecht, NZG 2003, S. 161.

Kahle, Holger Zur Zukunft der Rechnungslegung in Deutschland: IAS im Einzel- und Konzernabschluss?, WPg 2003, S. 262.

Kallmeyer, Harald Vor- und Nachteile der englischen Limited im Vergleich zur GmbH oder GmbH & Co. KG, DB 2004, S. 636.

ders. SLIM Schlankheitskur für das EU-Gesellschaftsrecht, AG 2001, S. 291.

ders. Bereinigung der Finanzverfassung der GmbH, GmbHR 2004, S. 377.

ders. Tragweite des Überseering-Urteils des EuGH vom 5.11.2002 zur grenzüberschreitenden Sitzverlagerung, DB 2002, S. 2521.

Kanzleiter, Rainer „Inspire Art" – die Konsequenzen, DNotZ 2003, S. 885.

Karsten, Frederik Deregulierung der GmbH-Gründung, GmbHR 2006, S. 57.

Kästle, Martina Rechtsfragen der Verwendung von Covenants in Kreditverträgen, Berlin, 2003.

Kegel, Gerhard/ Schurig, Klaus Internationales Privatrecht: ein Studienbuch, 8. Aufl., München, 2000.

Kersting, Christian Rechtswahlfreiheit im Europäischen Gesellschaftsrecht nach Überseering, NZG 2003, S. 9.

Kersting, Christian/ Schindler, Clemens Philipp Die EuGH – Entscheidung „Inspire Art" und ihre Auswirkungen auf die Praxis, RdW 2003, S. 621.

Kieninger, Eva-Maria Internationales Gesellschaftsrecht nach „Centros", „Überseering" und „Inspire Art": Antworten, Zweifel und offene Fragen, ZEuP 2004, S. 685.

dies. ECLR Niederlassungsfreiheit als Rechtswahlfreiheit, ZGR 1999, S. 724.

Kindler, Peter Niederlassungsfreiheit für Scheinauslandsgesellschaften?, NJW 1999, S. 1993.

ders. Auf dem Weg zur Europäischen Briefkastengesellschaft, NJW 2003, S. 1073.

ders. Verdeckte Sacheinlage und Kapitalschutzrichtlinie – Zur Umwandlung von Geldkrediten in Nennkapital der AG, Festschrift für Karlheinz Boujong, 1996, S. 299.

ders. „Inspire Art" – Aus Luxemburg nichts Neues zum internationalen Gesellschaftsrecht, NZG 2003, S. 1086.

Kindler, Peter/ Bader, Klaus Neue Gestaltungsmöglichkeiten im italienischen Aktienrecht: das Zweckvermögen zur Verfolgung besonderer Geschäftsvorhaben, RIW 2004, S. 29.

Kirchner, Christian Bilanzrecht und neue Institutionenökonomik: Interdisziplinäre Überlegungen, Festschrift für Heinrich Beisse, 1997, S. 267.

ders. Zu den Grundlagen des Unternehmens- und Gesellschaftsrechts (II) zugleich eine Besprechung von Herbert Wiedemann: Gesellschaftsrecht Band I, AG 1985, S. 124.

Kleindiek, Detlef Auf dem Weg zur Reform des GmbH-Rechts – Die Initiative zur Neuregelung des Mindestkapitals der GmbH, DStR 2006, S. 1366.

ders. Krisenvermeidung in der GmbH: Gesetzliches Mindestkapital, Kapitalschutz und Eigenkapitalersatz, ZGR 2006, S. 335.

Kleinert, Jens/ Probst, Peter Schein-Auslandsgesellschaften – Erneute Betonung der Niederlassungsfreiheit durch den EuGH, MDR 2003, S. 1265.

dies. Endgültiges Aus für Sonderanknüpfungen bei (Schein-) Auslandsgesellschaften, DB 2003, S. 2217.

Klose-Morkoß, Lydia Gläubigerschutz im Kapitalgesellschaftsrecht am Beispiel der Lehre von der verdeckten Sacheinlage, Frankfurt am Main, Berlin, Bern, New York, Paris, Wien, 1996.

Knobbe-Keuk, Brigitte Umzug von Gesellschaften in Europa, ZHR 154 (1990), S. 325.

Koegel, Steffen Formalien der GmbH-Gründung – ein Musterbeispiel für zuviel Staat, GmbHR 2003, S. 1225.

Koller, Ingo/ Roth, Wulf-Henning/ Morck, Winfried Handelsgesetzbuch, Kommentar, 4. Aufl., München, 2003. (zitiert: Bearbeiter in Koller/Roth/Morck, HGB)

Kölner Kommentar zum Aktiengesetz, Band 5/1, §§ 179-240 AktG, 2. Auflage, Köln, Berlin, Bonn, München,1995. (zitiert: Bearbeiter in Kölner Kommentar zum AktG)

Köndgen, Johannes Financial Covenants – „Symbiotische“ Finanzierungsverträge im Spannungsfeld von Vertrags-, Gesellschafts- und Insolvenzrecht in: Prütting (Hrsg.) Insovlenzrecht 1996, 1996.
(zitiert: Köndgen, Financial Covenants)

Kommission der Europäische Gemeinschaften, Studie über die Erweiterung des Anwendungsbereichs der zweiten Richtlinie auf Gesellschaften anderer Rechtsformen, Brüssel, Luxemburg, 1993.

Koppensteiner, Hans-Georg Centros und die Folgen; Gesellschaftsrecht in der Diskussion 1999, Band 2: Jahrestagung der Gesellschaftsrechtlichen Vereinigung (VGR), Köln, 1998, S. 151.

Kornblum Udo/ Hampf, Thorsten/ Naß, Nicole Neue württembergische Rechtstatsachen zum Unternehmens- und Gesellschaftsrecht, GmbHR 2000, S. 1240.

Kraft, Gerhard/ Müller, Marcus Schlussfolgerungen aus der EuGH-Entscheidung zur französischen Wegzugsbesteuerung (Saillant) auf die internationale Steuerberatungspraxis aus deutscher Sicht, RIW 2004, S. 366.

Krause, Rüdiger Die Stellung von KMU im eurpäischen Gesellschaftsrecht, EuZW 2003, S. 747.

Kreuzer, Karl Die allgemeinen Gläubigerschutzbestimmungen der GmbH-Novelle, ZIP 1980, S. 597.

Kronstein, Heinrich Die abhängige juristische Person, Berlin, 1931.

Kübler, Friedrich Aktie, Unternehmensfinanzierung und Kapitalmarkt; Rechtsvergleichende Untersuchung der Möglichkeiten der Eigenkapitalbeschaffung in der Bundesrepublik und in den USA, unter besonderer Berücksichtigung der mit der nennwertlosen Aktie verbundenen Vor- und Nachteile, Köln, 1989.

ders. Fragen und Wünsche des Gesellschafts- und Kapitalmarktrechts an das Recht der Rechnungslegung, ZGR 2000, S. 550.

ders. Bankenhaftung als Notbehelf der präventiven Kapitalaufbringungskontrolle?, ZHR 157 (1993), S. 196.

ders. Rechtsbildung durch Gesetzgebungswettbewerb, KritV 1994, S. 79.

ders. Institutioneller Gläubigerschutz oder Kapitalmarkttransparenz?, ZHR 159 (1995), S. 550.

ders. Kapitalmarktgerechte Aktien, WM 1990, S. 1853.

ders. Aktienrechtsreform und Unternehmensverfassung, AG 1994, S. 141.

ders. Gesellschaftsrecht: Die privatrechtlichen Ordnungsstrukturen und Regelungsprobleme von Verbänden und Unternehmen, 5. Aufl., Heidelberg, 1998.

ders. Shareholder Value: Eine Herausforderung für das Deutsche Recht?, Festschrift für Wolfgang Zöllner, Band I, 1998, S. 321.

Kübler, Friedrich/ Schmidt, Reinhard H. Gesellschaftsrecht und Konzentration, Berlin, 1988.

Kuhner, Christoph Zur Zukunft der Kapitalerhaltung durch bilanzielle Ausschüttungssperren im Gesellschaftsrecht der Staaten Europas, ZGR 2005, S. 754.

Kulms, Rainer Die US-amerikanische Limited Liability Company – Vorbild für eine deregulierte GmbH?, ZVglRWiss 102 (2003), S. 272.

Kußmaul, Heinz/ Henkes, Jörg IFRS für den Mittelstand: Anwender- und Adressatenkreis im Kontext der neuesten Entwicklungen beim SME-Projekt des IASB, BB 2006, S. 2235.

Küting, Karlheinz Die Bilanzierung im Umbruch – Einführungsreferat zum Experten – Streitgespräch in Saarbrücken am 30.06.2004 von Prof. Dr. Karlheinz Küting -, StuB 2004, S. 683.

Küting, Karlheinz/ Dawo, Sascha Bilanzpolitische Gestaltungspotenziale im Rahmen der International Financial Reporting Standards (IFRS) – Bewertungsfragen insbesondere bei immateriellen Werten, StuB 2002, S. 1205.

Ledić, Dragutin Pravo društava i trgovčko pravo: ogledi, Rijeka, 2002.

Lehmann, Michael Das Privileg der beschränkten Haftung und der Durchgriff im Gesellschafts- und Konzernrecht –Eine juristische und ökonomische Analyse-, ZGR 1986, S. 345.

Lehner, Frithjof Die aktienrechtliche Strafhaftung in den Vereinigten Staaten von Amerika – Eine Untersuchung im Hinblick auf das deutsche Aktienstrafrecht (§§ 294 bis 304 AktG), 1965.

Leible, Stefan Überseering und das (vermeintliche) Ende der Sitztheorie, RIW 2002, S. 925.

Leible, Stefan/ Hoffmann, Jochen Wie inspiriert ist Inspire Art ?, EuZW 2003, S. 677.

dies. „Überseering" und das deutsche Gesellschafts-kollisionsrecht, ZIP 2003, S. 925.

Lembeck, Eva-Désirée UK-Company Law Reform – Ein Überblick, NZG 2003, S. 956.

Looijestijn-Clearie, Anne Have the dikes collapsed ?. Inspire Art a further break-through in the freedom of establishment of companies ?, EBOR 5 (2004), S. 389.

Lorenzotti, Diego/ Strnad, Oliver Umfassende Reform des GmbH-Rechts in Italien, GmbHR 2004, S. 731.

Lutter, Marcus — Perspektiven einer GmbH-Reform. Die GmbH-Reform in der Diskussion, Sondertagung der Gesellschaftsrechtlichen Vereinigung (VGR), Band 11, 2006, S. 211.
(zitiert: Lutter, Die GmbH-Reform in der Diskussion)

ders. — Europäisches Gesellschaftsrecht, 2. Auflage, Berlin, New York, 1984.

ders. — Das (feste Grund-) Kapital der Aktiengesellschaft, in Europa – Zusammenfassung der Überlegungen des Arbeitskreises „Kapital in Europa“ in: Lutter, Marcus (Hrsg.), Das Kapital der Aktiengesellschaft in Europa, ZGR-Sonderheft 17, 2006, S. 1.

ders. — Europäisches Unternehmensrecht, 4. Auflage, Bonn, New York, 1996.

ders. — Europäische Aktiengesellschaft – Rechtsfigur mit Zukunft?, BB 2002, S. 1.

ders. — Das Europäische Unternehmensrecht im 21. Jahrhundert, ZGR 2000, S. 1.

ders. — Vom formellen Mindestkapital zu materiellen Finanzierungsregeln im Recht der Kapitalgesellschaften, Festschrift für Stefan Riesenfeld, 1983, S. 165.

ders. — Zum Umfang der Bindung durch Richtlinien, Festschrift für Ulrich Everling, 1995, Band I, S. 765.

ders. — Gesetzliches Grundkapital als Problem europäischer und deutscher Rechtspolitik, AG 1998, S. 375.

ders. — Verdeckte Leistungen und Kapitalschutz, Festschrift für Ernst C. Stiefel, 1987, S. 505.

ders. — Überseering und die Folgen, BB 2003, S. 7.

ders. — Die Entwicklung der GmbH in Europa und in der Welt, Festschrift 100 Jahre GmbH-Gesetz, 1992, S. 49.

ders. A Mini-Directive on Capital, in: The European Private Company?, De Kluiver, Harm-Jan/Van Gerven, Walter (Hrsg.), Antwerpen, 1995.

ders. Kapital, Sicherung der Kapitalaufbringung und Kapitalerhaltung in den Aktien- und GmbH-Rechten der EWG – Eine Untersuchung zur Ausfüllung von Artikel 54 Absatz 3 lit. G des Vertrages über die Errichtung einer Europäischen Wirtschaftsgemeinschaft, Karlsruhe, 1964.

ders. Die zivilrechtliche Haftung in der Unternehmensgruppe, ZGR 1982, S. 244.

Lutter, Marcus/ Gehling, Christian Verdeckte Sacheinlagen. Zur Entwicklung der Lehre und zu den europäischen Aspekten, WM 1989, S. 1445.

Lutter, Marcus/ Hommelhoff, Peter Nachrangiges Haftkapital und Unterkapitalisierung in der GmbH, ZGR 1979, S. 31.

dies. GmbH-Gesetz: Kommentar, 16. Auflage, Köln, 2004.

Magelli, Lucia/ Masotto, Simone Reform des italienischen Gesellschaftsrechts: Kapitalmaßnahmen in italienischen Gesellschaften mit beschränkter Haftung, RIW 2003, S. 575.

Maier, Arno Der Grundsatz der Kapitalerhaltung und die Durchgriffshaftung wegen Unterkapitalisierung im deutschen und amerikanischen Gesellschaftsrecht: unter besonderer Berücksichtigung des Rechts von New York, Kalifornien und Delaware sowie des Model Business Corporation Act (with Engl. Table of contents and summary), Frankfurt am Main, 1986.

Mandler, Udo IAS im Mittelstand: Kenntnisstand, Verbreitung und Anpassungszwänge, StuB 2003, S. 452.

ders. Argumente für und gegen IAS/IFRS im Mittelstand, StuB 2003, S. 680.

Mankowski, Peter Reicht das Vertragsrecht für einen angemessenen Schutz der Gesellschaftsgläubiger und ihrer Interessen aus ?, in: Lutter Marcus (Hrsg.), Das Kapital der Aktiengesellschaft in Europa, ZGR-Sonderheft 17, 2006, S. 488.

ders. Zur internationalen Zuständigkeit des deutschen Insolvenzgerichts bei Insolvenzeröffnung im Ausland, EwiR 2003, S. 767.

Manning Bayless/ Hanks, James J. Legal Capital, third edition,Westbury, New York, 1990. (zitiert: Manning/Hanks, Legal Capital)

Martin-Ehlers, Andrés Gemeinschaftsrechtliche Aspekte der Urteile von Centros bis Inspire Art: Der „verständige Gläubiger“, in: Deutsches Gesellschaftsrecht im Wettbewerb der Rechtsordnungen, Sandrock, Otto/Wetzler, Christoph F. (Hrsg.), Heidelberg, 2004, S. 1.

Maul, Silja Vorschläge der Expertengruppe zur Reform des EU-Gesellschaftsrechts, DB 2003, S. 27.

Maul, Silja/ Schmidt, Claudia Inspire Art – Quo vadis Sitztheorie?, BB 2003, S. 2297.

Meilicke, Wienand Die Niederlassungsfreiheit nach Überseering, GmbHR 2003, S. 793.

ders. GmbHR-Kommentar zum Urteil des EuGH in Sachen „Inspire Art“, GmbHR 2003, S. 1271.

ders. Droht Überregulierung für Vorratsgesellschaften ?, BB 2003, S. 857.

ders. Niederlassungsrecht von Zweigniederlassungen unter Umgehung des nationalen Rechts, DB 1999, S. 627.

ders. Gestaltungen zur Verminderung der Publizität, DB 1986, S. 2445.

ders. Die „verschleierte“ Sacheinlage – eine deutsche Fehlentwicklung-, Stuttgart, 1989.

Meinhardt, Peter Der Englische Companies Act 1985, RIW 1987, S. 10.

Merkel, Helmut Die Negativklausel. Recht und Praxis einer schuldrechtlichen Sicherungsvereinbarung, Berlin, 1985.

Merschmeyer, Marc Die Kapitalschutzfunktion des Jahresabschlusses und Übernahme der IAS/IFRS für die Einzelbilanz, Frankfurt am Main, 2005.

Merkt, Hanno Creditor Protection Through Mandatory Disclosure, EBOR 7 (2006), S. 95.

ders. Die Pluralisierung des europäischen Gesellschaftsrechts, RIW 2004, S. 1.

ders. Entwicklungen des Gesellschafts- und Kapitalmarktrechts in den USA – Vorbild für Deutschland und Europa ?, KoR 2001, S. 142.

ders. Beiträge zur Börsen- und Unternehmensgeschichte, Frankfurt/Main, 2000.

ders. US-amerikanisches Gesellschaftsrecht, 1. Aufl., Heidelberg, 1991.

ders. Europäische Aktiengesellschaft: Gesetzgebung als Selbstzweck?, BB 1992, S. 652.

ders. European Company Law Reform: Struggling for a more Liberal Approach, ECFR 2004, S. 3.

ders. Der Kapitalschutz in Europa – ein rocher de bronze?, ZGR 2004, S. 305.

ders. Das Centros-Urteil des Europäischen Gerichtshofs – Konsequenzen für den nationalen Gesetzgeber, in: Gesellschaftsrechtliche Vereinigung (Hrsg.), Gesellschaftsrecht in der Diskussion – Jahrestagung 1999 der Gesellschaftsrechtlichen Vereinigung (VGR), Köln, 2000, S. 111.

ders. Die Gründungstheorie gewinnt an Einfluss, RIW 2003, S. 458.

ders. Das Europäische Gesellschaftsrecht und die Idee des „Wettbewerbs der Gesetzgeber“, RabelsZ 59 (1995), S. 545.

ders. Gedanken zur neuen Dynamik im europäischen Gesellschafts- und Kapitalmarktrecht, EuZ 2004, S. 50.

ders. Unternehmenspublizität: Offenlegung von Unternehmensdaten als Korrelat der Marktteilnahme, Tübingen, 2001.

Meyer, Claus/ Meisenbacher,Michaela Bilanzpolitik auf der Basis von IAS/IFRS, insbesondere in Zeiten der Krise, DStR 2004, S. 567.

Meyer, Justus Haftungsbeschränkungen im Recht der Handelsgesellschaften, Berlin, Heidelberg, New York, Barcelona, Hongkong, London, Mailand, Paris, Singapur, Tokio, 2000.

Meyer, Justus/ Ludwig, Sören Französische GmbH-Reform 2003/2004: Hintergründe und „Ein-Euro-GmbH“, GmbHR 2005, S. 346.

dies. Französische GmbH-Reform 2003/2004: Gründungserleichterungen und weitere „Vereinfachung des Rechts“, GmbHR 2005, S. 459.

Meyer-Landrut, Joachim/ Miller, Georg/ Niehus, Rudolf J. Gesetz betreffend die Gesellschaft mit beschränkter Haftung (GmbHG) einschließlich Rechnungslegung zum Einzel- sowie zum Konzernabschluss, Kommentar, Berlin, New York, 1987.

Michalski, Lutz Grundzüge des Internationalen Gesellschaftsrechts, NZG 1998, S. 762.

ders. Kommentar zum Gesetz über die Gesellschaften mit beschränkter Haftung (GmbH-Gesetz), Band I, Systematische Darstellungen 1-7, §§ 1-34 GmbHG, München, 2002. (zitiert: Michalski-Bearbeiter, GmbHG)

Micheler, Eva Gläubigerschutz im englischen Gesellschaftsrecht, ZGR 2004, S. 324.

Mildner, Ulrich Bareinlage, Sacheinlage und ihre „Verschleierung“ im Recht der GmbH, Köln, 1989.

Mock, Sebastian/ Schildt, Charlotte Insolvenz ausländischer Kapitalgesellschaften mit Sitz in Deutschland, ZinsO 2003, S. 396.

Möhlmann-Mahlau, Thomas/ Gerken, Uwe/ Grotheer, Simon IFRS im Einzelabschluss: Verlust einschneidender bilanzpolitischer Instrumente?, StuB 2004, S. 849.

Mosthaf, Oliver Die Reformen des Rechts der Gesellschaft mit beschränkter Haftung. Entwürfe, Stellungnahmen und Diskussionen vom Referentenentwurf 1969 bis zur GmbH-Novelle 1980, Frankfurt/Main, Berlin, Bern, 1994.

Mülbert, Peter O. A Synthetic View of Different Concepts of Creditor Protection, or: A High-Level Framework for Corporate Creditor Protection, EBOR 7 (2006), S. 357.

ders. Das „Magische Dreieck der Barkapitalaufbringung", ZHR 154 (1990), S. 145.

ders. Zukunft der Kapitalaufbringung/Kapitalerhaltung, Der Konzern 2004, S. 151.

Mülbert, Peter O./ Schmolke, Klaus Ulrich Die Reichweite der Niederlassungsfreiheit von Gesellschaften – Anwendungsgrenzen der Art. 43 ff. EGV bei kollisions- und sachrechtlichen Niederlassungshindernissen, ZVglRWiss 100 (2001), S. 233.

Mülbert, Peter O./ Birke, Max Legal Capital – Is There a Case against the European Legal Capital Rules?, EBOR 3 (2002), S. 695.

Müller, Hans-Friedrich Insolvenz ausländischer Kapitalgesellschaften mit inländischem Verwaltungssitz, NZG 2003, S. 414.

Müller, Wolfgang/ Müller, Sebastian Ausländische Gesellschaftsformen – eine wirkliche Alternative für deutsche GmbH-Unternehmer ?, GmbHR 2006, S. 583.

Müller, Stefan/ Wulf, Inge Jahresabschlusspolitik nach HGB, IAS und US-GAAP, BB 2001, S. 2206.

Münchener Handbuch des Gesellschaftsrechts, Band 3, Gesellschaft mit beschränkter Haftung, Hans-Joachim, Priester/Dieter, Mayer (Hrsg.), München, 2003. (zitiert: Münchener Handbuch GesR III/Bearbeiter)

Münchener Kommentar zum Aktiengesetz; Band 1; §§ 1-53; Kropff, Bruno/Semler, Johannes (Hrsg.), 2. Aufl., München, 2000.
(zitiert: Bearbeiter in MüKo/AktG)

Münchener Kommentar zum Bürgerlichen Gesetzbuch, Band 11, Internationales Handels- und Gesellschaftsrecht, Einführungsgesetz zum Bürgerlichen Gesetzbuche (Art. 50-237), Rebaum, Kurt/Säcker, Franz Jürgen/Rixecker, Roland (Hrsg.), 3. Aufl., München, 1999.
(zitiert: MüKo-Bearbeiter, 3. Aufl., Band 11, Internationales Gesellschaftsrecht)

Münchener Kommentar zum Handelsgesetzbuch, Band 4. Drittes Buch – Handelsbücher: §§ 238 – 342 a HGB/Red. Werner F. Ebke, München, 2001.
(zitiert: MüKo-Bearbeiter, HGB)

Münchener Kommentar zur Insolvenzordnung, Band 3, §§ 270-355, Internationales Insolvenzrecht, Insolvenzsteuerrecht, München, 2003.
(zitiert: MüKoInsO-Bearbeiter)

Murati, Ilona — Gläubigerschützende Maßnahmen zur Sicherung der Kapitalaufbringung und der Kapitalerhaltung im spanischen Aktienrecht: ein Vergleich mit der Rechtslage nach dem deutschen AktG unter Einbeziehung der EG-Richtlinien zur Koordinierung der Schutzbestimmungen auf dem Gebiet des Gesellschaftsrechts, Frankfurt am Main, 1993.

Nessler, Volker — Wettbewerb der Rechtsordnungen oder Europäisierung ? Stand und Perspektiven des Europäischen Gesellschaftsrechts, ZfRV 2000, S. 1.

Niehues, Michael — EU-Rechnungslegungsstrategie und Gläubigerschutz, WpG 2001, S. 1209.

Niessen, Hermann — Zur Angleichung des Bilanzrechts in der Europäischen Gemeinschaft, RabelsZ 48 (1984), S. 81.

Noack, Ulrich Reform des deutschen Kapitalgesellschaftsrechts: Das Gesetz zur Modernisierung des GmbH-Rechts und zur Bekämpfung von Missbräuchen, DB 2006, S. 1475.

ders. Online-Unternehmensregister in Deutschland und Europa – Bemerkungen zum Regierungsentwurf eines ERJuKoG, BB 2001, S. 1261.

Paefgen, Walter G. Gezeitenwechsel im Gesellschaftskollisionsrecht, WM 2003, S. 561.

ders. Umwandlung, europäische Grundfreiheiten und Kollisionsrecht, GmbHR 2004, S. 463.

ders. Auslandsgesellschaften und Durchsetzung deutscher Schutzinteressen nach Überseering, DB 2003, S. 487.

Palandt, Otto Bürgerliches Gesetzbuch, 61. Aufl., München, 2002. (zitiert: Palandt-Bearbeiter)

Paulus, Christoph G. Zuständigkeitsfragen nach der Europäischen Insolvenzverordnung, ZIP 2003, S. 1725.

Peemöller, Volker H./ Spanier, Günter/ Weller, Heino Internationalisierung der externen Rechnungslegung: Auswirkungen auf nicht kapitalmarktorientierte Unternehmen, BB 2002, S. 1799.

Pellens, Bernhard/ Sellhorn, Thorsten Zukunft des bilanziellen Kapitalschutzes, in: Marcus Lutter (Hrsg.), Das Kapital der Aktiengesellschaft in Europa, ZGR-Sonderheft 17, 2006, S. 451.

Pellens, Berhard/ Brandt, Eva/ Richard, Marc Kapitalschutz in Kalifornien – Vorbild für die europäische Gesellschaftsrechtsreform ?, DB 2006, S. 2021.

Pellens, Bernhard Internationale Rechnungslegung, 3. Aufl., Stuttgart, 1999.

Perridon, Louis/ Steiner, Manfred Finanzwirtschaft der Unternehmung, 9. Auflage, München, 1997.

Piepkorn, Jörn Zur Entwicklung des europäischen Gesellschafts- und Unternehmensrechts, ZHR 137 (1973), S. 35.

Pintarić, Tomislav Serbien und Montenegro, WiRO 2004, S. 286.

ders. Zweiter Teil: Handelsgesellschaften in Kroatien, in: Gralla, Erhardt/Sonnenberger, Jürgen (Hrsg.), Handelsgesellschaften in Osteuropa, München, 1993.

Pottgießer, Gaby Die Zukunft der deutschen Rechnungslegung – Darstellung und Beurteilung der Referentenentwürfe zum Bilanzkontrollgesetz und Bilanzreformgesetz, StuB 2004, S. 166.

Priester, Hans-Joachim Mindestkapital und Sacheinlageregeln. Die GmbH-Reform in der Diskussion, Sondertagung der Gesellschaftsrechtlichen Vereinigung (VGR), Band 11, 2006, S. 1. (zitiert: Priester, Die GmbH-Reform in der Diskussion)

ders. Unternehmensgründergesellschaft statt „GmbH light", ZIP 2006, S. 161.

ders. „GmbH light" – ein Holzweg !, ZIP 2005, S. 921.

ders. Kapitalaufbringung bei korrespondierenden Zahlungsvorgängen, ZIP 1991, S. 345.

ders. Kapitalaufbringung, Festschrift 100 Jahre GmbHG, 1992, S. 159.

Prime, Terence/ Scanlan, Gary The law of private limited companies, London, Dublin, Edinburgh, 1996.

Pürner, Stefan Rechtliche Rahmenbedingungen für ausländische Investitionen in Bosnien und Herzegowina, Handbuch Wirtschaft und Recht in Osteuropa, Band 1, SYST 01 BiH, S. 1.

ders. GmbH-Gründung mit ausländischer Beteiligung in der BR Jugoslawien, WiRO 2001, S. 42.

Recq, Jean-Gabriel/ Hoffmann, Sven Die französische S.A.R.L. als GmbH-Ersatz?, GmbHR 2004, S. 1070.

Reichert, Jochem Gläubigerschutz in der Europäischen Privatgesellschaft aus der Sicht der Praxis in: Peter, Hommelhoff/Dieter Helms (Hrsg.), Neue Wege in die Europäische Privatgesellschaft: Rechts- und Steuerfragen in der Heidelberger Diskussion, 2001.

Reuter, Alexander Kreditgewährung und Kreditsicherheiten im Gesellschaftsrecht- und Zivilrecht: Der Stand der Rechtsprechung und die Folgen für Holding-, Akquisitions-, leveraged loan- und Projektfinanzierung, NZI 2001, S. 393.

Rickford, Jonathan Legal Approaches to Restricting Distributions to Shareholders: Balance Sheet Tests and Solvency Tests, EBOR 7 (2006), S. 135.

Riedemann, Susanne Das Auseinanderfallen von Gesellschafts- und Insolvenzstatut, GmbHR 2004, S. 345.

Riegger, Bodo Centros – Überseering – Inspire Art: Folgen für die Praxis, ZGR 2004, S. 510.

Rodewald, Jörg/ Scheel, Tilmann Kapitalaufbringung in der GmbH durch Einlage von Dienstleistungen ?, GmbHR 2003, S. 1478.

Römermann, Volker Die Limited in Deutschland – eine Alternative zur GmbH ?, NJW 2006, S. 2065.

ders. Der Entwurf des „MoMiG“ – die deutsche Antwort auf die Limited, GmbHR 2006, S. 673.

Rogusch, Michael Mindesteigenkapital, Haftungsbeschränkung und Gläubigerschutz bei der GmbH. Zur Problematik einer betriebswirtschaftlich begründeten Eigenkapitaluntergrenze einer GmbH als Anknüpfungspunkt für gläubigerschützende und die Haftung der GmbH-Gesellschafter erweiternde Maßnahmen, Frankfurt/Main, 1979.

Romano, Roberta The Genius of American Corporate Law, Washington, 1993.

Roth, Günter H. Gläubigerschutz bei der GmbH: Was ist unverzichtbar ?, Festschrift für Peter Doralt, 2004, S. 479.

ders. Gründungstheorie – Ist der Damm gebrochen?, ZIP 1999, S. 861.

Roth, Günter H./ Altmeppen, Holger Gesetz betreffend die Gesellschaften mit beschränkter Haftung (GmbHG), Kommentar, 4. Auflage, München, 2003.
(zitiert: Roth/Altmeppen, GmbHG)

Roth, Wulf-Henning Internationales Gesellschaftsrecht nach Überseering, IPRax 2003, S. 117.

ders. Die Wegzugsfreiheit für Gesellschaften in: Europäische Auslandsgesellschaften in Deutschland. Mit Rechts- und Steuerfragen des Wegzugs deutscher Gesellschaften, Marcus, Lutter (Hrsg.), Köln, 2005, S. 379.

ders. Der Einfluss des Europäischen Gemeinschaftsrechts auf das Internationale Privatrecht, RabelsZ 55 (1991), S. 623.

Rowedder, Heinz/ Schmidt-Leithoff, Christian Gesetz betreffend die Gesellschaften mit beschränkter Haftung (GmbHG), Kommentar, 4. Auflage, München, 2002.
(zitiert: Rowedder/Schmidt-Leithoff, GmbHG)

Ruhnke, Klaus/ Schmidt, Martin/ Seidel, Thorsten Fortschritte bei der Verbreitung der IAS – Eine vorausschauende Zwischenbilanz-, StuB 2003, S. 876.

Sanders, Pieter Auf dem Wege zu einer europäischen Aktiengesellschaft ?, AWD 1960, S. 1.

Sandrock, Otto BB-Forum – Nach Inspire Art – Was bleibt vom deutschen Sitzrecht übrig ?, BB 2003, S. 2588.

ders. Sitzrecht contra Savigny ?, BB 2004, S. 897.

ders. Was ist erreicht? Was bleibt zu tun? Eine kollisions- und materiellrechtliche Bilanz, in: Deutsches Gesellschaftsrecht im Wettbewerb der Rechtsordnungen, Sandrock, Otto/ Wetzler, Christoph F. (Hrsg.), Heidelberg, 2004. S. 33.

Sandrock, Otto/ Austmann, Andreas Das Internationale Gesellschaftsrecht nach der Daily Mail–Entscheidung des Europäischen Gerichtshofs – Quo vadis ?, RIW 1989, S. 249.

Schall, Alexander/ Westhoff, André	Warum Deutschland eine neue Kapitalgesellschaftsform braucht, GmbHR 2004, R 381.
Schanze, Erich/ Jüttner, Andreas	Anerkennung und Kontrolle ausländischer Gesellschaften – Rechtslage und Perspektiven nach der Überseering-Entscheidung des EuGH, AG 2003, S. 30.
dies.	Die Entscheidung für Pluralität: Kollisionsrecht und Gesellschaftsrecht nach der EuGH-Entscheidung „Inspire Art", AG 2003, S. 661.
Schaub, Renate	Die Neuregelung des Internationalen Deliktsrechts in Deutschland und das europäische Gemeinschaftsrecht, RabelsZ 66 (2002), S. 18.
Schedhelm, Rolf/ Olbing, Klaus/ Binnewies, Burkhard	Aktuelles zum Jahreswechsel 2004/2005 rund um die GmbH, GmbHR, S. 1489.
Schemmann, Till/ Solveen, Dirk	Das elektronische Handelsregister im Echtbetrieb – Wirklichkeit und Vision, ZIP 2001, S. 1518.
Schmidt, Karsten	Brüderchen und Schwesterchen für die GmbH ? – Eine Kritik der Vorschläge zur Vermehrung der Rechtsformen, DB 2006, S. 1096.
ders.	Verlust der Mitte durch „Inspire Art"? – Verwerfung im Unternehmensrecht durch Schreckreaktionen der Literatur, ZHR 168 (2004), S. 493.
ders.	Gesellschaftsrecht, 4. Auflage, Köln, 2002.
ders.	Die Eigenkapitalausstattung der Unternehmen als rechtspolitisches Problem, JZ 1984, S. 771.
Schmidt, Klaus M.	The Economics of Covenants as a Means of Efficient Creditor Protection, EBOR 7 (2006), S. 89.
Schneider, Mareen	Diskussionsbericht: Gesetzliches Garantiekapital und Kreditentscheidung der Banken, AG 1998, S. 373.
Schneider, Uwe H.	Die Anpassung von langfristigen Verträgen bei Gesellschafterwechsel oder bei Änderung der Konzernlage, Festschrift für Wolfgang Zöllner, 1998, S. 539.

Schnitger, Arne Verstoß der Wegzugsbeschränkung (§ 6 AStG) und weitere Entstrickungsnormen des deutschen Ertragssteuerrechts gegen die Grundfreiheiten des EG-Vertrags, BB 2004, S. 804.

Scholz, Franz Kommentar zum GmbH-Gesetz: mit Anhang Konzernrecht, I. Band, §§1-44, Anh. Konzernrecht, 9. Auflage, Köln, 2000.
(zitiert: Scholz/Bearbeiter, GmbHG).

Schön, Wolfgang Balance Sheet Tests or Solvency Tests – or Both ?, EBOR 7 (2006), S. 181.

ders Mindestharmonisierung im europäischen Gesellschaftsrecht, ZHR 160 (1996), S. 221.

ders. Internationalisierung der Rechnungslegung und Gläubigerschutz, WPg Sonderheft 2001, S. 74.

ders. Das Bild des Gesellschafters im Europäischen Gesellschaftsrecht, RabelsZ 64 (2000), S. 1.

ders. Die Zukunft der Kapitalaufbringung/-erhaltung, Der Konzern 2004, S. 162.

ders. Gesellschaftsrecht nach Maastricht, ZGR 1995, S. 1.

ders. Gesellschafter-, Gläubiger- und Anlegerschutz im europäischen Bilanzrecht, ZGR 2000, S. 706.

ders. Wer schützt den Kapitalschutz, ZHR 166 (2002), S. 1.

ders. Die Niederlassungsfreiheit von Kapitalgesellschaften im System der Grundfreiheiten, Festschrift für Marcus Lutter, 2000, S. 685.

Schöpflin, Martin Die Lehre von der verdeckten Sacheinlage – eine gelungene Rechtsfortbildung?, GmbHR 2003, S. 57.

Schülen, Werner Die Aufstellung des Anhangs, WPg 1987, S. 223.

ders. Erleichterungen beim Anhang für kleine und mittelgroße Kapitalgesellschaften, in: Beck´sches Handbuch der Rechnungslegung, Band II; Castan/Böcking/Heymann/ Pfitzer/Scheffler (Hrsg.), München, Stand 2004. (zitiert: Bearbeiter in Beck HdR Band II)

Schulz, Martin (Schein-)Auslandsgesellschaften in Europa – Ein Schein-Problem?, NJW 2003, S. 2705.

Schulz, Martin/ Sester, Peter Höchstrichterliche Harmonisierung der Kollisionsregeln im europäischen Gesellschaftsrecht: Durchbruch der Gründungstheorie nach Überseering, EWS 2002, S. 545.

Schulze-Osterloh, Joachim Internationale Rechnungslegung für den Einzelabschluss und für Unternehmen, die den öffentlichen Kapitalmarkt nicht in Anspruch nehmen, ZIP 2003, S. 93.

Schulze-Osterloh, Joachim HGB-Reform: Der Einzelabschluss nicht kapitalmarktorientierter Unternehmen unter dem Einfluss von IAS/IFRS, BB 2004, S. 2567.

Schumann, Alexander Die englische Limited mit Verwaltungssitz in Deutschland: Kapitalaufbringung, Kapitalerhaltung und Haftung bei Insolvenz, DB 2004, S. 743.

Schuster, Peter Gesetzliches Garantiekapital als Problem europäischer und deutscher Rechtspolitik, AG 1998, S. 379.

Schwark, Eberhard Globalisierung, Europarecht und Unternehmensmitbestimmung im Konflikt, AG 2004, S. 173.

Schwarz, Günter Christian Zur Verlegung des Sitzes einer GmbH ins Ausland, NZG 2001, S. 613.

ders. Europäisches Gesellschaftsrecht, 1. Auflage, Baden-Baden, 2000.

Seibert, Ulrich GmbH-Reform: Der Referentenentwurf eines Gesetzes zur Modernisierung des GmbH-Rechts und zur Beschränkung von Missbräuchen – MoMiG, ZIP 2006, S. 1157.

Seibert, Ulrich Der Online-Abruf aus dem Handelsregister kommt ! Verkündung des Gesetzes über elektronische Register- und Justizkosten für Telekommunikation, BB 2201, S. 2494.

Simmonds, Andy/ Olivier, Azières Accounting for Europe: Success by 2000 AD ?, London: Touch Ross Europe, 1989.

Skibbe, Manfred Dienstleistungen als Sacheinlage bei der GmbH, GmbHR 1980, S. 73.

Šogorov, Stevan Od društva sa ograničenom odgovornošću ka društvu neograničenog rizika?, Pravo i privreda 5-8/2004, S. 69.

Solomon, Lewis D./ Palmiter, Alan R. Corporations. Examples and Explanations, Second Edition, 1994.

Sonnenberger, Jürgen/ Großerichter, Helge Konfliktlinien zwischen internationalem Gesellschaftsrecht und Niederlassungsfreiheit, RIW 1999, S. 721.

Spindler, Gerald Prognosen im Unternehmensrecht, AG 2006, S. 677.

ders. Der Gläubigerschutz zwischen Gesellschafts- und Insolvenzrecht, JZ 2006, S. 839.

ders. Deregulierung des Aktienrechts?, AG 1998, S. 53.

Spindler, Gerald/ Berner, Olaf Inspire Art – Der europäische Wettbewerb um das Gesellschaftsrecht ist endgültig eröffnet, RIW 2003, S. 949.

dies. Der Gläubigerschutz im Gesellschaftsrecht nach Inspire Art, RIW 2004, S. 7.

J. von Staudingers Kommentar zum Bürgerlichen Gesetzbuch mit Einführungsgesetz und Nebengesetzen. Einführungsgesetz zum Bürgerlichen Gesetzbuche/IPR Internationales Gesellschaftsrecht, Bernhard Großfeld, Berlin, 1998.
(zitiert: Staudinger/Großfeld, Internationales Gesellschaftsrecht)

Steindorff, Ernst Centros und das Recht auf die günstige Rechtsordnung, JZ 1999, S. 1140.

Streim, Hannes/ Esser, Maik Rechnungslegung nach IAS/IFRS – Ein geeignetes Instrument zur Zahlungsbemessung?: Ansatzfragen, StuB 2003, S. 736.

dies.	Rechnungslegung nach IAS/IFRS – Ein geeignetes Instrument zur Zahlungsbemessung?: Bewertungsfragen, StuB 2003, S. 781.
dies.	Rechnungslegung nach IAS/IFRS – Ein geeignetes Instrument zur Informationsvermittlung?, StuB 2003, S. 836.
Strnad, Oliver	Neue Konzernhaftung in Italien, RIW 2004, S. 255.
Sundermeier, Bernd/ Wilhelm, Andreas	Strategien zur Sicherung von Bankkrediten im Lichte des neuen Insolvenzrechts, DStR 1997, S. 1127.
Tanski, Joachim S.	Bilanzpolitische Spielräume in den IFRS, DStR 2004, S. 1843.
Taschner, Hans-Claudius	Geschichte der Europäischen Aktiengesellschaft, in: Handbuch der Europäischen Aktiengesellschaft – Societas Europaea -/Jannot, Dirk/Frodermann, Jürgen (Hrsg.), Heidelberg, 2005.
Teichmann, Christoph	Reform des Gläubigerschutzes im Kapitalgesellschaftsrecht, NJW 2006, S. 2444.
ders.	Bericht über die Diskussion zum Gläubigerschutz, ZGR 2004, S. 348.
Theile, Carsten	Wahlrechte und Ermessensspielräume nach IAS/IFRS – Zugleich ein Beitrag zur Umstellungsplanung und zur Erstellung der unternehmensspezifischen Konzernrichtlinie, StuB 2003, S. 957.
Theisen, Manuel René/ Wenz, Martin	Die Europäische Aktiengesellschaft – Recht, Steuern und Betriebswirtschaft der Societas Euopaea (SE), 1. Auflage, Stuttgart, 2002.
Thießen, Friedrich	Covenants in Kreditverträgen: Alternative oder Ergänzung zum Insolvenzrecht?, ZBB 1996, S. 19.
Thiessen, Jan	Insolvenzeröffnungskapital statt Mindestkapital – ein Vorschlag zur GmbH-Reform, ZIP 2006, S. 1892.

Tillmann, Bert	Umwandlung auf doppelstöckige GmbH & Co. KG – Ein Ausweg aus der Publizitätspflicht der GmbH?-, DB 1986, S. 1319.
Timmermanns, Christian W. A.	Die europäische Rechtsangleichung im Gesellschaftsrecht – Eine integrations- und rechtspolitische Analyse, RabelsZ 48 (1984), S. 1.
Tischler, Janko	Investieren in Slowenien. Rechtliche Rahmenbedingungen, Slowenisch-Deutsch = Investiranje v Sloveniji. Pravni okvirni pogoji, Peter, Doralt/Helmut H., Haschek/Martin, Schauer (Hrsg.), Wien, 1993.
ders.	Handbuch Wirtschaft und Recht in Osteuropa, Investitionen und Unternehmensgründungen in Slowenien, Band 4, Breidenbach, Stephan (Hrsg.), SYST 11 SLO, München, 2005, S. 1.
Triebel, Volker/ Otte, Sabine	20 Vorschläge für eine GmbH-Reform: Welche Lektion kann der deutsche Gesetzgeber vom englischen lernen ?, ZIP 2006, S. 311.
dies.	Reform des GmbH-Rechts: MoMiG – ein vernünftiger Schritt zur Stärkung der GmbH im Wettbewerb oder Kompromiss auf halber Strecke ?, ZIP 2006, S. 1321.
Triebel, Volker/ Hase von, Karl	Wegzug und grenzüberschreitende Umwandlungen deutscher Gesellschaften nach Überseering und Inspire Art, BB 2003, S. 2409.
Triebel, Volker/ Hodgson, Sephen/ Kellenter, Wolfgang/ Müller, Georg	Englisches Handels- und Wirtschaftsrecht, 2. Auflage, Heidelberg, 1995.
Ulmer, Peter	Verdeckte Sacheinlagen im Aktien- und GmbH-Recht, ZHR 154 (1990), S. 128.
ders.	Gläubigerschutz bei Scheinauslandsgesellschaften, NJW 2004, S. 1201.
ders.	Schutzinstrumente gegen die Gefahren aus der Geschäftstätigkeit inländischer Zweigniederlassungen von Kapitalgesellschaften mit fiktivem Auslandssitz, JZ 1999, S. 662.

ders. Gesellschafterhaftung gegenüber der GmbH bei Vorteils gewährung unter Verstoß gegen § 30 Abs. 1 GmbHG, Festschrift 100 Jahre GmbHG, 1992, S. 363.

Unger, Joachim Unterkapitalisierung in Belgien und Frankreich, Frankfurt am Main, 1987.

van Hulle, Karel Aktuelle Entwicklungen im europäischen Gesellschafts-recht, EWS 2000, S. 521.

Vanovac, Slavica Niederlassungsfreiheit in Kroatien, in: „Centros und die Beitrittsbewerber, Arbeitspapier Nr. 67, Kalss (Hrsg.), Verein zur Förderung des Forschungsinstituts für Mittel und Osteuropäisches Wirtschaftsrecht, Wirtschafts-universität Wien, Arbeitspapier Nr. 67, Wien, 2000, S. 100.

Vasiljević, Mirko Das serbische Gesetz über Wirtschaftsgesellschaften im Überblick, WiRO 2006, S. 1.

ders. Komentar zakona o preduzećima, 1996, Beograd. (zitiert: Vasiljević, Komentar ZOP)

ders. Osnovna polazišta i načela nacrta Zakona o privrednim društvima, Pravo i privreda 1-4/2004, S.3.

ders. Vodič za čitanje Zakona o privrednim društvima, 2004, Beograd. (zitiert: Vasiljević, Komentar ZOPDS)

Veil, Rüdiger Das System der Kapitalrichtlinie versus situative Ausschüttungssperren, in: Marcus Lutter (Hrsg.), Das Kapital der Aktiengesellschaft in Europa, ZGR-Sonderheft 17, 2006, S. 91.

Vietz, Nadja Die neue „Blitz-GmbH“ in Spanien, GmbHR 2003, S. 26.

dies. Verabschiedung des Gesetzes über die neue Blitz-GmbH in Spanien, GmbHR 2003, S. 523.

von Boehm-Bezing, Philip Eigenkapital für nicht börsennotierte Unternehmen durch Finanzintermediäre. Wirtschaftliche Bedeutung und institutionelle Rahmenbedingungen, Berlin, 1998.

von Gerkan, Hartwin — Verdeckte Sacheinlagen in der GmbH, GmbHR 1992, S. 433.

Vossius, Oliver/ Wachter, Thomas — Entwurf eines GmbH-Reformgesetzes, BB 2005, S. 2539.

Vukadinović, Radovan D. — Društvo sa ograničenom odgovornošću, privredno pravni priručnik 12/1989, S. 23.

Wachter, Thomas — Auswirkungen des EuGH-Urteils in Sachen Inspire Art Ltd. auf Beratungspraxis und Gesetzgebung, GmbHR 2004, S. 88.

ders. — Errichtung, Publizität, Haftung und Insolvenz von Zweigniederlassungen ausländischer Kapitalgesellschaften nach Inspire Art, GmbHR 2003, S. 1254.

ders. — Frankreich: Die „Ein-Euro-GmbH" ab 2004, GmbHR 2003, R 377.

ders. — Wettbewerb des GmbH-Rechts in Europa. Vergleich der Rechtslage in ausgewählten Ländern, GmbHR 2005, S. 717.

Wagenhofer, Alfred/ Ewert, Ralf — Externe Unternehmensrechnung, Berlin, 2003.

Wagner, Klaus-R. — Überseering und die Folgen für das Steuerrecht, GmbHR 2003, S. 684.

Walter, Bernhard — Gesetzliches Garantiekapital und Kreditentscheidung der Banken, AG 1998, S. 370.

Watrin, Christoph — Sieben Thesen zur künftigen Regulierung der Rechnungslegung, DB 2001, S. 933.

Weimar, Robert/ Reeh, Michael — Rechts- und Gestaltungsformen zur Vermeidung der Register- bzw. Hauspublizität, DB 1988, S. 1637.

Weller, Marc-Philippe — Einschränkung der Gründungstheorie bei missbräuchlicher Auslandsgründung?, IPRax 2003, S. 520.

ders. — Forum Shopping im Internationalen Insolvenzrecht?, IPRax 2004, S. 412.

ders.	„Inspire Art“: Weitgehende Freiheiten beim Einsatz ausländischer Briefkastengesellschaften, DStR 2003, S. 1800.
Wertenbruch, Johannes	Der Abschluss des „Überseering“ – Verfahrens durch den BGH – Folgerungen, NZG 2003, S. 618.
Wetzler, Christoph F.	Rechtspolitische Herausforderungen, in: Deutsches Gesellschaftsrecht im Wettbewerb der Rechtsordnungen, Sandrock, Otto/Wetzler, Christoph F. (Hrsg.), Heidelberg, 2004, S. 129.
Weyand, Joachim	Perspektiven einer europäischen Unternehmensverfassung, KritV 1994, S. 90.
Wicke, Hartmut	Die Euro-GmbH im „Wettbewerb der Rechtsordnungen“, GmbHR 2006, S. 356.
Wiedemann, Herbert	Reflexion zur Durchgriffshaftung; Zugleich Besprechung des Urteils BGH WM 2002, 1804 – KBV, ZGR 2003, S. 283.
ders.	Die Erfüllung der Geldeinlagenpflicht bei Kapitalerhöhungen im Aktienrecht, ZIP 1991, S. 1257.
ders.	Gesellschaftsrecht Band I, Grundlagen. Ein Lehrbuch des Unternehmens- und Verbandsrechts, München, 1980.
ders.	Zur Ausdehnung der Haftung eines GmbH-Geschäftsführers bei Konkursverschleppung, EWiR 1993, S. 583.
Wiesner, Peter M.	Die tradierte Register-Publizität wird entrümpelt, GmbHR 2001, R 309.
Wilhelm, Jan	Kapitalaufbringung und Handlungsfreiheit der Gesellschaft nach Aktien- und GmbH-Recht, ZHR 152 (1998), S. 333.
Wilhelmi, Rüdiger	Das Mindestkapital als Mindestschutz – eine Apologie im Hinblick auf die Diskussion um eine Reform der GmbH angesichts der englischen Limited, GmbHR 2006, S. 13.

Wittig, Arne	Früherkennung der Krise durch Kreditinstitute in: Die GmbH in Krise, Sanierung und Insolvenz, Karsten, Schmidt/Uhlenbruck, Wilhelm, 3. Aufl., Köln, 2003.
ders.	Financial Covenants im inländischen Kreditgeschäft, WM 1996, S. 1381.
Wohlgemuth, Michael/ Ständer, Ute	Der Bewertungsmaßstab „Herstellungskosten" nach HGB und IAS – Darstellung der Besonderheiten und kritische Gegenüberstellung -, WPg 2003, S. 203.
Wouters, Jan	European Company Law: Quo Vadis ?, CMLR 37 (2000), S. 257.
Wulf, Martin/ Klein, Michael/ Azaiz, Karim	Umstellung des Konzernabschlusses auf IFRS (Teil I), DStR 2005, S. 260.
dies.	Umstellung des Konzernabschlusses auf IFRS (Teil II), DStR 2005, S. 299.
Würdinger, Hans	Aktienrecht und das Recht der verbundenen Unternehmen: eine systematische Darstellung, 4. Aufl., Heidelberg, Karlsruhe, 1981.
Wüstemann, Jens	US-GAAP: Modell für das deutsche Bilanzrecht?, WPg 1996, S. 421.
Wymeersch, Eddy	Gesellschaftsrecht im Wandel – Ursachen und Entwicklungslinien, ZGR 2001, S. 294.
ders.	Company Law in Europe and European Company Law, in: 1. Europäischer Juristentag 2001 Nürnberg, Baden-Baden, 2001, S. 85.
Ziemons, Hildegard	Freie Bahn für den Umzug von Gesellschaften nach Inspire Art?!, ZIP 2003, S. 1913.
Zimmer, Daniel	Nach „Inspire Art" – Grenzenlose Gestaltungsfreiheit für deutsche Unternehmen?, NJW 2003, S. 3585.
ders.	Wie es euch gefällt? Offene Fragen nach dem Überseering-Urteil des EuGH, BB 2003, S. 1.

ders.	Mysterium „Centros“. Von der schwierigen Suche nach der Bedeutung eines Urteils des Europäischen Gerichtshofes, ZHR 164 (2000), S. 23.
Zöllner, Wolfgang	Konkurrenz für inländische Kapitalgesellschaften durch ausländische Rechtsträger, insbesondere durch die englische Private Limited Company, GmbHR 2006, S. 1.

Inhaltsverzeichnis

Einleitung

A. Einführung

Der Kapitalschutz zählt seit jeher zum Zentralbereich des Kapitalgesellschaftsrechts. Im Unterschied zur Personengesellschaft, bei der das unternehmerische Risiko auch mit dem Privatvermögen der Gesellschafter besichert wird, steht den Gläubigern einer Kapitalgesellschaft ausschließlich das Gesellschaftsvermögen als Haftungsobjekt zur Verfügung.
Grundlegendes Charakteristikum der Kapitalgesellschaften ist damit der Ausschluss der persönlichen Haftung der Gesellschafter. Dieses Haftungsprivileg ermöglicht eine unternehmerische Betätigung zu einem kalkulierbaren Risiko und verlagert zugleich das mit der unternehmerischen Betätigung verbundene Risiko auf die Vertragspartner[1]. Diesen kollusiven Effekt und die hohe Insolvenzanfälligkeit der GmbH versucht der in Kontinentaleuropa weit verbreitete kapitalbasierte Ansatz mit einer obligatorischen Mindestkapitalziffer zu kompensieren. Dem steht ein anderes, ebenfalls weit verbreitetes System gegenüber, das auf einen solchen „Eintrittspreis" verzichtet und die Finanzierungsverantwortung weitestgehend den Gründungsgesellschaftern überlässt. Damit stehen sich wie so oft im wirtschaftsrechtlichen Bereich die kontinentaleuropäische und die angloamerikanische Rechtstradition gegenüber.
Mit den Entscheidungen des EuGH in Sachen „Inspire Art", „Überseering", „Centros" und „Daily Mail" sowie den jüngsten rechtspolitischen Entwicklungen im Europäischen Gesellschaftsrecht und der Reformaktivitäten einiger nationaler Gesetzgeber erreichte die Kapitalschutzthematik eine neue Dimension. Mit der Rechtsprechung zur Niederlassungsfreiheit löste der EuGH einen bisher in Europa nur in der Wissenschaft diskutierten Wettbewerb der Rechtsordnungen aus.
Spanien und Frankreich sahen sich jüngst veranlasst, den Kapitalschutz im GmbH-Recht zu reformieren. In Deutschland löste der Wettbewerb eine massenhafte Anzahl an wissenschaftlichen Beiträgen aus. Trotz der kontrovers geführten Diskussion zum Kapitalschutz ist der seit über einem Jahrhundert im deutschen GmbH-Recht fest verankerte und bis vor wenigen Jahren noch kaum wegzudenkende traditionelle Kapitalschutz erheblich unter Druck geraten[2].

---

[1] Vgl. Haas, Reform des gesellschaftsrechtlichen Gläubigerschutzes, E 13; Lutter, in Lutter: Das Kapital der Aktiengesellschaft in Europa, ZGR-Sonderheft 17 2006, 1, 4; Eidenmüller/Grunewald/ Noack, in Lutter: Das Kapital der Aktiengesellschaft in Europa, ZGR-Sonderheft 17 2006, 17, 22; Teichmann, NJW 2006, 2444, 2444; Kleindiek, ZGR 2006, 335, 338, 363; Spindler, JZ 2006, 839, 840.

[2] So jüngst Blaurock, FS Raiser (2005), S. 3, 3; Merkt ZGR 2004, 305, 306; Kleindiek, ZGR 2006, 335, 336.

Auch der deutsche Gesetzgeber sah sich veranlasst, einen Entwurf zur Neuregelung des Mindestkapitals der GmbH vorzulegen[3]. In Deutschland besteht weitestgehend Einigkeit, dass man sich dem in Europa ausgelösten Wettbewerb im GmbH-Recht nicht verschließen kann. Bei der Gestaltung eines wettbewerbsfähigen GmbH-Rechts, bei dem das Prinzip des festen Mindestkapitals und die flankierenden Regeln der Kapitalaufbringung und Kapitalerhaltung überwiegend als zentraler Wettbewerbsnachteil empfunden werden, gilt es, das Gesellschaftsrecht den veränderten wirtschaftlichen Anforderungen anzupassen. Hierbei ist zu berücksichtigen, dass sich die ordnungspolitische Funktion des Kapitalschutzes fundamental gewandelt hat.
Während einst mit dem festen Mindestkapital der deutsche Markt vor der Flut an unsolide gegründeten Gesellschaften mit beschränkter Haftung bewahrt werden sollte[4], tendiert der moderne Ansatz dahin, der erwarteten Flut an konkurrierenden ausländischen Gesellschaftsformen entgegenzuwirken.

Nicht nur im Kreise der EU steht der GmbH-rechtliche Kapitalschutz zur Debatte. Auch in Serbien, einem Beitrittsbewerberland, wurde dieser Themenkomplex jüngst neu geregelt. Als Transitionsland hat das Gesellschaftsrecht in Serbien im letzten Jahrzehnt eine rasante Entwicklung erfahren. Zunächst galt es, das Gesellschaftsrecht der politisch-ideologischen Reform und damit den marktwirtschaftlichen Bedürfnissen anzupassen, wodurch die klassisch marktwirtschaftlich geprägten Personen- und Kapitalgesellschaftsformen wiedereingeführt wurden.
Nach dieser zunächst stark edukativ geprägten Phase des Gesellschaftsrechts ist man in Serbien nunmehr bemüht, die gesellschaftsrechtlichen Vorgaben der EU umzusetzen. Regelungsbereiche, die seitens der EU noch einen Handlungsspielraum eröffneten, wurden in der im November 2004 verabschiedeten Reform des Gesellschaftsrechts konsequent genutzt[5]. Besonders der GmbH-rechtliche Kapitalschutz, der auf EU-Ebene bislang unharmonisiert geblieben ist, wurde eingehend liberalisiert. Von dem angloamerikanischen Kapitalschutz inspiriert, verlagerte man die Finanzierungsverantwortung weitestgehend in den Verantwortungsbereich der Gesellschafter. Auch die flankierenden Regeln der Kapitalaufbringung und Kapitalerhaltung wurden eingehend reformiert. Korrelativ zur weitreichenden Finanzierungsautonomie der Gesellschafter wurden die Publizitätspflichten erweitert und das Registerrecht modernisiert. Damit setzte sich im Panorama der kontinentaleuropäischen Gesellschaftsrechtsordnungen erneut die angloamerikanische Rechtstradition durch.

Vor diesem Hintergrund hat sich diese Arbeit zum Ziel gesetzt, den Kapitalschutz im serbischen und deutschen Recht der GmbH vergleichend zu analysieren, wobei sich die Untersuchung auf den Kapitalschutz im engeren Sinne beschränkt. Im Mittelpunkt

---

[3] Entwurf eines Gesetzes zur Modernisierung des GmbH-Rechts und zur Bekämpfung von Missbräuchen (MoMiG) vom 29. Mai 2006; Entwurf eines Gesetzes zur Neureglung des Mindestkapitals der GmbH (MindestkapG) vom 15. April 2005; Entwurf eines Gesetzes zur Bekämpfung von Missbräuchen, zur Neuregelung der Kapitalaufbringung und zur Förderung der Transparenz im GmbH-Recht (MiKaTraG) vom 30. November 2004.

[4] Vgl. Blaurock, FS Raiser (2005), S. 3, 13.

[5] Vgl. Vasiljević, WiRO 2006, 1, 5.

der Untersuchung steht daher das Prinzip des festen Mindestkapitals und seiner flankierenden Regeln zur Kapitalaufbringung und Kapitalerhaltung.

B. Gang der Untersuchung

Mit Bedacht auf die in Europa ausgelöste Kapitalschutzdebatte widmet sich das erste Kapitel dem Europäischen Gesellschaftsrecht. Neben einem historischen Abriss werden der Entwicklungsstand und die Zukunftsperspektiven des europäischen Gesellschafts- und GmbH-Rechts dargestellt. Hierbei richtet sich das Augenmerk auf die Rechtsprechung des EuGH zur Niederlassungsfreiheit sowie auf die rechtspolitischen Tendenzen und die geplanten legislativen Aktivitäten. Berücksichtigung fand zudem die Thematik des Wettbewerbs der Regelgeber sowie die Einflussnahme der Niederlassungsfreiheit auf die Anwendung der mitgliedsstaatlichen Gesellschaftsrechte.

Gegenstand des zweiten Kapitels ist eine abstrakte Untersuchung des Kapitalschutzes. Neben einer Gegenüberstellung des kontinentaleuropäischen und angloamerikanischen Kapitalschutzsystems werden insbesondere die Funktionen des Mindestkapitals untersucht.

Das dritte Kapitel befasst sich mit der rechtsvergleichenden Analyse des serbischen und deutschen Kapitalschutzes im Recht der GmbH. Schwerpunkt der Untersuchung bilden das Kapitalaufbringungsprinzip sowie die flankierenden Kapitalaufbringungs- und Kapitalerhaltungsregeln.

Im vierten Kapitel befasst die Arbeit mit dem alternativen Gläubigerschutz. Den Schwerpunkt der Untersuchung bilden die Geschäftsbrief- und Rechnungslegungspublizität. Rechtsvergleichend werden hierbei insbesondere das Rechnungslegungssystem der IAS/IFRS sowie die Bilanzierungsgrundsätze des HGB analysiert.

Das fünfte Kapitel hat schließlich eine abschließende Betrachtung zum Gegenstand.

1. Kapitel: Das Europäische Gesellschaftsrecht

A. Der Begriff des „Europäischen Gesellschaftsrechts“

Unter dem Begriff des Europäischen Gesellschaftsrechts versteht man kein übergeordnetes, gemeinschaftlich eigenständiges System abschließender und homogener Kodifikation[6], sondern vielmehr die Gesamtheit der Rechtsvorschriften der Europäischen Gemeinschaft auf dem Gebiet des Gesellschaftsrechts[7], die die Angleichung der nationalen Gesellschaftsrechte zum Zwecke haben[8].

Aus diesem Grund ist das Europäische Gesellschaftsrecht vom Bestehen zweier Rechtsebenen, der europäischen und der jeweils nationalen Gesellschaftsrechtsebene geprägt[9].

Überwiegend ist das Europäische Gesellschaftsrecht derivativ europäisch oder als europäisches Gesellschaftsrecht kraft Transformation ausgestaltet[10]. An originär europäischem Gesellschaftsrecht existieren gegenwärtig die Verordnung über die Europäische Wirtschaftliche Interessenvereinigung (EWIV)[11], die Verordnung über die Europäische Aktiengesellschaft (Societas Europaea „SE“)[12] sowie die Verordnung über die Europäische Genossenschaft (Societas Cooperativa Europaea „SCE“)[13].

B. Geschichtlicher Überblick über die Entwicklung des Europäischen Gesellschaftsrechts

Die Entwicklung des nunmehr seit fast 40 Jahren existierenden Europäischen Gesellschaftsrechts lässt sich in drei Etappen einteilen[14].

Die Geschichte des Europäischen Gesellschaftsrechts begann mit dem sog. „Flaggschiff des europäischen Gesellschaftsrechts“, der Europäischen Aktiengesellschaft

---

[6] Lutter, Europäisches Gesellschaftsrecht 2. Aufl. 1984, S. 1; Grünwald, Europäisches Gesellschaftsrecht, S. 12.

[7] Schön, RabelsZ 64 (2000), 1, 3; Lutter, Europäisches Unternehmensrecht 4. Aufl. 1996, S. 5.; ders., Europäisches Gesellschaftsrecht 2. Aufl. 1984, S. 1; Blaurock, ZEuP 1998, 460, 461.

[8] Goerdeler, FS Steindorff (1990), S. 1211, 1218.

[9] Hopt, ZGR 1992, 265, 275.

[10] Hopt, ZGR 1992, 265, 270.

[11] Verordnung (EWG) NR. 2137/85 (EWIV-Verordnung), ABl. EG 1985 Nr. L 199, S. 1; Lutter, Europäisches Unternehmensrecht 4. Aufl. 1996, S. 5; Hopt, ZGR 1992, 265, 270; Ebenroth/Auer, GmbHR 1994, 16, 20.

[12] Verordnung (EG) Nr. 2157/2001 des Rates vom 08.10.2001 über das Statut der SE, ABl.EG Nr. L 294/1 vom 10.11.2001. Am 26.05.2004 hat das Bundeskabinett einen Regierungsentwurf zur Umsetzung der Europa-AG beschlossen, abrufbar unter http://www.bmj.bund.de/media/archive/682.pdf.

[13] Verordnung (EG) Nr. 1435/2003 des Rates über das Statut der Europäischen Genossenschaft (SCE) vom 22.07.2003, ABl.EG Nr. L 207 vom 18.08.2003, S. 1.

[14] Hopt, ZIP, 1998, 96, 97.

(Societas Europaea –SE-)[15]. Lange bevor die EWG mit den Römischen Verträgen vom 25. März 1957 Wirklichkeit wurde, hatte der Europarat bereits 1949 einen Entwurf zur Gründung einer europäischen Gesellschaft ausgearbeitet[16]. In seiner Empfehlung aus dem Jahre 1952 sah der Europarat die Gewährung eines Statuts kapitalistischer Prägung vor. Befürchtungen befragter Kreise brachten dieses Vorhaben jedoch zum Scheitern, da man in der Gewährung steuerlicher und rechtlicher Vergünstigungen, die mit der Gründung einer europäischen Gesellschaftsform einhergehen sollten, eine Diskriminierungsgefahr für die nationalen Unternehmensformen erblickte[17].
Die eigentliche Geschichte der SE begann erst nach den Römischen Verträgen[18]. Im Jahre 1959 regte Thibièrge auf dem 57. Kongress der Notare Frankreichs die Idee einer „Aktiengesellschaft europäischen Typs" an[19]. Im gleichen Jahr setzte sich Sanders in der Rotterdamer Antrittsvorlesung[20] dafür ein, den Unternehmen in den sechs Mitgliedsstaaten ein europäisches Statut für Aktiengesellschaften zur Verfügung zu stellen[21]. Dem Vorschlag einer europäischen Aktiengesellschaft stand die Kommission der Europäischen Gemeinschaften wohlwollend gegenüber. Im Jahre 1966 legte die von der Kommission eingesetzte Sachverständigengruppe unter dem Vorsitz von Pieter Sanders einen Vorentwurf eines Statuts der Europäischen Aktiengesellschaft vor, der im Jahre 1970 als Kommissionsvorschlag dem Ministerrat vorgelegt wurde[22]. Aufgrund einer Vielzahl von Stellungnahmen wurde dieser Vorschlag von der Kommission überarbeitet und im Jahre 1975 in einer geänderten Fassung vorgelegt[23]. In insgesamt 284 Artikeln regelte der Entwurf gesellschafts-, steuer-, konzern- und mitbestimmungsrechtliche Fragen.
Neben dem ehrgeizigen Vorhaben eine europäische Aktiengesellschaft zu schaffen, wurden in der Folgezeit eine Reihe von Rechtsangleichungshandlungen aus den verschiedensten Bereichen des Aktienrechts verabschiedet[24]. Im Jahre 1968 wurde die Publizitätsrichtlinie[25], die erste Richtlinie aus dem Bereich des Gesellschaftsrechts, verabschiedet.

---

[15] Zur geschichtlichen Entwicklung der SE, vgl. Taschner in Handbuch der Europäischen Aktiengesellschaft, S. 9 ff..

[16] Schwarz, Europäisches Gesellschaftsrecht, S. 25, Rn. 32.

[17] Piepkorn, ZHR 137 (1973), 35, 48.

[18] Hopt, ZGR 1992, 265, 269; ders., ZIP 1998, 96, 97.

[19] Vgl. Merkt, BB 1992, 652, 652; Lutter, BB 2002, 1, 1; Habersack, Europäisches Gesellschaftsrecht, S. 399, Rn. 394; Blanquet, ZGR 2002, 20, 21.

[20] Sanders, AWD 1960, 1-5.

[21] Piepkorn, ZHR 137 (1973), 35, 49.

[22] Vorschlag einer Verordnung (EWG) des Rates über das Statut für europäische Aktiengesellschaften, ABl.EG Nr. C 124/1 vom 10.10.1970.

[23] Erster geänderter Vorschlag vom 30.04.1975, KOM (75) 150 endg.; Beilage 4/75 zum Bulletin der EG; siehe hierzu auch Theisen/Wenz, Die Europäische Aktiengesellschaft, S. 31; Habersack, Europäisches Gesellschaftsrecht, S. 397, Rn. 392; Lutter, BB 2002, 1, 1.

[24] Schwarz, Europäisches Gesellschaftsrecht, S. 29, Rn. 35; Hopt, ZIP 1998, 96, 97; Merkt, BB 1992, 652, 652; Boucourechliev, RIW 1999, 1, 1.

[25] Erste Richtlinie (**Publizitätsrichtlinie**) vom 09.03.1968 (68/51/EWG), ABl.EG Nr. L 65 vom 14.03.1968, S. 8.

Erst nach acht Jahren trat dann die zweite Richtlinie in Kraft[26]. Die Ursache für die langsame Entwicklung lag darin, dass der Rat anfangs nur einstimmig beschließen konnte. Zudem verfolgten der Rat und die Mitgliedsstaaten zunächst ein sehr ambitioniertes Harmonisierungskonzept, das ein zügiges Vorgehen oftmals erschwerte[27], denn der Gesetzgeber strebte zunächst eine detaillierte, formalistische und anspruchsvolle Rechtsordnung an[28]. Dieser exzessive Ansatz, der den nationalen Rechtsordnungen wenig Eigenheiten zuließ, war Anlass für langwierige Diskussionen, die den Harmonisierungsprozess stark verlangsamten. Nach weiteren acht Jahren wurden schließlich die 3., 4., 6., 7. und 8. Richtlinie verabschiedet[29].
Anfang der Achtziger Jahre geriet der Harmonisierungsprozess wieder ins Stocken. Weder zur Fünften noch zur Zehnten Richtlinie fand man einen Kompromiss. Über die 9. Richtlinie konnte man sich noch nicht einmal über einen Vorschlag einigen[30].
Mitte der Achtziger Jahre erhielt die gesellschaftsrechtliche Harmonisierung dann neue Impulse[31]. Mit der Idee „Europa 1992“ wandte sich die EG-Kommission im Jahre 1985 einer neuen Phase der Harmonisierung zu[32]. Im Weißbuch zur Vollendung des Binnenmarktes[33] rückte die Kommission von ihren ursprünglichen Vorhaben ab, eine exzessive und flächendeckende Harmonisierungspolitik zu betreiben[34] und wandte sich einer neuen Harmonisierungsstrategie zu[35]. Diese neue Strategie beruhte auf einer gegenseitigen Anerkennung der nationalen Vorschriften[36]. Eine Rechtsangleichung im herkömmlichen Sinne sollte nur dann erfolgen, wenn sie unerlässlich war[37].
Mit dieser scheinbar rezessiven Rechtsangleichungspolitik wandte sich die Kommission realistischeren Zielen zu, die zu erkennbaren Fortschritten in der Rechtsangleichung führten[38].

---

[26] Zweite Richtlinie (**Kapitalrichtlinie**) vom 13.12.1976 (77/91/EWG), ABl.EG Nr. L 26 vom 31.01.1977, S. 1.
[27] Boucourechliev, RIW 1999, 1, 1.
[28] Boucourechliev, RIW 1999, 1, 1.
[29] Dritte Richtlinie (**Fusionsrichtlinie**) vom 09.10.1978 (78/855/EWG), ABl.EG Nr. L 295 vom 20.10.1978; Vierte Richtlinie (**Bilanzrichtlinie**) vom 25.07.1978 (78/660/EWG), ABl.EG Nr. L 222 vom 14.08.1978, S. 11; Sechste Richtlinie (**Spaltungsrichtlinie**) vom 17.12.1982, ABl.EG Nr. L 378 vom 31.12.1982, S. 47; Siebte Richtlinie (**Richtlinie über den konsolidierten Abschluss**) vom 13.06.1983, ABl.EG Nr. L 193 vom 18.07.1983; Achte Richtlinie (**Prüferbefähigungsrichtlinie**) vom 10.04.1984 (84/253/EWG), ABl.EG Nr. L 126 vom 12.05.1984, S. 20.
[30] Hopt, ZIP 1998, 96, 97.
[31] Boucourechliev, RIW 1999, 1, 2; Schwarz, Europäisches Gesellschaftsrecht, S. 32, Rn. 37; Hopt, ZGR 1992, 265, 269, spricht von einem dümpelnden Schiff, welches wieder in Fahrt gebracht wurde.
[32] Schwarz, Europäisches Gesellschaftsrecht, S. 32, Rn. 38; Hopt, ZIP 1998, 96, 97; Everling/Roth, Mindestharmonisierung im Europäischen Binnenmarkt, S. 10.
[33] KOM (85) 310 endg..
[34] Hayder, RabelsZ 53 (1989), 622, 632; Schwarz, Europäisches Gesellschaftsrecht, S. 32, Rn. 38; Hopt, ZIP 1998, 96, 97.
[35] KOM (85) 310 endg., Tz. 18-21.
[36] KOM (85) 310 endg., Tz. 67 ff., 77 ff.; Hopt, ZGR 1992, 265, 269; Schwarz, Europäisches Gesellschaftsrecht, S. 32, Rn. 38; Hayder, RabelsZ 53 (1989), 622, 632.
[37] Hayder, RabelsZ 53 (1989), 622, 632.
[38] Hopt, ZIP 1998, 96, 97; Schwarz, Europäisches Gesellschaftsrecht, S. 32, Rn. 38.

Das Weißbuch der Kommission bildete den Hintergrund der Einheitlichen Europäischen Akte aus dem Jahre 1986 (EEA), wodurch es zur ersten und umfassenden Revision der EG-Gründungsverträge kam. Gemäß Art. 18 und Art. 19 EEA wurden u.a. Art. 100 a[39] und 100 b aufgenommen, wodurch insbesondere mit der Einführung der qualifizierten Mehrheit und der Einführung der Verordnung die Fortschritte in der Rechtsangleichung geebnet wurden[40].
In der Folgezeit kam es sodann zu weiteren Maßnahmen. Im Jahre 1985 wurde die Rechtsverordnung über die Europäische Wirtschaftliche Interessenvereinigung[41] verabschiedet. Dem folgte der Erlass der Zweigniederlassungsrichtlinie, der Einpersonenrichtlinie, der Bankbilanzrichtlinie, der Transparenzrichtlinie, der Emissionsprospektrichtlinie und der Insiderrichtlinie. Trotz dieser scheinbaren Erfolge blieben Maßnahmen im Kernbereich des Gesellschaftsrechts jedoch aus[42].
Die jüngsten Maßnahmen scheinen sich auf supranationale Gesellschaftsformen zu konzentrieren, denn in den Jahren 1992 und 1993 legte die Kommission ein umfassendes Vorschlagspaket vor. Die Verordnungsvorschläge bezogen sich auf den *Europäischen Verein (EUV/AE)*[43]*, die Europäische Genossenschaft (EU-GEN/SCE)*[44] *und die Europäische Gegenseitigkeitsgesellschaft ((EUGGES/ME)*[45]. Im Zusammenhang mit der Errichtung des Europäischen Binnenmarktes wurden die zwischenzeitlich ins Stocken geratenen Pläne zur Realisierung der Europäischen Aktiengesellschaft wieder aufgenommen[46]. Dabei knüpfte die Kommission nicht an den Entwurf aus dem Jahre 1975 an, sondern stellte vielmehr ein Memorandum mit einem erheblich abgeschlackten Vorschlag vor[47]. Nach insgesamt drei weiteren Änderungsvorschlägen[48], einem Richtlinienvorschlag[49] und diversen Einigungsversuchen[50] wurde die Europäische Ak-

---

[39] Nunmehr Art. 95 EGV.
[40] Zum Widerspruch, vgl. Hopt, ZGR 1989, 265, 269, 270.
[41] Verordnung (EWG) Nr. 2137/85 (EWIV-Verordnung), ABl. EG 1985 Nr. L 199, S. 1.
[42] Hopt, ZIP 1998, 96, 97; Schwarz, Europäisches Gesellschaftsrecht, S. 33, Rn. 41.
[43] Vorschlag vom 05.03.1992, ABl.EG Nr. C 99 vom 21.04.1992, S. 1 ff..
[44] Vorschlag vom 05.03.1992, ABl.EG Nr. C 99 vom 21.04.1992, S. 17 ff..
[45] Vorschlag vom 05.03.1992, ABl.EG Nr. C 99 vom 21.04.1992, S. 40 ff..
[46] Merkt, BB 1992, 652, 652.
[47] KOM (88) 320 endg. vom 15.07.1988, S. 2, Tz. 16-20.
[48] Zweiter geänderter Vorschlag vom 25.08.1989, ABl.EG Nr. C 263/41 vom 16.10.1989, S. 41 ff.; Dritter geänderter Vorschlag vom 16.05.1991, ABl.EG Nr. C 176/1 vom 08.07.1991, S.1 ff.; Geänderter Vorschlag für eine Verordnung über das Statut der Europäischen Aktiengesellschaft (SE) vom 20.12.2000 (Kommissionsvorschlag Nr. 1417/00 SE 8).
[49] Vorschlag für eine Richtlinie des Rates zur Ergänzung des Statuts der Europäischen Aktiengesellschaft (SE) hinsichtlich der Beteiligung der Arbeitnehmer vom 20.12.2000 (Kommissionsvorschlag Nr. 14719/00 SE 9).
[50] Im Jahre 1998 ermöglichte der Davingnon Bericht die Wiederaufnahme der Beratungen im Ministerrat bezüglich der SE. Ursache der fehlenden Konsensfähigkeit war vor allem die Problematik der Mitbestimmung der Arbeitnehmer. Der Vorschlag der Vorher-Nachher-Lösung zur Sicherung der Mitbestimmung in der Europäischen Aktiengesellschaft aus dem Jahre 1998 scheiterte aufgrund eines spanischen Widerstandes. Ferner scheiterte der Einigungsversuch im Sozialministerrat vom 25.05.1999 erneut aufgrund eines spanischen Widerstandes. Zu den Einigungsversuchen eingehend Blanquet, ZGR 2002, 20, 28 ff.; Lutter, BB 2002, 1, 2 ff.; Heinze, ZGR 2002, 66, 70; Theisen/Wenz, Die Europäische Aktiengesellschaft, S. 33 ff..

tiengesellschaft schließlich im Jahre 2001 ins Leben gerufen[51], sodass die Rechtsform der Europäischen Aktiengesellschaft den Mitgliedsstaaten mit dem Inkrafttreten der SE-Verordnung zur Verfügung steht[52].

Einen weiteren Meilenstein in der Entwicklung des Europäischen Gesellschaftsrechts stellen die Bemühungen um die Europäische Privatgesellschaft (EPG) dar. Da die Rechtsform der SE überwiegend für Großunternehmen konzipiert ist, konnte sie den Erwartungen der Geschäftswelt, insbesondere den Bedürfnissen der KMU, nicht gerecht werden[53]. Die Rechtsform der EPG, die schon seit den siebziger Jahren im Raum stand, wurde aufgrund einer französischen Initiative im Jahre 1998 wieder ins Leben gerufen[54]. Neben der Unterstützung durch den Europäischen Arbeitgeber- und Industrieverband (UNICE) und Eurochambres votierte der Europäische Wirtschafts- und Sozialausschuss (EWSA) im März 2002 einstimmig für die Entwicklung eines europäischen, auf die kleinen und mittleren Unternehmen zugeschnittenen Gesellschaftsstatuts[55]. Entgegen der Empfehlung der High Level Group, eine Durchführbarkeitsstudie hinsichtlich der EPG mittelfristig, d.h. erst nach Verabschiedung der 10. Richtlinie (Fusionsrichtlinie) in Auftrag zu geben[56], entschied die EU-Kommission, die Realisierbarkeitsstudie bereits in naher Zukunft einzuleiten und einen Vorschlag mittelfristig ins Auge zu fassen[57].
Neben der Europäischen Privatgesellschaft existieren noch weitere Vorhaben zur Realisierung europäischer Gesellschaftsformen. Hierzu zählen der Europäische Verein[58], die Europäische Gegenseitigkeitsgesellschaft[59] sowie die Europäische Stiftung[60].

---

[51] SE-Verordnung (EG) Nr. 2157/2001, ABl.EG Nr. L 294 vom 10.11.2001, S. 1 und die Richtlinie 2001/86/EG des Rates vom 08.10.2001 zur Ergänzung des Statuts der Europäischen Gesellschaft hinsichtlich der Beteiligung der Arbeitnehmer, ABl.EG Nr. L 294 vom 10.11.2001, S. 22 ff.. Am 26.05.2004 hat das Bundeskabinett einen Regierungsentwurf zur Umsetzung der Europa-AG beschlossen, abrufbar unter http://www.bmj.bund.de/media/archive/682.pdf.
[52] SE-Verordnung (EG) Nr. 2157/2001, ABl.EG Nr. L 294 vom 10.11.2001, S. 18.
[53] KOM (2003) 284 endg., S. 25; Bericht der HLG auf dem Gebiet des Gesellschaftsrechts über moderne gesellschaftsrechtliche Rahmenbedingungen in Europa vom 04.11.2002, S. 123.
[54] Verordnungsentwurf der Pariser Industrie- und Handelskammer (CREDA - Centre de recherche sur le droit des affaires -) und dem französischen Wirtschaftsverband (MEDEF; vormals CNPF), abrufbar unter http://www.ccip.fr/etudes/dossiers/spe/index.html und http://www.medef.fr.
[55] Bericht der HLG auf dem Gebiet des Gesellschaftsrechts über moderne gesellschaftsrechtliche Rahmenbedingungen in Europa vom 04.11.2002, S. 124; Dejmek, GmbHR 2002, 107, 107; Krause, EuZW 2003, 747, 750.
[56] Bericht der HLG auf dem Gebiet des Gesellschaftsrechts über moderne gesellschaftsrechtliche Rahmenbedingungen in Europa vom 04.11.2002, S. 127.
[57] KOM (2003) 284 endg., S. 25.
[58] Die Diskussion über den Vorschlag dieser Gesellschaftsform ist noch nicht abgeschlossen, vgl. KOM (2003) 284 endg., S. 26.
[59] Die Aufmerksamkeit dieser Gesellschaftsform soll erst nach dem Vorschlag zum Europäischen Verein zuteil werden, vgl. KOM (2003) 284 endg., S. 26.
[60] Diesbezüglich soll eine mittelfristige Realisierbarkeitsstudie in Auftrag gegeben werden, vgl. KOM (2003) 284 endg., S. 26.

C. Rechtsgrundlagen und Instrumente des Europäischen Rechts

I. Primärrecht

Die primärrechtliche Rechtsquelle des Europäischen Rechts stellen die EG-Gründungsverträge dar[61]. Gemäß Art. 10 EGV werden in erster Linie die Mitgliedsstaaten und ihre Institutionen hierdurch verpflichtet. Die im EGV geregelten Grundfreiheiten entfalten eine unmittelbare Wirkung, die alle mitgliedsstaatlichen Gerichte und Behörden daran bindet[62]. Gesellschaftsrechtliche Regelungen enthält der EGV jedoch nur an wenigen Stellen. Von zentraler Bedeutung für das Europäische Gesellschaftsrecht ist die in den Art. 43, 48 EGV verankerte Niederlassungs- und die in Art. 56 EGV verankerte Kapitalverkehrsfreiheit[63].

Hinsichtlich der Niederlassungsfreiheit wird zwischen der primären und sekundären Niederlassungsfreiheit unterschieden[64]. Unter der „primären Niederlassungsfreiheit" versteht man das Recht, den Schwerpunkt der unternehmerischen Tätigkeit in das Gebiet eines anderen Mitgliedsstaates verlegen zu können. Die in Art. 43 Abs. 1 Satz 2 EGV geregelte „sekundäre Niederlassungsfreiheit" ermöglicht es, die unternehmerische Betätigung im Heimatstaat beizubehalten und diese durch die Gründung von Agenturen, Zweigniederlassungen oder Tochtergesellschaften auf das Gebiet eines oder mehrerer anderer Mitgliedsstaaten auszudehnen[65].
Daneben wird das primärrechtliche europäische Gesellschaftsrecht auch von der Kapitalverkehrsfreiheit maßgeblich beeinflusst[66]. Hiernach sind Beschränkungen des Kapitalverkehrs verboten. In den Anwendungsbereich der Kapitalverkehrsfreiheit fallen unter anderem auch grenzüberschreitende Beteiligungen an Personen- und Kapitalgesellschaften[67].

Besonders der in den Art. 43, 48 EGV verankerten Niederlassungsfreiheit kommt ein sehr hoher Stellenwert zu, der für eine funktionierende, durch zwei Rechtsebenen geprägte, europäische Gesellschaftsrechtsordnung unabdingbar ist[68]. In seiner Rechtsprechung misst der EuGH der Niederlassungsfreiheit einen außerordentlichen Stellenwert bei[69]. In den Urteilen in Sachen „Centros"[70], „Überseering"[71] und „Inspire Art"[72]

---

[61] Schwarz, Europäisches Gesellschaftsrecht, S. 54, Rn. 73.
[62] Schwarz, Europäisches Gesellschaftsrecht, S. 54, Rn. 73.
[63] Schön, RabelsZ 64 (2000), 1, 9; Schwarz, Europäisches Gesellschaftsrecht S. 54, Rn. 73; Habersack, Europäisches Gesellschaftsrecht, S. 8, Rn. 9, S. 18, Rn. 14 a.
[64] Schwarz, Europäisches Gesellschaftsrecht, S. 83, Rn. 125.
[65] Habersack, Europäisches Gesellschaftsrecht S. 8, Rn. 10.
[66] Schön, RabelsZ 64 (2000), 1, 11; Habersack, Europäisches Gesellschaftsrecht, S. 18, Rn. 14a.
[67] Schön, RabelsZ 64 (2000), 1, 11.
[68] Timmermans, RabelsZ 48 (1984), 1, 12 ff.: „die Rechtsangleichung ist das quit pro quo der Niederlassungsfreiheit"; Schwarz, Europäisches Gesellschaftsrecht, S. 7, Rn. 6: „die Angleichung des Gesellschaftsrechts ist das Gegenstück zur Niederlassungsfreiheit".
[69] Eidenmüller/Rehm, ZGR 2004, 159, 163.
[70] EuGH NJW 1999, 2027.
[71] EuGH NJW 2002, 3614.

stellte der EuGH anhand der Niederlassungsfreiheit richtungsweisende Maßstäbe für das Europäische Gesellschaftsrecht auf.
Bedeutendste primäre Rechtsquelle des Europäischen Gesellschaftsrechts ist damit die Niederlassungsfreiheit, die besonders aufgrund der zahlreichen Judikatur des EuGH stets für neue gemeinschaftsrechtliche Entwicklungsansätze gesorgt hat[73].

II. Sekundärrecht

Der EGV enthält eine Reihe von Regelungen, die zur Harmonisierung der nationalen Rechtsvorschriften ermächtigen. Dabei stellen die Verordnung und die Richtlinie die wichtigsten Rechtsintegrationsinstrumente[74] des EGV dar.

1. Die Verordnung

Rechtsgrundlage für den Erlass gesellschaftsrechtlicher Verordnungen sind Art. 100 a und Art. 235 EGV. Gemäß Art. 249 Abs. 2 EGV hat die Verordnung allgemeine Geltung und erzeugt ohne einen gesonderten Umsetzungsakt in jedem Mitgliedsstaat der EU unmittelbare Wirkung[75].
Als Instrument der Rechtsvereinheitlichung[76] tritt die Verordnung auf dem Gebiet des Europäischen Gesellschaftsrechts vor allem im Zusammenhang mit der Schaffung von supranationalen Gesellschaftsformen auf. Wie bereits erwähnt, wurden die EWIV, die SE und SCE als supranationale Gesellschaftsform[77] durch die Verordnung realisiert. Mit Ausnahme dieser supranationalen Gesellschaftsformen und der IAS-Verordnung[78] wird im Bereich des Gesellschaftsrechts auf dieses Instrument allerdings selten zurückgegriffen[79]. Maßgeblicher Grund hierfür ist der mangelnde richtlinientypische Kompromisscharakter[80].

2. Die Richtlinie

Die überwiegende Anzahl der Rechtsakte im Bereich des Europäischen Gesellschaftsrechts sind in Form der Richtlinie ergangen[81]. Die Besonderheit von Richtlinien besteht darin, dass sie zur Wirkungsentfaltung einer Transformation in das nationale

---

[72] EuGH NJW 2003, 3331.
[73] Merkt, RIW 2004, 1, 4.
[74] Der Begriff der Rechtsintegration umfasst die Rechtsangleichung und die Rechtsvereinheitlichung, vgl. Schwarz, Europäisches Gesellschaftsrecht S. 7, Rn. 5; Behrens, EuZW 1990, 13, 14.
[75] Schwarz, Europäisches Gesellschaftsrecht, S. 54, Rn. 74.
[76] Habersack, Europäisches Gesellschaftsrecht S. 39, Rn. 43; Schwarz, Europäisches Gesellschaftsrecht, S. 55, Rn. 74.
[77] Supranationale Gesellschaftsformen sind Gesellschaftsformen des europäischen Rechts die neben die nationalen Gesellschaftsformen treten.
[78] Verordnung (EG) Nr. 1606/2002 des Europäischen Parlaments und des Rates vom 19.07.2002 betreffend die Anwendung internationaler Rechnungslegungsstandards, ABl.EG 2002 L 243/1.
[79] Habersack , Europäisches Gesellschaftsrecht, S. 39, Rn. 43.
[80] Habersack , Europäisches Gesellschaftsrecht, S. 39, Rn. 43.
[81] Hopt, ZGR 1992, 265, 270.

Recht bedürfen. Dabei sind die Richtlinien hinsichtlich des zu ereichenden Zieles für die Mitgliedsstaaten verbindlich. Das Mittel, mit dem dieses Ziel erreicht werden soll, wird allerdings den innerstaatlichen Stellen überlassen. Der Gestaltungsspielraum des Transformationsgesetzgebers kann sich allerdings, je nachdem wie detailliert die Richtlinie ausgestaltet ist, auf Null reduzieren.
Anders als bei der Verordnung dient die Richtlinie der Rechtsangleichung und nicht der Rechtsvereinheitlichung[82]. Dadurch, dass die Richtlinie Rechtszwang und Gestaltungsfreiheit kombiniert[83], also eine Rechtsharmonisierung unter gleichzeitiger Wahrung der nationalen Eigentümlichkeiten und Gesetzgebungszuständigkeiten ermöglicht[84], ist diese Form der gemeinschaftlichen Rechtsetzung äußerst tauglich und für das Europäische Recht von erheblicher Bedeutung[85]. Die Gründe der Popularität dieses Instrumentes sind zweifelsohne in der besseren politischen Durchsetzbarkeit zu erblicken, die insbesondere auf die Flexibilität und die einfachere Umsetzung in das nationale Recht zurückzuführen ist.

D. Der Entwicklungsstand des Europäischen Gesellschaftsrechts anhand der KMU und der Rechtsform der GmbH

In kaum einem Bereich des Privatrechts ist die Europäische Gemeinschaft derart intensiv tätig geworden wie im Bereich des Gesellschaftsrechts[86]. Seit 1968 sind im Bereich des Gesellschaftsrechts von fünfzehn geplanten Richtlinien[87], neun in Kraft getreten[88].

---

[82] Timmermans, RabeslZ 48 (1984), 1, 10; Habersack, Europäisches Gesellschaftsrecht, S. 29, Rn. 29; Schwarz, Europäisches Gesellschaftsrecht, S. 136, Rn. 212, 213; Goerdeler, FS Steindorff (1990), S. 1211, 1218.

[83] Timmermans, RabelsZ 48 (1984), 1, 10.

[84] Habersack, Europäisches Gesellschaftsrecht, S. 29, Rn. 29.

[85] Timmermans, RabelsZ 48 (1984), 1, 10; Hopt, ZGR 1992, 265, 270.

[86] Van Hulle, EWS 2000, 521, 521; Hopt, ZIP 1998, 96; Hommelhoff, AcP 192 (1992), 71, 76ff..

[87] *Vorschlag einer fünften gesellschaftsrechtlichen Richtlinie* (**Strukturrichtlinie**) ABl.EG Nr. C 131 vom 13.12.1972, S. 49, erster geänderter Vorschlag, ABl.EG Nr. C 240 vom 09.09.1983, S. 2, zweiter geänderter Vorschlag, ABl.EG Nr. C 7 vom 11.01.1991, S. 4, dritter geänderter Vorschlag, ABl.EG Nr. C 321 vom 12.12.1991; *Vorschlag der zehnten gesellschaftsrechtlichen Richtlinie* (**Internationale Fusionsrichtlinie**) vom 08.01.1985, ABl.EG Nr. 23 vom 14.01.1985; *geänderter Vorschlag einer dreizehnten gesellschaftsrechtlichen Richtlinie* (**Richtlinie über Übernahmeangebote**) vom 02.10.2002; *Vorschlag einer vierzehnten gesellschaftsrechtlichen Richtlinie* vom 22.04.1997 (**Richtlinie über die Verlegung des Gesellschaftssitzes**); *Entwurf einer neunten gesellschaftsrechtlichen Richtlinie* von 1984 (**Konzernrichtlinie**) abgedruckt in ZGR 1985, 446; *überarbeiteter Vorentwurf* einer Richtlinie von 1987 (**Liquidationsrichtlinie**).

[88] *Erste gesellschaftsrechtliche Richtlinie* (**Publizitätsrichtlinie**) vom 09.03.1968 (68/51/EWG), ABl.EG Nr. L 65 vom 14.03.1968, S. 8; *Zweite gesellschaftsrechtliche Richtlinie* (**Kapitalrichtlinie**) vom 13.12.1976 (77/91/EWG), ABl.EG Nr. L 26 vom 31.01.1977, S. 1, geändert durch die Richtlinie (92/101/EWG) vom 23.11.1992, ABl.EG Nr. L 347 vom 28.11.1992, S. 64; *Dritte gesellschaftsrechtliche Richtlinie* (**Fusionsrichtlinie**) vom 09.10.1978 (78/855/EWG), ABl.EG Nr. L 295 vom 20.10.1978; *Vierte gesellschaftsrechtliche Richtlinie* (**Bilanzrichtlinie**) vom 25.07.1978 (78/660/EWG) ABl.EG Nr. L 222 vom 14.08.1978, S. 11; geändert durch die Richtlinien

I. Das Europäische Gesellschaftsrecht der zwei Geschwindigkeiten

Aufgrund ihrer erheblichen wirtschaftlichen Bedeutung[89] und der zunehmenden inner- und außereuropäischen grenzüberschreitenden Tätigkeit[90] ist die EU seit längerem bemüht, kleinere und mittlere Unternehmen besonders zu fördern. Hierzu zählt insbesondere die Europäischen Charta für Kleinunternehmen[91] und die diesbezüglichen Umsetzungsbemühungen[92]. Zu den KMU werden solche Unternehmen gezählt, die weniger als 250 Arbeitnehmer beschäftigen und einen Jahresumsatz von höchstens 40 Mio. € oder eine Jahresbilanzsumme von höchstens 27 Mio. € erzielen. Mit Wirkung zum 01.01.2005 wurden allerdings die monetären Größen angehoben[93], sodass die Obergrenze hinsichtlich des Jahresumsatzes nunmehr 50 Mio. € und hinsichtlich der Jahresbilanzsumme 43 Mio. € beträgt[94].

Bei der Wahl der Rechtsform erweist sich für die KMU gerade die GmbH als besonders attraktiv[95]. Die GmbH, die erstmals im Jahre 1892 von dem deutschen Gesetz-

---

(90/604/EWG) und (90/605/EWG) vom 08.11.1990 (GmbH & Co. KG-Richtlinie und Mittelstandsrichtlinie), durch die Richtlinie (84/569/EWG) vom 17.11.1984, durch die Richtlinie (94/8/EWG) vom 21.03.1994, durch die Richtlinie (99/60/EG) vom 17.06.1999 und durch die Richtlinie (2001/65/EG) vom 27.09.2001 (fair-value-Richtlinie); ***Sechste gesellschaftsrechtliche Richtlinie*** **(Spaltungsrichtlinie)** vom 17.12.1982, ABl.EG Nr. L 378 vom 31.12.1982, S. 47; ***Siebte gesellschaftsrechtliche Richtlinie*** **(Richtlinie über den konsolidierten Abschluss)** vom 13.06.1983, ABl.EG Nr. L 193 vom 18.07.1983 (83/349/EWG), geändert durch die Richtlinien (89/666/EWG) vom 21.12.1989, (90/604/EWG) vom 08.11.1990, (90/605/EWG) vom 08.11.1990; ***Achte gesellschaftsrechtliche Richtlinie*** **(Prüferbefähigungsrichtlinie)** vom 10.04.1984 (84/253/EWG), ABl.EG Nr. L 126 vom 12.05.1984, S. 20; ***Elfte gesellschaftsrechtliche Richtlinie*** **(Zweigniederlassungsrichtlinie)** vom 22.12.1989 (89/666/EWG), ABl.EG Nr. L 395 vom 30.12.1989, S. 36; ***Zwölfte gesellschaftsrechtliche Richtlinie*** **(Einpersonen-GmbH-Richtlinie)** vom 22.12.1989 (89/667/EWG), ABl.EG Nr. L 395 vom 30.12.1989, S. 40.

[89] 99 % von den 20, 5 Mio. in der EU angesiedelten Unternehmen sind KMU. Hierbei sind 96 % Kleinstunternehmen, 6 % kleine, 1% mittlere und nur 0,2 % große Unternehmen, vgl. Beobachtungsnetz der europäischen KMU 2002, S. 4, abrufbar unter www. europa.eu.int/comm/enterprise. Siehe hierzu auch KOM (2001) 98 endg., S. 15. Die KMU beschäftigen ca. 80 Mio. von insgesamt ca. 121 Mio. Arbeitnehmern; vgl. auch Wicke, GmbHR 2006, 356, 356.

In den Beitrittsländern (EU-Osterweiterung) spielen die KMU eine noch stärkere Rolle. Der Anteil der 6 Mio. KMU beträgt 72 % der Gesamtbeschäftigung. Neben der starken wirtschaftlichen Bedeutung nehmen die KMU im Bereich der Innovation und Entwicklung neuer Techniken eine wichtige Rolle ein, vgl. Ebke, RIW 2004, 241, 241, „in der OECD sind über 95 % der Unternehmen KMU, welche 60-70 % aller Arbeitnehmer beschäftigen". In Deutschland repräsentieren die KMU 40 % der Bruttoinvestitionen, 49 % der Umsätze und beschäftigen 70 % aller Arbeitnehmer. Die KMU leisten einen großen Beitrag zur wirtschaftlichen, gesellschaftlichen und politischen Stabilität und bilden ein starkes Gegengewicht zu den transnationalen Unternehmen mit ihren globalen wirtschaftlichen Verflechtungen und Einflüssen, vgl. Albach, FS Lutter (2000), S. 4; Hommelhoff, WM 1997, 2101, 2103.

[90] Basedow, FS Mestmäcker (1997), S. 356; Ebke, RIW 2004, 241, 241.

[91] ABl.EG Nr. C 287/87 vom 14.11.1986.

[92] Zum Stand der Umsetzungsbemühungen vgl. KOM (2003), 21 endg., S. 1 ff. und den Ergänzungsbericht SEK (2003), 58, S. 7 ff..

[93] ABl.EU Nr. L 124 vom 20.05.2003, S. 36, 38.

[94] ABl.EU Nr. L 124 vom 20.05.2003, S. 39.

[95] Fleischer, DStR 2000, 1015, 1015: „Hauptanwendungsbereich der GmbH sind kleine und mittlere Unternehmen". Die Praxis hat zudem gezeigt, dass die GmbH häufig auch von Großunternehmen ge-

geber ins Leben gerufen wurde und einen Siegeszug in über 100 Ländern feiert[96], stellt die in Europa meist gewählte Rechtsform dar[97]. Insbesondere die Kombination der kapitalistischen und personalistischen Struktur erweist sich für die KMU als besonders zweckgerecht[98]. Obwohl sich kleinere und mittlere Unternehmen in Form einer Personengesellschaft organisieren können, greifen diese Unternehmen überwiegend auf die Rechtsform der GmbH zurück. Hierfür sind vor allem das Haftungsprivileg[99] und die mögliche aktive Beteiligung der Gesellschafter an der Geschäftsführung[100] maßgeblich.

Im Vergleich zum aktienrechtlichen Modell entspricht die GmbH dem Finanzierungsbedarf kleinerer und mittlerer Unternehmen, da die Eigenkapitalfinanzierung dieser Unternehmen wesentlich von der Bankkreditfinanzierung beherrscht und der Bedarf am Zugang zu den öffentlichen Kapitalmärkten äußerst gering ist[101]. Hinzu kommt die deutlich stärkere Dispositivität des GmbH-Rechts und die Reduktion formeller und materieller Reglementierungen[102], die ideal mit der für die KMU-typischen Flexibilität[103] korrespondieren. Die erhebliche Bedeutung der Rechtsform der GmbH für die kleinen und mittleren Unternehmen wird zudem durch die Pläne der EU-Kommission zur Schaffung der Europäischen Privatgesellschaft dokumentiert[104]. In diesem Zusammenhang wird vorgebracht, dass gerade personenbezogene Kapitalgesellschaften

---

wählt wird, vgl. Lehmann, ZGR 1986, 245, 351; Escher-Weingart, S. 145. Zur Bedeutung der GmbH siehe ferner Hansen, GmbHR 1989, 363, 363; Meyer, Haftungsbeschränkung 2000, S. 429.

[96] Lutter, FS 100 Jahre GmbH-Gesetz (1992), 49, 76.

[97] Haas, Reform des gesellschaftsrechtlichen Gläubigerschutzes, E 10; Boucourechliev/Hommelhoff, Vorschläge für eine Europäische Privatgesellschaft, S. 250-256; Frank/Wachter, GmbHR 2002, 17, 18ff.; Roth/Altmeppen, GmbHG Einl. Rn. 70; Schwarz, Europäisches Gesellschaftsrecht, S. 338 ff., Rn. 530 ff.; Timmermans, RabelsZ 48 (1984), 1, 18.; Lutter, FS 100 Jahre GmbH-Gesetz (1992), 49, 53; ders., Europäisches Unternehmensrecht 4. Aufl. 1996, S. 62. Jüngsten Schätzungen zur Folge bestehen in Deutschland ca. 950.000 GmbH´s, in den Niederlanden ca. 500.000 B.V.´s, in Frankreich ca. 700.000 S.A.R.L.´s, in Italien ca. 900.000 s.r.l.´s, in Spanien ca. 900.000 S.L.´s und in England ca. 2.100.000 Ltd.´s, vgl. hierzu Wachter, GmbHR 2005, 717, 721.

[98] Baumbach/Hueck, GmbHG, Einl. Rn. 23.

[99] Helms, Die Europäische Privatgesellschaft, S. 63.

[100] Trotz des Grundsatzes der Fremdorganschaft ist die Selbstorganschaft fakultativ, wovon zumindest in Deutschland häufiger Gebrauch gemacht wird, vgl. Baumbach/Hueck, GmbHG, Einl. Rn. 23.

[101] SEK (2003), 58, S. 61, 62; ferner Beobachtungsnetz der europäischen KMU 2002, S. 7, abrufbar unter www.europa.eu.int/comm/enterprise. Albach, FS Lutter (2000), S. 5, 6, führt dieses Phänomen auf das kontinentaleuropäische System zurück. Die Kommission der EG weist in ihrem Arbeitsdokument SEK (2003), 58, S. 62 darauf hin, dass sich das Finanzierungsverhalten der KMU in der Zukunft verändern wird.

[102] Baumbach/Hueck, GmbHG, Einl. Rn. 17.

[103] Lutter/Hommelhoff in Lutter/Hommelhoff, GmbH-Gesetz, 16. Aufl. 2004, Einl. Rn. 14; Ebke, RIW 2004, 241, 243: „die KMU verfügen nicht über schwerfällige Bürokratien und zeitraubende Entscheidungsprozesse“.

[104] KOM (2003) 284 endg., S. 25; Helms, Die Europäische Privatgesellschaft, S. 63: „der Enwurf der EPG sollte sich am typischen Anforderungsprofil der KMU orientieren“.

eine zweckmäßige Basis für die KMU böten und erforderlich und geeignet seien, die Aktivitäten der KMU zu fördern[105].
Trotz der europäischen Bemühungen zur Förderung der KMU sind die zentralen Bereiche des GmbH-Rechts, insbesondere der Kapitalschutz, das Gründungsverfahren und die Mitgliedschaft unharmonisiert geblieben[106]. Abgesehen von den Plänen zur Schaffung der Europäischen Privatgesellschaft beziehen sich die realisierten[107] und geplanten[108] Maßnahmen nahezu ausschließlich auf die Rechtsform der Aktiengesellschaft. So nehmen die Kapitalrichtlinie, die Fusionsrichtlinie und die Spaltungsrichtlinie ausschließlich auf die Aktiengesellschaft[109] Bezug.
Auch im jüngsten Aktionsplan der EU zur Modernisierung des Gesellschaftsrechts und zur Verbesserung der Corporate Governance in der Europäischen Union[110] und in dem Bericht der HLG ist die Dominanz der Aktiengesellschaft unverkennbar. Im Laufe der Zeit hat sich daher ein Europäisches Gesellschaftsrecht der „zwei Geschwindigkeiten“[111] entwickelt.

II. Ursachen der AG-Lastigkeit im Europäischen Gesellschaftsrecht

Die AG-Lastigkeit des Europäischen Gesellschaftsrechts ist politischer, wirtschaftlicher und praktischer Natur.
Ursprünglich ging man davon aus, dass meist Großunternehmen die Rechtsform der AG wählen und aufgrund ihrer Größe stärker als andere Rechtsformen grenzüberschreitend tätig werden würden[112]. Eine Harmonisierung des Aktienrechts sollte daher die wirtschaftliche Zusammenarbeit dieser Unternehmen in Europa fördern, sodass unter binnenmarktpolitischen Gesichtspunkten diese Harmonisierungsbestrebungen die höchste ökonomische Wichtigkeit einnahmen.
Ferner nahm man an, dass die Angleichung des Aktienrechts aufgrund der größeren Affinität innerhalb der Mitgliedsstaaten auf geringere politische Hindernisse stoßen

---

105 Bericht der HLG auf dem Gebiet des Gesellschaftsrechts über moderne gesellschaftsrechtliche Rahmenbedingungen in Europa vom 04.11.2002, S. 123, 124; Hommelhoff/Helms, GmbHR 1999, 53, 53.
106 Lutter, Europäisches Unternehmensrecht, 4. Aufl., S. 62; ders., in FS 100 Jahre GmbHG (1992), S. 49 ff.; Schwarz, Europäisches Gesellschaftsrecht, S. 814, Rn. 1462.
107 Wachter, GmbHR 2005, 717, 730; Hopt, ZIP 1998, 96, 103; Timmermans, RabelsZ 48 (1984), 1, 18; Krause, EuZW 2003, 747, 747; Schwarz, Europäisches Gesellschaftsrecht, S. 11, Rn. 15; Habersack, Europäisches Gesellschaftsrecht S. 43, Rn. 50; Boucourechliev, RIW 1999, 1, 6; Lutter, Europäisches Unternehmensrecht 4. Aufl. 1996, S. 62; ders., ZGR 2000, 1, 7; Finken/Weitbrecht, ZIP 1990, 959, 960; Niessen, RabelsZ 48 (1984), 81, 87; Ebenroth/Auer, GmbHR 1994, 16, 22.
108 Lediglich in einer Fußnote merkt die EU-Kommission an, dass die geplanten Initiativen auch auf andere Gesellschaftsformen anwendbar sein könnten, vgl. KOM (2003), endg., S. 9, Fn. 9.
109 Timmermans, RabelsZ 48 (1984), 1, 18; Krause, EuZW 2003, 747, 747; Niessen, RabelsZ 48 (1984), 81, 86. Die Erste, Vierte, Siebte, Elfte und Zwölfte Richtlinie erstrecken sich demgegenüber auch auf die Rechtsform der GmbH.
110 KOM (2003) 284 endg., S. 1 ff..
111 Krause, EuZW 2003, 747, 749; Wouters, CMLR 37 (2000), 257, 281.
112 Erwägungsgründe des Rates der EG zur Zweiten Richtlinie (**Kapitalrichtlinie**) vom 13.12.1976 (77/91/EWG), ABl.EG Nr. L 26 vom 31.01.1977, S. 1; Krause, EuZW 2003, 757, 749; Timmermans, RabelsZ 48 (1984), 1, 18; Niessen, RabelsZ 48 (1984), 81, 86.

würde und damit einfacher zu bewältigen sei[113]. Ein harmonisiertes Aktienrecht sollte aufgrund der starken strukturellen Verwandtschaft zur Gesellschaft mit beschränkter Haftung sodann die Harmonisierung des GmbH-Rechts ebnen.
Schließlich zwang die internationale kapitalmarktrechtliche Dimension[114] die EU, das Aktienrecht kontinuierlich den internationalen und europäischen Anforderungen anzupassen[115].

III. Stellungnahme

Die einst nachvollziehbaren Erwägungen der Europäischen Gemeinschaft, sich ausschließlich auf den Bereich des Aktienrechts im Rahmen der Harmonisierungsmaßnahmen zu fokussieren, entsprechen nicht mehr den heutigen wirtschaftlichen Verhältnissen.
Während früher die wirtschaftliche Bedeutung der in Form einer GmbH organisierten KMU noch schwächer ausgeprägt war, kommt den kleineren und mittleren Unternehmen in der heutigen Zeit sowohl im europäischen Binnenmarkt als auch in den einzelnen nationalen Volkswirtschaften ein besonders hoher wirtschaftlicher Stellenwert zu. Volkswirtschaftlich und binnenmarktpolitisch haben sich die kleineren und mittleren Unternehmen aufgrund ihrer starken Flexibilität zur treibenden wirtschaftlichen Kraft aufgeschwungen. Das spiegelt sich besonders in der Anzahl der gewählten Rechtsform, dem Umsatzvolumen und der Anzahl der beschäftigten Arbeitnehmer wieder.
Auch im Bereich der grenzüberschreitenden Wirtschaftsaktivitäten wird die Bedeutung der KMU weiter zunehmen. Kleinere und mittlere Unternehmen werden künftig aufgrund der starken Veränderungen der Märkte und infolge der zunehmenden Internationalisierung und Globalisierung immer häufiger über die heimischen Märkte hinausgehen[116] und sich auf die internationalen Märkte und vor allem auf den europäischen Markt zubewegen müssen, sodass der europäische Binnenmarkt nicht mehr ausschließlich von der Existenz der Großunternehmen geprägt sein wird.
Im Weißbuch zur Vollendung des Binnenmarktes stellte die Kommission klar, dass die GmbH die wichtigste Rechtsform darstelle[117]. Ein weiteres Indiz, welches die Wichtigkeit der KMU innerhalb des europäischen Binnenmarktes belegt, ist das ausgeprägte öffentliche und rechtspolitische Interesse an der EPG[118].
Angesichts dieser zahlenmäßigen Überlegenheit wäre ein Gleichlauf der Entwicklung des europäischen Aktien- und GmbH-Rechts mehr als nur gerechtfertigt[119].

---

[113] Timmermans, RabelsZ 48 (1984), 1, 18; Krause, EuZW 2003, 757, 749. Dadurch, dass die Harmonisierung des Personengesellschaftsrechts wesentlich tiefere Eingriffe in das Privatrecht der Mitgliedsstaaten erforderte, galt die Harmonisierung des Personengesellschaftsrechts als besonders problematisch, vgl. Finken/Weitbrecht, ZIP 1990, 959, 960 Fn. 15.
[114] Lutter, Europäisches Unternehmensrecht 4. Aufl. 1996, S. 5.
[115] So z.B. die IAS Verordnung (EG) Nr. 1606/2002, ABl.EG Nr. L 243 vom 11.09.2002.
[116] Ebke, RIW 2004, 241, 241.
[117] KOM (85) 310 endg., S. 34, Tz. 140.
[118] KOM (2003) 284 endg., S. 25; Bericht der HLG auf dem Gebiet des Gesellschaftsrechts über moderne gesellschaftsrechtliche Rahmenbedingungen in Europa vom 04.11.2002, S. 123.
[119] Hopt, ZIP 1998, 96, 103; Schwarz, Europäisches Gesellschaftsrecht, S. 11, Rn. 15; Niessen, RabelsZ 48 (1984), 81, 87.

Dennoch ist für die Zukunft eine Harmonisierung der zentralen Bereiche des GmbH-Rechts nicht zu erwarten. Insbesondere der Kapitalschutz, das Gründungsverfahren und die Mitgliedschaft sind und bleiben aus europäischer Sicht wenig fortschrittlich[120].

E. Die Rechtsprechung des EuGH zur Niederlassungsfreiheit und ihre Wirkung auf die Entwicklung des Europäischen Gesellschaftsrechts

Neben den jüngsten rechtspolitischen Entwicklungen hat auch der EuGH mit seiner Rechtsprechung zur Niederlassungsfreiheit in bislang ungeahnter Weise in die Entwicklung des Europäischen Gesellschaftsrechts eingegriffen[121] und das Europäische Gesellschaftsrecht vor neue Herausforderungen gestellt.

I. Die Entscheidungen des EuGH zur Niederlassungsfreiheit

1. Daily Mail[122]

Eine britische Holding und Investmentgesellschaft, die Daily Mail and General Trust PLC, beabsichtigte, den Sitz der Geschäftsleitung aus England in die Niederlande zu verlegen. Die Gesellschaft besaß ein beachtliches Aktienpaket, das sie im Betriebsvermögen hielt. Um eine Besteuerung der stillen Reserven zu vermeiden, wollte sie den steuerrechtlichen Sitz in die Niederlande verlegen. Gemäß dem damals geltenden britischen Steuerrecht hätte die unbeschränkte Steuerpflicht in England mit der Sitzverlegung geendet. Dementsprechend bedurfte eine solche Sitzverlegung gemäß Section 482 Abs. 1 lit. a des Income and Corporation Taxes Act aus dem Jahre 1970 der Genehmigung des Treasury Department. Nachdem die zuständige britische Behörde die Genehmigung verweigerte, erhob die Gesellschaft Klage und stützte diese u.a. auf die Art. 52, 58 EWGV (nunmehr Art. 43, 38 EGV). Auf Vorlage des High Court of Justice, Queen´s Bench Division hatte der EuGH im Rahmen des Vorabentscheidungsverfahrens nach Art. 177 EWGV (nunmehr Art. 234 EGV) zu entscheiden.
In seiner Entscheidung führte der Gerichtshof zunächst allgemein aus, dass die Niederlassungsfreiheit eine der grundlegenden Vorschriften der Gemeinschaft sei, und dass die Bestimmungen des EGV nach Ablauf der Übergangszeit unmittelbar geltendes Recht darstellten[123]. Des Weiteren stellte der EuGH fest, dass die von dem britischen Schatzamt verweigerte Wegzugsgenehmigung keine unzulässige Beschränkung der

---

[120] So auch Lutter, Europäisches Unternehmensrecht 4. Aufl. 1996, S. 62.
[121] Die eigentlich treibende Kraft sind die Folgen der Entscheidungen für die betroffenen nationalen Gesetzgeber, vgl. Merkt, RIW 2004, 1, 4; ders., EuZ 2004, 50, 52; von Busekist, GmbHR 2004, 650, 650.
[122] EuGH Urteil vom 27.09.1988, Rs. 81/87 (Daily Mail and General Trust PLC), Slg. 1988, 5483 ff..
[123] EuGH Urteil vom 27.09.1988, Rs. 81/87, Slg. 1988, 5483, 5510 (Rz. 15); Bereits im Jahre 1974 hatte der EuGH die Niederlassungsfreiheit für unmittelbares Recht erklärt, vgl. EuGH, Slg. 1974, 631, 653 Tz. 32.

Niederlassungsfreiheit sei[124]. Die Niederlassungsfreiheit gewähre „nach dem derzeitigen Stand des Gemeinschaftsrechts“ einer nach dem Recht eines Mitgliedsstaates gegründeten Gesellschaft nicht das Recht, den Sitz ihrer Geschäftsleitung in einen anderen Mitgliedsstaat zu verlegen[125]. Nach Ansicht des EuGH verdankten die Gesellschaften ihre rechtliche Existenz den nationalen Rechtsordnungen, die teilweise erheblich divergierten[126]. Hierbei knüpfte der EuGH an die Tatsache an, dass in einigen Mitgliedsstaaten die Sitztheorie, in anderen wiederum die Gründungstheorie gelte[127]. Diesen Unterschieden der nationalen Rechtsordnungen trage der EGV damit Rechnung, dass gemäß Art. 58 EWGV (nunmehr Art. 48 EGV) die Niederlassungsfreiheit an den satzungsmäßigen Sitz, die Hauptverwaltung und die Hauptniederlassung der Gesellschaft anknüpfe. Zur Überwindung bestehender Unterschiede sehe Art. 220 EWGV (nunmehr Art. 293 EGV) den Abschluss eines Übereinkommens (Rechtsetzung oder Vertrag) zwischen den Mitgliedsstaaten[128] oder gemäß Art. 54 Abs. 3 Buchstabe g EWGV (nunmehr Art. 44 EGV) den Erlass einer gesellschaftsrechtlichen Richtlinie[129] vor.

2. Centros[130]

In Sachen Centros hatte der EuGH über eine „pseudo foreign corporation“ zu entscheiden. In diesem Fall hatte ein dänisches Ehepaar auf einer Englandreise ein private limited company nach englischem Recht gegründet und für den Satzungssitz die Adresse eines Freundes verwendet, um anschließend mit der Centros Ltd. Geschäfte in Dänemark in Form einer Zweigniederlassung zu betreiben. Zu diesem Zeitpunkt wies die Gesellschaft ein Stammkapital von 100,- GBP auf, das in Übereinstimmung mit dem britischen Gesellschaftsrecht noch nicht eingezahlt worden war. Nach dänischem Recht hingegen musste zur Gründung einer „Anpartsselskab“[131] ein Stammkapital von 200.000,- dänischen Kronen aufgebracht werden. Unter dem Hinweis, die dänischen Mindestkapitalvorschriften zu umgehen, wiesen die dänischen Behörden den Eintragungsantrag ab. Des Weiteren - so der Ablehnungsgrund - beabsichtige die Centros Ltd. einen Hauptsitz und nicht eine Zweigniederlassung in Dänemark zu errichten. Unter Berufung auf Art. 43, 48 EGV, die Centros Ltd. sei in Großbritannien rechtmäßig errichtet worden und habe dementsprechend das Recht eine Zweigniederlassung zu gründen, setzte das in letzter Instanz zu entscheidende dänische „Hojesteret“ das Verfahren aus und legte es dem EuGH mit der Frage zur Entscheidung vor, ob es mit

---

[124] EuGH Urteil vom 27.09.1988, Rs. 81/87, Slg. 1988, 5483, 5511 (Rz. 18).
[125] EuGH Urteil vom 27.09.1988, Rs. 81/87, Slg. 1988, 5483, 5512 (Rz. 25).
[126] EuGH Urteil vom 27.09.1988, Rs. 81/87, Slg. 1988, 5483, 5511 (Rz. 20).
[127] EuGH Urteil vom 27.09.1988, Rs. 81/87, Slg. 1988, 5483, 5511 (Rz. 20).
[128] EuGH Urteil vom 27.09.1988, Rs. 81/87, Slg. 1988, 5483, 5512 (Rz. 21).
[129] EuGH Urteil vom 27.09.1988, Rs. 81/87, Slg. 1988, 5483, 5512 (Rz. 22).
[130] EuGH Urteil vom 09.03.1999, Rs. C-212/97, (Centros Ltd./Erhvervsog Selskabsstyrelsen), Slg. 1999, I-1459 = NZG 1999, 298 ff. = NJW 1999, 2027 ff. = AG 1999, 226 ff. = JZ 1999, 669 ff. = DB 1999, 625 ff. = EuZW 1999, 216 ff. = ZIP 1999, 438 ff. = GmbHR 1999, 474 ff. = IPRax 1999, 360 ff..
[131] Die dänische „Anpartsselskab“ (ApSL) entspricht der deutschen GmbH; vgl. Frank/Wachter, GmbHR 2002, 17, 19.

der Niederlassungsfreiheit vereinbar sei, der Centros Ltd. die Eintragung und damit die Errichtung einer Zweigniederlassung wegen der Absicht der Umgehung der dänischen Mindestkapitalvorschriften zu verweigern.

In „Centros" entschied der Gerichtshof, dass ein Mitgliedsstaat die Eintragung einer Zweigniederlassung einer Gesellschaft nicht verweigern dürfe, wenn diese in einem anderen Mitgliedsstaat, in dem sie ihren Sitz habe, rechtmäßig gegründet worden sei. Dies gelte selbst dann, wenn die Gesellschaft im Gründungsstaat keine Aktivitäten entfalte, sondern vielmehr die gesamte Geschäftstätigkeit im Mitgliedsstaat der Zweigniederlassung ausgeübt werden soll, um damit die Gründungsvorschriften zu umgehen[132]. Die Verweigerung der Eintragung der Zweigniederlassung schränke damit die in Art. 52, 58 EWGV (nunmehr Art. 43, 48 EGV) verankerte Niederlassungsfreiheit ein. Zwar seien die Mitgliedsstaaten berechtigt zu verhindern, dass sich Staatsangehörige unter Missbrauch der im EGV geschaffenen Möglichkeiten der Anwendung des nationalen Rechts entziehen, da die missbräuchliche und betrügerische Berufung auf das Gemeinschaftsrecht unzulässig sei[133]. Zweck der Art. 52, 58 EWGV (nunmehr Art. 43, 48 EGV) sei es allerdings, den in einem Mitgliedsstaat rechtmäßig gegrün-deten Gesellschaften die Errichtung einer Zweigniederlassung in einem anderen Mitgliedsstaat zu ermöglichen. Die Ausschöpfung eines liberaleren Gesellschaftsrechts könne daher nicht als Ausnutzung der Niederlassungsfreiheit gewertet werden. Ein solches Vorgehen falle vielmehr unter den Schutzbereich der Art. 52, 58 EWGV (nunmehr Art. 43, 48 EGV)[134]. Unerheblich sei auch, dass das Gesellschaftsrecht in der Gemeinschaft nicht voll harmonisiert sei. Dem Rat bliebe es jederzeit aufgrund der Befugnisse nach Art. 54 Abs. 3 Buchstabe g EWGV (nunmehr Art. 44 Abs. 2 Buchstabe g EGV) überlassen, diese zu vervollständigen[135].

Ferner ließe sich die verweigerte Eintragung auch nicht mit den „zwingenden Gründen des Allgemeininteresses" rechtfertigen[136]. Zwar stellte der Gläubigerschutz einen „zwingenden Grund des Allgemeininteresses" dar, allerdings wäre die Eintragungsverweigerung der dänischen Behörden nicht geeignet gewesen, das verfolgte Ziel zu erreichen. Die Zweigniederlassung wäre dann eingetragen worden, wenn die Gesellschaft eine Geschäftstätigkeit in Großbritannien ausgeübt hätte, obwohl das Schutzinteresse der dänischen Gläubiger damit in gleicher Weise tangiert worden wäre[137]. Dadurch, dass die Gesellschaft als Eine des englischen Rechts aufträte, wäre den Gläubigern hinreichend bekannt, dass sie nicht den Gründungsvoraussetzungen der „Anpartsselskab" unterläge.

---

[132] EuGH Urteil vom 09.03.1999 Rs. C-212/97, GmbHR 1999, 474, 475 (Rz. 17).

[133] EuGH Urteil vom 09.03.1999 Rs. C-212/97, GmbHR 1999, 474, 476 (Rz. 24).

[134] EuGH Urteil vom 09.03.1999 Rs. C-212/97, GmbHR 1999, 474, 476 (Rz. 27).

[135] EuGH Urteil vom 09.03.1999 Rs. C-212/97, GmbHR 1999, 474, 476 (Rz. 28).

[136] Nach dem sog. „Vier-Faktoren-Test", vgl. Ebke, JZ 2003, 927, 931 bzw. der Gebhard-Formel, vgl. Spindler/Berner, RIW 2003, 949, 953; Ulmer, NJW 2004, 1201, 1204; Altmeppen/Wilhelm, DB 2004, 1083, 1085, ist eine Einschränkung der Grundfreiheiten möglich, wenn sie nicht in einer diskriminierenden Weise erfolgt, den zwingenden Gründen des Allgemeininteresses entspricht, zum Erreichen des Ziels geeignet ist und nicht über das hinausgeht, was zur Erreichung dieses Zieles erforderlich ist, vgl. EuGH Urteil vom 09.03.1999 Rs. C-212/97, GmbHR 1999, 474, 477 (Rz. 34).

[137] EuGH Urteil vom 09.03.1999 Rs. C-212/97, GmbHR 1999, 474, 477 (Rz. 35).

Schließlich würde durch die gemeinschaftsrechtlichen Schutzvorschriften[138] ein zusätzlicher Gläubigerschutz gewährleistet.

3. Überseering[139]

Die in den Niederlanden gegründete und im Handelsregister von Amsterdam und Haarlem eingetragene Gesellschaft „Überseering BV", die Eigentümerin eines in Düsseldorf gelegenen Grundstücks war, beauftragte im Rahmen eines Generalübernahmevertrags die deutsche Nordic Construction Company Baumanagement GmbH mit der Ausführung von Gebäudesanierungsarbeiten. In der Zwischenzeit erwarben zwei in Deutschland ansässige Personen die Geschäftsanteile der Überseering BV und führten von Deutschland aus die Geschäfte fort. Als die Gesellschaft gegen die NCC GmbH Gewährleistungsrechte geltend machte, wurde ihr der Einwand der mangelnden Rechts- und Parteifähigkeit entgegengehalten. Aufgrund der Verlegung des effektiven Gesellschaftssitzes nach Deutschland unterliege die Überseering BV dem deutschen Gesellschaftsrecht. Da sie aber die deutschen Gründungsvorschriften nicht erfülle, habe sie keine Rechts- und Parteifähigkeit erlangt.
Nach Einlegung der Revision setzte der BGH[140] das Verfahren aus und leitete ein Vorabentscheidungsersuchen vor dem EuGH mit der Frage ein, ob es gegen die Bestimmungen der Niederlassungsfreiheit verstoße, wenn die Rechts- und Parteifähigkeit einer nach dem Recht eines Mitgliedsstaates wirksam gegründeten Gesellschaft nach dem Recht des Mitgliedsstaates beurteilt werde, in den sie ihren faktischen Verwaltungssitz verlegt habe. Für den Fall, dass der EuGH einen Verstoß feststellen würde, fügte der BGH die Frage hinzu, ob es die Niederlassungsfreiheit gebiete, die Rechts- und Parteifähigkeit nach dem Gründungsstaate zu beurteilen.
In seiner Entscheidung stellte der EuGH fest, dass eine Kapitalgesellschaft, die nach dem Recht eines Mitgliedsstaates wirksam gegründet worden sei, gemäß Art. 43, 48 EGV auch dann nach der Maßgabe ihres Gesellschaftsstatuts rechts- und parteifähig bleibe, wenn sie ihren faktischen Verwaltungssitz in einen anderen Mitgliedsstaat verlegt hätte[141]. Da ein nach der Gründung erfolgter Erwerb der Gesellschaftsanteile durch einen in Deutschland ansässigen deutschen Staatsangehörigen nach nieder-

---

[138] ***Vierte gesellschaftsrechtliche Richtlinie*** (**Bilanzrichtlinie**) vom 25.07.1978 (78/660/EWG) ABl.EG Nr. L 222 vom 14.08.1978, S. 11; geändert durch die Richtlinien (90/604/EWG) und (90/605/EWG) vom 08.11.1990 (GmbH & Co. KG-Richtlinie und Mittelstandsrichtlinie), durch die Richtlinie (84/569/EWG) vom 17.11.1984, durch die Richtlinie (94/8/EWG) vom 21.03.1994, durch die Richtlinie (99/60/EG) vom 17.06.1999 und durch die Richtlinie (2001/65/EG) vom 27.09.2001 (fair-value-Richtlinie); ***Elfte gesellschaftsrechtliche Richtlinie*** (**Zweigniederlassungsrichtlinie**) vom 22.12.1989 (89/666/EWG), ABl.EG Nr. L 395 vom 30.12.1989, S. 36.

[139] EuGH Urteil vom 05.11.2002 Rs. C-208/00 (Überseering BV/Nordic Construction Company Baumanagement GmbH (NCC)) Slg. 2002, I 9919 = NJW 2002, 3614 ff. = IPRax 2003, 65 ff. = ZIP 2002, 2037 ff..

[140] Angesichts des Urteils in Sachen Centros und der sich anknüpfenden Diskussion im deutschen Schrifttum hielt der BGH es für möglich, dass die Versagung der Rechts-und Parteifähigkeit -also die vom BGH vertretene Sitztheorie- gegen die Niederlassungsfreiheit verstoßen könnte, vgl. BGH Beschluss vom 30.03.2000-VII ZR 370/98, DB 2000, 1114.

[141] EuGH Urteil vom 05.11.2002 Rs. C-208/00, IPRax 2003, 65, 72 (Rz. 76, 82).

ländischem Recht keinen Verlust der Rechtsfähigkeit zur Folge hätte, besäße die Gesellschaft auch vor deutschen Gerichten die Rechts- und Parteifähigkeit nach Maßgabe des Rechts ihres Gründungsstaates[142]. Allein die Rechtsordnung des Gründungsstaates wäre zur Entscheidung über die Existenz der Gesellschaft berufen, und das Erfordernis einer Neugründung im Zuzugstaate würde einer Negierung der Niederlassungsfreiheit gleichkommen[143]. Die Verweigerung der Rechts- und Parteifähigkeit verstieße daher gegen die in Art. 43, 48 EGV geregelte Niederlassungsfreiheit.

4. Inspire Art[144]

Die Inspire Art Ltd., eine Gesellschaft englischen Rechts mit Satzungssitz in Folkestone, Großbritannien, betrieb den Verkauf von Kunstgegenständen ausschließlich über eine in Amsterdam errichtete Niederlassung. Gemäß Art. 1 des niederländischen WFBV[145] handelte es sich um eine formal ausländische Gesellschaft, welcher verschiedene Pflichten auferlegt wurden. Unter anderem mussten solche Gesellschaften als „formal ausländische Gesellschaften" im Handelsregister eingetragen und mit diesem Zusatz firmiert werden, mit einem Mindestkapital ausgestattet sein und Jahresberichte und -abschlüsse erstellen und beim Handelsregister durch Hinterlegung offen legen, damit gewährleistet war, dass sie dem niederländischen Standard entsprächen. Die Nichtbeachtung der nach dem WFBV auferlegten Pflichten wurde insbesondere mit einer persönlichen Haftung der Geschäftsführer sanktioniert. Dadurch, dass die Inspire Art Ltd. ohne den entsprechenden Vermerk „formal ausländische Gesellschaft" im Handelsregister eingetragen worden war, beantragte die Handelskammer beim zuständigen Kantonsgerecht Amsterdam, die Aufnahme eines entsprechenden Zusatzes anzuordnen. Aufgrund der vorhandenen Zweifel an der gemeinschaftsrechtlichen Zulässigkeit dieser Anforderungen ersuchte das zuständige Kantonsgerecht Amsterdam den EuGH um eine Vorabentscheidung.

Der EuGH stellte zunächst fest, dass die Vorschriften des WFBV nicht ausschließlich anhand der Niederlassungsfreiheit zu beurteilen seien[146]. Normen, die in den Anwendungsbereich von Richtlinien fielen, unterlägen allein dem Prüfungsmaßstab der Richtlinien. Diesbezüglich sei es den Mitgliedsstaaten verwehrt, über den Regelungsbereich der Zweigniederlassungsrichtlinie hinausgehende Offenlegungspflichten zu erlassen, da die Zweigniederlassungsrichtlinie insoweit abschließend sei. Vorschriften, die über die Richtlinien hinausgehende Pflichten statuierten, seien schon allein aufgrund des Verstoßes gegen die Richtlinie gemeinschaftsrechtswidrig. Entsprächen die

---

[142] EuGH Urteil vom 05.11.2002 Rs. C-208/00, IPRax 2003, 65, 72 (Rz. 80).

[143] EuGH Urteil vom 05.11.2002 Rs. C-208/00, IPRax 2003, 65, 72 (Rz. 81).

[144] EuGH Urteil vom 30.09.2003 Rs. C-167/01 (Kamer van Koophandel en Fabrieken voor Amsterdam/Inspire Art Ltd.), RIW 2003, 957 ff. = NJW 2003, 3331 ff. = EuZW 2003, 687 ff. = DB 2003, 2219 ff. = BB 2003, 2195 ff..

[145] Wet op de formeel buitenlandse vennootschappen (Gesetz über formal ausländische Gesellschaften).

[146] Generalanwalt Alber sah in den Publizitätspflichten eine Einschränkung des Primärrechts (Niederlassungsfreiheit), vgl. Schlussanträge Generalanwalt Alber vom 30.01.2003, DB 2003, 377, 380, Rn. 109.

nationalen Vorschriften den Vorgaben der Richtlinie, wäre ohne weiteres von der Vereinbarkeit mit der Niederlassungsfreiheit auszugehen[147]. Dadurch, dass die in Art. 1, 2 und Art. 3 WFBV vorgesehenen Pflichten[148] über die in Art. 2 und Art. 6 der Zweigniederlassungsrichtlinie festgelegten Publizität hinausgingen, wären diese gemeinschaftsrechtswidrig[149].
Hierzu führte der EuGH unter Verweis auf die Centros-Rechtsprechung unmissverständlich aus, dass es für die Anwendung der Art. 43, 48 EGV ohne Bedeutung sei, ob die Gesellschaft, nur um in den Genuss vorteilhafter Rechtsvorschriften zu gelangen, in einem anderen Mitgliedsstaat gegründet worden sei[150].
Der EuGH hob hervor, dass allein die Anerkennung[151] einer ausländischen Gesellschaft nicht den Anforderungen der Niederlassungsfreiheit genüge[152]. Vorschriften des WFBV, insbesondere die über das Mindestkapital und die Haftung der Geschäftsführer, die das Gesellschaftsstatut durch besondere Anforderungen überlagerten, führten dazu, dass die Gesellschaften in der Ausübung der nach dem EGV gewährten Niederlassungsfreiheit behindert würden[153]. Zudem seien die Bestimmungen des WFBV einer Rechtfertigung nicht zugänglich.
Ohne auf die Geeignetheit des Mindestkapitals als Gläubigerschutzinstrument einzugehen, verwies der EuGH darauf, dass es im Hinblick auf den Gläubigerschutz ausreiche, dass die Gesellschaft als Gesellschaft des englischen Rechts aufträte. Potentielle Gläubiger seien hierdurch hinreichend unterrichtet, dass diese Gesellschaft gegebenenfalls abweichenden innerstaatlichen Gesellschaftsvorschriften unterliegen könnte[154]. Schließlich wäre das Verhalten, eine Gesellschaft in einem anderen Mitgliedsstaat zur Umgehung beschränkender gesellschaftsrechtlicher Vorschriften des Niederlassungsstaates zu gründen nicht als missbräuchliches oder betrügerisches Verhalten, sondern vielmehr als Ausübung der Niederlassungsfreiheit zu werten[155].

II. Gegenstand, Bedeutung und Folgen der Entscheidungen

1. Gegenstand der Entscheidungen

Seit der Centros-Entscheidung hat der EuGH den Umfang der Niederlassungsfreiheit konsequent weiterentwickelt. In Sachen Centros urteilte der EuGH über die Errichtung einer Zweigniederlassung, also über den Anwendungsbereich der sekundären Nieder-

---

[147] EuGH Urteil vom 30.09.2003 Rs. C-167/01, EuZW 2003, 687, 690 (Rz. 58).
[148] Pflicht zur Eintragung im Handelsregister als formal ausländische Gesellschaft und die zwingende Firmierung als formal ausländische Gesellschaft.
[149] EuGH Urteil vom 30.09.2003 Rs. C-167/01, EuZW 2003, 687, 693 (Rz. 65, 71).
[150] EuGH Urteil vom 30.09.2003 Rs. C-167/01, EuZW 2003, 687, 692, 693 (Rz. 95-97).
[151] Nach dem Vorbringen der niederländischen Regierung würde die Niederlassungsfreiheit durch die WFBV nicht eingeschränkt, weil aufgrund der in den Niederlanden geltenden Gründungstheorie die Existenz einer in einem anderen Mitgliedsstaat gegründeten Gesellschaft anerkannt werde, vgl. EuGH Urteil vom 30.09.2003 Rs. C-167/01, EuZW 2003, 687, 693 (Rz. 77, 78).
[152] EuGH Urteil vom 30.09.2003 Rs. C-167/01, EuZW 2003, 687, 693 (Rz. 99).
[153] EuGH Urteil vom 30.09.2003 Rs. C-167/01, EuZW 2003, 687, 693 (Rz. 99-101).
[154] EuGH Urteil vom 30.09.2003 Rs. C-167/01, EuZW 2003, 687, 695 (Rz. 135).
[155] EuGH Urteil vom 30.09.2003 Rs. C-167/01, EuZW 2003, 687, 695 (Rz. 137, 138).

lassungsfreiheit. Er stellte fest, dass ein Verstoß gegen die Niederlassungsfreiheit darin zu sehen sei, wenn ein Mitgliedsstaat die Errichtung einer Zweigniederlassung einer in einem anderen Mitgliedsstaat gegründeten Gesellschaft verhindere, unabhängig davon, ob die Gesellschaft in dem Staate ihres satzungsmäßigen Sitzes eine Geschäftstätigkeit ausübe.
Im Fall „Überseering“ stellte der EuGH sodann fest, dass es die Niederlassungsfreiheit gebiete, einer in einem anderen Mitgliedsstaat wirksam gegründeten Gesellschaft die Rechts- und Parteifähigkeit trotz der Verlegung des faktischen Verwaltungssitzes im Zuzugstaate anzuerkennen.
Im Fall „Inspire Art“ kam der EuGH schließlich zu dem Ergebnis, dass es mit der Niederlassungsfreiheit unvereinbar sei, die Errichtung einer Zweigniederlassung von Voraussetzungen abhängig zu machen, die im innerstaatlichen Recht für die Gründung von Gesellschaften vorgesehen seien. Damit dehnte der Gerichtshof den Anwendungsbereich des Gründungsstatuts über das Anknüpfungskriterium der Rechts- und Parteifähigkeit aus.
Kernaussage der Urteile in Sachen „Centros“, „Überseering“ und „Inspire Art“ ist damit eine bedingungslose Anerkennungspflicht der in einem anderen Mitgliedsstaat wirksam gegründeten und zugezogenen Gesellschaften.

2. Bedeutung der Entscheidungen

Während nach dem „Daily Mail“ Urteil die überwiegende deutsche Literatur[156] noch die Ansicht vertrat, der EuGH habe die Europarechtskonformität der Sitztheorie bestätigt, schieden sich nach Centros die Geister. Centros löste in Deutschland eine lebhafte Diskussion[157] im Hinblick auf die Vereinbarkeit der Sitztheorie mit der Niederlassungsfreiheit aus.
Spätestens nach der Entscheidung „Überseering“ scheint die Sitztheorie, die lange Zeit die deutsche Rechtsprechung[158] und Literatur[159] beherrschte, verdrängt worden zu sein[160].

---

[156] Ebenroth/Eyles, DB 1989, 363, 372; Ebke, JZ 1999, 656, 660; Sandrock/Austmann, RIW 1989, 249, 250; Palandt-Heldrich, 61 Aufl. 2002, Anh. zu Art. 12 EGBGB Rn. 2; Staudinger/Großfeld, Internationales Gesellschaftsrecht 13. Aufl. 1998, Rn. 122; MüKo/Kindler 3. Aufl., Band 11, Internationales Gesellschaftsrecht Rn. 363; Schwarz, Europäisches Gesellschaftsrecht, S. 118, Rn. 179; kritisch Halbhuber, S. 55.

[157] Für die Gemeinschaftsrechtskonformität, Mülbert/Schmolke, ZVglRWiss 100 (2001), 233, 262; Ebke, JZ 1999, 656; Kindler, NJW 1999, 1993; Sonnenberger/Großerichter, RIW 1999, 721; Palandt/Heldrich, 61. Aufl. 2002, Anh. zu Art. 12 EGBGB Rn. 2; OLG Brandenburg ZIP 2000, 1617; OLG Düsseldorf NZG 2001, 506; OLG Hamm NZG 2001, 562; LG München I ZIP 1999, 1680; LG Potsdamm RIW 2000, 145, 146.
Gegen die Gemeinschaftsrechtskonformität Kieninger, ZGR 1999, 724; Koppensteiner, VGR 2 (1999), 151, 162 ff.; Steindorff, JZ 1999, 1140, 1142; Zimmer, ZHR 164 (2000), 23, 32 ff.; Schön, FS Lutter (2000), S. 685, 692 ff..

[158] RGZ 117, 217; 153, 205 ff.; BGHZ 97, 269, 271; 78, 334; 53, 181, 183; 51, 28; 25, 144; BGH Beschluss vom 30.03.2000 DB 2000, 1114, 1115.

[159] Staudinger/Großfeld, Internationales Gesellschaftsrecht 13. Aufl. 1998, Rn. 38 ff.; MüKo-Kindler 3. Aufl., Band 11, Internationales Gesellschaftsrecht Rn. 312 ff.;

Stellt man die hier aufgeführten Entscheidungen gegenüber, scheint der in dem Urteil „Daily Mail" zu Grunde gelegte Maßstab zur Niederlassungsfreiheit auf den ersten Blick nicht mit den nachfolgenden Entscheidungen übereinzustimmen. „Daily Mail" erweckte den Anschein, der EuGH habe zunächst eine einschränkende Auslegung der Niederlassungsfreiheit vertreten, diese in der Entscheidung „Centros" aufgegeben und sodann eine neue und weite Auslegung der Niederlassungsfreiheit eingeschlagen. Genauer betrachtet wird jedoch klar, dass dem nicht so ist. Trotz der einschränkenden Tragweite des Urteils auf Wegzugsbeschränkungen[161] gab die Entscheidung „Daily Mail" vielfach Anlass, die in diesem Urteil getroffenen Aussagen zu überinterpretieren[162]. Dies ist insbesondere darauf zurückzuführen, dass der EuGH trotz der Tatsache, lediglich über die steuerrechtliche Wegzugsbeschränkung entscheiden zu müssen, in der Rechtssache „Daily Mail" unnötige und missverständliche Aussagen zum Verhältnis zwischen der Niederlassungsfreiheit und dem internationalen Gesellschaftsrecht[163] traf. In der Entscheidung „Überseering" stellte der EuGH dann klar, dass sich die in „Daily Mail" getroffenen Aussagen auf den Wegzug beschränkten[164] und entzog damit, ohne von den im Urteil „Daily Mail" getroffenen Aussagen abzuweichen, der scheinbar geglaubten Tragweite des Urteils jegliche Grundlage.

3. Wettbewerb der Rechtsordnungen als Folge der Entscheidungen

Mit seiner Rechtsprechungskette löste der EuGH einen Wettbewerb der Rechtsordnungen in Europa aus[165]. In diesem, auf der ökonomischen Theorie beruhenden

---

Spindler/Brener, RIW 2003, 949, 950; Michalski, NZG 1998, 762, 764; Scholz/Westermann, 9. Aufl. 2002, Einl. Rn. 122; Ebenroth/Hopp, JZ 1989, 883, 886 (m.w.N.).

[160] Kersting/Schindler, RdW 2003, 621, 622; Spindler/Brener, RIW 2003, 949, 950; Merkt, RIW 2003, 458, 459; Sandrock, BB 2003, 2588, 2588; Baudenbacher/Buschle, IPRax 2004, 26, 27; Behrens, IPRax 2003, 193, 194; Forsthoff, DB 2002, 2471, 2476; Kallmeyer, DB 2002, 2521, 2522; Eidenmüller, ZIP 2002, 2233, 2241; Schanze/Jüttner, AG 2003, 30, 32; Habersack, Europäisches Gesellschaftsrecht, S. 17, Rn. 13; differenzierend W.H. Roth, IPRax 2003, 117, 122; zweifelnd LG Frankenthal BB 2003, 542 ff.; Großerichter, DStR 2003, 159, 166; Kindler, NJW 2003, 1077.

[161] Behrens, IPRax 2003, 193, 201 mit Verweis auf EuGH, Urteil vom 27.09.1988, Rs. 81/87, Slg. 1988, 5483 ff. (Rz. 25).

[162] So auch die Ausführungen der deutschen und italienischen Regierung in Sachen „Überseering", vgl. EuGH Urteil vom 05.11.2002 Rs. C-208/00 Slg. 2002, I 9919 = IPRax 2003, 65, 68 (Rz.30, 31). Die Literatur sah in dem Urteil „Daily Mail" eine Bestätigung der Europarechtskonformität der Sitztheorie, vgl. Ebenroth/Eyles, DB 1989, 372, 372; Ebke, JZ 1999, 656, 660; Sandrock/Austmann, RIW 1989, 249, 250; Palandt-Heldrich, 61. Aufl. 2002, Anh. zu Art. 12 EGBGB Rn. 2; Staudinger/Großfeld, Internationales Gesellschaftsrecht 13. Aufl. 1998, Rn. 122; MüKo/Kindler, 3. Aufl., Band 11, Internationales Gesellschaftsrecht Rn. 363; Schwarz, Europäisches Gesellschaftsrecht, S. 118, Rn. 179.

[163] EuGH Urteil vom 27.09.1988, Rs. 81/87, Slg. 1988, 5483 ff. (Rz. 23).

[164] EuGH Urteil vom 05.11.2002 Rs. C-208/00 Slg. 2002, I 9919 = IPRax 2003, 65, 71, 72 (Rz. 65-73).

[165] Wachter, GmbHR 2005, 717, 717; Riedemann, GmbHR 2004, 345, 346 (Fn. 6); Recq/Hoffmann, GmbHR 2004, 1070, 1070; Mülbert, Der Konzern 2004, 151, 153; Ebke, in Sandrock/Wetzler: Deutsches Gesellschaftsrecht im Wettbewerb der Rechtsordnungen, S. 107;

Systemwettbewerb, ringen die nationalen Gesetzgeber um die Gunst der Wirtschaftssubjekte[166]. Gemäß der in den Art. 43, 48 EGV verankerten Niederlassungsfreiheit hat jeder, der eine Gesellschaft gründen möchte, das Recht, diese in einem Mitgliedsstaat mit dem liberalsten Gesellschaftsrecht zu errichten und anschließend in einem anderen Mitgliedsstaat den gesamten oder wesentlichen Teil der Geschäftstätigkeit abzuwickeln. Nach dem Urteil in Sachen „Überseering" bedarf es für dieses Vorgehen nicht einmal der Zweigniederlassungskonstruktion, da auch die Verlegung des faktischen Verwaltungssitzes nunmehr unter die Niederlassungsfreiheit fällt. Für Unternehmensgründer werden künftig diejenigen Gesellschaftsrechtsordnungen mit den geringsten Gründungshürden interessant werden. Hierbei werden der Kapitalschutz und das Gründungsverfahren einen besonderen Stellenwert einnehmen.

a. Relativierung des Wettbewerbs der Rechtsordnungen

Zweifelsohne hat der EuGH mit seiner Rechtsprechung zur Niederlassungsfreiheit die Standortwahl erheblich liberalisiert. Aufgrund der deutlich geringeren Restriktionen im englischen Recht der private limited company[167] wird von vielen Autoren eine beachtliche Gründungsfluktuation in das englische Nachbarland vorhergesagt[168]. Diese, durch die Rechtsprechung des EuGH ausgelöste Wettbewerbseuphorie[169] sollte

---

ders., JZ 2003, 927, 930 ff., 933; Sandrock BB 2004, 897, 897; Lutter, BB 2004, Heft 1 „Die erste Seite"; Merkt, RIW 2003, 458, 459; Spindler/Berner, RIW 2003, 949, 955; Kulms, ZVglRWiss 102 (2003), 272, 272; Kersting/Schindler, RdW 2003, 621, 625; Leible/Hoffmann, EuZW 2003, 677, 682; Frey, NZG 2004, 169, 169; Meilicke, GmbHR 2003, 1271, 1273; Maul/Schmidt, BB 2003, 2297, 2298, 2300; Bayer, BB 2003, 2357, 2365; Hirsch/Britain, NZG 2003, 1100, 1100; Geyrhalter/Gänßler, NZG 2003, 409, 409; Probst/Kleinert, MDR 2003, 1265, 1268; Eidenmüller/Engert, GmbHR 2005, 433, 433; Eidenmüller/Rehm, ZGR 2004, 159, 185; Eidenmüller, Ausländische Kapitalgesellschaften im deutschen Recht, 2004, § 1 Rn. 10 ff..

[166] Dreher, JZ 1999, 105, 108, 109; Schön, ZHR 160 (1996), 221, 233.

[167] Die private limited company gleicht funktional der deutschen GmbH, vgl. Fleischer, DStR 2000, 1015, 1015; Michalski-Leible, GmbHG, Syst. Darst. 2, Rn. 196. Wie in Deutschland kommt der private limited company auch in England eine signifikante wirtschaftliche Bedeutung zu, vgl. Bowen, The law of private companies, S. 14; Dierksmeier, S. 33.

[168] Vgl. Leible/Hoffmann, EuZW 2003, 677, 682 unter Hinweis auf die kommerziellen Anbieter von ausländischen Gesellschaften wie z.B. www.firma-ausland.de, www.go-limited.de, www.mittelstands-portal.de, www.eurolimited.de, www.easyconnect-european.com, www.limited24.de und www.tsch-uessdeutschland.de. Bereits nach dem Urteil in Sachen Centros befürchtete man ein erhöhtes Aufkommen ausländischer Gesellschaften in Deutschland, vgl. G.H. Roth, ZIP 1999, 861, 863; Meilicke, DB 1999, 627, 628; Cascante, RIW 1999, 450.

[169] Seit 2003 wurden ca. 30.000 Limiteds für deutsche Zwecke gegründet, vgl. Römermann, GmbHR 2006, 673, 673; Armour, EBOR 7 (2006), 5, 26. Borges, ZIP 2004, 733, 734; Kleinert/Probst, DB 2003, 2217, 2218, dies., MDR 2003, 1265, 1268, verweisen darauf, dass im unmittelbaren Anschluss an das Urteil Überseering die Gründungszahlen englischer Ltd.'s von 5.500 Neugründungen (bezogen auf einen zweiwöchigen Zeitraum) auf 7.000 gestiegen seien. Riedemann, GmbHR 2004, 345, 346; Hirte, ZInsO, 2003, 833, 835; ders., GmbHR 2003, R 421; Kersting/Schindler, RdW 2003, 621, 625, gehen sogar von einem Zustand des „company law shopping" aus; ähnlich Meilicke, BB 2003, 857, 860; Freitag, EuZW 1999, 267, 270; a.A. Hirsch/Britain, NZG 2003, 1100, 1103; Heckschen, GmbHR 2004, R 25; Kanzleiter, DNotZ 2003, 885, 887; so wohl auch Wachter, GmbHR 2004, 88, 91.

allerdings relativiert werden, denn die Standortwahl wird weiterhin von exogenen Faktoren, insbesondere von Praktikabilitätserwägungen beherrscht sein[170].

(1) Reduktion des Wettbewerbs auf wenige europäische Rechtsordnungen

Zunächst wird sich der Wettbewerb der Rechtsordnungen auf einige wenige europäische Rechtsordnungen beschränken[171]. Diejenigen Rechtsordnungen, deren Regelungssysteme bisher am weitesten verbreitet sind, werden im Wettbewerb dominieren[172]. Dabei werden vor allem die sprachliche Ausdehnung[173] und der Bekanntheitsgrad der Rechtsordnungen von Bedeutung sein, denn sprachliche Barrieren werden die Gründungsabwanderung deutlich hemmen. Mangelnde Kenntnisse der Sprache des Gründungslandes werden stets mit Komplikationen und einem Kostenaufwand verbunden sein und meist den Verbleib im Heimatland oder die Wahl einer bekannten Rechtsordnung zur Folge haben. Zudem wird für Mitgliedsstaaten, die im Fall des Wegzuges weiterhin an der Sitztheorie festhalten, der Export ihres Gesellschaftsrechts unmöglich sein.

Insgesamt wird hierdurch die Teilnahme am Wettbewerb der Rechtsordnungen deutlich eingeschränkt[174].

(2) Verhältnis von Kapitalaufbringung und Kosten

Gründe, weshalb man das deutsche GmbH-Recht umgehen wollte, sind ohne jeden Zweifel in dem restriktiven Gründungs[175]- und Kapitalschutzrecht angesiedelt[176]. Mit der Gründung einer englischen private limited company möchten die Gesellschafter von den Vorzügen des deutlich milderen Kapitalaufbringungsrechts partizipieren. Während in Deutschland zur Gründung einer GmbH ein Mindeststammkapital von 25.000,- € aufgebracht werden muss, ist die Gründung einer private limited company ohne einen substantiellen Kapitalaufwand möglich.

Bei den Gründungs- und Verwaltungskosten verliert die englische Ltd. jedoch an Attraktivität. Die Kosten zur Gründung einer mit dem Mindeststammkapital ausge-

---

[170] So auch Eidenmüller, FS Heldrich (2005), S. 581, 583, 584.

[171] Vgl. Seibert, ZIP 2006, 1157, 1158; Wachter, GmbHR 2005, 717, 718; ders., GmbHR 2004, 88, 91.

[172] Eidenmüller, FS Heldrich (2005), S. 581, 585; Wachter, GmbHR 2005, 717, 718; ders., GmbHR 2004, 88, 91; Dreher, JZ 1999, 105, 110.

[173] Zöllner, GmbHR 2006, 1, 3; Lutter, Die GmbH-Reform in der Diskussion, 211, 217.

[174] Lutter, BB 2003, 7, 10; Micheler, ZGR 2004, 324, 346.

[175] Zur Gründung einer limited ist ein Notar nicht erforderlich. Ferner sind das Kapitaleinlageverfahren und das Registerrecht deutlich milder.

[176] Enriques/Gelter, EBOR 7 (2006), 417, 424; Kleindiek, ZGR 2006, 335, 340; Barta, GmbHR 2005, 657, 657; Kallmeyer, DB 2004, 636, 637; v. Busekist, GmbHR 2004, 650, 651; Borges, ZIP 2004, 733, 734; Riedemann, GmbHR 2004, 345, 346; Hirte, ZInsO, 2003, 833, 836; ders., GmbHR 2003, R 421. Ferner können durch eine englische „Ltd." die im deutschen Recht geltenden Bestellungsverbote -§ 6 Abs. 2 GmbHG- und die nach deutschem Recht erforderliche „Meisterprüfung" umgangen werden, vgl. Hirte, ZInsO 2003, 833, 835, 836.

statteten GmbH können sich auf insgesamt 400,- € belaufen[177]. Im Vergleich dazu belaufen sich die Kosten für die Errichtung einer englischen Ltd. auf ca. 20,- Pfund[178]. Für ein beschleunigtes Verfahren[179] fallen zusätzlich 60,- Pfund an. Darüber hinaus ist ein Errichtungspreis, der zwischen 250,- € bis 2.500,- € variiert, sowie ein Betrag von 20,- € für die Errichtung einer Zweigniederlassung zu entrichten.
Hinzu kommen die laufenden Verwaltungskosten, die sich auf einen Zehn-Jahres-Zeitraum bis auf 6.600,-€[180] belaufen können. Berücksichtigt man zudem die Kosten, die für einen nach englischem Recht zu erstellenden Jahresabschluss entstehen, dürfte der Betrag von 12.500,- € bereits in einem Zehn-Jahres-Zeitraum erreicht sein.

(3) Der Wettbewerb im Bereich der Kleineren und Mittleren Unternehmen

Besonders für kleine und mittlere Unternehmen ist die Wahl der private limited company mit einem nicht unerheblichen Mehraufwand verbunden[181]. Zum einen wird die Konsultation international ausgerichteter Rechtsberatungsgesellschaften unumgänglich sein, sodass die Gründung ausländischer Gesellschaften stets mit höheren Beratungskosten verbunden sein wird[182]. Zum anderen bewegt sich das im europäischen Ausland gegründete Unternehmen stets im Recht des Gründungsstaates, sodass die Gründung einer private limited company mit zusätzlichen Pflichten und einem zusätzlichen Verwaltungsaufwand verbunden ist[183].
Für die englische Ltd. gilt das englische Gesellschaftsrecht mit der komplizierten englischen Normenhierarchie, die sich aus dem common law (Fallrecht) und dem englischen Gesellschaftsgesetz (Companies Act) aus dem Jahre 1985[184] zusammensetzt.
Zudem richtet sich die Rechnungslegung nach dem UK-GAAP[185], die mit erhöhten Publizitätspflichten verbunden ist[186]. Bilanzierungskenntnisse nach dem HGB[187]

---

177 Vgl. Wachter, GmbHR 2004, 88, 94: Die Kosten für die Gesellschaftsgründung (§ 36 Abs. 1 KostO) belaufen sich auf 84,- €, für die Geschäfstführerbestellung (§ 47 KostO) auf 168,- €, für die Handelsregisteranmeldung (§§ 145 Abs. 1 S. 1, 38 Abs. 2 Nr. 7 KostO) auf 42,- €, für die Gerichtsgebühren (§§ 26 Abs. 1 Nr. 1, 79 KostO) auf 48,- € und ggf. für die Gesellschafterliste (§§ 147 Abs. 2, 30 Abs. 1 KostO) auf 21,- €. Die Gründungskosten einer französischen S.A.R.L. blaufen sich auf ca. 500,- € netto, vgl. Recq/Hoffmann, GmbHR 2004, 1070, 1073.

178 Entspricht 28,- €.

179 Statt einer Woche erfolgt die Gründung der Gesellschaft innerhalb eines Tages.

180 Beispiel von Ulmer, NJW 2004, 1201, 1201, wonach monatliche Kosten für die Domiziladresse i.H.v. 40,- € und jährliche Gebühren von 200,- € (ab dem 2. Jahr) anfallen.

181 Sandrock in Sandrock/Wetzler: Deutsches Gesellschaftsrecht im Wettbewerb der Rechtsordnungen, S. 74; ders., BB 2004, 897, 900; Hirsch/Britain, NZG 2003, 1100, 1103; Maul/Schmidt, BB 2003, 2297, 2298; a.A. Borges, ZIP 2004, 733, 734.

182 Recq/Hofmann, GmbHR 2004, 1070, 1070; Ehricke, RabelsZ 64 (2000), 497, 507: „die Kosten für Rechtsrat erscheint den KMU nicht selten zu hoch"; Hommelhoff, WM 1997, 2101, 2103.

183 Drygala, ZEuP 2004, 337, 356.

184 Der Companies Act findet auf jede Form der „company" Anwendung, unabhängig davon, ob es sich um eine private oder public company handelt, vgl. hierzu Dierksmeier, S. 33. Zum Companies Act, vgl. Herrmann, RIW 1991, 378 ff.; Meinhardt, RIW 1987, S. 10 ff..

185 Römermann, NJW 2006, 2065, 2069; Riegger, ZGR 2004, 510, 516; Hirsch/Britain, NZG 2003, 1100, 1103; Maul/Schmidt, BB 2003, 2297, 2298.

werden dabei von keinem Nutzen sein, sodass die Beauftragung von international tätigen Wirtschaftsprüfungsgesellschaften notwendig sein wird[188]. Hat die private limited company ihren Verwaltungssitz in Deutschland, muss sie der deutschen Finanzverwaltung zusätzlich eine dem deutschen Recht entsprechende Steuerbilanz vorlegen, da sie ebenso dem deutschen Steuerrecht unterliegt[189]. Aufgrund des Auseinanderfallens von satzungsmäßigem und faktischem Sitz ergeben sich zudem steuerrechtliche Komplikationen[190]. Dadurch, dass sich die Betriebsstätte in Deutschland befindet, richtet sich die Steuer nach deutschem Recht, wodurch eine Überleitungsrechnung erforderlich wird.
Ferner ist für die Klagezustellung und für die Aufbewahrung wichtiger Dokumente[191] eine Domiziladresse, die sog. registered office, einzurichten.
Darüber hinaus sind die Geschäftsführer fremden Haftungsregelungen ausgesetzt[192]. Hierzu zählen insbesondere den Regeln des wrongful[193] und fraudulant trading[194] und der Disqualifizierung[195]. Neben den in erster Linie haftenden Geschäftsführern können auch die Gesellschafter aufgrund der deutlich stärker ausgeprägten Durchgriffshaftung in Anspruch genommen werden.

Ferner würde die Kapitalbeschaffung in Deutschland, gerade weil die private limited company ohne ein gesetzliches Stammkapital auskommt, ausschließlich von der Leistung persönlicher Sicherheiten abhängig gemacht werden[196]. Dies würde zu einer zusätzlichen Steigerung der Kapitalsbeschaffungskosten führen[197].

---

[186] Jährlich ist ein „Annual Returns“ und ein „Filling of Accounts“ beim Companies House einzureichen. Verspätetes Einreichen der Unterlagen, einzuhalten ist eine Frist von 12 Monaten, die bis maximal 28 Tage überschritten werden kann, kann mit Geldbußen zwischen 100,- und 1.000,- Pfund belegt werden. Eine unbeachtete Aufforderung zur Einreichung der Unterlagen können die zwangsweise Löschung aus dem Register zur Folge haben, vgl. Graf von Bernstorff, RIW 2004, 498, 502.

[187] Die vom Imparitätsprinzip geprägte HGB-Bilanzierung unterscheidet sich erheblich von der informationsorientierten Rechnungslegung nach dem UK-GAAP.

[188] Riegger, ZGR 2004, 510, 517, 530, These Nr. 2. Die meisten Ltd.'s sind verpflichtet, sog. „Auditors“ (Wirtschaftsprüfer) zur Überprüfung der einzureichenden Bilanzen zu bestellen, vgl. Graf von Bernstorff, RIW 2004, 498, 502.

[189] Römermann, NJW 2006, 2065, 2069; Riegger, ZGR 2004, 510, 517, 530, These Nr. 2; Graf von Bernstorff, RIW 2004, 498, 502.

[190] Wachter, GmbHR 2004, 88, 95; Maul/Schmidt, BB 2003, 2297, 2299; Hirsch/Britain, NZG 2003, 1100, 1103.

[191] Insbesondere die Geschäftsführeranstellungsverträge, das Aktienbuch sowie Angaben über die Aktienbestände der Geschäftsführer und deren Ehegatten.

[192] Überblick bei Maul/Schmidt, BB 2003, 2297, 2298, 2299.

[193] Diese Haftung kann früher als die Insolvenzverschleppungshaftung nach deutschem Recht eintreten.

[194] Zum Institut des „wrongful und fraudulent trading“, vgl. Bowen/Usher, The law of private companies, S. 318 ff., 322 ff.; Prime/Scanlan, The law of private limited companies, S. 366, 367.

[195] Vgl. hierzu Prime/Scanlan, The law of private limited companies, S. 160 ff..

[196] Hirsch/Britain, NZG 2003, 1100, 1103; Maul/Schmidt, BB 2003, 2297, 2298; Dejmek, NZG 2001, 878, 883; a.A. wohl Kallmeyer, DB 2004, 636, 637, der die Kreditwürdigkeit der limited company im Ergebnis mit der der GmbH gleichsetzt. Zu berücksichtigen ist, dass sich die Banken bei der Kreditvergabe an eine deutsche GmbH mit einem Stammkapital von 25.000,- € kaum begnügen werden. Insoweit wird die Kreditvergabe nicht von der gewählten Rechtsform, sondern von der Höhe der

In England wird beispielsweise die Kreditvergabe bei unterkapitalisierten private limited companies regelmäßig von der Ausgabe von Schuldverschreibungen, sog. debentures, abhängig gemacht[198].
Schließlich haftet den im Ausland ohne ein obligatorisches Mindestkapital gegründeten und in Deutschland agierenden Gesellschaften ein negatives Image an[199]. In Deutschland ansässige Kapitalgesellschaften, die in einem europäischen Mitgliedsstaat mit geringen Kapitalanforderungen gegründet wurden, werden teilweise als „Billig-GmbH´s" bezeichnet[200].

Die Duplizität der Publizitätsvorschriften, steuerrechtliche Komplikationen, erhöhte Beratungskosten, ein möglicher Gerichtsstand vor englischen Gerichten[201] und die schärfere Durchgriffshaftung erweisen sich für die KMU demnach als besonders nachteilig.

Für große, international agierende Kapitalgesellschaften dürfte das stammkapitalbasierte System ohnehin keine nennenswerte Gründungshürde darstellen[202], sodass für diese Gesellschaften die europäischen Rechtsformalternativen von geringerem Interesse sein werden. Allein aus Vertrauensgründen bringen solche Gesellschaften teilweise sechs- bis siebenstellige Beträge zur Gesellschaftsgründung auf[203].

Kapitalausstattung abhängig sein, sodass sich die Kreditwürdigkeit der limited company und der GmbH kaum voneinander unterscheiden. Allerdings wird das Motiv deutscher Unternehmensgründer, eine limited company zu gründen, ausschließlich auf das mangelnde Kapitalaufbringungsprinzip zurückzuführen sein, sodass wohl die meisten in Deutschland agierenden Ltd.´s unterkapitalisiert sein werden und damit mittelbar das Argument der zusätzlichen Kapitalbeschaffungskosten seine Berechtigung hat.

[197] So auch Drygala, ZEuP 2004, 337, 357.

[198] Vgl. Just, S. 57 ff., Rn. 235 ff.. Diese Schuldverschreibungen werden häufig durch sog. floating charges besichert, ein Sicherungsmittel, mit dem das ganze Gesellschaftsvermögen belastet wird und über welches ohne die Einwilligung des Sicherungsgläubigers verfügt werden kann. Ein solches Sicherungsmittel ist in Deutschland unbekannt, vgl. hierzu Dierksmeier, S. 44 ff.

[199] Graf von Bernstorff, RIW 2004, 498, 502; Ulmer, JZ 1999, 662, 664.

[200] So Schön, Der Konzern 2004, 162, 166; Rodewald/Scheel, GmbHR 2003, 1478, 1478 Fn. 1; Altmeppen, NJW 2004, 97, 97; Riedemann, GmbHR 2004, 345, 346: „genutzt wird die limited in Deutschland von Unternehmen, die das Mindestkapital für eine GmbH i.H.v. 25.000,- € scheuen oder schlichtweg nicht aufbringen können". Heckschen, GmbHR 2004, R 25, führt an, dass sich die Wahl der limited company momentan auf einen negativen Personengruppenkreis beschränke, um die deutschen Anforderungen zu umgehen, wie z.B. zur Gründung von Handwerksbetrieben ohne einen erforderlichen Meisterbrief oder zur Umgehung entsprechender Erklärung nach § 6 GmbHG. G.H. Roth, ZIP 1999, 861, 863 bezeichnet diese Gesellschaften als „Oasen-Gesellschaften"; kritisch hierzu Sandrock, BB 2004, 897, 897.

[201] Sandrock, BB 2004, 897, 900.

[202] Zu berücksichtigen ist jedoch, dass die meisten stammkapitalbasierten Systeme meist ein kompliziertes und strenges Kapitaleinlageverfahren verankert haben, woraus erhebliche Gründungsverzögerungen resultieren.

[203] Hirsch/Britain, NZG 2003, 1100, 1103.

(4) Beschränkung des Wettbewerbs auf das Gründungsstadium

Solange der EuGH an seiner Rechtsprechung „Daily Mail“ festhält und wegzugsbeschränkende Maßnahmen legalisiert, wird sich der Wettbewerb der Rechtsordnungen auf die Gründungsphase beschränken[204]. Mitgliedsstaaten, die den Wegzug von Gesellschaften beschränken, könnten die Niederlassungsfreiheit sanktionslos beeinträchtigen und sich auf diese Weise dem Wettbewerb partiell entziehen. Um den Gesellschaftssitz verlegen zu können, werden Gesellschaften z.B. nach der in Deutschland herrschenden Rechtsprechung[205] und überwiegenden Lehre[206] zur Auflösung und Abwicklung gezwungen, womit eine Auswanderung faktisch unmöglich gemacht wird[207].

Bei der Verwaltungssitzverlegung müsste die Gesellschaft demnach aufgelöst und abgewickelt werden, womit nur noch eine Neugründung im Zuzugstaat möglich wäre, da die Gründung einer Zweigniederlassung aufgrund des weggefallenen satzungsmäßigen Sitzes nicht mehr in Betracht käme [208]. Damit könnten nationale Gesetzgeber die Niederlassungsfreiheit sanktionslos einschränken, womit der Rechtsprechung des EuGH zur Niederlassungsfreiheit jeglicher Sinn genommen würde.

Überwiegend wird in Deutschland daher die Ansicht vertreten, die im Urteil „Daily Mail“ getroffene Entscheidung zu überdenken[209], da eine unterschiedliche Behandlung

---

[204] Spindler/Berner, RIW 2003, 949, 956; Leible/Hoffmann, EuZW 2003, 677, 682; Lutter, BB 2003, 7, 10; Dubovizkaja, GmbHR 2003, 694, 697, 698; Maul/Schmidt, BB 2003, 2297, 2300; Bayer, BB 2003, 2357, 2366.

[205] RGZ 7, 68 ff.; 88, 53 ff.; 107, 94 ff.; BGHZ 25, 134, 144; OLG Düsseldorf NZG 2001, 506; OLG Hamm NZG 2001, 562. Zu berücksichtigen ist jedoch, dass diese Rechtsprechung Fälle betraf, in denen nur oder auch der Satzungssitz verlegt wurde.

[206] Baumbach/Hueck/Fastrich, GmbHG, 17. Aufl. 2000, § 4 a GmbHG Rn. 10; Wetzler in Sandrock/Wetzler: Deutsches Gesellschaftsrecht im Wettbewerb der Rechtsordnungen, S. 180; Michalski, NZG 1998, 762, 764; Schloz/Westermann, 9. Aufl. 2002, Einl. Rn. 224 ff.; Ebenroth/Auer, DNotZ 1993, 193; Ebenroth/Auer, GmbHR 1994, 16, 17; Schwarz, NZG 2001, 613. Anderer Ansicht nach sind die Gesellschaften bei einem Verlegungsbeschluss analog § 241 Nr. 3 AktG als nichtig anzusehen, vgl. Hüffer, AktG, 4. Aufl. 1999, § 5 Rn. 12; Heider in MüKo/AktG, 2. Aufl. 2000, § 5 Rn. 65; Michalski-Leible, GmbHG, Bd. 1, 2002, Rn. 133.

[207] Roth, Die Wegzugsfreiheit für Gesellschaften, S. 379, 383. Für mehr Freizügigkeit, Lutter, BB 2003, 7: „die Unternehmen in Deutschland werden an der Grenze totgeschlagen“; ders., BB 2004, Heft 1, Die erste Seite; Schwark, AG 2004, 173, 179; Spindler/Berner, RIW 2003, 949, 956; Leible/Hoffmann, ZIP 2003, 925, 929; Zimmer, NJW 2003, 3585, 3592; Bayer, BB 2003, 2357, 2363 ff.; Knobbe-Keuk, ZHR 154 (1990), 325, 351; Ziemons, ZIP 2003, 1913, 1918.

[208] Gemäß dem jüngsten Referentenentwurf eines Gesetzes zur Modernisierung des GmbH-Rechts und zur Bekämpfung von Missbräuchen (MoMiG) vom 29.05.2006 soll mit der Streichung des § 4 a Abs. 2 GmbHG und der älteren Parellelnorm § 5 Abs. 2 AktG deutschen Kapitalgesellschaften nunmehr ermöglicht werden, ihre Geschäftstätigkeit auch außerhalb des deutschen Hoheitsgebietes zu entfalten. Hierdurch würde in Sachen Mobilität eine Chancengleichheit deutscher Kapitalgesellschaften mit Auslandsgesellschaften hergestellt, vgl. hierzu Dierksmeier/Scharbert, BB 2006, 1517, 1522; Römermann, GmbHR 2006, 673, 679.

[209] Wertenbruch, NZG 2003, 618, 619; Paefgen, WM 2003, 561, 569; Maul/Schmidt, BB 2003, 2297, 2300; Bayer, BB 2003, 2357, 2366; Eidenmüller/Rehm, ZGR 2004, 159, 178; Wagner, GmbHR 2003, 684, 691; Dubovizkaja, GmbHR 2003, 694, 697; Zimmer, BB 2003, 1, 3; Spindler/Berner, RIW 2003, 949, 956; Roth, IPRax 2003, 117, 121; Behrens, IPRax 2003, 193, 205; Ziemons, ZIP 2003, 1913, 1919; Geyrhalter/Gänßler, DStR 2003, 2167, 2170 (Fn. 32).

von Zuzug- und Wegzugsfällen mit der Niederlassungsfreiheit nicht zu vereinbaren sei[210].

Hierzu wird insbesondere darauf verwiesen, dass Wegzugsbeschränkungen die Niederlassungsfreiheit teilweise stärker als die Zuzugsbeschränkungen beeinträchtigten. Derjenige, dem der Wegzug unmöglich gemacht werde, könne faktisch nirgendwo hinziehen[211]. Gesellschaften, die in den Geltungsbereich der Niederlassungsfreiheit fielen, hätten das uneingeschränkte Recht von der Niederlassungsfreiheit Gebrauch zu machen. Gegenstand der Niederlassungsfreiheit sei nicht allein der Zuzug, sondern die freie Standortwahl überhaupt[212].Die Aberkennung der grenzüberschreitenden Tätigkeit würde faktisch einer Negierung der Niederlassungsfreiheit gleichkommen, die seit „Überseering" nicht mehr zu rechtfertigen wäre[213]. Je mehr Mitgliedsstaaten den Wegzug beschränkten, desto eingeschränkter wäre die Mobilität europäischer Unternehmen[214].

Wichtige Anhaltspunkte zur Beurteilung der Europarechtskonformität von Wegzugsbeschränkungen bietet das Urteil des EuGH in Sachen „Hughes de Lasteyrie du Saillant"[215]. Obwohl das Urteil die Wegzugsbesteuerung einer natürlichen Person zum Gegenstand hatte, ist es zur Auslegung der Wegzugsbeschränkungen von Gesellschaften im Lichte der Niederlassungsfreiheit geeignet, da gemäß Art. 48 Abs. 1 EGV die Kapitalgesellschaften den natürlichen Personen gleichgestellt sind[216].

---

[210] Paefgen, GmbHR 2004, 463, 467 (m.w.N.); Wetzler in Sandrock/Wetzler: Deutsches Gesellschaftsrecht im Wettbewerb der Rechtsordnungen, S. 181; Sandrock in Sandrock/Wetzler: Deutsches Gesellschaftsrecht im Wettbewerb der Rechtsordnungen, S. 92; Ebke in Sandrock/Wetzler: Deutsches Gesellschaftsrecht im Wettbewerb der Rechtsordnungen, S. 106; ders., JZ 2003, 927, 932; Fischer, ZIP 2004, 1477, 1486; Schulz/Sester, EWS 2002, 545, 550; Triebel/v. Hase, BB 2003, 2409, 2413; Meilicke, GmbHR 2003, 793, 802; Behrens, IPRax, 2003, 193, 205; Wagner, GmbHR 2003, 684, 691; Dubovizkaja, GmbHR 2003, 694, 697; Zimmer, BB 2003, 1, 3; ders., NJW 2003, 3583, 3592; W.H. Roth, IPRax 2003, 117, 121; Forsthoff, DB 2003, 2471, 2473; Eidenmüller/Rehm, ZGR 2004, 159, 177; Drygala, ZEuP 2004, 337, 350, 351. Anderer Ansicht Horn, NJW 2004, 894, 897; Schumann, DB 2004, 743, 745; Lutter, DB 2003, 7, 10; Kindler, NJW 2003, 1073, 1077; Probst/Kleinert, MDR 2003, 1265, 1265, 1266; Henze, DB 2003, 2159, 2165; Eidenmüller, JZ 2004, 24, 30; ders., ZIP 2002, 2233, 2243; Leible/Hoffmann, RIW 2002, 925, 927, mit dem Hinweis, dass Gesellschaften künstliche Geschöpfe seien, die ihre Existenz der Rechtsordnung verdankten. Aufgrund dieser engen Bindung zwischen Existenz und Gründung behielten die Mitgliedsstaaten die Autonomie, festzulegen, was für die Gründung und den Fortbestand erforderlich sei, Leible/Hoffmann, ZIP 2003, 925, 929; Schön, FS Lutter (2000), S. 685, 702, 703; Forsthoff, DB 2002, 2471, 2474; Kallmeyer, DB 2002, 2521, 2522; Michalski-Leible, GmbHG Syst. Darst. 2 Rn. 28 (m.w.N.).

[211] Roth, Die Wegzugsfreiheit für Gesellschaften, S. 379, 385; Zimmer, BB 2003, 1, 3.

[212] Roth, Die Wegzugsfreiheit für Gesellschaften, S. 379, 384; Wagner, GmbHR 2003, 684, 691, 692.

[213] Roth, Die Wegzugsfreiheit für Gesellschaften, S. 379, 397; Ebke, JZ 2003, 927, 932.

[214] Drygala, ZEuP 2004, 337, 350.

[215] EuGH Urteil vom 11.03.2004 – Rs. C-9/02 Hughes des Lasteyrie du Saillant gegen Ministère de l'Économie des Finances et de l'Industrie, RIW 2004, 392 ff.; Schedhelm/Olbing/Binnewies, GmbHR 2004, 1489, 1498.

[216] Inwieweit diese Rechtsprechung unmittelbar auf die Wegzugsbeschränkungen von Kapitalgesellschaften übertragbar ist, erscheint fraglich. *Bejahend* Kleinert/Probst, DB 2003, 2217, 2218; dies., MDR 2003, 1265, 126; Schnitger, BB 2004, 804, 810, hält dieses Urteil jedenfalls auf die Wegzugsbesteuerung von Kapitalgesellschaften gem. §§ 12, 11 KStG für übertragbar;

In der Rechtsache „Hughes de Lasteyrie“ stellte der EuGH fest, dass französische Wegzugsbesteuerungsregelung geeignet wären, die Niederlassungsfreiheit einzuschränken[217]. Gemäß Art. 167 CGI wurden Steuerpflichtige, die ihren steuerlichen Wohnsitz während der letzten zehn Jahre mindestens sechs Jahre lang in Frankreich hatten, zum Zeitpunkt der Wohnsitzverlegung ins Ausland mit unrealisierten Wertsteigerungen von Gesellschaftsrechten besteuert. Auch wenn die Niederlassungsfreiheit dem Wortlaut nach die Inländerbehandlung im Zuzugstaat sichern soll, verbiete sie jedoch, den Wegzug seiner Staatsangehörigen in einen anderen Mitgliedsstaat zu behindern[218]. Art. 167 CGI beschränke zwar nicht, von dem Niederlassungsrecht Gebrauch zu machen, die Vorschrift sei aufgrund ihrer abschreckenden Wirkung jedoch geeignet, die Niederlassungsfreiheit zumindest zu beschränken[219]. Steuerpflichtige, die ihren Wohnsitz ins Ausland verlegten, würden dadurch benachteiligt, dass sie allein aufgrund ihrer Wohnsitzverlegung mit einem noch nicht realisierten Einkommen besteuert würden. Personen, die ihren Wohnsitz in Frankreich beibehielten, würden hingegen erst bei tatsächlicher Realisierung ihres Einkommens besteuert[220].
In der Rechtssache „Hughes de Lasteyrie“ brachte der EuGH daher klar zum Ausdruck, dass der Schutzbereich der Niederlassungsfreiheit auch durch die Wegzugsbeschränkung tangiert werde[221]. Projiziert man diese Entscheidung auf die Praxis der Wegzugsbeschränkungen von Gesellschaften, beurteilt sich die Zulässigkeit der wegzugsbeschränkenden Maßnahmen ausschließlich anhand des Prüfungsmaßstabs zur Niederlassungsfreiheit[222].
Das Urteil „Hughes de Lasteyrie“ liefert daher wichtige Anhaltspunkte zur Beurteilung der Wegzugsbeschränkungsmöglichkeiten von Kapitalgesellschaften.
Im Übrigen sollte „Daily Mail“ stets im Lichte der neueren Entscheidungen des EuGH betrachtet werden[223]. Seinerzeit stimmte die britische Steuerbehörde der Sitzverlegung nicht zu, weil die Gesellschaft in England noch Steuerschulden zu begleichen hatte.

---

verneinend Eidenmüller/Rehm, ZGR 2004, 159, 178; *zurückhaltender* Recq/Hoffmann, GmbHR 2004, 1070, 1071. Solange „Daily Mail“ allerdings noch „good law“ ist und der EuGH seine Rechtsprechung diesbezüglich nicht ausdrücklich aufgibt, dürften die in „Daily Mail“ aufgestellten Grundsätze formal noch Gültigkeit besitzen.

217 EuGH Urteil vom 11.03.2004 – Rs. C-9/02, RIW 2004, 392, 396 Tz. 45, 46.

218 EuGH Urteil vom 11.03.2004 – Rs. C-9/02, RIW 2004, 392, 396 Tz. 42.

219 So auch Roth, Die Wegzugsfreiheit für Gesellschaften, S. 379, 396.

220 EuGH Urteil vom 11.03.2004 – Rs. C-9/02, RIW 2004, 392, 396 Tz. 45, 46.

221 Das Urteil stellt die Mitgliedsstaaten unter Druck, vergleichbare Vorschriften an die europarechtlichen Erfordernisse anzupassen. Bereits am 19.04.2004 hat die EU-Kommission den deutschen Gesetzgeber förmlich aufgefordert, die sog. Wegzugsbesteuerung aufzuheben, sodass kurzfristig mit einer Änderung des § 6 AStG zu rechnen ist, vgl. hierzu Kraft/Müller, RIW 2004, 366, 367.

222 So auch Grundmann, Europäisches Gesellschaftsrecht, Rn. 778; Sandrock in Sandrock/Wetzler: Deutsches Gesellschaftsrecht im Wettbewerb der Rechtsordnungen, S. 94. Für einen milderen Prüfungsmaßstab Eidenmüller, ZIP 2002, 2233, 2243; ders./Rehm, ZGR 2004, 159, 177.

223 Sandrock in Sandrock/Wetzler: Deutsches Gesellschaftsrecht im Wettbewerb der Rechtsordnungen, S. 93, 94; Meilicke, GmbHR 2003, 793, 803.

Seit den jüngsten Entscheidungen des EuGH besteht Klarheit, dass die Niederlassungsfreiheit nur unter besonderen Voraussetzungen eingeschränkt werden kann[224]. Im Gegensatz zu Steuermindereinnahmen sind die Vorschriften zur Sicherung des Steueraufkommens als zwingender Grund des Allgemeininteresses zu werten[225], sodass die Einschränkung der Niederlassungsfreiheit in Sachen „Daily Mail" unter Berücksichtigung dieser Gesichtspunkte auch gerechtfertigt gewesen wäre[226].
Insgesamt wird daher die in Deutschland vorherrschende Praxis der Auflösungsfolge bei der Verlegung des Gesellschaftssitzes eindeutig als europarechtswidrig zu qualifizieren sein[227]. Zum einen wäre die durch Gesellschaftssitzverlegung ausgelöste Auflösung keinesfalls mit den zwingenden Gründen des Allgemeinwohls zu rechtfertigen. Zum anderen, selbst wenn man das Vorliegen der zwingenden Gründe des Allgemeinwohls unterstellte, wäre eine Auflösung in jedem Fall unverhältnismäßig.

b. Ergebnis

Trotz der Unklarheiten[228], die im Zusammenhang mit den nationalen Wegzugsbeschränkungen noch bestehen, hat es der EuGH geschafft, die für die Weiterentwicklung des europäischen Gesellschaftsrechts seinerzeit bestehenden nationalen Barrieren zu beschränken und damit wichtige Impulse für den Wettbewerb der europäischen Rechtsordnungen zu setzen.
Solange jedoch praktische Umstände die Auswahl des Gesellschaftssitzes beherrschen und eine identitätswahrende Verlegung des Gesellschaftsstatuts faktisch nicht möglich ist, ist ein echter Wettbewerb der Rechtsordnungen nicht gewährleistet[229].

---

[224] Die Beschränkung der Niederlassungsfreiheit ist zulässig, wenn sie (1) in nicht diskriminierender Weise erfolgt (2) den zwingenden Gründen des Allgemeininteresses entspricht (3) zur Erreichung des verfolgten Ziels geeignet ist und (4) über das zur Erreichung des Zieles Erforderliche nicht hinausgeht. Dieser sog. „Vier-Faktoren-Test" wurde für die Waren- und Dienstleistungsverkehrsfreiheit entwickelt, später auf die Kapitalverkehrsfreiheit erstreckt, in der Rechtssache „Gebhard" (EuGH Urteil vom 30.11.1995 – Rs. C-55/94, Slg. 1995 I-4165) auf das Freizügigkeitsrecht natürlicher Personen übertragen und in der Rechtssache „Centros" (EuGH, Urteil vom 09.03.1999, Rs. C-212/97, Slg. 1999, I-1459) auf die Niederlassungsfreiheit der Gesellschaften ausgedehnt.

[225] EuGH Urteil vom 21.11.2002 – Rs. C-436/00, IStR 2003, 23, 26, Tz. 50, 51: Die Verringerung der Steuereinnahmen kann nicht als zwingender Grund des öffentlichen Interesses angesehen werden, da ein solches Ziel rein wirtschaftlicher Natur ist. Die Bekämpfung von Steuerhinterziehungen und die Wirksamkeit der steuerlichen Kontrollen stellen hingegen einen zwingenden Grund des öffentlichen Interesses dar.

[226] So auch Sandrock in Sandrock/Wetzler: Deutsches Gesellschaftsrecht im Wettbewerb der Rechtsordnungen, S. 94; Meilicke, GmbHR 2003, 793, 803; Eidenmüller/Rehm, ZGR 2004, 159, 177.

[227] So wohl auch Eidenmüller/Rehm, ZGR 2004, 159, 177; Sandrock in Sandrock/Wetzler: Deutsches Gesellschaftsrecht im Wettbewerb der Rechtsordnungen, S. 94.

[228] Wegzugsbeschränkungen sind aus der Sicht des Verfasssers stets am Maßstab der Niederlassungsfreiheit zu beurteilen. Dennoch ist zu berücksichtigen, dass „Daily Mail" noch „goodlaw" ist und über die Tragweite dieses Urteils noch Uneinigkeiten bestehten. Es bleibt daher abzuwarten, wann und inwieweit der EuGH diesbezüglich für Klarheit sorgen wird.

[229] Vgl. Leible/Hoffmann, EuZW 2003, 677, 682; OLG Hamm BB 2001, 744 ff.. Eine nachträgliche Wahl des Gesellschaftsstatuts ließe sich auch nicht mit dem Vorentwurf der Sitzverlegungsrichtlinie (Stand 22.04.1997, abgedruckt in ZIP 1997, 1721) realisieren. Ziel der Richtlinie ist es, eine

Eine Verbesserung der tatsächlichen Faktormobilität[230] könnte den Systemwettbewerb weiter intensivieren und das Kriterium der Qualität und Effektivität von Gesellschaftsrechten weiter in den Vordergrund stellen. Zweifelsohne werden die flexibelsten und praktikabelsten Lösungen und damit die gründungsfreundlichsten Gesellschaftsrechtsordnungen den Wettbewerb für sich entscheiden können.
Es bleibt abzuwarten, ob der EuGH seine in Daily Mail getroffene Entscheidung ausdrücklich korrigieren und damit den Wettbewerb der Gesellschaftsrechte weiter forcieren wird. Solange Daily Mail noch „good law" ist, wird sich der Wettbewerb der Rechtsordnungen jedoch auf die Gründungsphase beschränken.

4. Wirkung des Systemwettbewerbes

a. Race to the bottom oder race to laxity ?

Lange Zeit wurde der Wettbewerb der Rechtsordnungen mit dem Begriff des Delaware-Effekts in Verbindung gebracht. Unter dem Begriff des Delaware-Effekts versteht man eine Deregulierungspraxis der Gesetzgeber mit dem Ziel, möglichst viele Gesellschaften anzuziehen[231]. Man befürchtete, dass bei der Wahl des Unternehmensstandortes diejenigen Staaten privilegiert würden, die auf ein besonders laxes Gesellschaftsrecht setzten. Dabei würde der Standortwettbewerb auf Kosten des Gläubiger- und Anlegerschutzes ausgetragen und zum race to the bottom oder zum race to laxity[232], also zu einem Qualitätsverlust des Gesellschaftsrechts führen[233]. Während in den USA Anfangs noch die Ansicht über ein „race to the bottom" überwog, hat sich nunmehr eine optimistische Tendenz herausgebildet[234].
In Europa und in Deutschland steht man der Idee des Systemwettbewerbs erst nach der jüngsten Rechtsprechung des EuGH zur Niederlassungsfreiheit positiver gegenüber. Die Ursache für das relativ späte europäische Interesse waren die seinerzeit existenten

---

Sitzverlegung zu ermöglichen, „wenn sich die Aktivität der betroffenen Gesellschaft im Laufe der Zeit in einen anderen als den Gründungsmitgliedsstaat verlagert hat". Eine Sitzverlegung mit dem alleinigen Ziel, das Gesellschaftsstatut zu wechseln, wäre damit nicht möglich, vgl. Koppensteiner, FS Lutter (2000), S. 141, 146.

[230] Hierunter versteht man die tatsächlichen Umstände, wie beispielsweise die Sprache, die räumliche Bindung, die fehlenden finanziellen Anzreize etc., die den Systemwettbewerb verzerren, vgl. Dreher, JZ 1999, 105, 109.

[231] Die erste Welle des „race for laxity" setzte der kleine US-amerikanische Gliedstaat Delaware in Gang und zog viele Gesellschaften an sich. Das Erfolgskonzept des Gesellschaftsrechts von Delaware zeichnete sich durch eine besondere Großzügigkeit und durch weitreichende Haftungsausschlüsse aus, vgl. Merkt, KoR 2001, 142, 143, 144; ders., RabelsZ 1995, 545, 549, 550.

[232] Aus dem deutschsprachigen Schrifttum, Merkt, KoR 2001, 142, 144; ders., Beiträge zur Börsen- und Unternehmensgeschichte, S. 318 ff.; Großfeld, Internationales Unternehmensrecht, S. 45, 46.

[233] Für den europäischen Wettbewerb der Rechtsordnungen, vgl. Habersack, Europäisches Gesellschaftsrecht, S. 19, Rn. 15; Blaurock, ZEuP 1998, 460, 463.

[234] Merkt, KoR 2001, 142, 144; ders., RabelsZ 59 (1995), 545, 547; Deckert, RabelsZ 64 (2000), 487, 488; Grundmann, ZGR 2001, 786, 787.

mitgliedsstaatlichen Wettbewerbsbarrieren[235], die die Mitgliedsstaaten wirksam vor dem Konkurrenzdruck ausländischer Gesellschaftsrechtsordnungen in Sicherheit wog, sodass sie nicht angewiesen waren, über den Tellerrand des eigenen Gesellschaftsrechtssystems zu blicken. Selbst ineffektive und nicht mehr zeitgemäße Gesellschaftsrechtssysteme waren vor der nachbarlichen Konkurrenz geschützt. Zur Erhaltung dieses Status quo fiel das Interesse am europäischen Systemwettbewerb daher entsprechend gering aus.

Auf gemeinschaftlicher Ebene dominierte lange Zeit die Angst vor dem Delaware Effekt, weshalb man für das Europäische Gesellschaftsrecht den Systemwettbewerb nicht für einen sinnvollen und geeigneten Mechanismus hielt[236]. Mit den Harmonisierungsmaßnahmen im Bereich des Gesellschaftsrechts bezweckte die EG-Kommission primär die Verhinderung eines Delaware-Effekts und damit die Verhinderung des Wettbewerbs der Rechtsordnungen[237].Einen wichtigen Wandel stellten die Schlussanträge des Generalanwalts La Pergola in der Rechtssache „Centros" dar. In seinen Schlussanträgen sprach sich der Generalanwalt ausdrücklich für einen Wettbewerb der Rechtsordnungen aus. Solange Harmonisierungsmaßnahmen im Bereich des Gesellschaftsrechts auf europäischer Ebene ausblieben, sollte der Wettbewerb der Rechtsordnungen auch im Recht der Handelsgesellschaften herrschen.

Auch in Deutschland stand man lange Zeit unter Hinweis auf den Delaware-Effekt der Idee des Systemwettbewerbs ablehnend und skeptisch gegenüber[238]. Vorgebracht wurde insbesondere das Argument des gesellschaftsrechtlichen Qualitätsverlustes zu Lasten des Drittschutzes[239]. Allmählich scheint jedoch auch in Deutschland die ablehnende Haltung zu schwinden[240].

---

[235] Allen voran die Sitztheorie. Ein Wechsel des maßgeblichen Rechts ist unter der Sitztheorie mit einem erheblichen Verwaltungs-, Bürokratie- und Kostenaufwand verbunden, vgl. hierzu Merkt, KoR 2001, 142, 146.

[236] Wiedemann, Gesellschaftsrecht Band I, 1980, S. 783; Grundman, ZGR 2001, 783, 789; Weyand, KritV 1994, 90, 95.

[237] Timmermans, RabelsZ 48 (1983), 1, 14; Ebke, RabelsZ 62 (1998), 195, 207; Merkt, RabelsZ 59 (1995), 545, 546; Hirte, AG 1991, 166, 167; Wouters, CML Rev. 37 (2000), 257, 269.

[238] BGH ZIP 2000, 967, 968; Großfeld, Internationales und europäisches Unternehmensrecht, 2. Aufl. 1995, S. 54; Blaurock, ZEuP 1998, 460, 462; Wiedemann, Gesellschaftsrecht Band I, 1980, S. 783; Schwarz, Europäisches Gesellschaftsrecht, S. 20 ff.; Lutter, ZGR 2000, 1, 8, 9; Dreher, JZ 1999, 105, 110; abwägend kritisch Schön, ZHR 160 (1996), 221, 234 ff.; kritisch Ebke, FS Lutter (2000), S. 17, 27, 28; differenzierend Deckert, RabelsZ 64 (2000), 478, 489; abwägend Hopt, ZHR 161 (1997), 368, 382; ders., ZIP 1998, 96, 98.

[239] Blaurock, ZEuP 1998, 460, 462; Schön, ZHR 160 (1996), 221, 234 ff.; Dreher, JZ 1999, 105, 110, spricht von einem ruinösen Wettbewerb. Teilweise wurde darauf hingewiesen, dass sich das amerikanische Modell des Systemwettbewerbes nicht auf Europa übertragen lasse, vgl. Merkt, RabelsZ 59 (1995), 545, 567. Mit der Rechtsprechung zur Niederlassungsfreiheit hat der EuGH die Wettbewerbsbedingungen jedoch neu geordnet. Dennoch sind viele der aufgezeigten Unterschiede zum amerikanischen Modell gegenwärtig noch existent, insbesondere die unterschiedliche Entwicklung am Kapitalmarkt, die andersartigen finanziellen Anreize amerkanischer Einzelstaaten sowie die unterschiedlichen Ausgangsbedingungen, wie die politische, wirtschaftliche und kulturelle Homogenität, vgl. Merkt, RabelsZ 59 (1995), 545, 564, 565, 566.

[240] Für einen Systemwettbewerb bereits Hopt, ZGR 1992, 265, 293; ders., ZHR 161 (1997), 368, 382; Kübler, KritV 1994, 79, 87 ff.; Kübler, AG 1994, 141, 145, 147;

b. Stellungnahme

Auch wenn eine abschließende Prognose zur „workable competition" bzw. zu einem „race to the top" nicht gemacht werden kann, lässt sich jedoch ein befürchtetes „race to the bottom" bzw. ein Qualitätsverlust der europäischen Gesellschaftsrechtsordnungen ausschließen[241], denn mit der Rechtsprechung zur Niederlassungsfreiheit hat der EuGH einen europaspezifischen Systemwettbewerb eröffnet.

Als europaspezifisch kann der Systemwettbewerb deshalb qualifiziert werden, weil die in Art. 43 und Art. 48 EGV verankerte Niederlassungsfreiheit nicht vorbehaltlos gewährleistet wird, sondern gleichzeitig durch verbindliche Schranken definiert ist. Die Niederlassungsfreiheit findet ihre Grenzen dort, wo dies aus Gründen des Allgemeininteresses erforderlich ist, sodass sich ein Gesellschaftsrecht im Interesse der Investoren und des Managements oder im Sinne eines Ausverkaufs des Drittschutzes wirksam unterbinden lässt. Mit dem sog. „Vier-Faktoren-Test"[242] schränkt der EuGH die Niederlassungsfreiheit verbindlich ein, die zu einer restriktiven Anerkennung der mitgliedsstaatlichen Gesellschaftsrechtsordnungen führen kann. Damit werden die nationalen Gesetzgeber die Rahmenbedingungen zur Niederlassungsfreiheit bei der Entwicklung ihres Gesellschaftsrechts zu beachten haben.

Sicherlich werden die von dem EuGH im Rahmen der Rechtsfortbildung bestimmten Rahmenbedingungen nicht immer kritiklos hingenommen werden[243].

Dennoch können die Grenzen der Niederlassungsfreiheit als ein geeignetes Kontroll- und Schutzinstrument gegen ein befürchtetes race to the bottom qualifiziert werden[244].

Zudem ist zu berücksichtigen, dass in einigen Bereichen des Gesellschaftsrechts ein nicht unbeachtlicher Harmonisierungsgrad erreicht ist, womit die Gefahr eines ruinösen Wettbewerbs in diesen Bereichen von vornherein beschränkt ist[245].

Cascante, RIW 1999, 450; Eidenmüller, ZIP 2002, 82; Habersack, Europäisches Gesellschaftsrecht, S. 20, Rn. 16; Spindler/Berner, RIW 2003, 949, 955; neutraler Schulz/Sester, EWS 2002, 545, 550.

[241] So auch Eidenmüller, FS Heldrich (2005), S. 581, 595.

[242] Die Beschränkung der Niederlassungsfreiheit ist zulässig, wenn sie (1) in nicht diskriminierender Weise erfolgt (2) den zwingenden Gründen des Allgemeininteresses entspricht (3) zur Erreichung des verfolgten Ziels geeignet ist und (4) über das zur Erreichung des Ziels Erforderliche nicht hinausgeht. Dieser sog. „Vier-Faktoren-Test" wurde für die Waren- und Dienstleistungsverkehrsfreiheit entwickelt, später auf die Kapitalverkehrsfreiheit erstreckt, in der Rechtssache „Gebhard" (EuGH Urteil vom 30.11.1995 – Rs. C-55/94, Slg. 1995 I-4165) auf das Freizügigkeitsrecht natürlicher Personen und in der Rechtssache „Centros" (EuGH, Urteil vom 09.03.1999, Rs. C-212/97, Slg. 1999, I-1459) auf die Niederlassungsfreiheit der Gesellschaften ausgedehnt.

[243] Zur Kritik an der Rechtsprechung des EuGH zum Gläubigerschutzstandard durch Publizität, vgl. EuGH, Urteil vom 09.03.1999, Rs. C-212/97 GmbHR 1999, 474, 477 Tz. 36 und EuGH Urteil vom 30.09.2003 Rs. C-167/01 RIW 2003, 957, 960 Tz. 135;
exemplarisch Spindler/Berner, RIW 2004, 7, 13; dies., RIW 2003, 949, 954; Halbhuber, S. 146; Kersting/Schindler, RdW 2003, 621, 623; Eidenmüller, ZIP 2002, 2236; Ulmer, JZ 1999, 662, 663.

[244] Ähnlich Spindler/Berner, RIW 2004, 7, 16.

[245] Habersack, Europäisches Gesellschaftsrecht, S. 20, Rn. 16; Kersting, NZG 2003, 9, 10.

Sollte sich dennoch eine diametrale Entwicklung abzeichnen, würde der Druck auf den europäischen Gesetzgeber zur Rechtsvereinheitlichung steigen. Mit entsprechenden Legislativakten könnte dieser einem „race to the bottom" effektiv entgegenwirken[246]. Schließlich sollte das Einflusspotential der beteiligten Wirtschaftssubjekte nicht unterschätzt werden. Gesellschaften besonders deregulierter Gesellschaftsrechtssysteme können von den Gläubigern und Investoren ungehindert gemieden werden[247], sodass sie sich am Wirtschafts- und damit auch am Wettbewerbsmarkt langfristig nicht durchsetzen werden.
Inwieweit sich der europäische Systemwettbewerb zu einem „race to the top" entwickelt[248], wird die Zukunft noch zeigen.

Festzuhalten bleibt, dass der bisher eingeleitete Systemwettbewerb den Unternehmen die Möglichkeit eröffnet, das für ihre Zwecke optimale Gesellschaftsrecht „frei" wählen zu können. Allein diese Wahlmöglichkeit wird den europäischen Gesetzgeber zwingen, darüber nachzudenken, ob er eine mögliche Vielfalt von unterschiedlichen Regelungskonzepten billigen, oder ob er die Gläubiger- und Gesellschafterinteressen vereinheitlichen bzw. auf ein Mindestmaß harmonisieren möchte. Zur Realisierung der binnenmarktpolitischen Ziele ist eine Harmonisierung jedenfalls wünschenswert[249]. Den eröffneten Systemwettbewerb kann der europäische Gesetzgeber daher jederzeit aktiv beenden.

5. *Wirkung des Systemwettbewerbs auf die Entwicklung des Europäischen Gesellschaftsrechts*

Um die Wirkung des Systemwettbewerbs auf die Entwicklung des Europäischen Gesellschaftsrechts beurteilen zu können, sollte zunächst das Verhältnis zwischen dem Systemwettbewerb und der Rechtsvereinheitlichung geklärt werden. Vereinzelt wird die Auffassung vertreten, dass das Wettbewerbsprinzip kein sachgerechter Maßstab für den europäischen Gesetzgeber sei[250]. Diese Ansicht verkennt jedoch, dass der Systemwettbewerb und die Rechtsangleichung nicht in einem Alternativverhältnis stehen

---

[246] Looijestijn-Clearie, EBOR 5 (2004), 389, 416; Spindler/Berner, RIW 2004, 7, 16; dies., RIW 2003, 949, 955.
[247] In diesem Sinne Spindler/Berner, RIW 2003, 949, 955; Merkt, RabelsZ 59 (1995), 545, 547; kritisch Schön, ZHR 160 (1996), 221, 235. Dies gilt selbstverständlich nicht für die unfreiwilligen Gläubiger.
[248] So Eidenmüller, ZIP 2002, 82, 83.
[249] So auch Horn, NJW 2004, 893, 901; Habersack, Europäisches Gesellschaftsrecht, S. 20, Rn. 17; Deckert, RabelsZ 64 (2000), 478, 493; Lutter, ZGR 2000, 1, 9, 10; ders. in De Kluiver/Van Gerven, The European Private Company ?, 1995, S. 201 ff.; Freitag, EuZW 1999, 267, 270; Spindler/Berner, RIW 2003, 949, 956; Kieninger, ZGR 1999, 727, 747; Blaurock, ZEuP 1998, 460, 462 ff.; Ebke, FS Lutter (2000), S. 17, 27 ff.; Behrens, FS Mestmäcker (1997), S. 831, 841 ff.; Bayer, BB 2004, 1, 11 (Ziff. 3).
[250] Schwarz, Europäisches Gesellschaftsrecht, S. 21, Rn. 25; Wiedemann, Gesellschaftsrecht Band I, 1980, S. 783. Unter Hinweis auf den Delaware-Effekt Neßler, ZfRV 2000, 1, 7; Blaurock, ZEuP 1998, 460, 463. Unter Hinweis auf die Rechtsunsicherheit und mangelnde Transparenz, vgl. Basedow, FS Mestmäcker (1997), S. 356 ff..

müssen[251]. Gewiss kann der Systemwettbewerb keinesfalls als Harmonisierungssurrogat bzw. als ein der Rechtsvereinheitlichung überlegenes System verstanden werden[252]. Gegenüber dem klassischen Rechtsvereinheitlichungsverfahren weist der Systemwettbewerb jedoch Vorteile auf, sodass der Systemwettbewerb als eine zwischenstadiale Notwendigkeit zur Überwindung der gegenwärtigen Entwicklungsdepression qualifiziert werden kann[253].

Der Systemwettbewerb kann u.a. zur Förderung von Erneuerungs- und Rationalisierungsbewegungen führen[254]. Besonders das Gesellschaftsrecht ist keine starre, sondern eine dem dynamischen Entwicklungsprozess unterliegende Rechtsmaterie, die sich stets an den wirtschaftlichen Bedürfnissen orientieren sollte[255]. Regelungskomplexe, wie beispielsweise der stammkapitalbasierte Kapitalschutz, der vor über 100 Jahren entwickelt wurde und dessen Eignung als Gläubigerschutzinstrument immer häufiger in Frage gestellt wird[256], könnte durch den Systemwettbewerb ernsthaft auf den Prüfstand gestellt[257] und durch moderne und effektive Regularien substituiert werden. Notwendigen Anforderungen an die veränderten wirtschaftlichen Gegebenheiten könnte der Systemwettbewerb daher besser gerecht werden[258].

Im Vergleich zu den zurückliegenden Rechtsvereinheitlichungsprozessen, die meist kompromissgeprägt[259] waren, könnte der eingeleitete Systemwettbewerb dafür sorgen, dass die nationalen Gesetzgeber vermehrt um eine Implementierung besonders zweckmäßiger, effektiver und praktikabler Lösungen bemüht sind, da sich i.R.d. Wettbewerbs ausschließlich die praktikabelsten[260] und ökonomisch effizientesten Konzepte[261] durchsetzen werden.

Diese „Dynamik besonders bewährter Lösungen" könnte zu einer Annäherung der mitgliedsstaatlichen Gesellschaftsrechte führen und damit eine Harmonisierung bzw.

---

[251] So auch Dreher, JZ 1999, 105, 110; Hopt, ZHR 161 (1997), 368, 383; Schön, ZHR 160 (1996), 221, 238; Buxbaum/Hopt, Integration through Law, 4. Band, Legal Harmonization and the Business Enterprise, 1988, S. 9.

[252] Kieninger, ZGR 1999, 724, 748.

[253] Dreher, JZ 1999, 105, 110.

[254] Merkt, RabelsZ 59 (1995), 545, 547.

[255] Krause, EuZW 2003, 747, 747.

[256] Zuletzt der Bericht der HLG auf dem Gebiet des Gesellschaftsrechts über moderne gesellschaftsrechtliche Rahmenbedingungen in Europa vom 04.11.2002 S. 84.

[257] Ähnlich Eidenmüller/Grunewald/Noack in Lutter: Das Kapital der Aktiengesellschaft in Europa, ZGR-Sonderheft 17 2006, 17, 37: „der Wettbewerb ist ein Instrument, um die Effizienz des Kapitalsystems und seiner Alternativen gewissermaßen zu testen".

[258] Schön, ZHR 160 (1996), 221, 236.

[259] Van Hulle, EWS 2000, 521, 523.

[260] So auch Wymeersch, ZGR 2001, 294, 307, 310, 311. Zum amerikanischen Wettbewerb der Gesellschaftsrechte, vgl. Merkt, KoR 2001, 142, 143.

[261] Mülbert, Der Konzern 2004, 151, 153; Armour, EBOR 7 (2006), 5, 26.

Rechtsvereinheitlichung de facto fördern[262]. Durch eine Rechtsannäherung „von unten" könnte die Rechtsvereinheitlichung „von oben" vorbereitet werden[263]. Ökonomisch effiziente Lösungen, die sich aufgrund des Systemwettbewerbs in den mitgliedsstaatlichen Gesellschaftsrechten durchsetzen, könnten die rechtspolitische Durchsetzbarkeit auf europäischer Ebene wesentlich erleichtern. Statt einer kompromissgeprägten Rechtssetzung könnten auf europäischer Ebene zielgerichtete und den wirtschaftlichen Erfordernissen angepasste, innovative Legislativakte verabschiedet werden.

Gegenüber der klassischen Rechtsvereinheitlichung weist der Systemwettbewerb auch ein wesentlich höheres Maß an Flexibilität auf[264], denn die Rechtsvereinheitlichung birgt eine gewisse Starre in sich[265]. Im Rahmen des einheitlichen Rechtsetzungsprozesses geben die Mitgliedsstaaten ihre autonome, innovative und eigendynamische Rechtsentwicklung auf und unterwerfen sich der europäischen Mehrheit[266]. Neben dieser eingeschränkt innovativen Rechtsentwicklung kommt die Unbeweglichkeit insbesondere darin zum Ausdruck, dass zahlreiche Rechtsangleichungsprojekte in der EU mangels politischer Durchsetzbarkeit erst mit erheblichen Verzögerungen realisiert werden konnten bzw. dauerhaft gescheitert sind[267]. Das Misslingen zahlreicher europäischer Rechtsangleichungsprojekte lässt sich einerseits auf die einzelstaatlichen Interessen, die die Mitgliedsstaaten in das Rechtsetzungsverfahren mitbringen und andererseits auf die starken Unterschiede der mitgliedsstaatlichen Rechtsordnungen zurückführen.

Ferner könnte der Systemwettbewerb rechtspolitischen Handlungsbedarf signalisieren und daher wichtige Impulse für das Einheitsrecht setzen.

Schließlich könnte der Wettbewerbsdruck die Mitgliedsstaaten dazu veranlassen, bestehende Barrieren abzuschaffen, was sich wiederum auf den europäischen Binnenmarkt und auf die Entwicklung des Europäischen Gesellschaftsrechts positiv auswirken könnte[268].

Der eingeleitete Systemwettbewerb sollte daher als Chance für eine neue und moderne Rechtsetzungskultur verstanden werden. Mit seiner Rechtsprechung verpflichtete der EuGH sowohl den europäischen als auch die nationalen Gesetzgeber im Rahmen des

---

262 Hinter dem Wettbewerb der Regelgeber verbirgt sich immer die Erwartung des Eintritts einer faktischen Rechtsvereinheitlichung, vgl. Merkt, EuZ 2004, 50, 54. Wymeersch, ZGR 2001, 294, 307, bezeichnet dieses Phänomen als „de facto Harmonisierung", welches sich über die europäischen Grenzen auch auf internationaler Ebene fortsetzen wird.

263 So auch Dreher, JZ 1999, 105, 110.

264 Habersack, Europäisches Gesellschaftsrecht, S. 20, Rn. 16; Schön, ZHR 160 (1996), 221, 236; Behrens, RabelsZ (50) 1986, 19, 26 ff.; Neuhaus/Kropholler, RabelsZ 45 (1981), 73, 80.

265 Habersack, Europäisches Gesellschaftsrecht, S. 20, Rn. 16, spricht von einer „Zementierung"; Schön, ZHR 160 (1996), 221, 236, spricht von einer „Versteinerung"; Behrens, RabelsZ (50) 1986, 19, 26 ff., spricht von einer „Erstarrung".

266 Van Hulle, EWS 2000, 521, 523; Behrens, RabelsZ 50 (1986), 19, 27.

267 Neßler, ZfRV 2000, 1, 6.

268 Um nicht langfristig deutsche Gesellschaften mit der Wegzugsbeschränkung im Wettbewerb zu benachteiligen, ist der deutsche Gesetzgeber angehalten, aktiv zu werden, vgl. Lutter, BB 2004, Heft 1 „Die erste Seite"; Spindler/Berner, RIW 2003, 949, 956.

Wettbewerbs konkurrenzfähige Angebote zu schaffen[269]. Gleichzeitig steigerte er den Druck auf die Mitgliedsstaaten, eine Rechtsangleichung zu forcieren[270]. Damit hat der EuGH in einer ungeahnt gestalterischen Weise[271] in die Entwicklung des Europäischen Gesellschaftsrechts, insbesondere in den Bereich des GmbH-Rechts, eingegriffen.

Langfristig werden sich die geplanten binnenmarktpolitischen Ziele jedoch nur durch ein weitestgehend harmonisiertes GmbH-Recht realisieren lassen, sodass auf Dauer eine Rechtsvereinheitlichung wünschens- und erstrebenswert ist. Bis dahin könnte der eingeleitete Systemwettbewerb wichtige Vorbereitungsdienste leisten.

F. Harmonisierungstendenzen bezogen auf die KMU und die Rechtsform der GmbH

I. Förderungsmaßnahmen der KMU auf europäischer Ebene

Aufgrund der starken wirtschaftlichen Bedeutung[272] der kleinen und mittleren Unternehmen standen diese in der Vergangenheit verstärkt auf der politischen Agenda der EU. Hierzu zählen insbesondere das Aktionsprogramm[273] zur Förderung der Entwicklung und Gründung von kleinen und mittleren Unternehmen sowie die Europäische Charta für Kleinunternehmen[274] und deren Umsetzungsbemühungen[275].
Dadurch, dass kleinere und mittlere Unternehmen besonders sensibel auf Marktveränderungen und bürokratische Belastungen reagierten, verpflichtete man sich, ein umfassendes Maßnahmenförderungsprogramm zu realisieren. Zu den wichtigsten Aktionslinien der Charta gehört die Verbesserung der Rechts- und Verwaltungsvorschriften, die Kostenreduzierung und Beschleunigung von Neugründungen kleinerer Unternehmen sowie die Anpassung des Steuer- und Finanzwesens auf kleinere Unter-

---

[269] Eidenmüller, ZGR 2004, 159, 188.
[270] Spindler/Berner, RIW 2003, 949, 956.
[271] Merkt, RIW 2004, 1, 4.
[272] Die KMU gelten als Rückgrat der europäischen Wirtschaft, da sie der Hauptträger für Beschäftigung und der Nährboden für Geschäftsideen sind.
[273] ABl.EG Nr. C 287/87.
[274] Die Europäische Charta für Kleinunternehmen (European Charter for Small Enterprises) wurde von den Staats- und Regierungschefs auf dem Europäischen Gipfel von Feira am 19/20.06.2000 ins Leben gerufen. Zu den wesentlichen Aktionslinien der Charta gehört die Verbesserung der Rechts- und Verwaltungsvorschriften, die bessere Nutzung des Binnenmarktes von Kleinunternehmen, die Kostenreduzierung und Beschleunigung von Neugründungen kleinerer Unternehmen, die stärkere und effizientere Vertretung der Interessen der kleinen und mittleren Unternehmen auf Ebene der EU sowie die Anpassung des Steuer- und Finanzwesens.
[275] Vgl. hierzu die Jahresberichte zur Umsetzung der Europäischen Charta für Kleinunternehmen, KOM (2001) 122 endg.; KOM (2002) 68 endg.; KOM (2003) 21 endg. und KOM (2004) 64 endg., sowie der Bericht über die Umsetzung der Europäischen Charta für Kleinunternehmen in den Beitrittsländern zur EU, SEK (2003) 57. Ferner der Bericht über die Umsetzung der Europäischen Charta für Kleinunternehmen in den Beitritts- und Kandidatenländer zur EU, SEK (2004) 187 und der Bericht über die Umsetzung der Europäischen Charta für Kleinunternehmen in den Ländern des westlichen Balkans, SEK (2003) 149.

nehmen. Ferner sollte die Nutzung des Binnenmarktes kleinerer Unternehmen verbessert und die Interessen der kleinen und mittleren Unternehmen auf EU-Ebene besonders berücksichtigt werden.
Dieser Maßnahmenkatalog ist ein Beleg für die Bemühungen der EU, kleinere und mittlere Unternehmen besonderes zu fördern. Allerdings wird in diesem Zusammenhang auch deutlich, dass eine Harmonisierung des GmbH-Rechts außer Betracht gelassen wurde.

II. Bisherige und künftig geplante Maßnahmen

Trotz der signifikanten AG-Lastigkeit erstreckten sich einige der erlassenen Richtlinien auf dem Gebiet des Gesellschaftsrechts auch auf die Rechtsform der GmbH.
Hierzu zählt die Publizitätsrichtlinie[276] aus dem Jahre 1968, die Zweigniederlassungsrichtlinie[277] aus dem Jahre 1989 und die ebenfalls aus dem Jahre 1989 stammende Einpersonengesellschaftsrichtlinie[278].
Mit der Jahresabschlussrichtlinie[279] aus dem Jahre 1978, der Konzernbilanzrichtlinie[280] aus dem Jahre 1983 und der Prüferbefähigungsrichtlinie[281] aus dem Jahre 1984 wurde ferner die Rechnungslegungs- und Abschlussprüfung der GmbH und der AG zusammengeführt. In diesem Zusammenhang ist zu berücksichtigen, dass diese Richtlinien Abweichungen zu Gunsten kleinerer und mittlerer Unternehmen ausdrücklich gestatten und damit nicht mehr an die Rechtsform, sondern an die Wirtschaftskraft anknüpfen[282].
Die aus dem Jahre 1990 stammende GmbH & Co. KG-Richtlinie[283] stellt schließlich die letzte Harmonisierungsmaßnahme der EU auf dem Gebiet des GmbH-Rechts dar.

---

[276] Erste Richtlinie (**Publizitätsrichtlinie**) vom 09.03.1968 (68/51/EWG), ABl.EG Nr. L 65 vom 14.03.1968, S. 8.

[277] Elfte gesellschaftsrechtliche Richtlinie (**Zweigniederlassungsrichtlinie**) vom 22.12.1989 (89/666/EWG), ABl.EG Nr. L 395 vom 30.12.1989, S. 36.

[278] Zwölfte gesellschaftsrechtliche Richtlinie (**Einpersonen-GmbH-Richtlinie**) vom 22.12.1989 (89/667/EWG), ABl.EG Nr. L 395 vom 30.12.1989, S. 40.

[279] Vierte gesellschaftsrechtliche Richtlinie (**Bilanzrichtlinie**) vom 25.07.1978 (78/660/EWG) ABl.EG Nr. L 222 vom 14.08.1978, S. 11; geändert durch die Richtlinie (90/604/EWG) und (90/605/EWG) vom 08.11.1990 (GmbH & Co. KG-Richtlinie und Mittelstandsrichtlinie), die Richtlinie (84/569/EWG) vom 17.11.1984, die Richtlinie (94/8/EWG) vom 21.03.1994, die Richtlinie (99/60/EG) vom 17.06.1999 und durch die Richtlinie (2001/65/EG) vom 27.09.2001 (fair-value-Richtlinie).

[280] Siebte gesellschaftsrechtliche Richtlinie (**Richtlinie über den konsolidierten Abschluss**) vom 13.06.1983 (83/349/EWG), ABl.EG Nr. L 193 vom 18.07.1983, geändert durch die Richtlinie (89/666/EWG) vom 21.12.1989, die Richtlinie (90/604/EWG) vom 08.11.1990 und die Richtlinie (90/605/EWG) vom 08.11.1990.

[281] Achte gesellschaftsrechtliche Richtlinie (**Prüferbefähigungsrichtlinie**) vom 10.04.1984 (84/253/EWG), ABl.EG Nr. L 126 vom 12.05.1984, S. 20.

[282] Siehe hierzu Krause, EuZW 2003, 747, 748.

[283] Richtlinie (90/605/EWG), ABl.EG Nr. L 317 vom 16.11.1990, S. 60.

1. Die Kapitalrichtlinie[284]

Zentraler Regelungsgegenstand der Kapitalrichtlinie aus dem Jahre 1976[285] ist die gemeinschaftsweite Festschreibung des kontinentaleuropäischen Kapitalschutzsystems im Aktienrecht. Zum Schutz der Gläubiger und Aktionäre schreibt Art. 6 der Richtlinie den Mitgliedsstaaten vor, ein Mindestgründungskapital von 25.000,- € in ihren Rechtsordnungen festzusetzen.
Neben diesem sog. Kapitalaufbringungsgrundsatz enthält die Richtlinie detaillierte Vorgaben zum Kapitaleinlageverfahren[286] und zur Kapitalerhaltung[287].
Gemäß Art. 1 Abs. 1 ist der Anwendungsbereich der Kapitalrichtlinie allerdings ausschließlich auf Aktiengesellschaften oder eine ihr entsprechende mitgliedsstaatliche Rechtsform beschränkt, sodass ihr Regelungsinhalt nicht auf die Rechtsform der GmbH anwendbar ist[288].

2. Studie über die Erweiterung des Anwendungsbereiches der Kapitalrichtlinie auf andere Rechtsformen

In einer Studie aus dem Jahre 1993 erklärte die Kommission der Europäischen Gemeinschaft ihre Absicht, die Kapitalrichtlinie auf die GmbH ausdehnen zu wollen[289]. Sie hob hervor, dass eine Gleichbehandlung der GmbH und der Aktiengesellschaft zumindest im Bereich des Gläubigerschutzes unverzichtbar sei. Die Kommission stellte zudem klar, dass ein einheitliches Gläubigerschutzniveau in Europa solange nicht erreicht werden könne, bis die Rechtsvorschriften der Mitgliedsstaaten nicht harmonisiert wären. Aufgrund des geringeren Produktionsniveaus der GmbH sollte die Mindestkapitalziffer jedoch deutlich niedriger als die der AG ausfallen. Dadurch, dass i.R.d. Ausweitung der Kapitalrichtlinie auch weitere Eigenheiten der GmbH beachtet werden sollten, empfahl die Kommission, die Kapitalrichtlinie nicht nur zu modifizieren, sondern eine neue, auf die Natur der GmbH zugeschnittene und eine an die Kapitalrichtlinie angelehnte Richtlinie zu entwerfen[290]. Diese in der Studie proklamierte Absicht der Kommission der Europäischen Gemeinschaften steht heute jedoch nicht mehr auf der politischen Agenda.

---

[284] *Zweite gesellschaftsrechtliche Richtlinie* (**Kapitalrichtlinie**) vom 13.12.1976 (77/91/EWG), ABl.EG Nr. L 26 vom 31.01.1977, S. 1, geändert durch die Richtlinie (92/101/EWG) vom 23.11.1992, ABl.EG Nr. L 347 vom 28.11.1992, S. 64.

[285] Die Kapitalrichtlinie wurde in Deutschland mit dem Durchführungsgesetz vom 13.12.1978 (BGBl. 1978 I, S. 1959) zum 01.01.1979 umgesetzt.

[286] Art. 7 und Art. 9 ff. der Kapitalrichtlinie.

[287] Art. 15 und Art. 16 der Kapitalrichtlinie.

[288] Anfangs behielt man sich die Erstreckung der Kapitalrichtlinie auf sämtliche Kapitalgesellschaften vor, vgl. Grundmann, Europäisches Gesellschaftsrecht, Rn. 317; Ankele, BB 1970, 988, 988.

[289] Kommission der Europäischen Gemeinschaften, Studie über die Erweiterung des Anwendungsbereichs der zweiten Richtlinie auf Gesellschaften anderer Rechtsformen, 1993, S. 25–28.

[290] Kommission der Europäischen Gemeinschaften, Studie über die Erweiterung des Anwendungsbereichs der zweiten Richtlinie auf Gesellschaften anderer Rechtsformen, 1993, S. 28.

Eines der Gründe ist die gegenwärtige Trendwende, die sich im Bereich des kontinentaleuropäischen Kapitalschutzsystems abzeichnet. Während die Kommission einst[291] noch bedenkenlos am kontinentaleuropäischen Kapitalschutz festhielt, stellt sie den stammkapitalbasierten Gläubigerschutz neuerdings in Frage[292]. In Anlehnung an den Bericht der HLG[293], beabsichtigt die Kommission, eine Realisierbarkeitsstudie über ein alternatives Gläubigerschutzsystem durchführen zu lassen. Damit scheint die Kommission erstmalig alternative Schutzkonzepte, zumindest von vornherein, nicht ausschließen zu wollen. Angesichts dieser Tatsache dürfte die frühere Absicht der Kommission, die Kapitalrichtlinie auf die Rechtsform der GmbH ausweiten zu wollen, dauerhaft obsolet geworden sein.

3. SLIM und SLIM-PLUS

Hinter der SLIM-Initiative[294] - Simpler Legislation for the Internal Market - verbirgt sich eine im Jahre 1996 von der EU-Kommission gestartete Initiative zur Vereinfachung des geltenden Gemeinschaftsrechts. Während sich die ersten drei Phasen noch auf technische Normen fokussierten, konzentriert sich die im Jahre 1998 eingeleitete vierte Phase auf die Vereinfachung der Ersten und Zweiten Richtlinie. Aufgabe der SLIM-Initiative war es, nicht nur komplizierte Vorschriften zu beseitigen und die Rechtsanwendung zu vereinfachen, sondern auch den Gesetzesinhalt zu deregulieren[295].

Im Rahmen des SLIM-Programms hat die Arbeitsgruppe zahlreiche Änderungsmaßnahmen zur ersten und zweiten Richtlinie ausgearbeitet. Hinsichtlich der Publizitätsrichtlinie schlug die SLIM-Arbeitsgruppe vor, das bisherige Registrier- und Offenlegungsverfahren durch ein elektronisches System zu ersetzen und eine multilinguale Hinterlegung und Veröffentlichung der Dokumente zu ermöglichen[296].

Bezüglich der zweiten Richtlinie schlug die Arbeitsgruppe u.a. vor, i.R.d. bestehenden Kapitaleinlageverfahrens den obligatorischen Sachverständigenbericht für bestimmte Sacheinlagen abzuschaffen[297].

---

[291] Erwägungsgründe des Rates der EG zur Zweite Richtlinie (***Kapitalrichtlinie***) vom 13.12.1976 (77/91/EWG), ABl.EG Nr. L 26 vom 31.01.1977, S. 1; Kommission der Europäischen Gemeinschaften, Studie über die Erweiterung des Anwendungsbereichs der zweiten Richtlinie auf Gesellschaften anderer Rechtsformen, 1993, S. 25.

[292] KOM (2003) 284 endg., S. 21.

[293] Bericht der Hochrangigen Gruppe von Experten (High Level Group -HLG-) auf dem Gebiet des Gesellschaftsrechts über moderne gesellschaftsrechtliche Rahmenbedingungen in Europa vom 04.11.2002, S. 88.

[294] Zum Stand, vgl. KOM (2000) 56 endg. S. 1 ff.; van Hulle, EWS 2000, 521, 523; Drygala, AG 2001, 291 ff.; Kallmeyer, AG 2001, 406 ff.; Maul, DB 2003, 27, 29.

[295] KOM (2000) 104 endg., S. 3; Drygala, AG 2001, 291, 292.

[296] ZIP 1999, 1944, 1944, 1946. Die weiteren Vorschläge erstreckten sich auf die Offenlegung von Dokumenten hinsichtlich der Zweigniederlassungen und auf die Bekanntmachung der Vertretungsbefugnis, vgl. ZIP 1999, 1944, 1945, 1946.

[297] Des Weiteren wurden Einschränkungen des Bezugsrechts und Erleichterungen beim Erwerb eigener Aktien und bei der finanziellen Unterstützung des Aktienerwerbs vorgeschlagen, vgl. ZIP 1999, 1944, 1946, 1947.

Im Bericht vom 04. November 2002 griff die HLG die von der SLIM-Gruppe ausgearbeiteten Vorschläge auf, ergänzte sie im Rahmen der SLIM-Plus Initiative[298] und weitete sie durch zwei weitere Empfehlungen, nämlich der Einführung einer europäischen Rahmenbestimmung über die Konkursverschleppungshaftung und der nachrangigen Behandlung der Ansprüche von Insidern (Direktoren und Aktionäre), aus[299].

Stellungnahme

Die von der SLIM-Arbeitsgruppe zur Zweiten Richtlinie umfangreich ausgearbeiteten Maßnahmen haben u.a. die Deregulierung des strengen kontinentaleuropäischen Kapitaleinlageverfahrens zum Gegenstand, ohne jedoch das System selbst in Frage zu stellen.

Diese im Grundsatz begrüßenswerten Deregulierungsvorschläge der SLIM-Initiative stießen in Deutschland teilweise auf Widerstand[300].

Obwohl sich die Vorschläge der SLIM-Initiative ausschließlich auf die Kapitalrichtlinie und damit auf das Aktienrecht beschränken, könnten sie dennoch auf das GmbH-Recht übertragen werden und damit interessante Ansätze zur Deregulierung der kontinentaleuropäisch geprägten Kapitaleinlageverfahren bieten. Diese Vorschläge könnten ferner bei der Entwicklung eines einheitlichen europäischen GmbH-Rechts herangezogen werden[301].

4. Der Bericht der HLG und der Aktionsplan zur Modernisierung des Gesellschaftsrechts[302]

a. Der Bericht der HLG

Im Bericht vom 04.11.2002 widmete sich die HLG neben den ergänzenden Vorschlägen der SLIM-Initiative auch dem kontinentaleuropäischen Kapitalschutzsystem zu. Zunächst stellte die Expertengruppe fest, dass i.R.d. bisherigen Harmonisierungsaktivitäten die Bedürfnisse der Unternehmen weniger im Vordergrund standen, sodass sie bei der künftigen Entwicklung des Gesellschaftsrechts intensiver berücksichtigt werden müssten. Ziel eines modernen Gesellschaftsrechts sei es, die Führung wettbewerbsfähiger und effizienter Unternehmen zu erleichtern, ohne dabei den Drittschutz zu vernachlässigen.

---

[298] So wurde insbesondere angeregt, die Einbringung von Dienstleistungen als Sacheinlage dann zuzulassen, wenn ausreichende Sicherheiten bestehen. Zu den Ergänzungen, vgl. Bericht der HLG auf dem Gebiet des Gesellschaftsrechts über moderne gesellschaftsrechtliche Rahmenbedingungen in Europa vom 04.11.2002, S. 86 ff., 13-16, 97-101.

[299] Bericht der HLG auf dem Gebiet des Gesellschaftsrechts über moderne gesellschaftsrechtliche Rahmenbedingungen in Europa vom 04.11.2002, S. 93.

[300] Bayer, BB 2004, 1, 8; ablehnend auch die Stellungnahme der deutschen Arbeitsgruppe Europäisches Gesellschaftsrecht (Group of German Experts on Corporate Law) zum Bericht der HLG in ZIP 2003, 863, 872.

[301] So auch Krause, EuZW 2003, 747, 749.

[302] KOM (2003) 284 endg., S. 1 ff..

Zur Steigerung der Effizienz und Wettbewerbsfähigkeit von europäischen Unternehmen sei allerdings ein angemessener Drittschutzmechanismus unabdingbar, um die Risiken und die damit einhergehenden Kosten zu verringern[303]. Die Wirksamkeit bisheriger Schutzmechanismen, insbesondere das Kapitalaufbringungs- und Kapitalerhaltungssystem seien zweifelhaft und stellten im Hinblick auf die Verbesserung der Effizienz und Wettbewerbsfähigkeit echte Hindernisse dar[304]. Aufgrund dessen setzte sich die HLG in ihrem Bericht besonders mit der Thematik der Kapitalaufbringung und Kapitalerhaltung auseinander.

Die HLG schlug der Kommission einen zweistufigen Modernisierungsansatz vor. Vorrangig sollte die Kommission einen Vorschlag zur Reform der zweiten Richtlinie unter Berücksichtigung der Empfehlungen der SLIM- und SLIM-Plus-Initiative vorlegen, wobei aus Gründen der Effizienz die Frage der Kapitalaufbringung zunächst außer Betracht gelassen werden sollte[305].

In einer späteren Phase sollte die Kommission prüfen, ob der traditionelle kontinentaleuropäische Kapitalschutz durch ein alternatives System ersetzt werden könnte. Aufgrund der zunehmenden Zweifel am kontinentaleuropäischen System[306] müsse über die Einführung alternativer und flexiblerer Lösungen, die einen gleichwertigen oder höheren Drittschutz gewährleisteten, nachgedacht werden[307]. Die HLG hob hervor, dass das bisherige System des gesetzlichen Mindestkapitals eine angemessene Kapitalausstattung der Unternehmen nicht gewährleiste, daher ein primitiver[308] und ungenauer Indikator hinsichtlich der Fähigkeit der Unternehmen zur Begleichung der Verbindlichkeiten sei und deshalb einen adäquaten Gläubigerschutz nicht sicherstellen könne[309]. Aus diesem Grund schlug sie vor, alternativ über das sog. Solvenzprüfungsverfahren nachzudenken[310].

Stellungnahme:

Im Unterschied zur SLIM –Initiative übt der HLG-Bericht eine bemerkenswert offene Kritik am kontinentaleuropäischen Kapitalschutzsystem aus. Darüber hinaus unter-

---

303 Bericht der HLG auf dem Gebiet des Gesellschaftsrechts über moderne gesellschaftsrechtliche Rahmenbedingungen in Europa vom 04.11.2002, S. 30.

304 Bericht der HLG auf dem Gebiet des Gesellschaftsrechts über moderne gesellschaftsrechtliche Rahmenbedingungen in Europa vom 04.11.2002, S. 33.

305 Nach Ansicht der HLG sollte das Mindestkapital weder abgeschafft noch angehoben werden, vgl. Bericht der HLG auf dem Gebiet des Gesellschaftsrechts über moderne gesellschaftsrechtliche Rahmenbedingungen in Europa vom 04.11.2002, S. 98.

306 In Deutschland jüngst Blaurock, FS Raiser (2005), S. 3 ff.; Grunewald/Noack, GmbHR 2005, 189, 193; Barta, GmbHR 2005, 657, 662; Schön, ZHR 166 (2002), 1, 1, 3; Merkt, ZGR 2004, 305, 310; Fleischer, ZGR 2001, 1, 12; Eidenmüller/Rehm, ZGR 2004, 159, 186; Mülbert/Birke, EBOR 3 (2002), 695 ff.; Wachter, GmbHR 2004, 88, 97; Frank/Wachter, GmbHR 2002, 17, 21; Roth/Altmeppen, GmbHG, 4. Aufl., Einl. Rn. 24 ff.; Bauer, S. 331 ff..

307 Bericht der HLG auf dem Gebiet des Gesellschaftsrechts über moderne gesellschaftsrechtliche Rahmenbedingungen in Europa vom 04.11.2002, S. 87.

308 Ebenso Armour, EBOR 7 (2006), 5, 27.

309 Bericht der HLG auf dem Gebiet des Gesellschaftsrechts über moderne gesellschaftsrechtliche Rahmenbedingungen in Europa vom 04.11.2002, S. 85.

310 Vgl. hierzu 3. Kapitel, S. 177.

breitet die HLG konkrete Vorschläge zur Modernisierung des Kapitalerhaltungsrechts. Diese einschneidenden Modernisierungsmaßnahmen lassen sich, obwohl sie sich ausschließlich auf das Aktienrecht beziehen, im Wesentlichen auch auf das GmbH-Recht übertragen. Damit setzte der HLG-Bericht beachtliche Modernisierungsimpulse für das europäische Kapitalgesellschaftsrecht.

b. Der Aktionsplan der EU-Kommission vom 21.05.2003[311]

In Anlehnung an den Bericht der HLG räumte die Kommission in ihrem „*Aktionsplan zur Modernisierung des Gesellschaftsrechts und Verbesserung der Corporate Governance in der Europäischen Union*" den Empfehlungen der SLIM und SLIM-Plus Initiative zur Vereinfachung der Zweiten Richtlinie hohe Priorität ein[312] und setzte diese bereits am 29.10.2004 in einen konkreten Vorschlag zur Änderung der Zweiten Richtlinie um[313].

Mit den geplanten Änderungen sollen vor allem kapitalbezogene Maßnahmen der Unternehmen erleichtert und flexibilisiert werden, ohne jedoch den Aktionärs- und Gläubigerschutz zu verringern. Europäischen Aktiengesellschaften sollen rascher und mit einem geringeren Kostenaufwand auf die für sie relevanten Marktentwicklungen reagieren können und dadurch leistungs- und wettbewerbsfähiger werden.

Neben der Erleichterung des Erwerbs eigener Aktien und der Vereinfachung des Kapitalerhöhungs- und Kapitalherabsetzungsverfahrens beabsichtigt die Kommission insbesondere das Kapitaleinlageverfahren zu deregulieren. Künftig soll die Einbringung von Sacheinlagen gemäß Art. 10 a und Art. 10 b der Kapitalrichtlinie unter bestimmten Voraussetzungen erleichtert werden. Demnach bedürfen Sacheinlagen keiner unabhängigen und sachverständigen Werteprüfung, wenn es für die Bewertung der betreffenden Einlagen klare Anhaltspunkte gibt. Hierzu gehören gemäß Art. 10 a Vermögensgegenstände[314], die vor der Einbringung bereits von einem Sachverständigen zum „fair value" bewertet wurden sowie Vermögensgegenstände, deren Wert aus dem Jahresabschluss des vorausgegangenen Geschäftsjahres hervorgeht[315]. Gemäß Art. 10 b des Vorschlags wird für Sacheinlagen, die ohne einen Sachverständigenbericht eingebracht werden, eine Erklärung zur Offenlegung im Register ausreichen.

Hinsichtlich des von der HLG vorgeschlagenen alternativen Kapitalerhaltungssystems beabsichtigt die Kommission eine mittelfristige Realisierbarkeitsstudie in Auftrag zu

---

[311] KOM (2003) 284 endg., S. 1 ff.. Zum Aktionsplan ausführlich Hopt, ZIP 2005, S. 461 ff..

[312] Nach Ansicht der Kommission würden die Vorschläge der SLIM-Gruppe zur Vereinfachung der Zweiten Richtlinie wesentlich zur Förderung der Effizienz und Wettbewerbsfähigkeit von Unternehmen beitragen, sodass sie kurzfristig ausgearbeitet werden sollten, vgl. KOM (2003) 284 endg., S. 21.

[313] KOM (2004) 730 endg..

[314] Wertpapiere können nach Art. 10 a Abs. 1 des Kommissionsvorschlags zu dem Durchschnittspreis bewertet werden, zu dem sie in den drei Monaten vor ihrer Einbrigung auf dem geregelten Markt gehandelt wurden.

[315] Bei Eintritt neuer Umstände, die eine erhebliche Wertänderung auslösen, hat das Leitungs- und Verwaltungsorgan eine Neubewertung zu veranlassen. Minderheitsaktionäre können verlangen, dass die Neubewertung von einem unabhängigen Sachverständigen vorgenommen wird.

geben. Hierbei soll geklärt werden, wie ein alternatives System aussehen könnte und ob es für Aktionäre und Dritte einen zuverlässigen Schutz bieten kann.
Über den Bericht der HLG hinausgehend traf die Kommission eine bedeutende, wenn auch nur am Rande erwähnte, Feststellung. In einer Fußnote wies die Kommission darauf hin, dass sich die geplanten kapitalschutzbezogenen Reforminitiativen auch auf andere Gesellschaftsformen übertragen lassen könnten[316].

Stellungnahme

Sowohl der Bericht der HLG als auch der Aktionsplan sowie der entsprechende Vorschlag zur Änderung der Zweiten Richtlinie der Kommission enthalten wichtige und richtungweisende Ansätze für die Entwicklung des Europäischen Gesellschaftsrechts. Die zunächst festgefahrene Entwicklung des Europäischen Gesellschaftsrechts wurde hierdurch wieder in Bewegung gesetzt. Im Aktionsplan greift die Kommission die Empfehlungen der SLIM-Gruppe auf und führt sie konsequent in einen Änderungsvorschlag über.
Wenngleich die Vorschläge der Kommission durchweg als systemkonform zu qualifizieren sind und lediglich leicht deregulierende Ansätze verfolgen, enthalten sie für die Gestaltung des künftigen Kapitalschutzsystems richtungsweisenden Charakter[317]. Langfristig scheint ein Umstieg auf das Kapitalschutzsystem nach angloamerikanischem Muster zumindest nicht mehr ausgeschlossen.
Obgleich sich diese Aktivitäten ausschließlich auf das Akteinrecht beschränken, könnten sie bei entsprechender Realisierung auch im GmbH-Recht Wirkung zeigen[318] und so die notwendige Rechtsharmonisierung forcieren. Sollte der Kapitalschutz im Aktienrecht auf europäischer Ebene tatsächlich eine Veränderung erfahren, wäre es sinnwidrig, auf einzelstaatlicher Ebene am kontinentaleuropäischen System im Recht der GmbH festzuhalten[319]. Eine Spaltung des Kapitalschutzes innerhalb eines nationalen Kapitalgesellschaftsrechts wäre nicht angezeigt, da im Bereich des Drittschutzes bei der AG und der GmbH gleichermaßen identische Anforderungen zu stellen sind.
Eine erhebliche Bremswirkung und damit einen Rückschritt könnte allerdings das von der HLG vorgeschlagene Optionsmodell[320] zur Folge haben. Reformen i.S.e. optionalen Liberalisierung könnten zu einer noch stärkeren Zerklüftung der nationalen Rechtsordnungen führen, womit man sich von der gewünschten Rechtsvereinheitlichung

---

[316] KOM (2003) 284 endg., S.9 (Fn. 9). Ausgenommen sind selbstverständlich diejenigen Initiativen, die besonders auf börsennotierte Gesellschaften zugeschnitten sind.
[317] Äußerst kritisch Bayer, BB 2004, 1, 8, der in den Empfehlungen der SLIM-Gruppe eine Vorbereitung zum Umstieg in das angloamerikanische Kapitalschutzsystem sieht.
[318] So auch Engert, ZHR 170 (2006), 296, 298; Krause, EuZW 2003, 747, 749.
[319] Sandrock, BB 2004, 897, 899.
[320] Bericht der HLG auf dem Gebiet des Gesellschaftsrechts über moderne gesellschaftsrechtliche Rahmenbedingungen in Europa vom 04.11.2002, S. 87; ablehnend Drygala, ZEuP 2004, 337, 358.

wieder distanzieren würde[321]. Unter binnenmarktpolitischen Gesichtspunkten erscheint das vorgeschlagene Optionsmodell daher nicht erwägenswert[322].

5. Die Europäische Privatgesellschaft

Die Idee der Europäischen Privatgesellschaft (EPG) ist auf eine französische Initiative zurückzuführen, die lange Zeit im Raum stand und durch die Vorlage eines Verordnungsvorschlags im Jahre 1998 seitens der Pariser Industrie- und Handelskammer und des französischen Wirtschaftsverbandes MEDEF wiederbelebt wurde[323]. Dadurch, dass sich die komplexe SE-Verordnung für kleine und mittlere Unternehmen nur sehr eingeschränkt eignet, möchte man dieser Unternehmensgattung mit dem Statut der EPG eine geeignete Rechtsform zur grenzüberschreitenden Tätigkeit zur Verfügung stellen. Aufgrund der starken strukturellen Unterschiede zu börsennotierten Gesellschaften benötigen die KMU eigene Lösungen. Mit der Europäischen Gesellschaft soll den eher zurückhaltenden KMU die grenzüberschreitende Tätigkeit erleichtert werden[324].

Nachdem der Verordnungsvorschlag zur EPG zunächst von dem europäischen Arbeitgeber- und Industrieverband (UNICE) und Eurochambres Zustimmung fand, wurde der Bedarf an einer Europäischen Privatgesellschaft im März 2002 vom Wirtschafts- und Sozialausschuss einstimmig bestätigt[325]. Auch die HLG stellte in ihrem Bericht fest, dass die Idee der EPG in der Privatwirtschaft auf großes Interesse gestoßen sei. Hinsichtlich der inhaltlichen Gestaltungsmöglichkeit vertrat die HLG die Ansicht, dass das EPG-Statut einem oder mehreren juristischen oder natürlichen Personen zugänglich sein müsse[326]. Die EPG sollte jedoch einen europäischen Bezug haben[327], sodass sie nur unter der Voraussetzung gegründet werden könne, wenn sie in mehr als nur einem Mitgliedsstaat die Wirtschaftstätigkeit ausübe[328]. Im Unterschied zur SE sollte die EPG-Verordnung nicht großzügig auf das nationale Gesellschaftsrecht verweisen, wobei sich eine rechtliche Autarkie nicht realisieren lasse, da viele

---

[321] Nach Drygala, ZEuP 2004, 337, 359, würde mit dem optionalen Modell wieder der Zustand eintreten, der vor der Einführung der Kapitalrichtlinie herrschte.

[322] Eine Folge des Optionsmodells wäre ein uneinheitlicher Drittschutz und eine schlechtere Markttransparenz.

[323] Abrufbar unter http://www.ccip.fr/etudes/dossiers/spe/index.html und http://www.medef.fr.

[324] Grund für die zurückhaltende grenzüberschreitende Tätigkeit sind die höheren Beratungskosten und der zusätzliche Verwaltungsaufwand, vgl. Hommelhoff, WM 1997, 2101, 2103; Ehricke, RabelsZ 64 (2000), 497, 507.

[325] Bericht der HLG auf dem Gebiet des Gesellschaftsrechts über moderne gesellschaftsrechtliche Rahmenbedingungen in Europa vom 04.11.2002, S. 124.

[326] Damit soll auch Einpersonengesellschaften die EPG zur Verfügung stehen.

[327] Bericht der HLG auf dem Gebiet des Gesellschaftsrechts über moderne gesellschaftsrechtliche Rahmenbedingungen in Europa vom 04.11.2002, S. 128.

[328] Berechtigte Zweifel bringt die deutsche Arbeitsgruppe an der Tauglichkeit dieser Mindestanforderung an, vgl. Stellungnahme der deutschen Arbeitsgruppe Europäisches Gesellschaftsrecht (Group of German Experts on Corporate Law) zum Bericht der HLG in ZIP 2003, 863, 879; a.A. Krause, EuZW 2003, 747, 751, unter Hinweis darauf, dass sich ein grenzüberschreitendes Tätigwerden erst im Laufe der Zeit einstellen bzw. wegfallen kann.

der mitgliedsstaatlichen Gesellschaftsrechtsordnung auf das nationale Zivilrecht anknüpften[329]. Im Aktionsplan kündigte die Kommission eine zeitnahe Durchführbarkeitsstudie[330] hinsichtlich der EPG an. Ein entsprechender Verordnungsvorschlag solle gegebenenfalls mittelfristig ins Auge gefasst werden[331].

a. Zweifel am Nutzen der Europäischen Privatgesellschaft

Obwohl die grenzüberschreitende Mobilität die wirtschaftliche Leistungsfähigkeit kleiner und mittlerer Unternehmen steigern würde, wird angesichts der jüngsten Rspr. des EuGH zur Niederlassungsfreiheit der Bedarf an einem EPG-Statut in Frage gestellt[332]. Aufgrund der nunmehr gesicherten grenzüberschreitenden Mobilität europäischer Gesellschaften sei der Bedarf an einer supranationalen Gesellschaftsform gering.

Zudem wird vorgebracht, dass bereits mit der Einführung der Zehnten Richtlinie zur grenzüberschreitenden Verschmelzung eines der Ziele, die man mit der Schaffung der EPG verfolge, nämlich die grenzüberschreitende Zusammenarbeit zu erleichtern, weitestgehend erreicht werden könnte[333].

b. Stellungnahme

Besonders die speziellen Gründungsvoraussetzungen werden den Anwendungsbereich der EPG erheblich einschränken[334]. Obwohl aufgrund der veränderten Marktverhältnisse die grenzüberschreitende Tätigkeit von kleineren und mittleren Unternehmen künftig intensiver sein wird, werden sie den Binnenmarkt überwiegend derivativ nutzen, sodass der geforderte europäische Bezug im Rahmen der Neugründung meist fehlen wird. Aus diesem Grund wird sich der Anwendungsbereich der EPG auf die Gründung von Parallelgesellschaften oder auf Umwandlungen beschränken.

---

[329] Solange es kein europäisches Privatrecht gebe, sei eine Bezugnahme auf die nationalen Rechtsordnungen unabdingbar, vgl. Bericht der HLG auf dem Gebiet des Gesellschaftsrechts über moderne gesellschaftsrechtliche Rahmenbedingungen in Europa vom 04.11.2002, S. 129. So auch die Stellungnahme der deutschen Arbeitsgruppe Europäisches Gesellschaftsrecht (Group of German Experts on Corporate Law) zum Bericht der HLG in ZIP 2003, 863, 880.

[330] Die HLG empfahl die Durchführbarkeitsstudie mittelfristig, d.h. nach Verabschiedung der zehnten Richtlinie in Auftrag zu geben, vgl. Bericht der HLG auf dem Gebiet des Gesellschaftsrechts über moderne gesellschaftsrechtliche Rahmenbedingungen in Europa vom 04.11.2002, S. 127.

[331] KOM (2003) 284 endg., S. 25.

[332] Unter Hinweis auf die Centros-Entscheidung, Deckert, RabelsZ 64 (2000), 478, 494; Bachmann, ZGR 2001, 351, 371. Ferner die Stellungnahme der deutschen Arbeitsgruppe Europäisches Gesellschaftsrecht (Group of German Experts on Corporate Law) zum Bericht der HLG in ZIP 2003, 863, 879, mit Bezug auf das Urteil in Sachen Überseering.

[333] Bericht der HLG auf dem Gebiet des Gesellschaftsrechts über moderne gesellschaftsrechtliche Rahmenbedingungen in Europa vom 04.11.2002, S. 127; ferner die Stellungnahme der deutschen Arbeitsgruppe Europäisches Gesellschaftsrecht (Group of German Experts on Corporate Law) zum Bericht der HLG in ZIP 2003, 863, 879.

[334] Zur Gründung einer EPG ist ein europäischer Bezug erforderlich, vgl. Wicke, GmbHR 2006, 356, 359, 362. Ferner soll die EPG nach dem derzeitigen Entwurf (Art. 3 Abs. 1) über ein Mindestkapital in Höhe von EUR 25.000 verfügen.

Angesichts der nunmehr erleichterten Mobilität europäischer Unternehmen wird die Gründung der EPG stets mit einem zusätzlichen Aufwand verbunden sein und daher regelmäßig an Attraktivität verlieren.
Auch die Erwartungen, die an das sog. „europäische Etikett"[335] im Zusammenhang mit der Vermarktung und dem Image der Unternehmen geknüpft werden, erscheinen aus betriebswirtschaftlicher Sicht übertrieben[336]. Nicht die gewählte Rechtsform, sondern der Markenname wird zur besseren Vermarktung und damit für das hohe Ansehen des Unternehmens beitragen können. Nach „Inspire Art" stellt sich zudem die Frage, weshalb Unternehmen gerade auf die EPG und nicht auf die gründungsfreundliche englische private limited company zurückgreifen sollten[337].
Weiterhin können mit der EPG die existierenden Rechtsunsicherheiten und Diskrepanzen der nationalen Rechtsordnungen nicht beseitigt werden, da die EPG als supranationale Gesellschaft neben den nationalen Gesellschaftsformen bestehen soll[338].
Trotz dieser gewichtigen Argumente ist die Schaffung einer für die KMU maßgeschneiderten supranationalen Rechtsform wirtschaftspolitisch sinnvoll[339]. Besonders in der Privatwirtschaft stößt die EPG auf eine sehr hohe Akzeptanz. Nationale Rechtsformen könnten hingegen auf den einzelstaatlichen Märkten aufgrund der fehlenden Bekanntheit auf eine deutlich geringere Akzeptanz stoßen, da sich die Geschäftspartner schwer kalkulierbaren Risiken aussetzen würden[340]. Die Vorteile eines einheitlichen EPG-Rechts sind zweifelsohne in der gesteigerten Rechtstransparenz und der daraus resultierenden Rechtssicherheit zu erblicken[341].
Ferner ist die stark liberalisierte, grenzüberschreitende Sitzverlegung noch nicht im Sinne einer grenzenlosen Bewegungsfreiheit gewährleistet. Solange eine Beschränkung des Wegzugs möglich ist, wird die Mobilität europäischer Unternehmen eingeschränkt bleiben[342].

---

[335] Bericht der HLG auf dem Gebiet des Gesellschaftsrechts über moderne gesellschaftsrechtliche Rahmenbedingungen in Europa vom 04.11.2002, S. 22.

[336] Bachmann, ZGR 2001, 351, 371.

[337] Im Unterschied zur private limited company folgt die EPG ausnahmslos dem kontinentaleuropäischen Kapitalschutzsystem.

[338] Boucourechliev/Hommelhoff, Vorschläge für eine Europäische Privatgesellschaft, 1999, S. 287 (Ziff. 6); Bachmann, ZGR 2001, 351, 371.

[339] So auch Dejmek, NZG 2001, 878, 883; Bachmann, ZGR 2001, 351, 373; Krause, EuZW 2003, 747, 750; Wachter, GmbHR 2004, 88, 104; Deckert, RabelsZ 64 (2000), 478, 495; Ehricke, RabelsZ 64 (2000), 497, 504.

[340] So auch Hommelhoff, FS Doralt (2004), S. 199, 204, 205; ähnlich Dejmek, NZG 2001, 878, 883.

[341] Vgl. Wicke, GmbHR 2006, 356, 357.

[342] Hommelhoff, FS Doralt 2004, S. 199, 203. So stellt beispielsweise die in Deutschland herrschende Rechtsprechungspraxis, den Beschluss über die Verlegung des Satzungssitzes als Auflösungsbeschluss zu werten, der den Verlust der Rechtspersönlichkeit zur Folge hat, eine Beschränkung der Niederlassungsfreiheit dar, vgl. Schwark, AG 2004, 173, 179; Lutter, BB 2003, 7, 10; Bayer, BB 2003, 2357, 2363; Knobbe-Keuk, ZHR 154 (1990), 325, 350. Zur Rechtspraxis vgl. OLG Hamm NJW 2001, 2183; OLG Düsseldorf NZG 2001, 506; OLG Hamm NJW-RR 1998, 615; BayObLG NJW-RR 1993, 43.

Insgesamt würde die EPG das Europäische Gesellschaftsrecht um eine zusätzliche supranationale Rechtsform bereichern[343]. Es sollte allerdings nicht zu viel Hoffnung in die EPG gesetzt werden, da sie keine wirklich praktikable und operable Lösung für die KMU bietet.

6. Tendenzen in Deutschland

Angelehnt an das Vorhaben der Kommission der Europäischen Gemeinschaften, den Anwendungsbereich der Kapitalrichtlinie auf die Rechtsform der GmbH zu erstrecken[344], hielt man in Deutschland an diesem Ansatz lange Zeit fest[345]. Allerdings veränderten sich die dahinter stehenden Motive im Laufe der Zeit. Während man Anfangs darin noch ein einfaches[346] und rechtspolitisch durchsetzbares[347] Konzept zur Vereinheitlichung des GmbH-Rechts sah, erblickt man jüngst hierin ein Mittel, den Wettbewerbsdruck der Regelgeber zu entschärfen.

In der zunehmend liberaleren Rechtsprechung des EuGH zur Niederlassungsfreiheit erkannte man in Deutschland zunächst eine ernsthafte Bedrohung des inländischen Gläubigerschutzes. Ohne nähere Begründung sah man in der Beibehaltung der geschäftlichen Aktivitäten in Deutschland und der abwanderungsbedingten Anwendung des englischen, nicht auf einem gesetzlichen Stammkapital basierenden Gründungsrechts, einen erheblichen Verlust des Gläubigerschutzniveaus[348].

---

[343] So auch Wachter, GmbHR 2005, 717, 730.

[344] Kommission der Europäischen Gemeinschaften, Studie über die Erweiterung des Anwendungsbereichs der zweiten Richtlinie auf Gesellschaften anderer Rechtsformen, 1993, S. 25 ff..

[345] So bereits Lutter, Kapital, Sicherung der Kapitalaufbringung und Kapitalerhaltung in den Aktien- und GmbH-Rechten der EWG, 1964, S. 504; ders., ZGR 2000, 9, 10; ders. in: Grundmann, Systembildung und Systemlücken in Kerngebieten des Europäischen Privatrechts, 2000, S. 121, 137; Deckert, RabelsZ 64 (2000), 478, 493; Schön, ZGR 2000, 706, 726, 728; Neßler, ZfRV 2000, 1, 3; Baldamus, S. 11, 12; Merkt in VGR, Gesellschaftsrecht in der Diskussion 1999, VGR Bd. 2 (2000), S. 111, 138, 149 (These Nr. 9); Ulmer, JZ 1999, 662, 664; Grundmann, Europäisches Gesellschaftsrecht, Rn. 317; Habersack, Europäisches Gesellschaftsrecht 1999, S. 26, Rn. 50; Michalski-Fleischer, GmbHG Syst. Darst. 6, Rn. 80; *zurückhaltender* Fleischer, DStR 2000, 1015, 1020; *skeptisch* Van Hulle, EWS 2000, 521, 523 und Scholz-Westermann, GmbHG, 9. Aufl., Einl. Rn. 154; *differenzierend* Grundmann, FS Lutter (2000), S. 61, 81; *ablehnend* Eidenmüller/Grunewald/Noack in Lutter: Das Kapital der Aktiengesellschaft in Europa, ZGR-Sonderheft 17 2006, 17, 237; Bachmann, ZGR 2001, 351, 365.

[346] Ein solches Vorgehen wäre aus deutscher Sicht ohne einen nennenswerten gesetzgeberischen Aufwand verbunden gewesen, da das in der zweiten Richtlinie verankerte Kapitalschutzsystem dem deutschen GmbH-Recht im Wesentlichen entsprach. Im Übrigen entsprach das stammkapitalbasierte Kapitalschutzsystem dem deutschen Gläubigerschutzverständnis.

[347] Der überwiegende Teil der Mitgliedsstaaten folgt dem in der zweiten Richtlinie verankerten kontinentaleuropäischen Kapitalschutzsystem. Selbst der aus Irland und England zu erwartende Widerstand schien zum damaligen Zeitpunkt zu bröckeln, sodass ein solches Vorgehen rechtspoltisch für erwägenswert gehalten wurde, vgl. hierzu Merkt in VGR, Gesellschaftsrecht in der Diskussion 1999, VGR Bd. 2 (2000), S. 111, 138; Fleischer, DStR, 2000, 1015, 1020.

[348] Kritisch Sandrock, BB 2004, 897, 899; ders. in Sandrock/Wetzler: Deutsches Gesellschaftsrecht im Wettbewerb der Rechtsordnung, S. 44 ff.. Die Krisen- und Insolvenzanfälligkeit der deutschen GmbH, vgl. hierzu Roth/Altmeppen, GmbHG, 4. Aufl., Einl. Rn. 20, Vorb. § 64 Rn. 3, konnte man auch nicht mit der Anhebung der Mindeststammkapitalziffer in den Griff bekommen. Die Anzahl der angemeldeten Insolvenzen nimmt stetig zu.

Später wurde dieses Vorgehen vermehrt unter dem Gesichtspunkt thematisiert, wettbewerbsbedingte Gründungsabwanderungen zu verhindern. Mit der Ausdehnung des in der Zweiten Richtlinie verankerten kontinentaleuropäischen Kapitalschutzsystems hätte man sich in Deutschland erfolgreich und ohne nennenswerten Aufwand einem Systemwechsel im GmbH-Recht verschließen können.
Dieser Ansatz[349] dürfte im Hinblick auf die gegenwärtigen rechtspolitischen Tendenzen zum Kapitalschutzsystem im europäischen Gesellschaftsrecht und der zunehmend kritischen Haltung des EuGH zum kontinentaleuropäischen Kapitalschutz obsolet geworden sein[350]. Nach dem Vorschlag der HLG zur Verbesserung des Gesellschaftsrechts und dem Aktionsplan der EU-Kommission ist vielmehr eine grundlegende Reform des traditionellen Kapitalschutzsystems zu erwarten. Wesentlich konstruktiver wäre es daher, sich dem Wettbewerb der Regelgeber zu stellen und ein umfassend dereguliertes und attraktives GmbH-Recht vorzulegen[351].

7. Fazit

Nach einem längeren Stillstand haben sowohl die rechtspolitischen Tendenzen zur Modernisierung des Europäischen Gesellschaftsrechts als auch die Rspr. des EuGH zur Niederlassungsfreiheit für neue Bewegung in der Entwicklung des Europäischen Gesellschaftsrechts gesorgt. Neben zahlreichen und teilweise tiefgreifenden Deregulierungsvorschlägen gerät vor allem der Kapitalschutz auf nationaler und europäischer Ebene unter Druck[352].

G. Harmonisierungsbedarf

I. Rechtsunsicherheit

Neben der Wettbewerbseuphorie, die bereits einige europäische Mitgliedsstaaten zur Deregulierung ihres GmbH-Rechts veranlasste, brachte die Rspr. des EuGH auch Rechtsunsicherheiten mit sich.

Im Jahre 1979 erklärten sich 2.383 GmbH's insolvent (Quelle: Statistisches Jahrbuch 1981, S. 133). Im Jahre 1982, also nach der Anhebung der Mindestkapitalziffer von 20.000,- DM auf 50.000,- DM wuchs die Anzahl der insolvent gemeldeten GmbH's auf 6.061 (Quelle: Statistisches Jahrbuch 1983, S. 132). Im Jahre 1996 betrug die Anzahl der gemeldeten GmbH-Insolvenzen 15.689 (Quelle: Statistisches Jahrbuch 1997, S. 138). Im Jahre 2001 betrug die Anzahl der insolvent gemeldeten GmbH's 17.857 (Quelle: Statistisches Jahrbuch 2002, S. 136, 137) und im Jahre 2002 schließlich 19.970 (Quelle: Lutter/Hommelhoff in Lutter/Hommelhoff, GmbHG, 16. Aufl. 2004, Einl. Rn. 43).

[349] Bachmann, ZGR 2001, 351, 365, hält die geforderte Erstreckung der Kapitalrichtlinie auf die GmbH weder als überzeugend noch als besonders originell.

[350] Schön, Der Konzern 2004, 162, 164, qualifiziert den Versuch, die zweite Richtlinie auf die GmbH auszuweiten, spätestens nach den Vorschlägen der High Level Group zur Verbesserung des Gesellschaftsrechts als illusorisch.

[351] So auch Hirte, ZInsO 2003, 833, 835; Borges, ZIP 2004, 733, 734.

[352] Lutter, in Lutter: Das Kapital der Aktiengesellschaft in Europa, ZGR-Sonderheft 17 2006, 1, 1; Blaurock, FS Raiser (2005), S. 3, 4; Merkt, ZGR 2004, 305, 306.

Obwohl es dem EuGH gelungen ist, offenstehende Rechtsfragen zur Niederlassungsfreiheit kontinuierlich zu konkretisieren[353], löste er mit dem Urteil in Sachen „Inspire Art“ die Frage aus, ob auf die zugezogene ausländische Gesellschaft das Recht des Gründungsstaates oder das des Sitzstaates anzuwenden ist.
Zunächst kann festgehalten werden, dass der EuGH in seinen Urteilen weder kollisionsrechtliche Fragestellungen zum Gegenstand hatte, noch in seinen Urteilen eine ausdrückliche Bezugnahme erkennbar ist[354], sondern vielmehr ausschließlich zur Niederlassungsfreiheit judizierte.
In konsequenter Anwendung der in „Inspire Art“ aufgestellten Grundsätze stellt sich jedoch zwangsläufig die Frage, welches Recht auf eine Gesellschaft, die ihren Verwaltungssitz vom Gründungsstaat in einen anderen Mitgliedsstaat der EU verlegt, anzuwenden ist. In diesem Zusammenhang kann die Anwendung des Sitzrechts[355], wenn es im Vergleich zum Gründungsrecht[356] eine „Höherregulierung“ darstellt, die Niederlassungsfreiheit einschränken. Aus diesem Grund hat sich in der deutschen Literatur eine nahezu unüberschaubare Anzahl von Ansätzen herausgebildet, die sich im Wesentlichen zwei Lagern zuordnen lassen.

1. Anwendung des Sitzrechts

Altmeppen vertritt die Ansicht, dass nach dem Urteil in Sachen „Inspire Art“ nahezu uneingeschränkt das deutsche Kapitalgesellschaftsrecht auf zugezogene ausländische Gesellschaften anzuwenden sei[357]. Aussage der Entscheidung „Inspire Art“ sei lediglich, dass Gesellschaften, die in einem anderen europäischen Mitgliedsstaat gegründet wurden, sich nicht nochmals die Anwendung eines strengeren Gründungsrechts gefallen lassen müssten[358]. Demzufolge sei grundsätzlich das Sitzrecht, insbesondere die Regelungen zum Gläubigerschutz, auf zugezogene ausländische Gesellschaften anzuwenden[359].

---

[353] In konsequenter Anwendung der Sitztheorie erkannte der BGH die Rechtsfähigkeit der zugezogenen ausländischen Gesellschaften zunächst nicht an, vgl. BGHZ 97, 269, 271, zuletzt der Vorlagebeschluss, BGH ZIP 2000, 967 ff.. In einer späteren Entscheidung erkannte der zweite Senat die Rechtsfähigkeit einer ausländischen zugezogenen Gesellschaft zwar an, jedoch nur in Form einer Personengesellschaft, vgl. BGHZ 151, 204, 206, so auch AG Hamburg ZIP 2003, 1008, 1009. Nach dem Urteil in Sachen Überseering stellte der BGH schließlich fest, dass es die Niederlassungsfreiheit gebiete, die Rechtsfähigkeit einer ausländischen Gesellschaft uneingeschränkt anzuerkennen, vgl. BGH ZIP 2003, 718.

[354] So auch Altmeppen, NJW 2004, 97, 99; Altmeppen/Wilhelm, DB 2004, 1083, 1084; Ulmer, NJW 2004, 1201, 1205; Baudenbacher/Buschle, IPRax 2004, 26, 26; Eidenmüller/Rehm, ZGR 2004, 159, 166; Kindler, NZG 2003, 1086, 1089; Schanze/Jüttner, AG 2003, 661, 665. Weller, DStR 2003, 1800, 1802, sieht in der Niederlassungsfreiheit eine Kollisionsregel, die im Wortlaut der Entscheidung allerdings nicht unmittelbar zum Ausdruck komme.

[355] Hierunter versteht man das Recht des Zuzugstaates.

[356] Hierunter versteht man das Recht des Gründungsstaates.

[357] Altmeppen, NJW 2004, 97, 98, 99; Altmeppen/Wilhelm, DB 2004, 1083, 1087.

[358] Altmeppen, NJW 2004, 97, 99.

[359] Vor allem sollen die Insolvenzverschleppungshaftung, die Existenzvernichtungshaftung, die Kapitalerhaltung in modifizierter Weise sowie das Kapitalersatzrecht anwendbar sein, vgl. Altmeppen, NJW 2004, 97, 100 ff., 103, (These Nr. 3).

Grundlagenentscheidungen oder gründungsrechtliche Fragen, die mit der Gründung der Gesellschaft auf das Engste verknüpft seien[360], beurteilten sich hingegen nach dem Gründungsrecht, da diese Grundlagen eben im Gründungsrecht verankert seien[361]. Zur Begründung führt Altmeppen an, dass die Anwendung des Gründungsrechts von 25 Mitgliedsstaaten der EU aufgrund einer Überforderung der deutschen Gerichte praktisch unmöglich sei[362].

In einem weiteren Aufsatz relativierte Altmeppen unter Bezugnahme auf die Savigny'sche Kollisionsregel seinen Ansatz geringfügig.

Demnach beurteilten sich europäische Scheinauslandsgesellschaften mit Sitz in Deutschland keineswegs ausschließlich nach dem Recht ihres Gründungsstaates. Vielmehr sei für das gesellschaftsrechtliche Innenverhältnis das Recht des Gründungsstaates relevant, denn der Sitz des Rechtsverhältnisses befinde sich im Gründungsstaat[363]. Fragen des Gläubigerschutzes beurteilten sich hingegen nach dem Recht des Sitzstaates, da die Gesellschaft ausschließlich dort in verkehrsrelevanter Weise in Erscheinung träte[364].

2. Anwendung des Gründungsrechts

Die Rspr. des EuGH wird von der herrschenden Literatur in Deutschland in diesem Zusammenhang jedoch wesentlich differenzierter ausgelegt.

Die Vielzahl der Ansätze, die sich herausgebildet haben, unterscheiden sich lediglich geringfügig voneinander. Im Ergebnis geht die herrschende Literatur vom Grundsatz der Anwendbarkeit des Gründungsrechts aus[365].

---

360 Beispielsweise das Entstehen, Umwandeln oder Erlöschen einer Gesellschaft.

361 Altmeppen, NJW 2004, 97, 99, 100.

362 Ferner führt Altmeppen an, dass eine solche Folge der „bare Unsinn" sei, vgl. Altmeppen, NJW 2004, 97, 99, 104. Dem Hinweis Altmeppens auf die praktische Unmöglichkeit kann jedoch nicht gefolgt werden. In diesem Zusammenhang müssen z.B. Familiengerichte häufig ausländisches Recht anwenden und ein Zusammenbruch der Familiengerichte ist in Deutschland bislang ausgeblieben. Allgemeiner Kieninger, ZEuP 2004, 685, 685 (Fn. 4). Im Übrigen werden vorwiegend internationale Konzerne von der Verwaltungssitzverlegung Gebrauch machen, die von internationalen Kanzleien beraten werden, zum Ganzen vgl. Sandrock, BB 2004, 897, 900, 901. Schließlich ist die Anwendung des Gründungsrechts in Staaten, die der Gründungstheorie folgen, juristischer Alltag.

363 Altmeppen/Wilhelm, DB 2004, 1083, 1086.

364 Altmeppen/Wilhelm, DB 2004, 1083, 1089, unter Hinweis auf den Leitsatz von Savigny. Der Leitsatz ist in Kegel/Schurig, Internationales Privatrecht, 8. Aufl. 2000, § 3 IX, S. 164 zitiert.

365 Merkt, 2004, 305, 310; Hirsch/Britain, NZG 2003, 1100, 1102; Behrens, IPRax 2004, 20, 24; ders., IPRax 2003, 193, 204; Lutter, BB 2003, 7, 9; Forsthoff, DB 2002, 2471, 2477; Schulz/Sester, EWS 2003, 545, 549, 551; Martin-Ehlers in Sandrock/Wetzler, Deutsches Gesellschfatsrecht im Wettbewerb der Rechtsordnungen, S. 12; Geyrhalter/Gänßler, DStR 2003, 2167, 2170; Hirte, GmbHR 2003, R 421; Maul/Schmidt, BB 2003, 2297, 2298; Probst/Kleinert, MDR 2003, 1265, 1268; dies., DB 2003, 2217, 2218; Kallmeyer, GmbHR 2003, R 93; Schulz, NJW 2003, 2705, 2707; Sandrock, BB 2004, 897, 901; ders. in Sandrock/Wetzler, Deutsches Gesellschaftsrecht im Wettbewerb der Rechtsordnungen, S. 41, 42, 43; Roth, IPRax 2003, 117, 125; Mülbert, Der Konzern 2004, 151, 151; Eidenmüller, JZ 2004, 24, 28; Eidenmüller, JZ 2003, 526, 529; Lutter/Hommelhoff in Lutter/Hommelhoff, GmbHG, 16. Aufl. 2004, Einl. Rn. 33; Schumann, DB 2004, 743, 745 ff.; Müller, NZG 2003, 414, 416 ff.; Riedemann, GmbHR 2004, 345, 348; Weller, DStR 2003, 1800, 1803, 1804;

Einige der Autoren halten uneingeschränkt am Gründungsrechtsprinzip fest. Allerdings soll dieser Grundsatz ausnahmsweise durchbrochen werden können. Während diesbezüglich manche Autoren einen Rechtsvergleich zwischen dem Gründungs- und dem Sitzrecht für notwendig halten[366], ist nach der Ansicht anderer eine Überlagerung des Sitzrechts nur dann zulässig, wenn sie dem Einschränkungsmaßstab zur Niederlassungsfreiheit standhält[367].
Der überwiegende Teil der Literatur versucht den Grundsatz des Gründungsrechts im Wege einer kollisionsrechtlichen Sonderanknüpfung zu durchbrechen. Vorschriften und Haftungsinstitute, die dem Gesellschaftsstatut angehörten, unterlägen uneingeschränkt dem Grundsatz des Gründungsrechts, wohingegen Vorschriften und Haftungsinstitute, die dem Verkehrs- oder Insolvenzrechts zuzuordnen seien, anknüpfend an Art. 4 EuInsVO, Art. 40 EGBGB oder Art. 6 EGBGB durch das Sitzrecht überlagert werden könnten[368].
Trotz der einheitlichen Anknüpfung unterscheiden sich die Ansätze aufgrund der unterschiedlichen Zuordnung zur jeweiligen Rechtsmaterie teilweise erheblich voneinander[369].

---

ders., IPRax 2003, 520, 522; Wachter, GmbHR 2003, 1254, 1254, 1257; Ziemons, ZIP 2003, 1913, 1917; Kindler, NZG 2003, 1086, 1090; Zimmer, NJW 2003, 3585 ff.; Schanze/Jüttner, AG 2003, 661, 667, 669; dies., AG 2003, 30, 35; Bayer, BB 2004, 1, 4; ders., BB 2003, 2357, 2364, 2365; Spindler/Berner, RIW 2004, 7, 8 ff., 13; dies., RIW 2003, 949, 954, 955; Ulmer, NJW 2004, 1201, 1204, 1207; Eidenmüller/Rehm, ZGR 2004, 159, 165 ff., 168; Leible/Hoffmann, EuZW 2003, 677, 681, 682; Borges, ZIP 2004, 733, 742, 744; Meilicke, GmbHR 2003, 1271, 1271, 1272; Horn, NJW 2004, 893, 898, 899; Kersting/Schindler, RdW 2003, 621, 625; Paefgen, DB 2003, 487, 488 ff..

366 Ergibt der Vergleich, dass das Gründungsrecht keinen adäquaten Schutz biete, infolge der Überlagerung des Gründungsrechts also eine Schutzlücke entstehe, soll damit der Anwendungsbereich des Sitzrechts eröffnet sein, so insb. Schulz, NJW 2003, 2705, 2707; Sandrock, BB 2004, 897, 901; ders. in Sandrock/Wetzler, Deutsches Gesellschaftsrecht im Wettbewerb der Rechtsordnungen, S. 41, 42, 43; Roth, IPRax 2003, 117, 125; Mülbert, Der Konzern 2004, 151, 151 (Fn. 3), 156 (Fn. 37); Eidenmüller, JZ 2004, 24, 28; Eidenmüller, JZ 2003, 526, 529.

367 Hirsch/Britain, NZG 2003, 1100, 1102; Schulz/Sester, EWS 2002, 545, 549, 551; Behrens, IPRax 2004, 20, 24; Forsthoff, DB 2002, 2471, 2477; Probst/Kleinert, MDR 2003, 1265, 1268; dies., DB 2003, 2217, 2218.

368 Lutter/Hommelhoff in Lutter/Hommelhoff, GmbHG, 16. Aufl. 2004, Einl. Rn. 33; Schumann, DB 2004, 743, 745 ff.; Müller, NZG 2003, 414, 416 ff.; Riedemann, GmbHR 2004, 345, 348; Weller, DStR 2003, 1800, 1803, 1804; ders., IPRax 2003, 520, 522; Wachter, GmbHR 2003, 1254, 1254, 1257; Ziemons, ZIP 2003, 1913, 1917; Kindler, NZG 2003, 1086, 1090; Zimmer, NJW 2003, 3585 ff.; Schanze/Jüttner, AG 2003, 661, 667, 669; dies., AG 2003, 30, 35; Bayer, BB 2004, 1, 4; ders., BB 2003, 2357, 2364, 2365; Spindler/Berner, RIW 2004, 7, 8 ff., 13; dies., RIW 2003, 949, 954, 955; Ulmer, NJW 2004, 1201, 1204, 1207; Eidenmüller/Rehm, ZGR 2004, 159, 165 ff., 168; Leible/Hoffmann, EuZW 2003, 677, 681, 682; Borges, ZIP 2004, 733, 742, 744; Meilicke, GmbHR 2003, 1271, 1271, 1272; Horn, NJW 2004, 893, 898, 899; Kersting/Schindler, RdW 2003, 621, 625; Paefgen, DB 2003, 487, 488 ff..

369 Während einige die Insolvenzverschleppungshaftung dem Insolvenzrecht unterstellen, ordnen andere diese dem Delikts- oder Gesellschaftsrecht zu. Auch die Zuordnung des Instituts der Existenzvernichtungshaftung ist uneinheitlich. Einerseits soll sie dem Delikts-, andererseits dem Insolvenzrecht unterliegen. Gleiches gilt für das Eigenkapitalersatzrecht. Überwiegend einheitlich wird das Kapitalerhaltungsrecht dem Gesellschaftsrecht zugeordnet. Unterschiede zeichnen sich zudem in der Dogmatik ab. Auch bei der Sonderanknüpfung bedarf die Überlagerung und damit die Anwendung des Sitzrechts

3. Stellungnahme

Scheinbar unbeeindruckt von dem Urteil „Inspire Art" versucht Altmeppen eine modifizierte Form der Sitztheorie zu konstruieren[370], die allerdings wenig überzeugt. Obwohl der EuGH zu kollisionsrechtlichen Fragen unmittelbar keine Stellung nimmt, lassen die Urteile erkennen, dass die Problematik des anwendbaren Rechts stets im Lichte der Niederlassungsfreiheit zu beurteilen ist. Über die Hürde der Niederlassungsfreiheit kann eine schlicht formale Sonderanknüpfung, wie teilweise in der Literatur angenommen, nicht hinweghelfen. Aus diesem Grund ist eine wesentlich differenziertere Methode zu Grunde zu legen.

Zunächst ist festzuhalten, dass mit der Anwendung des Gründungsrechts der Schutzbereich der Niederlassungsfreiheit nicht tangiert ist, sodass die uneingeschränkte Anwendung des Gründungsrechts europarechtlich unbedenklich erscheint.

Soll hingegen eine zugezogene Gesellschaft dem Sitzrecht unterstellt werden, wird die Sitzrechtsüberlagerung unter folgenden Voraussetzungen europarechtskonform sein.

Regelungsbereiche, die dem Insolvenzrecht zuzuordnen sind, werden ungeachtet etwaiger gesellschaftsrechtlicher Bezüge, den Anforderungen der Niederlassungsfreiheit standhalten können. Gemäß Art. 3 Abs. 1 S. 1 EuInsVO[371] sind für die Eröffnung des Insolvenzverfahrens diejenigen Gerichte des Mitgliedsstaates zuständig, in dem der Schuldner den Mittelpunkt seiner hauptsächlichen Interessen hat. Gemäß Art. 4 Abs. 1 EuInsVO ist das in ihrem Staat geltende Insolvenzrecht anzuwenden[372]. Regelmäßig wird die Anwendung der insolvenzrechtlichen Vorschriften und Haftungsinstitute in einem eröffneten Insolvenzverfahren mit dem Gemeinschaftsrecht harmonieren, da man bei Art. 4 Abs. 1 EuInsVO als gemeinschaftsrechtliche Regelung ohne eine eingehende Prüfung von der Vereinbarkeit mit dem Gemeinschaftsrecht ausgehen kann[373].

Anders verhält es sich mit der Anknüpfung nach Art. 6 EGBGB und Art. 40 EGBGB[374]. Deliktische Vorschriften, Verhaltensregeln oder Haftungsinstitute, die

---

nach teilweise vertretener Ansicht der europarechtlichen Rechtfertigung, so Borges, ZIP 2004, 733, 740, wohingegen anderer Ansicht nach diese Vorschriften oder Institute einer Rechtfertigungsprüfung nicht mehr zugänglich sind.

[370] Mit der ursprünglichen Sitztheorie i.S.e. „Nichtanerkennungstheorie" habe seine Kollisionregel nichts zu tun, vgl. Altmeppen/Wilhelm, DB 2004, 1083, 1089 (These Nr. 1).

[371] Verordnung (EG) Nr. 1346/2000 des Rates vom 29.05.2000 über Insolvenzverfahren, ABl.EG 2000 Nr. L 160, S. 1 ff..

[372] Bei juristischen Personen und Gesellschaften wird zwar gemäß Art. 3 Abs. 1 S. 2 EuInsVO vermutet, dass sich der Interessenmittelpunkt am Ort des Satzungssitzes befindet. Diese Vermutung konnte von einigen Gerichten jedoch wiederlegt werden, vgl. AG Hamburg, GmbHR 2003, 957 = NZG 2003, 732 = NJW 2003, 2835; High Court of Justice Leeds, ZIP 2003, 1362.

[373] Ulmer, NJW 2004, 1201, 1205, 1207. Als sekundäres Gemeinschaftsrecht steht Art. 4 EuInsVO zwar im Rang unter den Grundfreiheiten des EGV. Wegen des integrationsfördernden Charakters ist davon auszugehen, dass sich diese Regelung kollisionsfrei in das System der Grundfreiheiten einfügt.

[374] Verstößt eine nationale Kollisionsregel gegen europarechtliche Vorgaben, ist sie -wenn möglich- europarechtskonform auszulegen. Ist eine europarechtskonforme Auslegung nicht möglich, kann die Kollisionsregel auf Sachverhalte mit gemeinschaftsrechtlichen Bezügen nicht angewendet werden, vgl. Schaub, RabelsZ 66 (2002), 18, 14. Demnach ist der Anwendungsbereich des Art. 40 EGBGB

gesellschaftsrechtliche Bezüge aufweisen, können die Niederlassungsfreiheit gleichermaßen wie rein gesellschaftsrechtliche Regelungen beeinträchtigen[375]. Zu prüfen ist daher, ob mit der Anwendung des Sitzrechts der Schutzbereich der Niederlassungsfreiheit tangiert und darin eine Beschränkung der Niederlassungsfreiheit zu sehen ist, die sich einer Rechtfertigung entzieht.
Im Rahmen der Beschränkungsprüfung ist ein Vergleich des Sitz- und des Gründungsrechts notwendig. Ergibt der Vergleich der Rechtsordnungen eine „Niederregulierung" des Sitzrechts, wird die Anwendung des Sitzrechts mangels eines Beschränkungspotentials zulässig sein. Weist das Sitzrecht gegenüber dem Gründungsrecht hingegen eine „Höherregulierung" auf, ist in der Anwendung des Sitzrechts eine Beschränkung der Niederlassungsfreiheit zu sehen.
Eine so festgestellte Beschränkung der Niederlassungsfreiheit ist jedoch nicht per se als gemeinschaftsrechtswidrig einzustufen. Vielmehr ist zu untersuchen, ob die Beschränkung der Niederlassungsfreiheit möglicherweise nach dem „Vier-Faktoren-Test" gerechtfertigt ist[376].

Von einer zulässigen Sitzrechtsüberlagerung wird man daher nur ausgehen können, wenn sie den Grundsätzen der Schrankenprüfung des EuGH standhält. Dabei wird die Zuordnung der zu prüfenden Vorschriften und Institute zum Gesellschaftsstatut regelmäßig ein Beschränkungsindiz darstellen[377]. Umgekehrt wird eine deliktsrecht-

---

lediglich auf niederlassungsneutrale Sachverhalte, also auf Sachverhalte, die überhaupt keinen Bezug zum Gesellschaftsstatut und damit zur Niederlassungsfreiheit aufweisen, bedenkenlos eröffnet. Auf Sachverhalte mit gemeinschaftsrechtlichen Bezügen kann die Kollisionsregel nur dann Anwendung finden, wenn sie dem Überprüfungsmaßstab zur Niederlassungsfreiheit standhält. Stellt die Anwendung der Kollisionsregel eine ungerechtfertigte Beschränkung der Niederlassungsfreiheit dar, kommt Art. 40 EGBGB nicht zur Anwendung. Entsprechendes gilt für Art. 6 EGBGB, denn der Anwendungsbereich des EGV schränkt den Anwendungsbereich von Kollisionsregeln ein, so auch Schaub, RabelsZ 66 (2002), 18, 23, 24; v. Hein, RabelsZ 64 (2000), 595, 607; Roth, RabelsZ 55 (1991), 623, 641, 642; Brödermann, Das Europäische Gemeinschaftsrecht als Quelle und Schranke des IPR, in: Brödermann/Iversen, Europäisches Gemeinschaftsrecht und IPR, 1994, S. 245, Rn. 498.

375 Im Ansatz auch Goette, ZIP 2006, 541, 545; Ulmer, NJW 2004, 1201, 1205. Für grundsätzlich unbedenklich halten einige Autoren die allgemeinen deliktsrechtlichen Tatbestände, vgl. Borges, ZIP 2004, 733, 740; Ulmer, NJW 2004, 1201, 1205; Schanze/Jüttner, AG 2003, 661, 670; umfassender jedoch Paefgen, DB 2003, 487, 488.

376 Der Anwendungsbereich der Mißbrauchsalternative ist jedoch äußerst eng bemessen, da der EuGH festgestellt hat, dass die bewußte Ausnutzung unterschiedlicher Rechtssysteme für sich allein genommen noch keinen Mißbrauch darstelle, auch wenn die Wahl in der offenen Absicht erfolgt, die „größtmögliche Freiheit"zu erzielen, um mit einer ausländischen Gesellschaftsform die zwingenden inländischen Normativbestimmungen zu umgehen, vgl. EuGH, Urteil vom 09.03.1999, Rs. C-212/97 – Centros-, GmbHR 1999, 474, 476 Rz. 27, 28; Schlussanträge des Generalanwaltes Alber vom 30.01.2003, RS. C-167/01, DB 2003, 377, 380, Rz. 118.

377 Ähnlich Ulmer, NJW 2004, 1201, 1205. Trotz des Beschränkungspotentials solcher Vorschriften kann die Anwendung unter o.g. Grundsätzen jedoch gerechtfertigt sein, sodass allein mit der Zuordnung zum Gesellschaftsstatut nicht zwangsläufig die Gemeinschaftsrechtskonformität zu verneinen ist. Ferner ist zu berücksichtigen, dass das Kapitalerhaltungsrecht nach §§ 30, 31 GmbHG durchaus auf Gesellschaften, die nach dem Gründungsrecht von der Kapitalaufbringungspflicht befreit sind, anwendbar sein kann, so auch Ulmer, NJW 2004, 1201, 1209; a.A. Fischer, ZIP 2004, 1477, 1479; Mülbert, Der Konzern 2004, 151, 151; Behrens, IPRax 2004, 20, 24; Schumann, DB 2004, 743, 745.

liche Zuordnung meist ein Indiz für die mangelnde Eröffnung des Schutzbereichs sein. Eine zwingende Regel, wie sie von der h.M. unterstellt wird, ergibt sich hieraus jedoch nicht, sodass trotz der Sonderanknüpfung eine Überprüfung anhand des Maßstabs zur Niederlassungsfreiheit eine unabdingbare Anwendungsvoraussetzung des Sitzrechts sein wird.
Exemplarisch soll hier noch auf die häufig erörterten Institute der Insolvenzverschleppungs- und Existenzvernichtungshaftung eingegangen werden. Ordnet man die Insolvenzantragspflicht[378] und die daraus resultierende Insolvenzverschleppungshaftung dem Insolvenzrecht zu, ist gemäß Art. 4 Abs. 2 EuInsVO von der Anwendbarkeit des Sitzrechts aus den o.g. Gründen ohne eine weitergehende Prüfung auszugehen. Ordnet man hingegen das Institut der Insolvenzverschleppungs- bzw. das der Existenzvernichtungshaftung dem Gesellschaftsrecht oder dem Deliktsrecht zu, wäre zunächst eine Schutzbereichsprüfung vorzunehmen. Trotz einer deliktsrechtlichen Qualifizierung könnte die Anwendung dieser Haftungsinstitute aufgrund von gesellschaftsrechtlichen Bezügen[379] die zugezogene Gesellschaft in ihrer Niederlas-

---

Der Schutzbereich der §§ 30, 31 GmbHG beschränkt sich nicht auf das gesetzliche Grundkapital, sondern erstreckt sich vielmehr auf das Stammkapital im Allgemeinen. Statten die Gesellschafter eine private limited company freiwillig mit einem bestimmten Stammkapital aus, ohne nach dem englischen Gesellschaftsrecht hierzu verpflichtet zu sein, erzeugen sie Dritten gegenüber den Anschein einer Haftkapitalsumme. Würde man die Anwendbarkeit der § 30, 31 GmbHG aufgrund eines angeblichen Systemunterschiedes von vornherein ablehnen, so Fischer, ZIP 2004, 1477, 1479, könnten die Gesellschafter das freiwillig aufgebrachte Kapital unsanktioniert der Gesellschaft wieder entziehen, vorausgesetzt, das Gründungsrecht enthält keine entsprechenden Schutzregeln. Die Anwendbarkeit der §§ 30, 31 GmbHG wird aber maßgeblich vom Prüfungsmaßstab der Grundfreiheiten abhängen. Ein Blick in das englische Gesellschaftsrecht zeigt, dass dort teilweise strengere Kapitalerhaltungsregeln verankert sind, vgl. Micheler, ZGR 2004, 324, 329, die sich naturgemäß nicht auf das gesetzliche Grundkapital, sondern auf die statuarischen Einlagen beziehen. Letztlich wird das deutsche Kapitalerhaltungsrecht auf eine zugezogene private limited company nur dann anwendbar sein, wenn das Gründungsrecht entsprechende Schutzlücken aufweist.

[378] Während das Insolvenzantragsrecht nach § 15 InsO unstreitig dem Insolvenzrecht zugeordnet wird, vgl. Riedemann, GmbHR 2004, 345, 348; Müller, NZG 2003, 414, 415; Mock/Schildt, ZInsO 2003, 396, 399, ist die insolvenzrechtliche Qualifikation der Insolvenzantragspflicht nach § 64 GmbHG i.V.m. §§17, 19 InsO indes streitig. Für eine insolvenzrechtliche Qualifikation Riedemann, GmbHR 2004, 345, 348; Müller, NZG 2003, 414, 416; Weller, IPRax 2003, 520, 522; Zimmer, NJW 2003, 3585, 3589; a.A. Mock/Schildt, ZInsO 2003, 396, 400.

[379] In beiden Fällen handelt es sich um gesellschaftsrechtliche Handlungspflichten. Aufgrund des gesellschaftsrechtlichen Bezugs wird die *Insolvenzverschleppungshaftung*, so Schumann, DB 2004, 743, 748; Spindler/Berner, RIW 2004, 7, 12; Mock/Schildt, ZInsO 2003, 396, 400; a.A. Weller, IPRax 2004, 412, 414; Merkt, ZGR 2004, 305, 323; Riedemann, GmbHR 2004, 345, 349; Schanze/Jüttner, AG 2003, 661, 670; Müller, NZG 2003, 414, 417; Borges, ZIP 2004, 733, 737 ff., die *Existenzvernichtungshaftung*, vgl. Schumann, DB 2004, 743, 748; Burg, GmbHR 2004, 1379, 1379, 1380; Spindler/Berner, RIW 2004, 7, 12; Altmeppen, NJW 2004, 97, 101; a.A. Weller, IPRax 2004, 412, 414; ders., DStR 2003, 1800, 1804; ders., IPRax 2003, 207, 210; Horn, NJW 2004, 893, 899; Bayer, BB 2003, 2357, 2365; Zimmer, NJW 2003, 3585, 3588; Kindler, NZG 2003, 1086, 1090 und das *Kapitalersatzrecht*, vgl. Schumann, DB 2004, 743, 748; Riedemann, GmbHR 2004, 345, 349; Müller, NZG 2003, 414, 416; Zimmer, NJW 2003, 3585, 3589; Altmeppen, NJW 2004, 97, 103; a.A. Fischer, ZIP 2004, 1477, 1480; Weller, IPRax 2004, 412, 414; Ulmer, NJW 2004, 1201, 1207; Haas, NZI 2002, 457, 466; Kallmeyer, GmbHR 2003, R 93, dem Gesellschaftsrecht zugordnet werden.

sungsfreiheit beeinträchtigen, sodass eine Beschränkungs- und ggf. eine Rechtfertigungsprüfung erfolgen müsste.
Nach den von der h.L. aufgestellten Grundsätzen fände in Rechtsordnungen, in denen der Gläubigerschutz traditionell aus dem Gesellschaftsrecht herausverlagert ist, das Sitzrecht auf zugezogene Gesellschaften uneingeschränkt Anwendung. Projiziert auf den Standort Großbritannien, fänden „höherregulierte“ Vorschriften und Institute des englischen Rechts uneingeschränkt auf eine nach England zugezogene deutsche GmbH Anwendung, obwohl mit der Anwendung des englischen Rechts die Niederlassungsfreiheit beeinträchtigt würde.
Hieraus wird deutlich, dass eine rein formale Betrachtung, nationalen Umgehungs- und Beschränkungsmöglichkeiten den Weg eröffnen würde und ein uneinheitliches Schutzniveau innerhalb der Union zur Folge hätte[380].

Insgesamt wird aufgrund des Art. 4 Abs. 1 EuInsVO von einer gemeinschaftsrechtlichen Konformität insolvenzrechtlicher Sitzrechtsüberlagerung auszugehen sein[381]. Für alle außerhalb des Insolvenzrechts liegenden Vorschriften und Haftungsinstitute beurteilt sich die Anwendbarkeit ausschließlich anhand des Prüfungsmaßstabs zur Niederlassungsfreiheit.

4. Insolvenzstatuarische Folgefragen

Vorschriften und Institute des Insolvenzechts werden geradezu als „Wunderwaffe“ im Rahmen der Sitzrechtsüberlagerung präsentiert[382], sodass teilweise eine Vollverlagerung des Gläubigerschutzes in das Insolvenzrecht empfohlen wird[383].In der Praxis ist die insolvenzrechtliche Sonderanknüpfung jedoch nicht immer bedenkenlos.
Zunächst ist der Anwendungsbereich der präventiven Gläubigerschutzinstrumente im Insolvenzrecht sehr eingeschränkt, sodass der Anwendungsbereich des Sitzrechts auf einige wenige Vorschriften bzw. Institute beschränkt ist[384].
Zudem ist fraglich, inwieweit sich zugezogene ausländische Gesellschaften dem Anwendungsbereich des Art. 4 EuInsVO entziehen können.
Scheinauslandsgesellschaften, die ihren Verwaltungssitz mitsamt der geschäftlichen Tätigkeit nach Deutschland verlegen, könnten nach dem Eintritt der Insolvenzreife, jedoch vor der Eröffnung des Insolvenzverfahrens, ihren Interessenmittelpunkt i.S.d. Art. 3 Abs. 1 EuInsVO in ein anderes Mitgliedsland der EU verlegen und sich damit der Sitzrechtsüberlagerung partikulär entziehen. Sicherlich wird man unter Berücksichtigung des Erwägungsgrundes Nr. 4 der EuInsVO, die Art. 3, 4 EuInsVO dahingehend auslegen können, dass eine Verlegung des Interessenmittelpunktes die

---

380 Erforderlich ist daher eine gesamteuropäische Betrachtung, denn letzlich soll mit der Rechtsanwendung ein einheitliches Schuztniveau der Niederlassungsfreiheit gewährleistet werden.
381 So auch Ulmer, NJW 2004, 1201, 1207; Meilicke, GmbHR 2003, 1271, 1272.
382 Ulmer, NJW 2004, 1201, 1207; Weller, DStR 2003, 1800, 1804.
383 Fischer, ZIP 2004, 1477, 1486 (These Nr. 3); ähnlich Thiessen, ZIP 2006, 1892, 1897.
384 Grundsätzlich fraglich dürfte eine insolvenzrechtliche Zuordnung dann sein, wenn Verhaltenspflichten gesellschaftsrechtliche Bezüge aufweisen, wie z.B. die Existenzvernichtungshaftung und die Insolvenzverschleppungshaftung.

Insolvenzzuständigkeit nicht berührt. Nach dem Erwägungsgrund Nr. 4 soll mit der Einführung der EuInsVO das sog. „forum shopping", also die Praxis, mit der die Schuldner ihre Vermögensgegenstände oder Rechtsstreitigkeiten von einem Mitgliedsstaat in einen anderen verlagern, um auf diese Weise ihre Rechtsstellung zu verbessern, verhindert werden[385]. Im Übrigen ist nach der ratio der Art. 3 und Art. 4 EuInsVO entscheidend, wo der Schuldner den Interessenmittelpunkt zum Zeitpunkt der Insolvenzreife hatte.
In diesem Zusammenhang ist allerdings zu berücksichtigen, dass selbst materiell unrichtige Insolvenzeröffnungsentscheidungen ausländischer Gerichte[386] solange für die deutschen Gerichte eine Bindungswirkung entfalten, bis sie nicht von dem Gericht des Eröffnungsstaates förmlich aufgehoben worden sind[387]. Dies folgt aus dem in Art. 102 § 3 Abs. 1 EGInsO geregelten Prioritätsprinzip und dem in Art. 16 Abs. 1 EuInsVO[388] statuierten Anerkennungsprinzip[389]. Demnach sind deutsche Gerichte nicht befugt, die ersteröffnende Insolvenzentscheidung eines Gerichts eines anderen EG-Mitgliedsstaates zu überprüfen und ein zweites, konkurrierendes Hauptinsolvenzverfahren zu eröffnen[390]. Sie können allenfalls prüfen, ob ein Sekundärinsolvenzverfahren nach Art. 3 Abs. 2, Art. 27 ff. EuInsVO durchgeführt werden kann[391].

---

[385] Diesbezüglich könnte der Vorlagebeschluss des BGH IPRax 2004, 429 ff. zur Auslegung der Art. 3 Abs. 1 S. 1, Art. 43 EuInsVO für Klarheit sorgen.

[386] Art. 3 Abs. 1 EUInsVO wird von den englischen Gerichten weit ausgelegt, vgl. High Court of Justice Leeds, ZIP 2003, 1362. Das AG Düsseldorf, ZIP 2003, 1363, eröffnete trotz des in der EuInsVO verankerten Prioriätsprinzips ein Insolvenzverfahren in Deutschland mit der Begründung, das englische Gericht habe die Vorschriften des EuInsVO weder erwähnt nocht beachtet. Auf die Beschwerde des Insolvenzverwalters kam das AG Düsseldorf, IPRax 2004, 431 ff., zu dem Ergebnis, dass die in England vorausgegangene Insolvenzeröffnungsentscheidung anzuerkennen und das in Deutschland eröffnete Verfahren einzustellen sei.

[387] Herrschende Meinung, vgl. Huber, Die Insolvenzantragspflicht der Geschäftsführer, S. 307, 323; MüKoInsO-Reinhart, Art. 102 EGInsO Anh. I: EuInsVO Rn. 3; Herchen, ZInsO 2004, 61, 63; Weller, IPRax, 2004, 412, 416; Ehricke/Ries, JuS 2003, S. 313, 314; Paulus, ZIP 2003, 1725, 1726, 1727; Balz, ZIP 1996, 948, 949; AG Köln NZI 2004, 151 ff.; AG Düsseldorf NZI 2004, 269 ff.; AG Mönchengladbach NZI 2004, 383 ff.; Cour d´appel Verseilles ZIP 2004, 377; Landesgericht Innsbruck ZIP 2004, 1721 ff.; Tribunale die Parma ZIP 2004, 2295.

[388] Dem Wortlaut nach stellt Art. 16 Abs. 1 EUInsVO allerdings auf die Verfahrenseröffnung des „zuständigen Gerichts" ab.

[389] Die EuInsVO selbst enthält keine ausdrückliche Regelung zum Prioritätsprinzip. Allerdings wird das Prioritätsprinzip in der Verordnung vorausgesetzt, vgl. Art. 16 EuInsVO und Erwägungsgrund Nr. 22 der Verordnung (EG) Nr. 1346/2000 des Rates vom 29.05.2000 über Insolvenzverfahren, ABl.EG 2000 Nr. L 160, S. 1 ff., so auch Herchen, ZInsO 2004, 61, 63.

[390] So auch AG Düsseldorf, IPRax 2004, 431, 432; Weller, IPRax 2004, 412, 417; Herchen, ZInsO 2004, 61, 63. Zweifel hinsichtlich der Anknüpfung an Art. 16 EuInsVO werden angebracht, weil die Vorschrift an ein nach Art. 3 Abs. 1 EuInsVO zuständiges Gericht anknüpfe, weshalb die Insovlenzeröffnungsentscheidungen von Gerichten anderer Staaten überprüft werden könnten, so Mankowski, EWiR 2003, 767, 768. Hierbei wird jedoch verkannt, dass Art. 16 Abs. 1 EuInsVO dem Wortlaut nach ausschliesslich an die wirksame Insovlenzeröffnungsentscheidung anknüpft, sodass es auf die materielle Richtigkeit der Entscheidung nicht ankommen kann. Die Anerkennungspflicht resultiert daher ausschließlich aus dem Akt der Insolvenzeröffnung. Die Überprüfung und Korrektur ausländischer Insolvenzeröffnungsentscheidungen kann somit ausschließlich von Gerichten des Eröffnungsstaates im Wege eines Rechtsbehelfsverfahrens vorgenommen werden, so auch Weller,

Prioritätswidrig eröffnete Verfahren müssen daher gemäß Art. 102 § 4 Abs. 1 EGInsO eingestellt werden. Sollte also das Insolvenzverfahren entgegen dieser insolvenzrechtlichen Kollisionsregeln eröffnet worden sein, wäre eine Anknüpfung an Art. 4 EuInsVO unzulässig. In beiden Fällen wäre daher eine Anwendung des Sitzrechts unter Hinweis auf Art. 4 Abs. 1 EuInsVO nicht möglich[392].

Eine insolvenzrechtliche Sitzrechtsüberlagerung scheidet ferner aus, wenn das beantragte Insolvenzverfahren gemäß § 26 Abs. 1 InsO mangels Masse abgelehnt oder ein bereits eröffnetes Verfahren gemäß § 207 Abs. 1 InsO eingestellt wurde. In solchen Fällen scheidet eine Anwendung des Art. 4 Abs. 1 EuInsVO aus, da es an der erforderlichen Verfahrenseröffnung fehlt und die Vorschriften der EuInsVO hinsichtlich der Liquidation keine Anwendung finden[393], sodass die Abwicklung der Gesellschaft nach dem gesellschaftsrechtlichen Liquidationsverfahren des Gründungsrechts zu erfolgen hat[394]. Damit würde den insolvenzrechtlich qualifizierten Haftungsinstituten und Verhaltensregeln die gemeinschaftsrechtliche, in der EuInsVO begründete Legitimation entzogen, womit die Gefahr bestünde, das Sitzrecht nicht mehr anwenden zu können[395].
Die insolvenzrechtliche Sonderanknüpfung begegnet damit einigen Unklarheiten, sodass sich die Deklaration, die Anwendbarkeit des Sitzrechts sei im Bereich des Insolvenzstatus „der sicherste Hafen"[396] oder eine „sichere Bastion"[397], lediglich auf die Vereinbarkeit des Art. 4 EuInsVO mit der Niederlassungsfreiheit beschränken dürfte.

II. Rechtsunsicherheit im Hinblick auf nationale Wegzugsbeschränkungen

Des Weiteren ist die gemeinschaftsrechtliche Bewertung nationaler Wegzugsbeschränkungen unklar. Solange der EuGH in diesem Zusammenhang keine klare Stellung bezieht, wird das Urteil in Sachen „Daily Mail" Anlass geben, Wegzugsbeschränkungen als gemeinschaftskonform einzustufen.

IPRax 2004, 412, 417; Paulus, ZIP 2003, 1725, 1729. Dieser Grundsatz kommt in Erwägungsgrund Nr. 22 der Verordnung (EG) Nr. 1346/2000 des Rates vom 29.05.2000 über Insolvenzverfahren, ABl.EG 2000 Nr. L 160, S. 3, klar zum Ausdruck.

391 Paulus, ZIP 2003, 1725, 1728; Weller, IPRax 2004, 412, 417.

392 Diese aus der Verlegung des Interessenmittelpunkts entstehenden Schutzlücken könnten durch entsprechende nationale Wegzugsbeschränkungen geschlossen werden, die unter dem Gesichtspunkt des „Missbrauchs der Niederlassungsfreiheit"gerechtfertigt sein könnten.

393 Bei der Liquidation handelt es sich nicht um ein Verfahren nach Art. 2 lit. c EuInsVO Anhang B der EuInsVO.

394 Altmeppen, NJW 2004, 97, 99, 100; Riedemann, GmbHR 2004, 345, 349; Fischer, ZIP 2004, 1477, 1480.

395 Fischer, ZIP 2004, 1477, 1478, geht in einer solchen Konstellation von der grundsätzlichen Anwendbarkeit der ausländischen Insolvenzverschleppungshaftung aus.

396 Ulmer, NJW 2004, 1201, 1207.

397 Weller, DStR 2003, 1800, 1804.

III. Weitere Harmonisierungsgründe und Ausblick

Neben den bestehenden Rechtsunsicherheiten lässt sich zudem ein Wettbewerbsversagen nicht ausschließen. Einige Regelgeber könnten den Systemwettbewerb vernachlässigen oder sich diesem protektionistisch verschließen, mit der Folge einer dauerhaft fehlenden Rechtsintegration.

Es besteht darüber hinaus die Gefahr, dass einzelne Systeme ihre Dominanz im Systemwettbewerb nur aufgrund bestimmter Größenvorteile, die nicht in der Überlegenheit ihrer Regelungssysteme liegen, einnehmen und diese ausschließlich zu eigenen Gunsten nutzen. Damit könnte sich die gesellschaftsrechtliche Entwicklung von den binnenmarktpolitischen Zielen entfernen.

Ferner lässt sich in einem Systemwettbewerb um das attraktivste Gesellschaftsrecht ein ruinöser Wettbewerb i.S.e. „race to the bottom" nicht gänzlich ausschließen[398].

Schließlich ist zu befürchten, dass angesichts der bisherigen Praxis einiger Mitgliedsstaaten, ihre nationalen Interessen durchzusetzen, noch diffiziler ausgestaltete Abwehrgesetzpraktiken zu Tage kommen könnten. Obwohl die Judikatur des EuGH unter dem Gesichtspunkt der Rechtsentwicklung durchaus begrüßenswert erscheint, sind anhängige und langdauernde Verfahren ökonomisch und binnenmarktpolitisch jedoch höchst unerwünscht.

Im Unterschied zur bloßen Rechtsannäherung könnten mit dem Instrument der Rechtsangleichung, bestehende Schutzlücken und Rechtsunsicherheiten beseitigt, ein hoher Grad an Transparenz erreicht und damit die Wettbewerbsfähigkeit der europäischen KMU gesteigert werden. Optimale rechtliche und wirtschaftliche Rahmenbedingungen wird man für die KMU nur mit der Ablösung der Vielfalt durch die Einheit schaffen können.

Obwohl der eingeleitete Systemwettbewerb für wertvolle Harmonisierungsimpulse sorgt, erscheint aus wirtschafts- und rechtspolitischen Gründen eine Mindestharmonisierung der zentralen Bereiche des GmbH-Rechts langfristig unabdingbar. In diesem Zusammenhang ist mit einer zeitnahen Harmonisierung des GmbH-Rechts allerdings nicht zu rechnen.

---

[398] Auch wenn der EU-Gesetzgeber einem solchen Wettbewerb mit dem Instrument der Rechtsangleichung entgegenwirken könnte, ist zu berücksichtigen, dass die Gefahr eines solchen Wettbewerbs nie ausgeschlossen werden kann und dass die Rechtssetzung auf EU-Ebene - das haben die bisherigen Erfahrungen gezeigt - mit einem erheblichen Zeitaufwand verbunden ist.

2. Kapitel: Der kontinentaleuropäische und angloamerikanische Kapitalschutz

Einleitung

Sowohl auf europäischer als auch auf einzelstaatlicher Ebene steht die Frage des Kapitalschutzes im Mittelpunkt der Aufmerksamkeit. Bevor die im serbischen und deutschen GmbH-Recht verankerten Kapitalschutzsysteme rechtsvergleichend untersucht werden, sollen zunächst einige grundlegende Fragen des Kapitalschutzes erörtert werden.

A. Das kontinentaleuropäische und das angloamerikanische Kapitalschutzsystem

Bei der internationalen Bestandsaufnahme der zur Verfügung stehenden Kapitalschutzsysteme haben sich zwei Konzepte durchgesetzt[399], die sich in den einzelnen Gesellschaftsrechtsordnungen aufgrund von mannigfaltigen individualistischen Ausprägungen teilweise voneinander unterscheiden, konzeptionell aber einem dieser beiden System zugeordnet werden können. Traditionell stehen sich dabei das kontinentaleuropäische und das angloamerikanische System gegenüber.

I. Der kontinentaleuropäische Kapitalschutz

Eines der tragenden Säulen des europäischen Kapitalgesellschaftsrechts ist das auf dem gesetzlichen Mindestkapital basierende Kapitalschutzsystem[400]. Dadurch, dass dieses System sehr stark in den einzelnen europäischen Gesellschaftsrechtsordnungen verbreitet[401] und auf gemeinschaftsrechtlicher Ebene verankert[402] ist, spricht man von

---

[399] Schön, Der Konzern 2004, 162, 162; Merkt, ZGR 2004, 305, 311; Helms, Die Europäische Privatgesellschaft, S. 115; Hopt, FS Wiedemann (2002), S. 1013, 1018; Kübler, ZHR 159 (1995), 550, 552 ff..

[400] Vgl. Wachter, GmbHR 2004, 88, 96; Merkt, ZGR 2004, 305, 305; Schön, ZHR 166 (2002), 1, 1; Fleischer, ZGR 2001, 1, 12; Hopt, FS Wiedemann (2002), S. 1013, 1018; Bayer, FS Lutter (2000), S. 1011, 1016; Hirte, Kapitalgesellschaftsrecht, 4. Aufl., S. 214, Rn. 5.19; Wiedemann, Gesellschaftsrecht Band I, 1980, S. 556, 557.

[401] Mit Ausnahme von England, Irland und nunmehr auch Frankreich hat die überwiegende Anzahl der europäischen Mitgliedsstaaten das stammkapitalbasierte System im GmbH-Recht verankert. Das gilt auch für die am 01.05.2004 der EU beigtreten Mitgliedsstaaten, vgl. hierzu Wachter, GmbHR 2005, 717, 724; ders., GmbHR 2004, 88, 96; Frank/Wachter, GmbHR 2002, 17, 19, 20. Im Aktienrecht ist aufgrund der *Zweiten Richtlinie* der Kapitalschutz in allen Mitgliedsstaaten der EU kontinentaleuropäisch geprägt.

[402] Der europäische Gesetzgeber hat sich bei dem Erlass von Richtlinien und Verordnungen stets am Kapitalaufbringungsgrundsatz orientiert. Dies wird anhand der *Zweiten Richtlinie*, der Verordnung über die Europäische Aktiengesellschaft und der Verordnung über die Europäische Genossenschaft

einem Kapitalschutz kontinentaleuropäischer Prägung oder von einem kontinentaleuropäischen Modell[403].
Die Finanzverfassungen der europäischen Kapitalgesellschaften, insbesondere die der geschlossenen Gesellschaften mit beschränkter Haftung, die vorliegend im Vordergrund stehen sollen, beruhen auf der gesetzlichen Pflicht zur Aufbringung eines festen Mindestkapitals[404], wobei die Höhe der obligatorischen Mindestkapitalziffer innerhalb der einzelnen Rechtsordnungen variiert[405] und sich grundsätzlich nicht am wirtschaftlichen Bedarf der Unternehmen orientiert[406].
Kapitalaufbringung bedeutet daher, dass die Gesellschaft mit einem obligatorischen Mindestaktivvermögen auszustatten ist, weshalb die Kapitalaufbringungspflicht eine zwingende Gründungsvoraussetzung im kontinentaleuropäischen System darstellt.
Zweck dieses, auf dem gesetzlichen Mindestkapital basierenden Systems, ist es, kapitalgesellschaftsbedingte Haftungsbeschränkungen der Gesellschafter zu kompensieren. Kennzeichnungsmerkmal der kapitalgesellschaftlichen Finanzverfassungen ist der Ausschluss der persönlichen Haftung der Gesellschafter für die Verbindlichkeiten der Gesellschaft. Ermöglicht wird dies durch eine strikte rechtliche Trennung von Gesellschafts- und Gesellschaftervermögen[407].
Als juristische Person ist die Kapitalgesellschaft fähig, eigenes Vermögen zu besitzen, womit sie konsequenterweise für Ihre Verbindlichkeiten auch selbst einzustehen hat. Rückgriffsmöglichkeiten der Gläubiger, die Gesellschafter persönlich in Anspruch zu nehmen, sind daher grundsätzlich ausgeschlossen[408]. Diese strenge rechtliche Vermögenstrennung ermöglicht es, das wirtschaftliche Risiko, das mit der Gründung eines Unternehmens einhergeht, auf das eingebrachte Kapital zu beschränken[409]. Das unternehmerische Risiko der Gesellschafter wird im Kapitalgesellschaftsrecht daher von Anfang an kalkulier- und beschränkbar gemacht[410].

(SCE) dokumentiert. Das stammkapitalbasierte System soll auch bei der EPG zu Grunde gelegt werden.

[403] Lutter, in Lutter: Das Kapital der Aktiengesellschaft in Europa, ZGR-Sonderheft 17 2006, 1, 5; Merkt, ZGR 2004, 305, 311 ff.; Fleischer, ZGR 2001, 1, 12; Frank/Wachter, GmbHR 2002, 17, 21; Wachter, GmbHR 2004, 88, 96; Mülbert/Birke, EBOR 3 (2002), 695, 696; Bericht der HLG auf dem Gebiet des Gesellschaftsrechts über moderne gesellschaftsrechtliche Rahmenbedingungen in Europa vom 04.11.2002 S. 84; Lutter, FS Stiefel (1987), S. 505, 505; ders., FS Riesenfeld (1983), S. 165, 175.

[404] Lutter, FS Riesenfeld (1983), S. 165, 167.

[405] Eine Übersicht zur Stammkapitalhöhe findet sich bei Frank/Wachter, GmbHR 2002, 17, 19, 20.

[406] Lutter, FS Riesenfeld (1983), 165, 169, bezeichent diese Tatsache als mehr oder minder „gegriffen".

[407] Zum Trennungsprinzip, vgl. Wiedemann, Gesellschaftsrecht Band I, 1980, S. 198.

[408] Ausnahmsweise ist die Durchbrechung des Haftungsprivilegs im Rahmen einer Durchgriffshaftung möglich.

[409] Lehmann, ZGR 1986, 345, 352, bezeichnet dies als ein persönliches Sicherheitsnetz der Unternehmer, das verhindert, dass das Privatvermögen der Gesellschafter im „Strudel des wirtschaftlichen Untergangs" nicht mitgerissen und vernichtet wird. Escher-Weingart, S. 146, spricht von einer „gewissen Sozialisierung des Verlustrisikos.

[410] Ähnlich Lutter, AG 1998, 375, 377.

Die Kalkulierbarkeit des unternehmerischen Risikos und die Möglichkeit, unbegrenzte Gewinne erzielen zu können, machten Kapitalgesellschaften, allen voran die GmbH, zur beliebtesten Rechtsform[411].

Gemäß dem kontinentaleuropäischen Ansatz ist aus Gläubigerschutzgesichtspunkten die Bildung eines Garantiekapitals bzw. Haftungsfonds und dessen Sicherung vor etwaigen Rückflüssen an die Gesellschafter erforderlich. Zwecks Befriedigung sollen die Gläubiger auf ein Finanzpolster zurückgreifen können, sodass das Mindestkapital als ein notwendiges Korrelat zu dem Haftungsprivileg qualifiziert wird[412].

Der Vertrauensschutz der Gläubiger beschränkt sich allerdings auf die gesetzliche Garantie, Rückflüsse an die Gesellschafter zu vereiteln[413]. Schutz vor geschäftsbedingter Aufzehrung, also betriebswirtschaftlichem Verbrauch durch beispielsweise länger anhaltende Verlustperioden oder Missmanagement, vermag dieses System nicht zu gewährleisten[414].

Der kontinentaleuropäische Kapitalschutz beruht daher auf dem Konstrukt eines gesetzlich garantierten Mindestkapitals, an dessen gläubigerschützende Wirkung man in zweierlei Hinsicht glaubt.

---

[411] Aus wirtschaftspolitischer Sicht soll die Haftungsbeschränkung den mittelständischen Unternehmen die Teilnahme am Markt erleichtern, vgl. Wiedemann, Gesellschaftsrecht Band I, 1980, S. 727; Lehmann, ZGR 1986, 345, 351. Das Prinzip der Haftungsbechränkung vermag auch das volkswirtschaftlich erwünschte Unternehmertum zu fördern, vgl. Jungmann, ZGR 2006, 638, 644; Lehmann, ZGR 1986, 345, 354; ähnlich Escher-Weingart, S. 144, 145; Armour, EBOR 7 (2006), 5, 18.

[412] Kuhner, ZGR 2005, 754, 759; Merkt, ZGR 2004, 305, 312; Micheler, ZGR 2004, 324, 330; Hirte, Kapitalgesellschaftsrecht, 4. Aufl., S. 213, Rn. 5.17; Lutter, Kapital, Sicherung der Kapitalaufbringung und Kapitalerhaltung in den Aktien- und GmbH-Rechten der EWG, S. 41; Lutter, FS 100 Jahre GmbHG (1992), S. 49, 65; Baldamus, S. 79; Bayer, FS Lutter (2000), S. 1011, 1016; Priester, FS 100 Jahre GmbHG, S. 159, 159; Wiedemann, Gesellschaftsrecht Band I, 1980, S. 557; BGHZ 142, 315, 322; Escher-Weingart, S. 146.

[413] Die Aufgabe des Entfremdungsverbots übernehmen die Regeln zur Kapitalerhaltung, vgl. Wiedemann, Gesellschaftsrecht Band I, 1980, S. 556.

[414] Mülbert, Der Konzern 2004, 151, 155; Schön, Der Konzern 2004, 162, 165; Hirte, Kapitalgesellschaftsrecht, 4. Aufl., S. 215, Rn. 5.23; Escher-Weingart, S. 119; Kübler, Aktie, Unternehmensfinanzierung und Kapitalmarkt, 1989, S. 30; Halbhuber, S. 152; Bauer, S. 135, 213; Bitz/Hemmerde/Rausch, S. 137. Insoweit ist die gelegentlich verwendete Formulierung „Pflicht zur Erhaltung des Mindestkapitals“ wie z.B. in BGHZ 142, 315, 322, missverständlich. Die Legalität des geschäftsbedingten Verzehrs des Stammkapitals wird besonders anhand des § 49 Abs. 3 GmbHG deutlich. Diese Vorschrift statuiert eine Einberufungspflicht, wenn sich aus der Bilanz ergibt, dass die Hälfte des Stammkapitals verloren ist. Im Umkehrschluss ist daher der geschäftsbedingte Verbrauch des Stammkapitals qua Gesetz legalisiert. Deshalb wird das Garantiekapital mit einer „Staumauer“ oder einem „bilanztechnischen Sparstrumpf“ verglichen, vgl. Würdinger, Aktienrecht und das Recht der verbundenen Unternehmen, 4. Aufl., 1981, S. 32; Wiedemann, Gesellschaftsrecht Band I, 1980, S. 557; Michalski-Fleischer, GmbHG, Syst. Darst. 6 Rn. 63; Baldamus, S. 79. Eine gesetzliche Verlustausgleichs- bzw. Nachschußpflicht der Gesellschafter würde das kapitalgesellschaftsrechtliche Haftungsprivileg aushöhlen, so Escher-Weingart, 2001, S. 121; ähnlich Lutter, Kapital, Sicherung der Kapitalaufbringung und Kapitalerhaltung in den Aktien- und GmbH-Rechten der EWG, S. 51.

Zum einen soll das Garantiekapital als Finanzpolster eintretende Verluste kompensieren. Zum anderen sollen die Gläubiger vor dem Abzug des in der Bilanz ausgewiesenen Stammkapitals geschützt werden[415].
Das Prinzip der Kapitalaufbringung und der Kapitalerhaltung sind daher die prägenden Elemente des kontinentaleuropäischen Kapitalschutzes.

II. Der angloamerikanische Kapitalschutz

Im Vergleich zum kontinentaleuropäischen Kapitalschutz weist das angloamerikanische System erhebliche konzeptionelle Unterschiede auf. Besonderes Charakteristikum des angloamerikanischen Systems ist ein ausgesprochen liberal ausgestaltetes Kapitalschutzsystem.
Entgegen dem kontinentaleuropäischen Verständnis wird dem gesetzlichen Mindestkapital in der angloamerikanischen Rechtstradition überhaupt keine bzw. eine äußerst geringe Bedeutung beigemessen[416], sodass dem „legal capital" nur noch die Rolle eines historischen Unikums zukommt[417]. Systembedingt wird der Gläubigerschutz vom Gesellschaftsrecht separiert[418], sodass dieser überwiegend durch individualvertragliche Vereinbarungen[419] und ein teilweise stärker ausgeprägtes Kapitalerhaltungsrecht realisiert wird[420].

Zu Beginn dieses Jahrhunderts folgten zwar noch viele amerikanische Bundesstaaten dem Prinzip des gesetzlichen Mindestkapitals[421]. Aufgrund der geringen Kapitalziffer stellte diese Pflicht jedoch nicht mehr als einen symbolischen Akt dar[422]. Infolge eines

---

415 Wiedemann, Gesellschaftsrecht Band I, 1980, S. 557; Escher-Weingart, S. 108; Kübler, AG 1994, 141, 146; Lutter, FS Riesenfeld (1983), S. 165, 168.

416 Fleischer, Kapitalschutz und Durchgriffshaftung bei Auslandsgesellschaften, S. 49, 68; Eidenmüller/Engert, AG 2005, 97, 97; BLACK/KRAAKMAN, Harvard Law Review 109 (1996), 1911, 1931 (Fn. 42), empfinden bei der Vorstellung, dass ein festes, in der Satzung vorgeschriebenes Kapital dem Schutz Dritter dienen soll, ein „perverse amusement", vgl. hierzu Spindler, AG 1998, 53, 71.

417 Maier, S. 124 m.w.N..

418 Merkt, ZGR 2004, 305, 312; Schön, Der Konzern 2004, 162, 162.

419 Merkt, ZGR 2004, 305, 313; Micheler, ZGR 2004, 324, 330; Schön, ZHR 166 (2002), 1, 4; ders., ZGR 2000, 706, 727; Fleischer, DStR 2000, 1015, 1016; ders., ZIP 1998, 313 ff.. Financial Covenants können das Unternehmen in der Geschäftsführung beschränken. Reporting Covenants verpflichten den Schuldner zur Übermittlung weicher Unternehmensdaten, um den Gläubiger über die finanzielle Situation zu informieren. Disposals of Assets Covenants dienen der Erhaltung des Schuldnervermögens. Change of Business Covenants sollen vor Veränderungen des Unternehmensgegenstandes schützen, sodass die Gläubiger die Möglichkeit haben, auf strategische Entscheidungen Einfluss zu nehmen. Zur Praxis der Covenants, vgl. 4. Kapitel, S. 198 ff..

420 Michalski-Fleischer, GmbHG, Syst. Darst. 6, Rn. 77; Micheler, ZGR 2004, 324, 329. Diese Rechtsordnungen bedienen sich meist einer strengeren Gesellschafter- und Geschäftsführerhaftung.

421 Vor dem Wandel basierte auch im angloamerikanischen Rechtsraum der Gläubigerschutz auf dem „stated capital" bzw. dem „legal capital", vgl. Kübler, Aktie, Unternehmensfinanzierung und Kapitalmarkt, S. 18 ff., 23; ders., AG 1994, 141, 146; ders., WM 1990, 1853, 1855; ders., ZHR 159 (1995), 550, 556.

422 Meyer, Haftungsbeschränkung im Recht der Handelsgesellschaften, S. 420.

länger anhaltenden Reformprozesses, der mit einem von unabhängigen Experten zur erleichterten Gründung und Finanzierung von Unternehmen verfassten Revised Model Business Corporation Act[423] seinen Abschluss fand, wurde das sog. „legal capital" faktisch abgeschafft[424].
Dieses „grundkapitalabgeneigte" System legen auch einige europäische Gesellschaftsrechtsordnungen zu Grunde. Traditionell angloamerikanisch geprägt ist beispielsweise das englische Gesellschaftsrecht im Bereich der private limited company[425].

B. Analyse des kapitalbasierten kontinentaleuropäischen Kapitalschutzes

Obwohl das stammkapitalbasierte System allgemein als Eckpfeiler des Europäischen Gesellschaftsrechts oder als „Kulturleistung ersten Ranges" bezeichnet wird[426], gerät das System zunehmend in die Kritik. Nachfolgend soll das gesetzliche Grundkapital hinsichtlich der ihm zugedachten Funktionen näher analysiert werden.

---

[423] Der Revised Model Business Corporation Akt wurde im Jahre 1984 vom Committee of the Business Law Section of the American Bar Association als Einheitsgesetz verabschiedet und von vielen Staaten in den USA zumindest teilweise übernommen bzw. hatte einen erheblichen Einfluss auf die Gesetzgebung der Einzelstaaten, vgl. Merkt, US-amerikanisches Gesellschaftsrecht, Rn. 132 ff.; Bungert, Gesellschaftsrecht in den USA, 3. Aufl. 2003, S.3; Bauer, S. 317 ff.; Sandrock in Sandrock/Wetzler: Deutsches Gesellschaftsrecht im Wettbewerb der Rechtsordnungen, S. 68, 69; Kübler, WM 1990, 1853, 1855 (Fn. 12).

[424] Mülbert/Birke, EBOR 3 (2002), 695, 698; Kübler, ZHR 159 (1995), 550, 556; ders., WM 1990, 1853, 1855; Wüstemann, WPg 1996, 421, 424; Manning/Hanks, Legal Capital, S. 177; Bauer, S. 132. Für die public corporation (entspricht der AG), die closed corporation (entspricht der GmbH) und für die limited liability company (eine Mischung aus der limited partnership (KG) und der close corporation) ist ein Mindestkapital nicht vorgesehen, vgl. Bungert, Gesellschaftsrecht in den USA, 3. Aufl. 2003, S. 92. Eine Übersicht über den Mindestkapitalbetrag der einzelnen amerikanischen Bundesstaaten findet sich bei Merkt, US-amerikanisches Gesellschaftsrecht, Rn. 262; ferner Bungert, Die GmbH im US-amerikanischen Recht – Close Corporation, S. 32 (Fn. 134).

[425] Die private limited company kommt ohne ein gesetzliches Grundkapital aus, vgl. Micheler, ZGR 2004, 324, 326; Fleischer, DStR 2000, 1015, 1016; Ebert/Levedag, GmbHR 2003, 1337, 1343. Zur Gründung einer public limited company (entspricht der AG) ist gemäß sec. 102 CA 1985 hingegen ein Mindestkapital i.H.v. 50.000 GBP erforderlich. Diese Regelung ist aus der unfreiwilligen Umsetzung der *Zweiten Richtlinie* hervorgegangen und stösst in England noch immer auf Widerstand, vgl. Micheler, ZGR 2004, 324, 332. Auch in Frankreich wurde die Kapitalaufbringungsplicht zur Gründung einer S.A.R.L. abgeschafft, vgl. Meyer/Ludwig, GmbHR 2005, 346, 348 ff.; dies., GmbHR 2005, 459 ff.; Merkt, ZGR 2004, 305, 317; Mülbert, Der Konzern 2004, 151, 152; Becker, GmbHR 2003, 1120, 1120; ders., GmbHR 2003, 706 ff.; Wachter, GmbHR 2003, R 377. Außerhalb der EU haben die selbstständigen Staaten Serbien und Montenegro das angolamerikanische System im GmbH-Recht verankert.

[426] Wiedemann, Gesellschaftsrecht Band I, 1980, S. 557; kritisch Schön, Der Konzern 2004, 162, 164; Mülbert, Der Konzern 2004, 151, 152; Michalski-Zeidler, GmbHG § 5 Rn. 1; Roth/Altmeppen, GmbHG, Einl. Rn. 24.

I. Funktion, Nutzen und Effektivität des gesetzlichen Garantiekapitals

1. Die Gläubigerschutzfunktion

Die ureigenste Funktion, die man dem gesetzlichen Grundkapital beimisst, ist der Schutz der Gläubiger[427]. Bedingt durch das Konstrukt des Sondervermögens, aufgrund dessen Wirtschaftssubjekte fähig sind, am rechtsgeschäftlichen Verkehr teilzunehmen und deren Vermögen vom Vermögen der Gesellschafter rechtlich zu trennen ist, sollen Gläubiger[428] einen ziffernmäßig bestimmten Vermögensbetrag beanspruchen können. Dadurch, dass die Gläubiger einer Kapitalgesellschaft nicht auf das Privatvermögen der Gesellschafter zurückgreifen können, steht ihnen zumindest ein garantiertes Gesellschaftsvermögen zur Befriedigung zur Verfügung. In diesem Zusammenhang haben sich die Termini „Garantieziffer“[429] und „Haftungsfonds“ herausgebildet.
Ferner soll das gesetzliche Grundkapital eventuell auftretende Verluste auffangen und damit als eine Art Verlustpuffer fungieren[430].
Indem das Gesetz die „tatsächliche“ Existenz des Grundkapitals im Gesellschaftsvermögen gewährleistet, wird das Vertrauen der Gläubiger auf das in der Bilanz ausgewiesenen Grundkapital geschützt. Hierzu bedient sich das System des Einlagenzwangs und des Entfremdungsverbots.

Stellungnahme zur Gläubigerschutzfunktion

Zentrale Schwachstelle des gesetzlichen Grundkapitals ist die Erschöpfung der Existenzgarantie auf das Rückflussverbot an die Gesellschafter. Gläubiger werden lediglich dahingehend abgesichert, dass das obligatorische Kapital tatsächlich zugeführt wird und lediglich Vermögensverschiebungen an die Gesellschafter sanktioniert werden. Ein fortwährendes Vorhandensein einer bestimmten Vermögensmasse kann das System jedoch nicht gewährleisten[431].

---

[427] Dierksmeier/Scharbert, BB 2006, 1517, 1518; Michalski-Zeidler, GmbHG, § 5 Rn. 19; Roth/Altmeppen, GmbHG, 4. Aufl. 2003, § 5 Rn. 4; Scholz/Winter, GmbHG, 9. Aufl. 2000, § 5 Rn. 10; Lutter/Bayer in Lutter/Hommelhoff, GmbHG, 16. Aufl. 2004, § 5 Rn. 1; Escher-Weingart, S. 108; Bauer, S. 134; Lutter, Kapital, Sicherung der Kapitalaufbringung und Kapitalerhaltung in den Aktien- und GmbH-Rechten der EWG, S. 50; Kronstein, Die abhängige juristische Person, S. 70; Baldamus, S. 79.

[428] Gläubiger sind nicht als eine homogene Gruppe zu verstehen, vgl. Merkt, EBOR 7 (2006), 95, 107; Mülbert, EBOR 7 (2006), 357, 371. Sie können nach der Anspruchsbegründung, nach der Freiwilligkeit und Unfreiwilligkeit der Anspruchsentstehung sowie nach der Höhe und Fälligkeit der Forderungen unterschieden werden, vgl. hierzu Klose-Morkoß, S. 84 ff..

[429] So etwa Lutter, Kapital, Sicherung der Kapitalaufbringung und Kapitalerhaltung in den Aktien- und GmbH-Rechten der EWG, S. 50; Baumbach/Hueck/Fastrich, GmbHG, 17. Aufl. 2000, § 3 Rn. 16; kritisch Michalski-Zeidler, GmbHG § 5 Rn. 19; Bauer, S. 135.

[430] Wilhelmi, GmbHR 2006, 13, 14; Engert, ZHR 170 (2006), 296, 301; Barta, GmbHR 2005, 657, 659; Lutter, ZGR 1982, 244, 249; Lutter/Hommelhoff, ZGR 1979, 31, 59; Halbhuber, S. 152; Adams, S. 29; einschränkend Eidenmüller/Grunewald/Noack, in Lutter: Das Kapital der Aktiengesellschaft in Europa, ZGR-Sonderheft 17 2006, 17, 26; Kleindiek, ZGR 2006, 335, 339, 349; Kuhner, ZGR 2005, 754, 772.

[431] Kleindiek, ZGR 2006, 335, 337; Mankowski, in Lutter: Das Kapital der Aktiengesellschaft in Europa, ZGR-Sonderheft 17 2006, 488, 504; Mülbert, Der Konzern 2004, 151, 155;

Geschäftsbedingte Vermögensdispositionen werden qua Gesetz hingenommen[432], sodass das gesetzliche Grundkapital in seiner Funktion als Betriebskapital[433] in einem notwendigen Spannungsverhältnis zur Haftkapitalfunktion steht. Mit Ausnahme der Vermögenssurrogate[434], die dem Gesellschaftsvermögen durch geschäftsbedingte Vermögensverfügungen zufließen, kann den Gläubigern das einmal eingebrachte Haftkapital aufgrund dieser Doppelfunktion wieder entzogen werden.
Damit ist die Garantie, dass die einmal zugeführten Mittel im Gesellschaftsvermögen auch tatsächlich vorhanden bleiben, von äußerst kurzer Dauer[435]. Forderungsausfallrisiken lassen sich mit dem gesetzlichen Grundkapital dadurch schwerlich verhindern.

Ein Spannungsverhältnis besteht ferner zwischen der Verlustpuffer- und der Haftkapitalfunktion. Das zur Verlustabdeckung verwendete Kapital geht der Haftungsmasse dauerhaft verloren, denn eine gesetzliche Nachschusspflicht ist systembedingt nicht gewollt, andernfalls würde das Haftungsprivileg leer laufen[436].
Weist die Gesellschaft eine gesunde Kapitalstruktur auf, kommt dieses Spannungsverhältnis lediglich marginal zum Tragen. In einer finanziellen Krise können die Gläubiger hingegen ihre Forderungsausfälle nur durch einen Zugriff auf die Deckungsmasse kompensieren[437]. In der Insolvenz wird das gesetzliche Grundkapital jedoch

---

Schön, Der Konzern 2004, 162, 165; Hirte, Kapitalgesellschaftsrecht, 4. Aufl., S. 215, Rn. 5.23; Escher-Weingart, S. 119; Halbhuber, S. 152; Bauer, S. 135, 213; Bitz/Hemmerde/Rausch, S. 137.

[432] So auch Wilhelmi, GmbHR 2006, 13, 13; Blaurock, FS Raiser (2005), S. 3, 9; Engert, ZHR 170 (2006), 296, 303; Mülbert, Der Konzern 2004, 151, 154; Mülbert/Birke, EBOR 3 (2002), 695, 718. Ein Schutz des Grundkapitals als reines Haftkapital wäre aus betriebswirtschaftlichen Gründen höchst sinnwidrig, denn „totes Kapital" vermag bekanntlich –abgesehen davon, dass es das Gläubigervertrauen erhöhen und damit Konditionen verbesseren könnte- keinen wirtschaftlichen Nutzen zu bringen.

[433] Vgl. hierzu Kleindiek, ZGR 2006, 335, 349; Drygala, ZGR 2006, 587, 593; 610; ders., ZIP 2006, 1797, 1805; Thiessen, ZIP 2006, 1892, 1893; Eidenmüller/Grunewald/Noack, in Lutter: Das Kapital der Aktiengesellschaft in Europa, ZGR-Sonderheft 17 2006, 17, 26; Blaurock, FS Raiser (2005), S. 3, 8; Lutter, in Lutter: Das Kapital der Aktiengesellschaft in Europa, ZGR-Sonderheft 17 2006, 1, 3; ders., Kapital, Sicherung der Kapitalaufbringung und Kapitalerhaltung in den Aktien- und GmbH-Rechten der EWG, S. 51; Wiedemann, Gesellschaftsrecht Band I, 1980, S. 557.

[434] Für jede Leistung erhält das Unternehmen in der Regel eine Gegenleistung. Investiert das Unternehmen z.B. in Produktionsmittel, fließt Barkapital ab und das Anlagevermögen wächst an (sog. Aktivtausch). Allerdings besteht hierbei die Gefahr, dass dem Gesellschaftsvermögen kein wirtschaftliches Äquivalent zufließt.

[435] Drygala, ZGR 2006, 587, 608; Kleindiek, ZGR 2006, 335, 341; Fastrich, DStR 2006, 656, 657; G.H. Roth, FS Doralt (2004), S. 479, 482; Eidenmüller/Engert, GmbHR 2005, 433, 435; Grunewald/Noack, GmbHR 2005, 189, 189; Schön, Der Konzern 2004, 162, 165; Bauer, S. 338; Sandrock in Sandrock/Wetzler: Deutsches Gesellschaftsrecht im Wettbewerb der Rechtsordnungen, S. 68. Ähnlich Gehb/Drange/Heckelmann, NZG 2006, 88, 99. Die Mindestkapitalziffer repräsentiert keinesfalls einen Stichtagswert, vielmehr ist sie als eine historische Größe anzusehen, vgl. Kuhner, ZGR 2005, 754, 771.

[436] Escher-Weingart, S. 121; ähnlich Lutter, Kapital, Sicherung der Kapitalaufbringung und Kapitalerhaltung in den Aktien- und GmbH-Rechten der EWG, S. 51.

[437] Haben sich die Gläubiger nicht individualvertraglich abgesichert, verbleibt ihnen lediglich die Insolvenzquote.

regelmäßig verbraucht sein[438]. Das hat einerseits die Praxis gezeigt, denn die Gesellschaftsführung wird alles Erforderliche tun, um die Gesellschaft vor der Insolvenz zu bewahren und damit die finanziellen Reserven angreifen[439]. Zum anderen wird das gesetzliche Grundkapital im Stadium der Insolvenz schon per Definition verbraucht sein[440].
Im Ergebnis können die Gläubiger auf die Haftungsmasse dann nicht zugreifen, wenn sie eigentlich zur Kompensation ihrer Forderungsausfälle angewiesen sind.

2. Die Insolvenzprophylaxe

Die gläubigerschützende Funktion des „legal capital" wird ferner unter dem Gesichtspunkt der insolvenzprophylaktischen Wirkung diskutiert[441]. Mit dem gesetzlichen Grundkapital werden der Gesellschaft Finanzmittel zugeführt, wodurch sie in der finanziellen Widerstandsfähigkeit gestärkt wird, um in Krisenzeiten einen drohenden Überschuldungszustand abzuwenden und damit einem Insolvenzeintritt vorzubeugen. Damit würde verhindert, dass sich negative Vermögensentwicklungen zu Ungunsten der Gläubiger auswirkten[442], denn mit dem Eintritt der Insolvenz würde die Position der Gläubiger insoweit eingeschränkt, als sie einen gänzlichen Forderungsausfall erleiden oder auf der Insolvenzquote sitzen bleiben könnten. Solange aber eine die Insolvenz begründende Überschuldung ausbliebe, könnten die Gläubiger auf eine Forderungsbefriedigung hoffen.

Stellungnahme zur Insolvenzprophylaxe

Naturgemäß wird die Höhe des Gesellschaftsvermögens die Insolvenzwahrscheinlichkeit beeinflussen[443]. Je höher die Summe der der Gesellschaft zugeführten Vermögenswerte ist, desto geringer wird die Wahrscheinlichkeit eines zu erwartenden Insolvenzeintrittes sein, da das Unternehmen eher im Stande ist, eintretende Verluste zu

---

[438] Mülbert, Der Konzern 2004, 151, 154; ders./Birke EBOR 2 (2002), 695, 718. Sacheinlagen werden größtenteils mit Sicherungsrechten individualvertraglich besicherter Vertragsgläubiger belastet sein, vgl. Halbhuber, S. 153. Im Jahre 1998 wurden von insgesamt 16.413 GmbH-Insolvenzen, 10.757 Anträge mangels Masse abgelehnt, vgl. Statistisches Jahrbuch 2001. Im Jahre 2001 wurden von insgesamt 17.857 GmbH-Insolvenzen, 9.340 Anträge mangels Masse abgelehnt.

[439] Je höher der Verschuldensgrad einer Gesellschaft ist, desto höhren Risiken wird das Gesellschaftsvermögen ausgesetzt, vgl. Fleischer, EBOR 7 (2006), 29, 35; Klaus M. Schmidt, EBOR 7 (2006), 89, 91; Spindler, JZ 2006, 839, 840, 842 m.w.N.; Haas, Reform des gesellschaftsrechtlichen Gläubigerschutzes, E 126; Mülbert, Der Konzern 2004, 151, 155; Kuhner, ZGR 2005, 754, 769, 770; Bauer, S. 118; Bitz/Hemmerde/Rausch, S. 76.

[440] So auch Engert, in Lutter: Das Kapital der Aktiengesellschaft in Europa, ZGR-Sonderheft 17 2006, 743, 747; ders., ZHR 170 (2006), 296, 301 (Fn. 18); Mülbert, Der Konzern 2004, 151, 154.

[441] Wilhelmi, GmbHR 2006, 13, 13, 14; Fischer, ZIP 2004, 1477, 1482; Mülbert, Der Konzern 2004, 151, 154; Lutter/Bayer in Lutter/Hommelhoff, GmbHG, 16. Aufl. 2004, § 5 Rn. 5; Halbhuber, S. 151; Baldamus, S. 82.

[442] Bitz/Hemmerde/Rausch, S. 405.

[443] So auch Eidenmüller/Engert, AG 2005, 97, 105, 106.

kompensieren bzw. Konjunkturschwankungen zu überwinden[444]. Die insolvenzprophylaktische Bedeutung des gesetzlichen Grundkapitals ist jedoch äußerst gering[445]. Das gesetzliche Mindestkapital ist aufgrund seiner festen und bekannt geringen Höhe[446] nicht geeignet, einen dem Risikoprofil der Gesellschaft entsprechenden Verlustpuffer zu erzeugen, sodass der Insolvenzeintritt allenfalls kurzfristig hinausgezögert, keinesfalls aber eine prophylaktische Wirkung erreicht werden kann. Wenn überhaupt wird das gesetzliche Grundkapital lediglich einmalige und geringfügige Verluste kompensieren können[447]. Langfristige Verlustperioden lassen sich mit dem gesetzlichen Grundkapital keinesfalls auffangen.

Zudem ist zu berücksichtigen, dass regelmäßig der größte Teil des eingebrachten Kapitals bereits bei der Geschäftsaufnahme verbraucht sein wird, sodass dem Unternehmen im Zeitpunkt der Krise ohnehin keine „Kapitalreserven" zur Verfügung stehen.

3. Der Schutz der nichtvertraglichen Gläubiger

Im Bereich der „unfreiwilligen" Gläubiger und derjenigen, die aufgrund ihrer Größe eine schwache Markt- und Verhandlungsposition haben, vermag das gesetzliche Grundkapital ebenfalls keine angemessene Protektion zu gewährleisten[448]. Im Bereich des „nichtvertraglichen Gläubigerschutzes" wird das kapitalbasierte System gegenüber dem angloamerikanischen System häufig als überlegen dargestellt[449], dies jedoch völlig zu unrecht[450].

In diesem Zusammenhang wird vorgebracht, dass das gesetzliche Grundkapital gerade unfreiwilligen und wirtschaftlich schwach positionierten Gläubigern einen Schutz bieten würde[451]. Rechtsordnungen, die auf die Bildung eines solchen gesetzlichen Haftungsfonds verzichteten, böten diesen Gläubigergruppen keinen adäquaten Gläubigerschutz.

---

[444] Kleindiek, ZGR 2005, 335, 349, 350.

[445] So auch Haas, Reform des gesellschaftsrechtlichen Gläubigerschutzes, E 127; Eidenmüller/Engert, GmbHR 2005, 433, 436; Haas, ZIP 2006, 1373, 1374; zweifelnd Mülbert, Der Konzern 2004, 151, 154. So wohl auch Lutter, in Lutter: Das Kapital der Aktiengesellschaft in Europa, ZGR-Sonderheft 17 2006, 1, 3.

[446] Grunewald/Noack, GmbHR 2005, 189, 189; Merkt, ZGR 2004, 305, 317; Wachter, GmbHR 2004, 88, 96; Frank/Wachter, GmbHR 2002, 17, 21. Eine Übersicht über die Mindeststammkapitalhöhe europäischer GmbH´s findet sich bei Frank/Wachter, GmbHR 2002, 17, 18 ff..

[447] Ähnlich Eidenmüller/Grunewald/Noack in Lutter: Das Kapital der Aktiengesellschaft in Europa, ZGR-Sonderheft 17 2006, 17, 27.

[448] Zu den unfreiwilligen Gläubiger zählen Deliktsgläubiger, eine Gläubigergruppe, deren rechtliche Beziehung zur Gesellschaft als Schuldnerin unfreiwillig entstanden ist, vgl. Schön, ZHR 166 (2002), 1, 4; ders., Der Konzern 2004, 162, 167; Lutter, AG 1998, 375, 376; Halbhuber, S. 153; Micheler, ZGR 2004, 324, 331.

[449] So insbesondere Schön, Der Konzern 2004, 162, 167, ders., ZHR 166 (2002), 1, 4.

[450] So auch Mülbert, Der Konzern 2004, 151, 157; Mülbert/Birke, EBOR 3 (2002), 695, 726; Halbhuber, S. 153; Grundmann, ZGR 2001, 783, 820.

[451] Die Haftungszusage der Gesellschafter bildet eine sinnvolle Grundsicherung für alle Gläubiger, vgl. Schön, ZHR 166 (2002), 1, 4; Lutter, in Lutter: Das Kapital der Aktiengesellschaft in Europa, ZGR-Sonderheft 17 2006, 1, 5.

Die gläubigerschützende Wirkung des kapitalbasierten Systems ist im Bereich der nichtvertraglichen Gläubiger tatsächlich jedoch sehr gering.
Im Unterschied zu dem gesetzlichen Haftkapital können Pflichtversicherungen[452] und Entschädigungsfonds[453] den unfreiwilligen Gläubigern wesentlich effektivere Kompensationslösung bieten[454]. Deliktischer Gläubigerschutz wird häufig bei gefahrgeneigter unternehmerischer Tätigkeit und deshalb meist im Bereich des Umwelt- und Produkthaftungsrechts relevant. Dadurch, dass deliktische Handlungen in diesen Bereichen häufig Massenschäden auslösen, ist eine fixe und der Höhe nach niedrige Kapitalziffer als Instrument des deliktischen Gläubigerschutzes kaum geeignet[455]. Zudem kann das Garantiekapital geschäftsbedingt längst aufgebraucht sein.
Im Übrigen werden nichtvertragliche und unbesicherte Gläubiger im Insolvenzverfahren das Nachsehen haben, da sie lediglich nachrangig bedient werden[456].
Im Ergebnis bietet das Garantiekapital nichtvertraglichen und schwachpositionierten Gläubigern keinen ernst zu nehmenden Schutz. Im Vergleich dazu sind versicherungsrechtliche Schutzmechanismen wesentlich effektiver, da die Deliktsgläubiger auf eine Schadenskompensation in voller Höhe vertrauen können[457].

4. Die Seriositätsfunktion

Eine weitere gläubigerschützende Bedeutung wird dem gesetzlichen Grundkapital insoweit beigemessen, als die gesetzliche Pflicht zur Aufbringung einer bestimmten Kapitalsumme für ein Mindestmaß an Solidität sorgen und damit als Seriositätsschwelle[458] fungieren soll.

---

[452] Gemeint ist hiermit eine Versicherungspflicht der Schädiger bei schadensgeneigter unternehmerischer Tätigkeit, vgl. hierzu Grundmann, ZGR 2001, 783, 820, Escher-Weingart, S. 118; Klose-Morkoß, S. 87; Schön, Der Konzern 2004, 162, 165.

[453] Klose-Morkoß, S. 89.

[454] Mülbert, Der Konzern 2004, 151, 157; Mülbert/Birke, EBOR 3 (2002), 695, 725, 726; Escher-Weingart, S. 118; Klose-Morkoß, S. 87; Kübler, Aktie, Unternehmensfinanzierung und Kapitalmarkt, S. 32; ähnlich Blaurock, FS Heldrich (2005), S. 3, 11; einschränkend Bezzenberger, Das Kapital der Aktiengesellschaft, S. 128, 129; kritisch Wilhelmi, GmbHR 2006, 13, 19.

[455] Escher-Weingart, S. 138; Schön, Der Konzern 2004, 162, 165: „für gesetzliche Gläubiger besitzt die legislative Fixierung des Mindestkapitals nur symbolische Bedeutung".

[456] Halbhuber, S. 153, 154; Lutter, AG 1998, 375, 376.

[457] Mülbert/Birke, EBOR 3 (2002), 695, 725; einschränkend Mankowski in Lutter: Das Kapital der Aktiengesellschaft in Europa, ZGR-Sonderheft 17 2006, 488, 493; Haas, Reform des gesellschaftsrechtlichen Gläubigerschutzes, E 96.

[458] Lutter, in Lutter: Das Kapital der Aktiengesellschaft in Europa, ZGR-Sonderheft 17 2006, 1, 3; Wilhelmi, GmbHR 2006, 13, 14; Priester, Die GmbH-Reform in der Diskussion, 1, 5; Fastrich, DStR 2006, 656, 658; Drygala, ZGR 2006, 587, 596, 604; Jungmann, ZGR 2006, 638, 642; Blaurock, FS Raiser (2005), S. 3, 12; Eidenmüller/Engert, GmbHR 2005, 433, 434; Kuhner, ZGR 2005, 754, 768; Wachter, GmbHR 2004, 88, 97; Heckschen, GmbHR 2004, R 26; Micheler, ZGR 2004, 324, 333; Mülbert/Birke, EBOR 3 (2002), 695, 717; Borges, ZIP 2004, 733, 735; Stellungnahme der deutschen Arbeitsgruppe Europäisches Gesellschaftsrecht (Group of German Experts on Corporate Law) zum Bericht der HLG in ZIP 2003, 863, 872; Bachmann, ZGR 2001, 351, 362; Fleischer, DStR 2000, 1015, 1020; Frank/Wachter, GmbHR 2002, 17, 21; Kreuzer, ZIP 1980, 597, 599; Hachenburg-Ulmer,

Nur diejenigen Gesellschafter sollen in den Genuss des Haftungsprivilegs kommen, die bereit und in der Lage sind, wenigstens das gesetzlich vorgeschriebene Mindestkapital aufzubringen[459]. Das gesetzliche Grundkapital ist gewissermaßen der Eintrittspreis für die Inanspruchnahme des Haftungsprivilegs[460]. Das mit dem gesetzlichen Grundkapital verbundene Verlustrisiko soll unrentable Unternehmensgründungen herausfiltern[461] und leichtfertige bzw. missbräuchliche Gesellschaftsgründung unterbinden[462].

Stellungnahme

a. Schutz vor leichtfertigen Gesellschaftsgründungen

Zunächst bleibt festzuhalten, dass die im kapitalbasierten System gegründeten Unternehmen zwar mit einem gewissen Kapitalstock in den Geschäftsverkehr treten[463].

GmbHG, 8. Aufl., § 5 Rn. 7; Michalski-Fleischer, GmbHG, Syst. Darst. 6 Rn. 80; Baldamus, S. 85; Ulmer, JZ 1999, 662, 664; Bitz/Hemmerde/Rausch, S. 143;
Lutter, AG 1998, 375, 375; ders., FS Riesenfeld (1983), S. 165, 168; Wiedemann, Gesellschaftsrecht Band I, 1980, S. 565; Karsten Schmidt, Gesellschaftsrecht, 4. Aufl. S. 523. Kritisch zur Seriositätsschwelle Merkt, ZGR 2004, 305, 317; Grunewald/Noack, GmbHR 2005, 189, 190; Schön, Der Konzern 2004, 162, 165; Bauer, S. 137; Halbhuber, S. 150, 156; ebenfalls kritisch die Stellungnahme der Group of German Experts on Corporate Law zum Konsultationsdokument der High Level Group of Company Lax Experts, ZIP 2002, 1310, 1316, 1318; zweifelnd Mülbert/Birke, EBOR 3 (2002), 695, 717.

459 Das gesetzliche Mindestkapital soll dokumentieren, in welchem Umfang sich die Gesellschafter mit dem Unternehmen identifizieren wollen, vgl. Stellungnahme der Group of German Experts on Corporate Law zum Konsultationsdokument der High Level Group of Company Lax Experts in ZIP 2002, 1310, 1316.

460 Armour, EBOR 7 (2006), 5, 17; Priester, Die GmbH-Reform in der Diskussion, 1, 6; Eidenmüller/Grunewald/Noack, in Lutter: Das Kapital der Aktiengesellschaft in Europa, ZGR-Sonderheft 17 2006, 17, 40; Blaurock, FS Raiser (2005), S. 3, 11; Eidenmüller/Engert, GmbHR 2005, 433, 434; Heine/Röpke, RabelsZ 70 (2006), 138, 143.

461 Eidenmüller/Engert, GmbHR 2005, 433, 435.

462 Wachter, GmbHR 2004, 88, 97; Micheler, ZGR 2004, 324, 333; Fleischer, DStR 2000, 1015, 1020; Merkt in VGR, Gesellschaftsrecht in der Diskussion 1999, VGR Bd. 2 (2000), S. 111, 138; Bauer, S. 136. Missverständlich insoweit Wiedemann, Gesellschaftsrecht Band I, 1980, S. 565, der in der Seriositätsschwelle eine Ausschlussfunktion der Kleinstunternehmen aus dem Kreise der Kapitalgesellschaften sieht. Die Seriositätsschwelle dient der Gewährleistung der Solidität von Unternehmen. Der Geschäftsumfang eines Unternehmens ist jedoch kein Indikator für die Solidität eines Unternehmens. Selbst Kleinstunternehmen können solide und damit seriös im Sinne dieser Definition sein.

463 Lutter, in Lutter: Das Kapital der Aktiengesellschaft in Europa, ZGR-Sonderheft 17 2006, 1, 3; Lutter/Bayer in Lutter/Hommelhoff, GmbHG, 16. Aufl. 2004, § 5 Rn. 1; Lutter, FS Riesenfeld (1983), S. 165, 168; ders., AG 1998, 375, 375, der trotz der Bescheidenheit dieser Funktion das Mindestkapital für „besser als nichts" bezeichnet. Priester, ZIP 2005, 921, hat im Rahmen der Kapitalschutzdebatte die Formulierung gewählt, dass einem Mann, der nur in der Badehose bekleidet im Regen herumläuft, nicht angeraten werden soll, die Badehose auch noch auszuziehen. Zu Recht wendet Drygala, ZGR 2006, 587, 591, 592, ein, dass es sich hierbei um eine sehr teure Badehose handle, zu deren Anschaffung und Verwendung die Unternehmer verpflichtet würden. Gerade weil die Badehose nur in begrenztem Umfang wärme, sei darauf zu achten, dass die Kosten ihrer Verwendung nicht übermäßig hoch ausfielen.

Aufgrund der geringen Kapitalsumme kann das Garantiekapital jedoch rasch verbraucht[464] sein, sodass diese „finanzielle Solidität" von äußerst kurzer Dauer ist.

Auch die aus dem Verlustrisiko hergeleitete Seriositätsfunktion ist wenig überzeugend. Dieses Argument basiert auf einem psychologischen Moment. Je höher der mit einer wirtschaftlichen Betätigung verbundene Kapitalverlust ist, desto geringer wird die Bereitschaft der Gesellschafter sein, wirtschaftliche Risiken einzugehen[465].
Das mit der Gesellschaftsgründung behaftete Verlustrisiko soll daher zu einem risikoaversen Verhalten sowie zu einer kritischen betriebswirtschaftlichen Reflexion von Gründungskonzepten und Geschäftsentscheidungen anregen und damit für ein gewisses Maß an Solidität sorgen[466]. Im Ergebnis würden damit risikogeneigte Unternehmensgründungen von vornherein herausgefiltert[467].
Dieser psychologische Ansatz, der an die Risikoschwelle der Gesellschafter anknüpft, kann allerdings keine Gewähr dafür bieten, dass auch tatsächlich konzeptionelle Überlegungen angestellt werden. Zudem wird mittels der relativ niedrigen obligatorischen Stammkapitalziffer der Grad des unternehmerischen Risikos - wenn überhaupt - lediglich marginal beeinflusst.
In diesem Zusammenhang ist zu berücksichtigen, dass die Risikoschwelle der Gesellschaftsgründer höchst unterschiedlich ausgeprägt ist. Personen mit einer ausgesprochen hohen Risikofreude wird man mit dem gesetzlichen Grundkapital kaum vor konzeptlosen und riskanten Unternehmensgründungen abhalten können. Die weniger risikofreudigen Gründer werden zwar zu Überlegungen angeregt. Inwieweit diese Überlegungen auch betriebswirtschaftlichen Anforderungen standhalten, wird mit der Aufbringung der Kapitaleinlage jedoch nicht gewährleistet.
Das mit dem gesetzlichen Grundkapital verbundene Verlustrisiko vermag daher weder eine Aussage über die Qualität noch über die tatsächliche Vornahme eines wirtschaftlich reflektierten Unternehmenskonzepts zu dokumentieren[468].

Auch ein verantwortungsbewußteres Wirtschaften[469] wird das Einlagenverlustrisiko nicht gewährleisten können. Angesichts der relativ niedrigen Kapitalziffer ist das Verlustrisiko gering. Mangels einer gesetzlichen Nachschusspflicht reduziert sich das unternehmerische Risiko der Gesellschaftsgründer nochmals auf den einmalig zu erwartenden Verlust. Im Übrigen hat die Praxis das Gegenteil gezeigt, denn mit zuneh-

---

[464] Bereits mit der Anschaffung eines oder mehrer Betriebsmittel kann das ganze Garantiekapital aufgebraucht sein.
[465] Je niedriger die Eigenkapitalposition der Gesellschafter ist, desto eher wird die individuelle Risikoaversion von Risikoanreizen überlagert, vgl. Eidenmüller/Grunewald/Noack, in Lutter: Das Kapital der Aktiengesellschaft in Europa, ZGR-Sonderheft 17 2006, 17, 23; Engert, ZHR 170 (2006), 296, 302. Drygala, ZGR 2006, 587, 596, vergleicht diese verhaltenssteuernde Wirkung mit einer Selbstbeteiligung bei der Schadensversicherung.
[466] So auch Blaurock, FS Raiser (2005), S. 3, 11, der von einer „erzieherischen Funktion" spricht.
[467] Eidenmüller/Engert, GmbHR 2005, 433, 435.
[468] Die Fähigkeit, die Einlagesumme aufzubringen, enthält keine Aussage über die unternehmerischen Fähigkeiten der Gesellschafter, so Micheler, ZGR 2004, 324, 333; Mülbert, Der Konzern 2004, 151, 158.
[469] Kleindiek, ZGR 2006, 335, 343.

mendem Verschuldensgrad werden die Unternehmen immer höheren Geschäftsrisiken ausgesetzt[470].

Insgesamt ist die Seriositätsfunktion des gesetzlichen Grundkapitals daher gering[471]. Die Fähigkeit, ein bestimmtes Kapital aufbringen zu können, lässt weder einen allgemeinen Rückschluss auf die unternehmerischen Fähigkeiten eines Gesellschafters zu noch lässt es auf die wirtschaftliche Solidität einer Gesellschaft schließen[472]. Der Höhe nach kann das gesetzliche Grundkapital daher nur vor völlig mittellosen Gesellschaftsgründungen schützen[473].Zur Gewährleistung seriöser und solide finanzierter Unternehmen bedarf es somit weitaus höherer Qualitäts- und Zulassungsschranken.

In diesem Zusammenhang erscheint das belgische Finanzplanmodell erwähnenswert[474]. Zur Gründung einer belgischen GmbH ist dem Notar zwingend ein sog. Finanzplan vorzulegen. Der Finanzplan hat das vorgesehene Grundkapital zu belegen, das im Rahmen einer normalen Geschäftstätigkeit, zumindest für die ersten zwei Jahre, benötigt wird. Im Rahmen einer Bilanzprognose und einer vorausschauenden Gewinn- und Verlustrechnung müssen die Gründer den zu erbringenden Finanzierungsbetrag ermitteln[475].
Im Unterschied zum rein stammkapitalbasierten System zwingt das belgische Finanzplanmodell die Gründungsgesellschafter, sich aktiv mit dem Finanzierungs- und Liquiditätsbedarf und der Erfolgsentwicklung der zu gründenden Gesellschaft auseinander zu setzen[476]. Dadurch, dass sich die Gesellschaftsgründer mit den Anfangsinvestitionen auseinandersetzen und die Gesellschaft mit den im Finanzplan benötigten Finanzmittel ausstatten, erzeugt das Finanzplanmodell ein gewisses Maß an wirtschaftlicher Solidität neu gegründeter Unternehmen.

---

[470] Fleischer, EBOR 7 (2006), 29, 35; Klaus M. Schmidt, EBOR 7 (2006), 89, 91; Mülbert, Der Konzern 2004, 151, 155; Bauer, S. 118; Bitz/Hemmerde/Rausch, S. 76. Die aus risikogeneigten Geschäften gegebenenfalls resultierenden Renditen werden das mit dem obligatorischen Stammkapital verbundene Verlustrisiko im Zweifel um ein vielfaches übersteigen.

[471] So auch Blaurock, FS Raiser (2005), S. 3, 13; G.H. Roth, FS Doralt (2004), S. 479, 482; Eidenmüller/Engert, AG 2005, 97, 99; Merkt, ZGR 2004, 305, 317; ebenfalls die Stellungnahme der Group of German Experts on Corporate Law zum Konsultationsdokument der High Level Group of Company Lax Experts in ZIP 2002, 1310, 1318. Die Seriositätsgewähr ebenfalls einschränkend beurteilend, Drygala ZGR 2006, 587, 636.

[472] Micheler, ZGR 2004, 324, 333.

[473] Blaurock, FS Raiser (2005), 3, 14; Kreuzer, ZIP 1980, 597, 599; Bitz/Hemmerde/Rausch, S. 143; Bauer, S. 137. Selbst völlig mittellose Gründer können diese Hürde dadurch umgehen, indem sie das aufzubringende Kapital durch eine Kreditaufnahme finanzieren und nach einiger Zeit das eingebrachte Kapital zur Kreditrückzahlung wieder entnehmen. Der aus der rechtswidrigen Entnahme entstandene Rückerstattungsanspruch gegen den Gesellschafter ist aufgrund der Mittellosigkeit wenig hilfreich, vgl. hierzu Halbhuber, S. 156.

[474] Dies wird auch von deutscher Seite in Erwägung gezogen, vgl. Stellungnahme der Group of German Experts on Corporate Law zum Konsultationsdokument der High Level Group of Company Lax Experts in ZIP 2002, 1310, 1318.

[475] Zur Ermittlung des Finanzierungsbetrages, vgl. Unger, Unterkapitalisierung in Belgien und Frankreich, S. 71; Herrring, RIW 1998, 840, 840.

[476] Unger, Unterkapitalsierung in Belgien und Frankreich, S. 68; Herring, RIW 1998, 840, 842.

Erst eine solche Pflicht, finanzplanerisch tätig zu werden, könnte zur Solidität und Seriosität von Unternehmen beitragen. Obwohl das belgische Finanzplanmodell hinsichtlich der Seriositätsfunktion im Vergleich zum rein stammkapitalbasierten System Vorzüge aufweist, ist es jedoch der Schwierigkeit zur Bestimmung des angemessenen Kapitalbedarfs ausgesetzt[477].
Darüber hinaus beruht der Finanzplan ausschließlich auf subjektiven Einschätzungen der Gesellschafter, sodass er keine objektiven Kriterien zur Bestimmung des Geschäftsrisikos liefern kann. Erforderlich wäre zudem eine Pflicht, das einmal eingebrachte „angemessene Stammkapital" im laufenden Geschäftsbetrieb, also über den Gründungszeitpunkt hinaus, zu erhalten[478]. Ansonsten ließe sich die Kapitalausstattungspflicht leicht umgehen und wäre daher faktisch wirkungslos[479].

b. Schutz vor missbräuchlichen Gesellschaftsgründungen

Das gesetzliche Grundkapital soll den Geschäftsverkehr ferner vor missbräuchlichen Gesellschaftsgründungen schützen[480]. Dem liegt die Überlegung zu Grunde, dass missbräuchlich oder betrügerisch motivierte Gesellschaftsgründungen, aufgrund des mit der Einlagepflicht verbundenen Verlust- bzw. Investitionsrisikos, ausgeschlossen bzw. beschränkt werden. Bevor man „missbräuchlich" tätig werden könne, sei der „Preis" des gesetzlichen Grundkapitals aufzubringen. Damit soll das gesetzliche Grundkapital gewissermaßen als Hemmschwelle fungieren.
Allerdings vermag das kapitalbasierte System auch in dieser Hinsicht keine ernsthafte Protektionswirkung zu erzeugen. Aufgrund der geringen Höhe und des damit verbundenen geringen Verlustrisikos ist es kaum geeignet, missbräuchliche Gründungen ernsthaft zu vereiteln. Zudem erzeugt das gesetzliche Grundkapital einen Schein an Solidität und Seriosität der am Wirtschaftsverkehr beteiligten Unternehmen, wodurch das Opferpotential der schutzbedürftigen Bezugspersonen mehr erhöht als vereitelt wird. Besonders unerfahrenen Gläubigern wird der Schein einer vermeintlichen Solidität, Seriosität und redlicher Geschäftsabsichten vorgespiegelt[481]. Im Vertrauen auf die redliche Teilnahme am Geschäftsverkehr verstärkt das stammkapitalbasierte System die Unachtsamkeit dieser schutzbedürftigen Bezugsgruppen und begünstigt dadurch missbräuchliche Geschäfts- und Unternehmenspraktiken.
Damit wird der bezweckte Schutz in ein Gegenteil verkehrt. Besonders schutzbedürftigen Bezugspersonen wird damit jegliche Sensibilität vor betrügerischen

---

[477] Siehe hierzu 2. Kapitel, S. 87.
[478] Dies würde jedoch auf eine Deckungs- bzw. Nachschusspflicht hinauslaufen und wäre mit dem Grundsatz der beschränkten Haftung nicht zu vereinbaren.
[479] Ein weitergehendes Problem in diesem Zusammenhang ist die Möglichkeit der Gesellschafter, den Finanzplan im Fall einer Durchgriffshaftung als Instrument der Rechtfertigung heranziehen zu können, vgl. hierzu Herring, RIW 1998, 840, 842. Im Übrigen können manipulatorische und zu optimistisch angesetzte Entwicklungstendenzen nicht verhindert werden.
[480] Fleischer, DStR 200, 1015, 1020; Merkt in VGR, Gesellschaftsrecht in der Diskussion 1999, VGR Bd. 2 (2000), 111, 138.
[481] So auch Klose-Mokroß, S. 64; Escher-Weingart, S. 127.

Handlungen genommen[482]. Statt sie zur Eigeninitiative und erhöhter Vorsicht anzuregen, werden sie in ihrem Glauben an die Seriosität und Solidität der Unternehmen bestärkt. Bei einem Verzicht auf das gesetzliche Grundkapital würde ein solcher Soliditäts- und Seriositätsschein erst gar nicht erzeugt, wodurch die Gläubiger von vornherein sensibilisiert würden.
In diesem Zusammenhang wären Regelungen, wonach betrügerisch oder missbräuchlich motivierte Gesellschaftsgründungen von Anfang an die persönliche Haftung der Gesellschafter auslösten, wesentlich effektiver[483] und zugleich gründungsfreundlicher[484].
Dadurch würde den Gesellschaftsgründern der Deckmantel des Haftungsprivilegs und damit der Anreiz für missbräuchlich motivierte Gesellschaftsgründungen von Anfang an entzogen, da sie qua Gesetz auf das Privileg nicht vertrauen könnten. Der noch verbleibende Anreiz für missbräuchlich motivierte Unternehmensgründungen würde sich auf den Versuch beschränken, den zu missbilligenden Zweck zu verschleiern[485].
Schließlich ist zu berücksichtigen, dass die Gründung von Unternehmen und die Teilnahme am Geschäftsverkehr vorwiegend redlich motiviert sind, sodass ein deliktischer und strafrechtlicher Schutz völlig ausreichend erscheint. Missbräuchlich motivierten Unternehmensgründungen könnte auch ohne die Existenz des gesetzlichen Grundkapitals effektiv und ökonomisch vertretbar vorgebeugt werden.

Das gesetzliche Grundkapital vermag daher auch als Seriositäts- und Soliditätsschwelle nicht zu überzeugen[486].

---

[482] Erfahrene und vorsichtige Gläubiger werden ohnehin nicht auf das gesetzliche Kapital vertrauen und sich daher individualvertraglich absichern bzw. erst nach einer sorgfältigen Abwägung des Forderungsausfallrisikos rechtsgeschäftlich tätig werden.

[483] Eine solche Regelung wäre auch mit dem Haftungsprivileg zu vereinbaren. Diejenigen, die das Haftungsprivileg zu missbräuchlichen oder betrügerischen Gesellschaftsgründungen zweckentfremden, sollen auf dieses Privileg nicht vertrauen können.

[484] Die Aufbringung des gesetzlich vorgeschriebenen Grundkapitals kann für redliche Gesellschaftsgründungen eine ernsthafte Gründungshürde darstellen.

[485] Obwohl vermögenslose Personen auf die persönliche Haftung weniger sensibel reagieren könnten, würde die Tatsache, den Gläubigern persönlich ausgesetzt zu sein, eine abschreckende Wirkung erzeugen.

[486] So auch Blaurock, FS Raiser (2005), S. 3, 14; Grunewald/Noack, GmbHR 2005, 189, 190; Merkt, ZGR 2004, 305, 317 ff.; Schön, ZHR 166 (2002), 1, 3; Mülbert/Birke, EBOR 3 (2002), 695, 717; Stellungnahme der Group of German Experts on Corporate Law zum Konsultationsdokument der High Level Group of Company Law Experts in ZIP 2002, 1310, 1318; Schön, Der Konzern 2004, 162, 165; Bauer, S. 137; Halbhuber, S. 150, 156.

5. Das Grundkapital als Konstruktionselement[487]

Das Grundkapital wird ferner als das notwendige Konstruktionselement der Kapitalgesellschaften betrachtet[488], da das abgespaltete Sondervermögen die juristische Grundlage solcher Gesellschaftsformen bilde[489]. Zudem seien Kapitalgesellschaften ohne das Grundkapital der wirtschaftlich selbstständigen Handlungsfähigkeit beraubt[490]. Das Grundkapital bilde daher das Fundament, welches ihnen das wirtschaftliche Handeln im Rechtsverkehr ermögliche[491].

Stellungnahme

Soweit dem gesetzlichen Grundkapital eine Konstruktionsfunktion beigemessen wird, steht diese in keinem Zusammenhang mit dem gesetzlichen Grundkapital. Kapitalgesellschaften des angloamerikanischen Rechtskreises existieren auch ohne ein gesetzliches Grundkapital und haben sich in der dortigen Rechts- und Wirtschaftspraxis bewährt. Das entscheidende Konstruktionsmerkmal ist in diesem Zusammenhang nicht das gesetzliche Grundkapital, sondern das Prinzip der Vermögensbindung und damit die strenge rechtliche Trennung von Gesellschafts- und Gesellschaftervermögen. Ausschließlich die rechtliche Selbstständigkeit ermöglicht der Kapitalgesellschaft die Teilnahme am Rechtsverkehr, ohne dass es dabei auf die Existenz eines Grundkapitals ankommt.

Auch unter dem Gesichtspunkt der wirtschaftlichen Handlungsfähigkeit ist das gesetzliche Grundkapital von geringer Bedeutung. Nicht das gesetzliche Grundkapital, sondern die Existenz eines Gesellschaftsvermögens ermöglicht die Teilnahme der Gesellschaft am Wirtschaftsverkehr. Diese Funktion lässt sich jedoch mit einem statuarischen Kapital gleichermaßen realisieren[492].

Außerdem lässt das gesetzliche Grundkapital regelmäßig keinen zuverlässigen Rückschluss auf die Kreditwürdigkeit eines Unternehmens zu. Geschäftsverbindungen

---

[487] Daneben kommt dem gesetzlichen Grundkapital die Funktion der Verteilungsbestimmung im Hinblick auf die Stimm- und Gewinnrechte zu, vgl. Lutter, Kapital, Sicherung der Kapitalaufbringung und Kapitalerhaltung in den Aktien- und GmbH-Rechten der EWG, S. 40. Ferner wird dem gesetzlichen Grundkapital eine Kontroll- und Warnfunktion beigemessen, vgl. Lutter, AG 1998, 375, 376; Bauer, S. 118; Escher-Weingart, S. 238; Stellungnahme der Group of German Experts on Corporate Law zum Konsultationsdokument der High Level Group of Company Lax Experts in ZIP 2002, 1310, 1317.

[488] Lutter, Kapital, Sicherung der Kapitalaufbringung und Kapitalerhaltung in den Aktien- und GmbH-Rechten der EWG, S. 51; Kronstein, S. 69, 70; Flume, § 8 IV 2 a, S. 286; Bödecker, S. 7.

[489] Lutter, Kapital, Sicherung der Kapitalaufbringung und Kapitalerhaltung in den Aktien- und GmbH-Rechten der EWG, S. 50; Kronstein, Die abhängige juristische Person, S. 70.

[490] Eidenmüller/Engert, AG 2005, 97, 104; Michalski-Zeidler, GmbHG § 5 Rn. 1.

[491] Michalski-Zeidler, GmbHG § 5 Rn. 1.

[492] So auch Blaurock, FS Raiser (2005), S. 3, 15. Auch die dem gesetzlichen Grundkapital nachgesagte Lebenserhaltungsfunktion, andernfalls müsse besonders in der Startphase ständig geprüft werden, ob sich die Gesellschaft nicht in der Überschuldung befinde, lässt sich ebenfalls mit dem statuarischen Kapital realisieren.

und die Vergabe von Finanzmittel werden daher meist von persönlichen Sicherheiten der Gesellschafter oder anderweitiger Sicherungsmittel abhängig gemacht werden[493]. Im kontinentaleuropäisch geprägten Kapitalschutz kommt dem gesetzlichen Grundkapital jedoch die Bedeutung eines formellen Konstruktionselements zu. Systembedingt können Kapitalgesellschaften ohne das gesetzliche Grundkapital und dessen realer Zuführung zum Gesellschaftsvermögen nicht errichtet werden, da die Aufbringung und reale Zuführung des gesetzlichen Grundkapitals eine zwingende Registrierungsvoraussetzung darstellt, welcher wiederum eine konstitutive Wirkung zukommt.

Mit Ausnahme dieses formellen Konstruktionselementes, das sich auf den Kreis der kontinentaleuropäischen Rechtsordnungen beschränkt, ist das gesetzliche Grundkapital als Existenz- bzw. Konstruktionselement der Kapitalgesellschaften ohne Bedeutung.

6. Die Finanzierungs- und Liquiditätsfunktion

Weiterhin wird dem gesetzlichen Grundkapital eine Finanzierungs- und Liquiditätsfunktion nachgesagt. Als Rechengröße wird das Grundkapital auf der Passivseite der Bilanz ausgewiesen und vor Rückflüssen an die Gesellschafter geschützt, sodass es der Gesellschaft als frei verfügbares Betriebskapital zur Verfügung steht[494]. Mit dem eingebrachten Grundkapital könne die Gesellschaft daher uneingeschränkt wirtschaften, ohne auf Fremdmittel angewiesen zu sein.

Neben dieser unmittelbaren Finanzierungsfunktion wird das Grundkapital zudem als mittelbares Finanzierungsinstrument eingestuft[495], da es die Aufnahme von Fremdkapital ermögliche.

a. Stellungnahme

Als Finanzierungs- und Liquiditätsinstrument vermag das gesetzliche Grundkapital[496] aufgrund seiner geringen Höhe ebenfalls nicht zu überzeugen.

In diesem Zusammenhang ist insbesondere zu berücksichtigen, dass die Höhe des Grundkapitals das Maß der Gründungserschwerung negativ beeinflusst, sodass die Gesetzgeber angehalten sind, die Grundkapitalziffer möglichst gering zu halten. Je niedriger aber die Kapitalziffer ist, desto geringer ist der Finanzierungseffekt des gesetzlichen Grundkapitals. Kontinentaleuropäische Systeme schreiben zur Gründung

---

[493] Escher-Weingart, S. 127. Zur Bedeutung des gesetzlichen Grundkapitals aus Sicht der Banken, vgl. Walter, AG 1998, 370, 372.

[494] Dierksmeier/Scharbert, BB 2006, 1517, 1518; Roth/Altmeppen, GmbHG 4. Aufl., § 5 Rn. 4, 12; Lutter, AG 1998, 375, 375; ders., Kapital, Sicherung der Kapitalaufbringung und Kapitalerhaltung in den Aktien- und GmbH-Rechten der EWG, S. 51; Bauer, S. 116; Eckhold, Materielle Unterkapitalisierung, 2001, S. 14.

[495] Drygala, ZGR 2006, 587, 589, 601; Eidenmüller/Engert, AG 2005, 97, 105; Bauer, S. 117.

[496] Zur Beurteilung der Finanzierungs- und Liquiditätsfunktion ist ausschließlich auf die obligatorische Kapitalziffer abzustellen.

einer GmbH vorwiegend ein niedriges gesetzliches Grundkapital vor[497], sodass dem Finanzierungscharakter in der Theorie eine weitaus bedeutendere Rolle beigemessen wird, als es das Grundkapital in der Praxis zu leisten im Stande ist.
Darüber hinaus verzichten die meisten kontinentaleuropäischen Systeme zur Reduktion der mit dem kapitalbasierten System verbundenen Gründungshürden auf das Volleinzahlungsgebot[498], sodass zur Gründung einer GmbH nicht das volle, sondern meist nur ein Teil[499] der obligatorischen Kapitalziffer aufzubringen ist. Hierdurch wird der Finanzierungseffekt zusätzlich abgeschwächt[500].

Noch geringer ist die praktische Bedeutung des gesetzlichen Grundkapitals als mittelbares Finanzinstrument[501]. Die Gläubiger werden bei der Kredit- oder Warenmittelvergabe regelmäßig auf das gesetzliche Grundkapital nicht vertrauen können[502]. Das Grundkapital wird einerseits vor dem betriebsbedingten Verzehr gesetzlich nicht geschützt[503], andererseits vermag es keine Anhaltspunkte über das Tilgungspotential und damit über das Forderungsausfallsrisiko zu geben.

b. Indikator zur Bestimmung der Forderungsausfallrisiken

Besonders im Zeitpunkt der Forderungsentstehung setzen sich die Gläubiger einem erheblichen Forderungsausfallrisiko aus, da sie stets Gefahr laufen, nicht oder nicht in voller Höhe von den Schuldnern bedient zu werden[504].

---

[497] Im europäischen Vergleich statuiert das österreichische GmbHG mit 35.000,- € die höchste, das deutsche GmbHG mit 25.000,- € die zweithöchste gesetzliche Grundkapitalziffer. Ein Überblick findet sich bei Frank/Wachter, GmbHR 2002, 17, 18 ff..

[498] Die in Deutschland im Jahre 1940 geplante Einführung des Volleinzahlungbebots blieb bis heute aus.

[499] Die Höhe variiert zwischen 30 % und 50 %. Einige Rechtsordnungen sehen auch eine Volleinzahlung vor. Ein Überblick findet sich bei Frank/Wachter, GmbHR 2002, 17, 18 ff..

[500] Sacheinlagen können ohnehin nur als Sicherungsmittel und damit lediglich als mittelbares Finanzierungsinstrument dienen.

[501] Das gesetzliche Grundkapital soll zur Sicherung von Krediten dienen und damit die Aufnahme von Fremdkapital ermöglichen, vgl. hierzu Bauer, S. 117; Klose-Morkoß, S. 65; Adams, S. 40, 41.

[502] Walter, AG 1998, 370, 371; Schuster, AG 1998, 379, 380.

[503] Durch sog. Financial Covenants können Gläubiger auf den geschäftsbedingten Vermögensverzehr Einfluss nehmen. Allerdings handelt es sich hierbei um rein privatautonome Sicherungsmaßnahmen, vgl. hierzu 4. Kapitel, S. 198 ff..

[504] Das Gläubigerrisiko besteht regelmäßig zum Zeitpunkt der Forderungsentstehung und zum Zeitpunkt der Fälligkeit. Zum Fälligkeitszeitpunkt laufen die Gläubiger regelmäßig Gefahr, mit einem vollständigen oder partiellen Forderungsausfall konfrontiert zu werden. Zum Zeitpunkt der Forderungsentstehung tragen die Gläubiger das Nichterfüllungs-, Entwertungs- und Bewertungsrisiko. Unter dem Nichterfüllungsrisiko versteht man das Risiko der Gläubiger, dass der Schuldner zum Zeitpunkt der Fälligkeit nicht in der Lage sein wird, die Leistung zu erbringen. Unter dem Entwertungsrisko versteht man das Risiko der Gläubiger, dass der Schuldner durch forderungsentwertendes Handeln, wie bspw. die eingebrachten Einlagen wieder abzuziehen, das Nichterfüllungsrisko einseitig erhöht. Unter dem Bewertungsrisiko der Gläubiger versteht man schließlich das Risiko, das künftige Nichterfüllungsrisiko unrichtig einzuschätzen, vgl. hierzu Mülbert, Der Konzern 2004, 151, 153.

In diesem Zusammenhang wird die Eigenkapitalhöhe häufig mit dem Tilgungspotential der Unternehmen in Verbindung gebracht. Je höher die Eigenkapitalausstattung eines Unternehmens sei, desto geringer wäre die Ausfallgefahr der Gläubiger, da das Unternehmen eher im Stande wäre, unerwartet negative Entwicklungen der Gesellschaft aufzufangen[505].
Hierzu müsste das Gesetz allerdings sicherstellen, dass das Unternehmen mit einem am Geschäftszweck und -umfang entsprechenden Kapital ausgestattet wird[506]. Das Gesetz müsste ferner Gewähr dafür bieten, dass die Unternehmen über die Gründungsphase hinaus und demnach für die gesamte Dauer ihres Bestehens mit einer angemessenen Kapitaldecke ausgestattet sind[507]. Würde sich die Pflicht zur Ausstattung mit einer angemessenen Kapitalstruktur lediglich auf den Gründungszeitpunkt beschränken, wäre sie leicht umgehbar und daher wirkungslos[508].
Indes stößt bereits die normative Bestimmung, wann ein Unternehmen über hinreichende Eigenkapitalmittel verfügt, auf unüberwindbare Schwierigkeiten.

(1) Bestimmung der „angemessenen" Kapitalausstattung

Trotz zahlreicher finanztheoretischer Ansätze ist es der Betriebswirtschaftslehre nicht gelungen, objektivierbare Kriterien zur Ermittlung des angemessenen Kapitalbedarfs eines Unternehmens aufzustellen[509].
Ausnahmslos sehen sich die finanztheoretischen Ansätze dem Vorwurf ausgesetzt, dass der konkrete Kapitalbedarf eines Unternehmens von einer Vielzahl an Faktoren[510]

---

505 Eidenmüller/Engert, AG 2005, 97, 105; Mülbert, Der Konzern 2004, 151, 154; Walter, AG 1998, 370, 370; Klose-Morkoß, S. 64. Hierbei ist ausschließlich die Eigenkapitalquote von Bedeutung, vgl. Walter, AG 1998, 370, 370, 371.

506 Klose-Morkoß, S. 65.

507 Lutter/Bayer in Lutter/Hommelhoff, GmbHG, 16. Aufl. 2004, § 5 Rn. 5.

508 Bauer, S. 128. Ein Pflicht zur dauerhaften Erhaltung einer angemessenen Eigenkapitalquote würde allerdings einer Verlustdeckungspflicht gleichkommen, die mit dem Haftungsprivilg nicht zu vereinbaren wäre, so auch Bauer, S. 128; Bitz/Hemmerde/Rausch, S. 162; Escher-Weingart, S. 121, 126; ähnlich Lutter, Kapital, Sicherung der Kapitalaufbringung und Kapitalerhaltung in den Aktien- und GmbH-Rechten der EWG, S. 51.

509 Eidenmüller/Grunewald/Noack, in Lutter: Das Kapital der Aktiengesellschaft in Europa, ZGR-Sonderheft 17 2006, 17, 27; Lutter, in Lutter: Das Kapital der Aktiengesellschaft in Europa, ZGR-Sonderheft 17 2006, 1, 7; Blaurock, FS Raiser (2005), S. 3, 9; Gehb/Drange/Heckelmann, NZG 2006, 88, 92; Schön, Der Konzern 2004, 162, 165; Merkt, ZGR 2004, 305, 311; Michalski-Fleischer, GmbHG Syst. Darst. 6 Rn. 86; Eckhold, Materielle Unterkapitalisierung, 2001, S. 25; Fleischer, ZGR 2001, 1, 11; Frank/Wachter, GmbHR 2002, 17, 21; Lutter, AG 1998, 375, 375; Lehmann, ZGR 1986, 345, 350; Priester, FS 100 Jahre GmbHG, S. 159, 160; Hachenburg-Ulmer, GmbHG 8. Aufl. Anh. § 30 Rn. 6; Baldamus, S. 82; Bauer, S. 119 ff.. Zum *finanztheoretischen Ansatz* vgl. Escher-Weingart, S. 239 (Fn. 25); Büschgen, GmbHR 1974, 25, 31 ff.; ders., GmbHR 1974, 49, 51 (Thesen Nr. 5, 7, 8, 9). Ein juristischer Lösungsansatz findet sich bei Escher-Weingart, S. 249 ff.. Trotz des Vorwurfs der Ungenauigkeit und Unbestimmbarkeit wird eine pauschale Eigenkapitalquote von 5 % für angemessen gehalten. Kritisch gegenüber diesem Einwand, Wilhelmi, GmbHR 2006, 13, 20.

510 Hierzu zählen u.a. die Art und der Umfang der betriebenen Geschäfte, der konkrete Gesellschaftsgegenstand, die Rechtsform, die Branchenzugehörigkeit, der Gesellschaftszweck, etc., vgl.

beeinflusst wird, weshalb sich eine „angemessene“ Kapitalziffer durch eine generelle Regel nicht bestimmen lässt. Damit die finanztheoretischen Ansätze überhaupt einen Beitrag zur Ermittlung einer angemessenen Kapitalstruktur leisten können, müsste ihnen ein hoher Grad an Allgemeingültigkeit zukommen, was naturgemäß unmöglich ist[511]. Allgemeine Finanzierungsregeln zur Ermittlung der angemessenen Kapitalstruktur sind daher empirisch nicht begründbar[512]. Die zahlreichen Kennzahlen, die sich in der Finanztheorie herausgebildet haben, können nicht mehr als unverbindliche Finanzierungsregeln verstanden werden[513].

Aufgrund dieses empirischen Unvermögens, operable Finanzierungsregeln aufzustellen, ist eine gesetzliche Pflicht zur Aufbringung und Erhaltung eines angemessenen Kapitals daher praktisch undurchführbar und mit dem Gebot der Rechtssicherheit nicht zu vereinbaren[514].

Statt vager Generalklauseln erfordert das Gebot der Rechtssicherheit eine konkret formulierte Eigenkapitalrelation, die sich nach intersubjektiv nachprüfbaren Regeln ex ante errechnen lässt[515]. Die wirtschaftlichen Gegebenheiten der Unternehmen sind aber derart komplex, als dass eine entsprechende Formulierung des Gesetzes sachgerecht in der Praxis vollzogen werden könnte[516]. Im Übrigen würde eine gesetzliche Pflicht zur Aufbringung und Erhaltung eines angemessen Kapitalpolsters, einer Deckungs- und Nachschusspflicht und damit einer unbegrenzten Haftung gleichkommen und wäre mit dem Grundsatz der Haftungsbeschränkung[517] weder wirtschaftspolitisch noch rechtsökonomisch zu rechtfertigen.

Bitz/Hemmerde/Rausch, S. 146; Escher-Weingart, S. 249; Hachenburg-Ulmer, GmbHG 8. Aufl., Anh. § 30 Rn. 15; allgemeiner Noack, DB 2006, 1475, 1476.

[511] Bitz/Hemmerde/Rausch, S. 86, 147; Büschgen, GmbHR 1974, 49, 51 (These Nr. 5).

[512] Schön, Der Konzern 2004, 162, 165; Bitz/Hemmerde/Rausch, S. 163; Büschgen, GmbHR 1974, 49, 51 (These Nr. 5); Karsten Schmidt, JZ 1984, 771, 777; allgemeiner Micheler, ZGR 2004, 324, 333. Zu den einzelnen Versuchen der europäischen Gesetzgeber, die Gesellschaften mit einem „wirtschaftlich erforderlichen Kapital“ auszustatten, vgl. Lutter, FS Riesenfeld (1983), S. 165, 175 ff..

[513] Michalski-Fleischer, GmbHG Syst. Darst. 6 Rn. 86; Fleischer, ZGR 2001, 1, 11; Karsten Schmidt, JZ 1984, 771, 777. Der *kapitaltheoretische Ansatz* ist, da er lediglich auf die Optimierung der Eigenkapitalrendite abstellt, ohnehin für den Gläubigerschutz sehr eingeschränkt brauchbar, vgl. Bitz/Hemmerde/Rausch, S. 150 ff.; Bauer, S. 120 ff. *Bilanzorientierte Ansätze* können den Gläubigern zur Ermittlung ihres Forderungsausfallrisikos eine Orientierungsgrösse sein. Zur Bestimmung einer angemessenen Kapitalstruktur sind sie allerdings ungeeignet, vgl. Bitz/Hemmerde/Rausch, S. 152 ff.; Bauer, S. 121 ff.. Die Eigenkapitalvorschriften des Finanzdienstleistungsgewerbes (§ 10 KWG, §§ 8, 115 VAG und § 2 KGAA), die aus Gründen des Vertrauensschutzes der Öffentlichkeit die Bereitstellung eines angemessenen Haftkapitals vorschreiben, können nicht auf das allgemeine Kapitalgesellschaftsrecht übertragen werden, da sie sich in anderen Wirtschaftsbereichen nicht verwirklichen lassen, vgl. hierzu Bauer, S. 127. Wegen des starken bürokratischen Aufwands hätten diese Eigenkapitalvorschriften zudem eine Beschränkung der unternehmerischen Initiative zur Folge, vgl. Kübler, WM 1990, 1853, 1855.

[514] BGHZ 31, 258, 268; Hachenburg-Ulmer, GmbHG 8. Aufl. Anh. § 30 Rn. 50; Bitz/Hemmerde/Rausch, S. 161.

[515] Bitz/Hemmerde/Rausch, S. 161.

[516] Lutter, FS Riesenfeld (1983), S. 165, 169.

[517] So auch Jungmann, ZGR 2006, 638, 643; Bauer, S. 128; Bitz/Hemmerde/Rausch, S. 162; Hachenburg-Ulmer, GmbHG, 8. Aufl. Anh. § 30 Rn. 10, 50; Escher-Weingart, S. 126; Fromm, S. 102 ff..

(2) Tauglichkeit des gesetzlichen Grundkapitals zur Beurteilung des Forderungsausfallrisikos

Neben der Problematik, den angemessenen Kapitalbedarf eines Unternehmens nicht exakt bestimmen zu können, ist das gesetzliche Grundkapital bei der Kreditvergabe ohnehin von äußerst geringer Bedeutung. Verbindlichkeiten werden regelmäßig aus den eingehenden Zahlungszuflüssen getilgt, sodass das fixe und der Höhe nach bekanntlich niedrige Grundkapital den Gläubigern keine Anhaltspunkte zur Beurteilung ihres Ausfallrisikos liefern kann.

Damit Vertragsgläubiger ihr Ausfallrisiko annähernd zuverlässig i.S.e. Prognose[518] einschätzen können, sind sie auf Informationen angewiesen, die einen Rückschluss auf das Verlustrisiko zulassen. Dabei spielt der bilanzielle Ausweis des Grundkapitals im Rahmen der Kreditvergabepraxis regelmäßig keine Rolle[519], sodass das gesetzliche Grundkapital aus Sicht der Banken unnötig ist[520]. In der Praxis sind vielmehr der cash-flow[521], die cash-flow-basierten Kennzahlen[522] und die Eigenkapitalquote[523] von Bedeutung. Der cash-flow gibt an, welchen Mittelzufluss ein Unternehmen in einer Periode aus dem Umsatzprozess erwirtschaftet hat und wie hoch der Finanzmittelüberschuss ist. Dadurch, dass Kredite nicht aus dem Eigen- bzw. dem Grundkapital, sondern aus den eingehenden Zahlungsströmen zurückgezahlt werden, ist der cash-flow die zur Bestimmung des Tilgungspotentials eines Unternehmens maßgebliche Größe[524].

Mit der Eigenkapitalquote wird das Verhältnis des Eigenkapitals zur Bilanzsumme sowie das Verhältnis des Eigenkapitals zu dem Fremdkapital beschrieben[525]. Die Eigenkapitalquote dient der Beurteilung der Kapitalkraft des Unternehmens und gibt daher ebenfalls Aufschluss über die Kreditwürdigkeit eines Unternehmens[526].

Insgesamt haben sich in der Kreditvergabepraxis die Eigenkapitalquote und der cash-flow als zuverlässig erwiesen[527]. Im Ergebnis ist das gesetzliche Grundkapital zur

---

[518] Eine sichere Prognose über das Forderungsausfallrisiko lässt sich ohnehin nicht treffen, da die wirtschaftliche Entwicklung und damit die Fähigkeit der Gesellschaft ihre Verbindlichkeiten zu tilgen von einer Vielzahl von Faktoren abhängt, deren Wirkungszusammenhänge gleichzeitig zu beurteilen unmöglich ist, vgl. Bayer, AG 1998, 370, 370.

[519] Eidenmüller/Engert, AG 2005, 97, 105, 106; Bezzenberger, Das Kapital der Aktiengesellschaft, S. 30 ff., 70; Baldamus, S. 83; Halbhuber, S. 151 (Fn. 17); Walter, AG 1998, 370, 370, 371; ähnlich Kleindiek, ZGR 2006, 335, 340; Böckmann, Gläubigerschutz bei GmbH und close corporation, S. 148.

[520] Baldamus, S. 83; Walter, AG 1998, 370, 372.

[521] Mankowski, in Lutter: Das Kapital der Aktiengesellschaft in Europa, ZGR-Sonderheft 17 2006, 488, 504; Eidenmüller, FS Heldrich, 2005, S. 581, 593.

[522] Hellermann, S. 184.

[523] So auch Sandrock in Sandrock/Wetzler: Deutsches Gesellschaftsrecht im Wettbewerb der Rechtsordnungen, S. 65; Carstensen/Leibfried, GmbHR 2004, 864, 866; Walter, AG 1998, 370, 371.

[524] Hellermann, S. 183, 184; Halbhuber, S. 151 (Fn. 17); Diskussionsbeitrag von Walter, wiedergegeben von Schneider, AG 1998, 373, 374.

[525] Walter, AG 1998, 370, 370.

[526] Zur Gefahr der isolierten Betrachtung der Eigenkapitalqoute, vgl. Hellermann, S. 168 ff..

[527] Das Forderungsausfallrisiko lässt sich selbst mit diesen bilanziellen Kennzahlen, die sich in der Praxis bewährt haben, nicht völlig ausschließen, da das Ausfallrisiko regelmäßig von dem leistungs- bzw. ertragswirtschaftlichen Risiko eines Unternehmens und der konjunkturellen Entwicklung be-

Beurteilung der Ausfallgefahr mit der Ausnahme, dass das Eigenkapital und damit auch die Eigenkapitalquote in Höhe der obligatorischen Grundkapitalziffer - allerdings nur geringfügig - positiv beeinflusst werden, nahezu bedeutungslos.

II. Fazit

Summarisch betrachtet, vermag das stammkapitalbasierte Kapitalschutzsystem die ihm zugedachten Funktionen nur unzureichend zu erfüllen[528]. Dabei erweist sich die reflexiv erzeugte Betriebskapitalfunktion als die größte Schwachstelle des Systems, sodass die Gläubiger dem betriebsbedingten Kapitalverzehr protektionslos ausgeliefert sind. Neben der mangelnden Effizienz sieht sich das System besonders der Kritik der Gründungserschwerung ausgesetzt, denn das gesetzliche Mindestkapital ist stets mit einem erhöhten Gründungsaufwand verbunden. Vor der Geschäftsaufnahme sind die Gründungsgesellschafter angehalten, die Finanzierung des gesetzlich vorgeschriebenen Mindestkapitals gegebenenfalls durch persönliche Sicherheiten sicherzustellen. Schlägt die Finanzierung des Mindestkapitals fehl, werden die Gründer entweder auf eine Personengesellschaftsform zurückgreifen, oder wenn ihnen das mit der Personengesellschaft verbundene Haftungsrisiko zu hoch erscheint, vom Geschäftsvorhaben gänzlich Abstand nehmen[529]. Diese, dem kapitalbasierten System anhaftende prohibitive Wirkung ist rechts- und wirtschaftspolitisch jedoch höchst unerwünscht. Zudem fällt auch das Verfahren zur Sicherung der Kapitalaufbringung negativ ins Gewicht. Unter Umgehungsschutzgesichtspunkten müssen die kapitalbasierten Systeme sicherstellen, dass das ausgewiesene Kapital dem Gesellschaftsvermögen tatsächlich zugeführt wird. Dabei bedienen sich die Systeme meist eines komplizierten Kapitalsicherungsverfahrens, mit dem ein unnötiger Kosten- und Zeitaufwand einhergeht[530]. Ferner sieht sich das kapitalbasierte System dem Vorwurf ausgesetzt, rechtsunkundigen und unerfahrenen Gläubigern die Existenz einer unantastbaren Haftungs-

---

einflusst wird. Über die künftigen Markt- und Ertragsenwicklungen kann die Bilanz jedoch keine objektiven Anhaltspunkte liefern. Die Beurteilung des Forderungsausfallrisikos ist neben der objektiven Bilanzkennzahlenermittlung daher stark von subjektiven Entscheidungen der Gläubiger geprägt.

[528] So auch Jungmann, ZGR 2006, 638, 642; Mülbert, EBOR 7 (2006), 357, 386; Kleindiek, ZGR 2006, 335, 362; Drygala, ZIP 2006, 1797, 1803; Blaurock, FS Raiser (2005), S. 3, 15; Eidenmüller/Engert, AG 2005, 97, 108; ähnlich Böckmann, Gläubigerschutz bei GmbH und close corporation, S. 186, 190.

[529] Ähnlich Eidenmüller/Grunewald/Noack, in Lutter: Das Kapital der Aktiengesellschaft in Europa, ZGR-Sonderheft 17 2006, 17, 28: „es lässt sich daher wohl nicht ausschließen, dass das Mindestkapitalerfordernis Unternehmen zu einem Verzicht auf die Wahl der Rechtsform mit beschränkter Haftung zwingt".

[530] Eidenmüller, FS Heldrich (2005), S. 581, 592; Eidenmüller/Engert, GmbHR 2005, 433, 436; Mülbert/Birke, EBOR 3 (2002), 695, 721. Für die Großunternehmen verneinend, Schuster, AG 1998, 379, 379. Für Sacheinlagen ist z.B. in Deutschland gemäß § 5 Abs. 4 S. 4 GmbHG ein Sachgründungsbericht zu fertigen und bei bestehenden Zweifeln kann das Registergericht ein Sachverständigengutachten einholen.

masse vorzuspiegeln und sie dadurch in die Irre zu leiten[531]. Im Vertrauen auf das vermeintliche Haftkapital verdrängen diese Gläubiger das potentielle Ausfallrisiko und unterlassen es, individualvertragliche Sicherheitsvorkehrungen zu treffen. Damit wird das Eigengefährdungspotential dieser Gläubigergruppen erhöht und der intendierte Schutz in ein Gegenteil verkehrt.

Damit das kapitalbasierte System die ihm zugedachte Gläubigerschutzfunktion auch nur annähernd erreichen kann, bedarf es jedoch eines strengeren Kapitalaufbringungsrechts und -erhaltungsrechts. Selbst wenn sich damit der Gläubigerschutz signifikant verbessern ließe, wäre eine solche Reform weder rechtspolitisch noch ökonomisch haltbar.

Reformmaßnahmen zu Lasten der notwendigen Flexibilität, die den unternehmerischen Handlungsspielraum unnötig und unerwünscht einengten, könnten weder einen Beitrag zur proklamierten gemeinschaftsrechtlichen Wettbewerbssteigerung leisten noch dem eingeleiteten Systemwettbewerb parieren.

Die Folge einer solchen Reform wäre ein gesellschaftsrechtlicher Attraktivitätsverlust bei äußerst fraglichem Nutzen.

Darüber hinaus sehen sich etwaige Maßnahmen im Bereich der Kapitalaufbringung und -erhaltung, wie beispielsweise die Pflicht zur Aufbringung und Erhaltung eines „angemessenen" Kapitals, einerseits starken rechtssystematischen und dogmatischen Bedenken und andererseits dem Vorwurf der unmöglichen Realisierung ausgesetzt.

Des Weiteren wird sich das Phänomen der schwachen Eigenkapitalausstattung mit dem Festhalten am tradierten kontinentaleuropäischen Kapitalschutzsystem nicht beseitigen lassen. Die Pflicht zur Ausstattung der Gesellschaft mit einer gesetzlich bestimmten Kapitalsumme beeinflusst zudem die Finanzaustattungsgepflogenheiten der Gesellschafter. Es schafft Anreize, sich bezüglich des Kapitalbedarfs ausschließlich am gesetzlich festgelegten Mindeststammkapital zu orientieren, obwohl Art und Umfang des Geschäftsbetriebes möglicherweise eine höhere Kapitalausstattung erfordern[532].

---

[531] So auch Blaurock, FS Raiser (2005), S. 3, 9, 16; Klose-Morkoß, S. 64; Escher-Weingart, S. 127; Grunewald/Noack, GmbHR 2005, 189, 190; kritischer Koegel, GmbHR 2003, 1225, 1229: „das Handelsregister lügt in einer stoischen Ruhe ein Kapital von 25.000,- € vor".

[532] So auch G. H. Roth, Festschrift Doralt (2004), S. 479, 484; Hirte, Kapitalgesellschaftsrecht, 4. Aufl., S. 216, Rn. 5.24; Wiedemann, EWiR 1993, S. 583; Frank/Wachter, GmbHR 2002, 17, 18. Mit der Erfüllung der gesetzlich auferlegten Mindestkapitalausstattung geben sich die meisten Gesellschafter zufrieden. Bundesweit begnügten sich in den 80er Jahren rund 75 % und in den 90er Jahren ca. 70 % aller existierenden GmbH´s mit dem gesetzlich vorgeschriebenen Mindeststammkapital, vgl. Fastrich, DStR 2006, 656, 657; Haas, ZIP 2006, 1373, 1382 (Fn. 134); ders., Reform des gesellschaftsrechtlichen Gläubigerschutzes, E 122; Roth/Altmeppen, GmbHG, 4. Aufl., Einl. Rn. 8; Michalski-Michalski, GmbHG, Syst. Darst. 1 Rn. 134; Hansen, GmbHR 1993, 146, 148; ders., GmbHR 1988, 15, 16. Eine Auswertung der bei den Amtsgerichten Böblingen und Reutlingen eingetragenen GmbH´s ergab, dass fast 2/3 der Unternehmen gerade über das vorgeschriebene Stammkapital von 25.000,- € und lediglich 17,84 % ein Stammkapital von bis zu 50.000,- € verfügten, vgl. Kornblum/Hampf/Naß, GmbHR 2000, 1240, 1244. Im Zeitraum von Januar 2004 bis Oktober 2004 verfügten nur 11 % der neu gegründeten GmbH´s über ein Stammkapital von mehr als 25.000,-€, vgl. Eidenmüller/Engert, AG 2005, 97, 107.

Das kapitalbasierte System erzeugt auch eine nicht unerhebliche Bremswirkung auf die Dynamik der Gläubiger- und Finanzgebermärkte[533]. Unternehmen des angloamerikanischen Rechtskreises werden aufgrund der Marktdynamik veranlasst, sich im Rahmen der Eigenkapitalausstattung am tatsächlichen Kapitalbedarf zu orientieren. Dies bestätigen die signifikant schlechten Eigenkapitalquoten der Unternehmen kapitalbasierter Systeme[534]. Unternehmen angloamerikanischer Kapitalschutzsysteme weisen hingegen durchschnittlich doppelt so hohe Eigenkapitalquoten auf[535]. Es bleibt zu hoffen, dass mit der Einführung der informationsorientierten IAS/IFRS-Rechnungslegung neue Anreize zur Verbesserung der Eigenkapitalausstattung geschaffen werden[536].

Schließlich ist neben der mangelnden Effizienz zudem die Notwendigkeit des kapitalbasierten Systems fragwürdig. Eine liberale Wirtschaftsordnung ist durch die Selbstständigkeit und Mündigkeit der am Wirtschaftleben teilnehmenden Subjekte geprägt. Einer gesetzlichen Protektion der am Wirtschaftsleben Beteiligten bedarf es, wenn sich die beteiligten Wirtschaftssubjekte nicht durch Eigenschutz hinreichend absichern können. Den Gläubigern einer GmbH ist das Haftungsprivileg der Gesellschafter und die damit verbundene Ausfallgefahr regelmäßig bekannt. Aus diesem Grund können

---

[533] Ausfallrisiken beeinflussen die Vergabe von Fremdfinanzmitteln. Auf den Finanz- und Warenkreditmärkten wird die Kreditvergabe daher stets von der Höhe der Eigenkapitalausstattung abhängen. Gesellschafter, die nur bereit sind die Gesellschaft mit keinem oder lediglich einem geringen Kapital auszustatten, müssen sich darauf einstellen, dass der geschäftliche Kontakt oder die Vergabe von Kreditmitteln entweder überhaupt nicht zustande kommt oder ausschließlich von Sicherungsmittel abhängig gemacht wird. Von diesem Wettbewerbsdruck, der meist nur von starkpositionierten Gläubigern erzeugt wird, würden gleichermaßen auch schwachpositionierte Gläubiger profitieren, da ihnen diese, durch den Marktmechanismus verbesserte Kapitalausstattung, reflexartig zugute käme. Starkpositionierte Gläubiger würden gewissermaßen die Aufgabe eines Sachwalters gegenüber den schwachpositionierten Gläubigern einnehmen, vgl. Merkt, ZGR 2004, 305, 313. Dieses Marktpotential wird durch das gesetzlich fixierte Mindestkapital jedoch gehemmt.

[534] Ein weiterer Grund für die schwache Eigenkapitalausstattung deutscher Unternehmen sind die fehlenden steuerlichen Anreize, vgl. K. Schmidt, Gesellschaftsrecht, 4. Aufl. § 18 II 4, S. 523. Zur schwachen Kapitalausstattung, vgl. Lutter, FS 100 Jahre GmbHG, S. 49, 72; Döser, Freundesgabe Kübler 1997, 391, 403; Kübler/R. H. Schmidt, Gesellschaftsrecht und Konzentration, S. 115, 119 ff.; Hansen, GmbHR 1996, 327, 330; ders., GmbHR 1988, 15, 17.

[535] Die Eigenkapitalqoute deutscher Unternehmen sank von durchschnittlich 30 % im Jahre 1967 auf 11,7 % im Jahre 2000 ab, vgl. hierzu DAI-Factbook, 2003, 04-1-a. Ende der 80er Jahre wiesen deutsche Unternehmen eine Eigenkapitalquote von 19,1 % und französische Unternehmen eine Eigenkapitalqoute von 30 % auf (die wesentlich höhere Eigenkapitalquote französischer Unternehmen ist auf die verbreitete Rechtsform der AG zurückzuführen). Im Vergleich dazu wiesen englische Unternehmen eine durschnittliche Eigenkapitalquote von 49, 5 % und amerikanische Unternehmen eine durchschnittliche Eigenkapitalqoute von 56,9 % auf, vgl. hierzu DAI-Factbook 2003, 04-2. Vgl. hierzu auch v. Boehm-Bezing, S. 67. Zu beachten ist jedoch, dass es sich hierbei um Querschnittsuntersuchungen handelt, in der die Eigenkapitalquoten der Kapitalgesellschaften zusammengefasst wurden und nicht zwischen der AG und der GmbH differenziert wurde. Aktiengesellschaften sind jedoch aufgrund der Kapitalmärkte grundsätzlich angehalten, höhere Eigenkapitalquoten sicher zu stellen.

[536] Gemeint sind hiermit tatsächliche Kapitalverbesserungen, die nicht allein auf den Umstand der Umstellung auf die IAS/IFRS-Rechnungslegung zurückzuführen sind.

sich die Beteiligten zahlreicher individualvertraglicher Sicherungsmaßnahmen bedienen.

C. Angloamerikanisches versus kontinentaleuropäisches Kapitalschutzsystem

Im Vergleich zur angloamerikanischen Rechtstradition ist das Gläubigerschutzpotential des kontinentaleuropäischen Systems lediglich geringwertig höher zu bewerten. Mit Ausnahme der schwachen Seriositätsfunktion vermag das kapitalbasierte System als Gläubigerschutzinstrument ansonsten nicht zu überzeugen. Hierfür bedient sich der kontinentaleuropäisch geprägte Kapitalschutz eines rigiden Systems, das die Gründung von Unternehmen unnötig erschwert.
Im angloamerikanischen System sind die Gläubiger größtenteils auf Eigensicherungsmaßnahmen angewiesen, sodass sie auf Forderungsausfallrisiken wesentlich sensibler reagieren. Privatautonome Sicherungsmaßnahmen sind zudem effizient und individuell gestaltbar. Das kontinentaleuropäische System hingegen spiegelt den Schein einer vermeintlichen Haftungsmasse vor, der die unerfahrenen und rechtsunkundigen Gläubiger zum Unterlassen von eigeninitiierten Sicherungsmaßnahmen verleitet. Systembedingt, wenngleich unerwünscht, erlangt dadurch der in dem kontinentaleuropäischen Kapitalschutz intendierte Gläubigerschutz einen kontraproduktiven Nebeneffekt.
Ein weiterer Negativeffekt, der mit dem kontinentaleuropäischen Kapitalschutzsystem einhergeht, ist das Phänomen der starken Unterkapitalisierung der Gesellschaften.
Im Ergebnis lässt sich in beiden Systemen ein wirksamer Gläubigerschutz nur durch entsprechende privatautonome Sicherungsmaßnahmen erreichen, weshalb das Prinzip des gesetzlichen Grundkapitals verzichtbar erscheint.

D. Der kontinentaleuropäische Kapitalschutz im europäischen Panorama

I. Deutschland

Das deutsche Kapitalgesellschaftsrecht ist traditionell kontinentaleuropäisch geprägt[537]. Besonders bei der GmbH, der Gesellschaftsform „made in Germany“, die auch als geistiges Kind der deutschen Rechtswissenschaft des ausgehenden 19. Jahrhunderts bezeichnet wird und den erfolgreichsten gesellschaftsrechtlichen Exportartikel Deutschlands verkörpert[538], wurde das Institut des Garantiekapitals seit ihrem Bestehen zu Grunde gelegt. Die Kombination personalistischer und kapitalistischer Strukturelemente räumte dieser Gesellschaftsform zu Recht eine einzigartige Stellung im internationalen Rechts- und Geschäftsverkehr ein, da sie den wirtschaftlichen und unternehmerischen Bedürfnissen besonders gerecht wird. Seit dem Inkrafttreten im

---

[537] Vgl. § 5 GmbHG und § 7 AktG.
[538] Lutter, FS 100 Jahre GmbHG, S. 49, 51.

Jahre 1892 ist das GmbHG im Kern, insbesondere das stammkapitalbasierte Prinzip, unverändert geblieben.
Die bedeutende Stellung der GmbH und die herausragende Arbeit des Gesetzgebers, die in der über 100-jährigen Kontinuität zu Ausdruck kommt, prägten lange Zeit den Meinungsstand zum Institut des gesetzlichen Grundkapitals in Deutschland.
Wiedemann charakterisierte das Institut des Garantiekapitals als eine „Kulturleistung ersten Ranges“[539] und auch in der Literatur stand man lange Zeit trotz offenkundiger Systemschwächen dem gesetzlichen Grundkapital überwiegend positiv gegenüber[540].
Inspiriert von der angloamerikanischen Rechtstradition und bedrängt vom Systemwettbewerb der europäischen Regelgeber scheint die Überzeugungskraft des kapitalbasierten Systems in der deutschen Literatur allmählich zu schwinden und sich eine zunehmend kritische Haltung zu bilden[541].
Trotz der beachtlichen Zunahme an kritischen Stimmen[542] besteht jedoch noch eine nicht unerhebliche Anzahl an Vertretern[543], die am kapitalbasierten System festhalten.

---

[539] Wiedemann, Gesellschaftsrecht Band I, 1980, S. 557; kritisch Roth/Altmeppen, GmbHG 4. Aufl., Einl. Rn. 24; Mülbert, Der Konzern 2004, 151, 152; Schön, Der Konzern 2004, 162, 164; Kirchner, AG 1985, 124, 135.

[540] Lutter, AG 1998, 375 ff.: „das Grundkapital ist besser als nichts“; Wiedemann, Gesellschaftsrecht Band I, 1980, S. 557: „es liegt auf der Hand, dass die Institution des Garantikapitals die Verfügungsbefugnis über das Betriebsvermögen nicht einschränkt und das Entstehen von Verlusten nicht verhindern kann“; Stellungnahme der Group of German Experts on Corporate Law zum Konsultationsdokument der High Level Group of Company Lax Experts, ZIP 2002, 1310, 1316: „geraume Zeit nach der Gründung hat die Kapitalziffer nur eine historische Bedeutung“; Stellungnahme der deutschen Arbeitsgruppe Europäisches Gesellschaftsrecht (Group of German Experts on Corporate Law) zum Bericht der HLG in ZIP 2003, 863, 872: „an der bisherigen Rechtsordnung ist festzuhalten, wenn sie trotz gewisser Schwächen keine wesentlichen Nachteile mit sich bringt“; Micheler, ZGR 2004, 324, 333: „die deutsche Rechtswissenschaft gibt sich mit der Annahme zufrieden, dass irgendein Puffer wohl besser ist als keiner“.

[541] Vgl. Kübler, Aktie, Unternehmensfinanzierung und Kapitalmarkt, 1989, S. 59 ff.; ders., WM 1990, 1853, 1855 ff.; ders., FS Zöllner, 1999, S. 321, 330; ders., ZHR 159 (1995), 550; ders., ZGR 2000, 550, 556; Bauer, S. 331 ff..

[542] Blaurock, FS Raiser (2005), S. 3 ff.; Barta, GmbHR 2005, 657, 662; Grunewald/Noack, GmbHR 2005, 189, 190 ff.; Merkt, ZGR 2004, 305, 317; Schall/Westhoff, GmbHR 2004, R 381; Mülbert, Der Konzern 2004, 151, 161, 162; Sandrock in Sandrock/Wetzler: Deutsches Gesellschaftsrecht im Wettbewerb der Rechtsordnungen, S. 60, 64 ff., 99; ders., BB 2003, 2588, 2589; Grundmann, Europäisches Gesellschaftsrecht, Rn. 318, 320 ff.; Eidenmüller/Rehm, ZGR 2004, 159, 186; Eidenmüller, JZ 2004, 24, 28; ders., JZ 2003, 526, 529; Mülbert/Birke, EBOR 3 (2002), 695, 731; Schön, Der Konzern 2004, 162, 166; ders., ZGR 2000, 705, 728; wohl auch Micheler, ZGR 2004, 324, 347; *differenzierend* Borges, ZIP 2004, 733, 735; Meilicke, GmbHR 2003, 793, 808; ders., GmbHR 2003, 1271, 1273; Halbhuber, S. 158; ders., CMLR 38 (2001), 1385, 1417 ff.; Kulms, ZVglRWiss 102 (2003), 272, 285; Grundmann, ZGR 2001, 783, 816 ff.; Roth, Altmeppen, GmbHG 4. Aufl. Einl. Rn. 24; Bachmann, ZGR 2001, 351, 363, 365, schlägt ein Optionsmodell im Hinblick auf das Grundkapital vor, bei dem die Abkehr vom Grundkapital die Offenlegungspflicht „GmbH ohne Stammkapital“ auslösen soll.

[543] Eidenmüller/Engert, GmbHR 2005, 433, 434, 437 ff.; Geyrhalter/Gänßler, NZG 2003, 409, 411, 412; Bayer, BB 2003, 2357, 2364; Stellungnahme des DAV, NZG 2003, 1008, 1013; Fleischer, DStR 2000, 1015, 1020; Fleischer-Michalski, GmbHG, Syst. Darst. 6 Rn. Rn. 88; Karsten Schmidt, Gesellschaftsrecht, 4. Aufl. S. 519 § 18 II 2 c; Baldamus, S. 85 ff.; Lutter, AG 1998, 375, 377; Wiedemann, Gesellschaftsrecht Band I, 1980, S. 557, 558; kritisch, jedoch mit dem Vorschlag für eine

Angeregt vom Systemwettbewerb der Regelgeber sah sich auch der deutsche Gesetzgeber veranlasst, das Institut des Garantiekapitals im GmbH-Recht zu überdenken[544]. In einem ersten sensationellen, jedoch wenig innovativen[545] Entwurf zur Neuregelung der Kapitalaufbringung[546] sollte die Höhe des gezeichneten Stammkapitals zur Disposition der Gesellschafter gestellt werden[547]. In dem zweiten Entwurf vom 15.04.2005 zur Neuregelung des Mindestkapitals bei der GmbH[548] und dem dritten Entwurf vom 29.05.2006 zur Modernisierung des GmbH-Rechts und zur Bekämpfung von Missbräuchen[549] steht ein deutlich moderaterer Ansatz zur Diskussion. Im Unterschied zum ersten Entwurf halten der zweite und dritte Entwurf am Haftkapitalsystem fest. Dabei soll in einem ersten Schritt zunächst die Mindeststammkapitalziffer von 25.000,- € auf 10.000,- € reduziert und mit der Senkung der Mindestkapitalziffer den kleinen und mittleren Unternehmen die Gründung erleichtert und damit die GmbH insgesamt attraktiver gemacht werden[550].
Obwohl der jüngst vorgelegte Entwurf weiterhin am Haftkapitalsystem festhält, wurde insbesondere in der vorangegangenen Entwurfsbegründung deutlich, dass der deutsche Gesetzgeber vom kapitalbasierten System nicht mehr sonderlich überzeugt ist[551].

II. Das kapitalbasierte System auf gemeinschaftlicher Ebene

1. Die bisherige Dominanz des kapitalbasierten Systems in der europäischen Rechtspolitik

Auf rechtspolitischer Ebene dominiert im europäischen Kapitalgesellschaftsrecht das Institut des Garantiekapitals. Dies wird anhand zahlreicher Legislativakte dokumentiert. Hierzu zählt insbesondere die Kapitalrichtlinie, wonach gemäß Art. 6 Abs. 1 zur Gründung einer Aktiengesellschaft ein Mindestkapital von 25.000,- € aufgebracht werden muss.

Eigenkapitalquote von 5 %, vgl. Escher-Weingart, S. 250, 292. Für eine moderate Mindestkapitalziffer als Seriositätsschwelle, Fleischer, ZGR 2001, 1, 13; Wachter, GmbHR 2004, 88, 97; Frank/Wachter, GmbHR 2002, 17, 22; Koegel, GmbHR 2003, 1225, 1227.

[544] Vgl. Entwurf eines Gesetzes zur Neuregelung des Mindestkapitals der GmbH (MindestkapG) vom 15.04.2005, S. 3.

[545] Maßgeblich ist nicht allein die Frage der Existenz oder die Höhe des Mindestkapitalbetrages, sondern das Kapitalaufbringungs- und Kapitalerhaltungssystem im Ganzen.

[546] Entwurf eines Gesetzes zur Bekämpfung von Missbräuchen, zur Neuregelung der Kapitalaufbringung und zur Förderung der Transparenz im GmbH-Recht (MiKaTraG) vom 30.11.2004.

[547] Nach Art. 6 zur Änderung des GmbHG sollte gemäß § 5 Abs. 1 GmbH die Höhe des Stammkapitals durch den Gesellschaftsvertrag bestimmt werden, vgl. Entwurf eines Gesetzes zur Bekämpfung von Missbräuchen, zur Neuregelung der Kapitalaufbringung und zur Förderung der Transparenz im GmbH-Recht (MiKaTraG) vom 30.11.2004, S. 15.

[548] Entwurf eines Gesetzes zur Neuregelung des Mindestkapitals der GmbH (MindestkapG) vom 15.04.2005.

[549] Entwurf eines Gesetzes zur Modernisierung des GmbH-Rechts und zur Bekämpfung von Missbräuchen (MoMiG) vom 29.05.2006

[550] Entwurf eines Gesetzes zur Neuregelung des Mindestkapitals der GmbH (MindestkapG) vom 15.04.2005, S. 6.

[551] Vgl. hierzu 3. Kapitel, S. 129 ff..

Einen weiteren anschaulichen Beweis stellt die Verordnung über die Europäische Aktiengesellschaft (SE) aus dem Jahre 2001[552] dar, die am 08.10.2004 in Kraft getreten ist und ein Gründungskapital von 120.000,- € vorsieht[553]. Auch in der Verordnung über das Statut der Europäischen Genossenschaft[554] hat der europäische Gesetzgeber das kapitalbasierte System zu Grunde gelegt und schreibt ein Gründungskapital von 30.000,- € vor. Schließlich basiert auch der Verordnungsvorschlag über die Europäische Privatgesellschaft auf dem Institut des Grundkapitals[555].

Dieses ausnahmslose Festhalten am kapitalbasierten System wird jedoch aufgrund der jüngsten rechtspolitischen Ereignisse relativiert, wodurch das traditionelle Haftkapitalsystem gegenwärtig unter rechtspolitischen Druck geraten ist[556]. Nach Ansicht der HLG sei das kapitalbasierte System im Hinblick auf den Gläubigerschutz wenig effizient. Zudem könnte das gegenwärtig noch auf dem Grundkapital basierte Kapitalerhaltungsrecht schon bald durch das solvenzbasierte Kapitalausschüttungssystem substituiert werden[557].

2. Die Einführung der internationalen Rechnungslegungsstandards (IAS/IFRS)

Das traditionell kontinentaleuropäische Kapitalschutzsystem gerät zudem aufgrund der im Jahre 2002 erlassenen Verordnung[558] zur Einführung der IAS/IFRS-Rechnungslegung[559] unter Druck[560]. Mit Einführung der IFRS-Rechnungslegung soll ein hoher Grad an Transparenz und Vergleichbarkeit der Rechnungslegung erreicht werden, um damit die gemeinschaftlichen Kapitalmärkte zu stärken[561]. Durch die Verwendung

---

[552] Verordnung (EG) Nr. 2157/2001 des Rates vom 08.10.2001 über das Statut der SE, ABl.EG Nr. L 294/1 vom 10.11.2001.

[553] Zur Finanzverfassung der SE, vgl. Fleischer, Die Finanzverfassung der Europäischen Gesellschaft, S. 169 ff..

[554] Verordnung (EG) Nr. 1435/2003 des Rates über das Statut des Europäischen Genossenschaft (SCE) vom 22.07.2003, ABl.EG Nr. L 207 vom 18.08.2003, S. 1.

[555] Art. 3 des Verordnungsvorschlags über das Staut der EPG, abrufbar unter http://www.ccip.fr/etudes/dossiers/spe/index.html und http://www.medef.fr. Vgl. hierzu Hommelhoff, FS Doralt (2004), S. 199, 208; G. H. Roth, FS Doralt (2004), S. 479, 480.

[556] So auch Blaurock, FS Raiser (2005), S. 3, 3; Eidenmüller, AG 2005, 97, 97; Merkt, ZGR 2004, 305, 306; ders., RIW 2004, 1, 7; Schön, Der Konzern 2004, 162, 164, hält einen Zusammenbruch des europäischen Kapitalschutzkonzepts für eine realistische Perspektive; zurückhaltend Mülbert, Der Konzern 2004, 151, 151.

[557] Vgl. hierzu 3. Kapitel, S. 177.

[558] Verordnung (EG) Nr. 1606/2002 des Europäischen Parlaments und des Rates vom 19.07.2002 betreffend die Anwendung internationaler Rechnungslegungsstandards, ABl.EG 2002 L 243/1.

[559] Zur IAS/IFRS-Rechnungslegung, vgl. Carstensen/Leibfried, GmbHR 2004, 864 ff.; Euler, BB 2002, 875 ff..

[560] Merkt, ZGR 2004, 305, 307; Schön, Der Konzern 2004, 162, 164; ders., ZHR 166 (2002), 1, 5; Mülbert/Birke, EBOR 3 (2002), 695, 698; Ekkenga, AG 2006, 389, 389; Kuhner, ZGR 2005, 754, 755.

[561] Verordnung (EG) Nr. 1606/2002 des Europäischen Parlaments und des Rates vom 19.07.2002 betreffend die Anwendung internationaler Rechnungslegungsstandards, ABl.EG 2002 L 243/1, Erwägungsgrund Nr. 2-4. Je geringer die Vergleichbarkeit der Informationsquellen über Unternehmen ist,

einheitlicher und international anerkannter Standards soll eine Konvergenz der europäischen und internationalen Abschlüsse erreicht werden, um damit die Wettbewerbsbedingungen der europäischen Unternehmen zur Beschaffung von Finanzmitteln zu verbessern[562].
Mit Einführung der IAS/IFRS-Rechnungslegung rückt nun die kapitalmarktorientierte Informationsfunktion des Bilanzrechts in den Vordergrund. Die tiefgreifend vom Vorsichtsprinzip[563] geprägten HGB-Bilanzierungsgrundsätze, die für die herkömmlichen Kapitalerhaltungsregeln die bilanzielle Grundlage bildeten[564], werden nunmehr vom anlegerorientierten Informationsprinzip verdrängt[565]. Zweck des im HGB verankerten Vorsichtsprinzips ist der Gläubigerschutz[566]. Durch die Unterbewertung von Chancen und die Überbewertung von Risiken soll den Gläubigern die Vermögenssubstanz und damit das haftende Grundkapital erhalten bleiben.
Mit der Hinwendung zur informationsorientierten Rechnungslegung wird dem im Bilanzrecht verankerten Kapitalschutz die rechnungsmäßige Grundlage entzogen[567], da sich das Bewertungs- und Darstellungsprinzip zugunsten der Anleger verschiebt. Angelehnt an die anlegerorientierte angelsächsische Rechnungslegungsphilosophie hält sich die internationale Bilanzierung wesentlich stärker an betriebswirtschaftliche Gegebenheiten[568]. Aktuelle Entwicklungen werden unmittelbar in die Bilanzierung mit einbezogen, um damit die betriebswirtschaftliche Realität des Unternehmens im Interesse der Anleger zutreffender abzubilden[569]. Im Vordergrund der informationsorientierten Rechnungslegung steht daher die wirtschaftliche Leistungsfähigkeit des Unternehmens, die den Rechnungslegungsadressaten als Informationsgrundlage für ihre Entscheidungsfindung dienen soll[570]. Zwar ist die IAS/IFRS-Rechnungslegung

---

desto geringer ist die Leistungsfähigkeit von Kapitalmärkten, vgl. hierzu Schön, WPg Sonderheft 2001, 74, 75.

[562] Verordnung (EG) Nr. 1606/2002 des Europäischen Parlaments und des Rates vom 19.07.2002 betreffend die Anwendung internationaler Rechnungslegungsstandards, ABl.EG 2002 L 243/1, Erwägungsgrund Nr. 5.

[563] Nur greifbare Vermögensgegenstände können aktiviert und nur realisierte bzw. so gut wie sicher entstandene Gewinne können in der Bilanz ausgewiesen werden, wohingegen Verbindlichkeiten und Risiken bereits vor ihrer Realisierung zu bilanzieren sind, vgl. hierzu Euler, BB 2002, 875, 876, 877; Ebenroth/Boujong/Joost/Wiedemann, HGB, § 252 Rn. 21 ff.; Grundmann, Europäisches Gesellschaftsrecht, Rn. 493; Kübler, ZHR 159 (1995), 550, 552.

[564] Vgl. Kuhner, ZGR 2005, 753, 754.

[565] Merkt, ZGR 2004, 305, 307; Heuser, GmbHR 2003, 340, 341; Ekkenga, AG 2006, 389, 389.

[566] Wulf/Klein/Azaiz, DStR 2005, 260, 262; Schön, Der Konzern 2004, 162, 164; ders., ZGR 2000, 706, 713; ders., ZHR 161 (1997), 133, 141; Heuser, GmbHR 2003, 340, 341; Mülbert/Birke, EBOR 3 (2002), 695, 698; Euler, BB 2002, 875, 876; Beisse, FS Müller (2001), S. 731, 741; Breker/Naumann/ Tielmann, WPg 1999, 140, 142; Kübler, ZHR 159 (1995), 550, 553; kritisch Kübler, ZGR 2000, 550, 556.

[567] Schön, Der Konzern 2004, 162, 164; ders., ZHR 166 (2002), 1, 3.

[568] „True and fair view". Die Anleger sollen nicht nur die Risikominimierung, sondern auch die Gewinnchancen vergleichen können.

[569] Merkt, RIW 2004, 1, 7; Carstensen/Leibfried, GmbHR 2004, 864, 865, 866. Zu den Einzelheiten vgl. Euler, BB 2002, 875, 877.

[570] Kleekämper/Kuhlewind in Baetge/Kleekämper/Wollmert, Rechnungslegung nach International Accounting Standards (IAS), Teil A, Kapitel I Rn. 6, S. 6.

nur für börsennotierte Unternehmen bindend, jedoch kann der Mittelstand freiwillig eine Umstellung auf die IAS/IFRS-Rechnungslegung vornehmen[571].
Obwohl eine Umstellung auf die IAS/IFRS-Rechnungslegung bei nicht börsennotierten Gesellschaften freiwillig und mit einem nicht unerheblichen Kosten- und Umstellungsaufwand verbunden ist, werden die mit der Umstellung einhergehenden Vorteile zahlreiche Unternehmen zu einem Wechsel veranlassen[572].
Mit der IFRS-Rechnungslegung können Unternehmen die Voraussetzungen zur Beschaffung von Fremdkapital signifikant verbessern, denn mit der Umstellung kann das Aktivierungspotential erhöht, die Passivierung vermindert und somit die Eigenkapitalquote erhöht werden[573].
Dadurch, dass gerade diese Kenngröße in Ratingsystemen zur Vergabe von Finanzmitteln ein wichtiges Beurteilungskriterium[574] darstellt, ist die Umstellung auf die IAS/IFRS-Rechnungslegung geeignet, Unternehmen gegenüber ihren Geschäftspartnern wesentlich attraktiver erscheinen zu lassen[575]. Zudem wird mit der Übernahme

---

[571] Gemäß Art. 5 der IAS/IFRS-Verordnung und gemäß dem Referentenentwurf des Bundesministeriums der Justiz eines Bilanzrechtsreformgesetzes (BilReG) können ab dem Jahr 2005 auch nicht börsennotierte Gesellschaften anstelle des handelsrechtlichen Konzernabschulsses einen IFRS-Konzernabschluss aufstellen (§ 315 a Abs. 3 HGB), vgl. hierzu Hoffmann/Lüdenbach, GmbHR 2004, 145, 146. Von dem Mitgliedsstaatenwahlrecht hat der deutsche Gesetzgeber lediglich für den Konzernabschluss Gebrauch gemacht. Einzelabschlüsse sind in Deutschland dagegen weiterhin zwingend nach dem HGB aufzustellen. Einzelabschlüsse nach IFRS können künftig gemäß § 325 Abs. 2 a HGB nur zu Informations- und Offenlegungszwecken und nur von großen Kapitalgesellschaften i.S.d. § 267 Abs. 3 HGB erstellt werden, vgl. hierzu Wulf/Klein/Azaiz, DStR 2005, 260, 261. Die IAS/IFRS sind zwar für börsennotierte Unternehmen konzipiert, mit dem Projekt „Accounting standards für small and medium sized entities" (SME) hat der IASB die Bilanzierung im Mittelstand stärker in den Fokus genommen, vgl. Heintges/Härle, DB 2005, 173, 173.

[572] So auch Merkt, ZGR, 305, 307; ders., RIW 2004, 1, 7; Heering/Heering, StuB 2004, 149, 155; Ruhnke/Schmidt/Seidel, StuB 2003, 876, 882; Wulf/Klein/Azaiz, DStR 2005, 299, 304; *differenzierter* Theile, StuB 2003, 957, 957; *ablehnend* Mandler, StuB 2003, 452, 453, 454, 457; ders., StuB 2003, 680, 687, wobei sich die These auf kleinere Unternehmen bezieht. Mittlere Unternehmen seien hingegen aufgeschlossener gegenüber den IAS/IFRS. Die ablehnende Haltung des Mittelstandes sei auf die weniger interessanten Rahmenbedingungen und den Umstellungsaufwand zurückzuführen; ähnlich Kahle, WPg 2003, 262, 273; Schulze-Osterloh, ZIP 2003, 93, 101. Den größten Erstellungsaufwand stellen die umfangreichen Anhangangaben nach IAS/IFRS dar. Aus diesem Grund plant das IASB für kleine und mittlere Unternehmen die Veröffentlichungspflichten zu vereinfachen, vgl. hierzu Wulf/Klein/Azaiz, DStR 2005, 299, 304; Heintges/Härle, DB 2005, 173, 181. Zum Stand der Entwicklungen des SME-Projekts des IASB, vgl. Kußmaul/Henkes, BB 2006, 2235 ff.; Hoffmann/Lüdenbach, DStR 2006, 1903 ff.. Das Diskussionspapier „Preliminary views on accounting standards for small and medium sized entities" vom 24.06.2004 sowie die vorläufige Version des Standardentwurfes „Staff draft" sind unter http://www.iasb.org abrufbar.

[573] Merkt, ZGR 2004, 305, 307; Carstensen/Leibfried, GmbHR 2004, 864, 866; Euler, BB 2002, 875, 877 ff..

[574] Wulf/Klein/Azaiz, DStR 2005, 260, 262; Peemöller/Spanier/Weller, BB 2002, 1799, 1800; Ruhnke/Schmidt/Seidel, StuB 2003, 876, 882; *einschränkend* Schulze-Osterloh, ZIP 2003, 93, 100. Schätzungen zur Folge können sich die Unternehmen mit der IFRS-Rechnungslegung im Schnitt bis zu 30 % positiver als nach der HGB-Bilanzierung darstellen, vgl. hierzu Merkt, ZGR 2004, 305, 308.

[575] Besonders gegenüber Kunden, Arbeitnehmern und Warenkreditgebern, vgl. hierzu Wulf/Klein/Azaiz, DStR 2005, 260, 262.

einheitlicher Rechnungslegungsstandards die Vergleichbarkeit der Unternehmen erhöht, womit sie neue, insbesondere internationale Finanzmittelmärkte erschließen und damit ihre Wettbewerbsfähigkeit steigern können[576].
Insgesamt wird die IFRS-Rechnungslegung denjenigen Unternehmen Vorteile eröffnen, die auf die Beschaffung von Fremdkapital angewiesen sind, und bei denen es aufgrund eines hohen Anlagevermögens mit der Umstellung zu signifikanten Bilanzeffekten kommen kann[577].

3. Der kontinentaleuropäische Kapitalschutz im Lichte der Rechtsprechung des EuGH

Der EuGH bezieht zum kontinentaleuropäischen Haftkapitalsystem eine klare Position. Mit seiner Rechtsprechung zur Niederlassungsfreiheit hat der EuGH den kontinentaleuropäischen Kapitalschutz ernsthaft in Bedrängnis gebracht. Seit den Urteilen in Sachen „Inspire Art“[578], „Überseering“[579] und „Centros“[580] steht fest, dass ausländische Gesellschaften nach Maßgabe der Sitztheorie oder im Wege der Sonderanknüpfung nicht mehr den inländischen Regeln über die Kapitalaufbringung und Kapitalerhaltung unterstellt werden können.
Insbesondere in den Urteilen „Inspire Art“ und „Centros“ stellte der EuGH klar, dass es unter Gläubigerschutzgesichtspunkten ausreiche, wenn eine Gesellschaft, die ihre Wirtschaftstätigkeit in einem anderen europäischen Mitgliedsstaate ausübe, als Gesellschaft des Rechts des Ursprungslandes auftrete. Potentielle Gläubiger seien dadurch hinreichend unterrichtet, dass diese Gesellschaft gegebenenfalls innerstaatlich abweichenden Gesellschaftsvorschriften unterliegen könne[581]. Die Offenlegung dieser Tatsachen sei daher völlig ausreichend.

---

[576] Banken werden künftig viele Unternehmen zur Umstellung veranlassen, da bei der Kreditvergabe die Kennzahlen eines Unternehmens mit einem Vergleichsunternehmen verglichen werden. Es ist daher davon auszugehen, dass Banken die Kreditvergabe von der Vorlage eines IFRS-Abschlusses abhängig machen werden, vgl. hierzu Merkt, ZGR 2004, 305, 308; Carstensen/Leibfried, GmbHR 2004, 864, 866.

[577] Bei Unternehmen mit einem geringem Anlagevermögen, inbesondere bei Dienstleistungsbetrieben, werden sich keine nennenswerten Bilanzveränderungen abzeichnen, vgl. Carstensen/Leibfried, GmbHR 2004, 864, 869.

[578] EuGH Urteil vom 30.09.2003 Rs. C-167/01 (Kamer van Koophandel en Fabrieken voor Amsterdam/Inspire Art Ltd) = RIW 2003, 957 ff. = NJW 2003, 3331 ff. = EuZW 2003, 687 ff. = DB 2003, 2219 ff. = BB 2003, 2195 ff..

[579] EuGH Urteil vom 05.11.2002 Rs. C-208/00 (Überseering BV/Nordic Construction Company Baumanagement GmbH (NCC)) Slg. 2002, I 9919 = NJW 2002, 3614 ff. = IPRax 2003, 65 ff. = ZIP 2002, 2037 ff..

[580] EuGH, Urteil vom 09.03.1999, Rs. C-212/97, (Centros Ltd/Erhvervsog Selskabsstyrelsen), Slg. 1999, I-1459 = NZG 1999, 298 ff. = NJW 1999, 2027 ff. = AG 1999, 226 ff. = JZ 1999, 669 ff. = DB 1999, 625 ff. = EuZW 1999, 216 ff. = ZIP 1999, 438 ff. = GmbHR 1999, 474 ff. = IPRax 1999, 360 ff..

[581] EuGH Urteil in Sachen Inspire Art vom 30.09.2003 Rs. C-167/01, EuZW 2003, 687, 695 (Rz. 135); EuGH Urteil in Sachen Centros vom 09.03.1999 Rs. C-212/97, GmbHR 1999, 474, 477 (Rz. 35).

In „Überseering" stellte der EuGH fest, dass der Gläubigerschutz zwar zu den zwingenden Gründen des Gemeinwohls gehöre. Solche Ziele könnten allerdings eine vollständige Versagung der Niederlassungsfreiheit jedoch nicht rechtfertigen[582].

Ohne inhaltlich auf das Institut des Haftkapitals einzugehen[583], bringt der EuGH in seinen Urteilen jedoch unzweideutig seine kritische Stellung gegenüber dem kontinentaleuropäischen Kapitalschutzsystem zum Ausdruck, indem er das kapitalmarktrechtliche Publizitätsprinzip bevorzugt und damit die Regeln zum Mindestkapital, wenn auch unausgesprochen, für überflüssig hält[584].

4. Die Generalanwälte Alber und La Pergola

Noch deutlicher ist die Kritik der Generalanwälte Alber und La Pergola am Haftkapitalsystem. In seinen Schlussanträgen führte Generalanwalt La Pergola zur Frage des Mindestkapitals aus, dass es zweifelhaft sei, ob das Vertrauen auf das Mindestkapital den Gläubigern einem wirksamen Schutz bzw. eine Garantie bieten könne[585], da das Grundkapital rasch aufgebraucht sein kann. Informationen über die Gesellschaftskonten oder Sicherheiten würden den Gläubigern demnach von einem wesentlich höheren Nutzen sein[586].
Den Ausführungen von La Pergola folgend hob auch Generalanwalt Alber seine Zweifel am System des Mindestkapitals hervor. Er führte aus, dass die unterschiedliche Bedeutung, die die nationalen Gesellschaftsrechtsordnungen dem gesetzlichen Grundkapital beimessten, deutlich mache, dass es diesbezüglich „keine allein richtige Auffassung" gäbe. Zudem verwies Alber auf den Bericht der HLG[587], der die Effektivität des Mindestkapitalsystems hinsichtlich des Gläubigerschutzes in Frage stellte[588].

5. Der Kapitalschutz in den Mitgliedsstaaten der Europäischen Union

Im europäischen Nachbarland scheint sich ein ähnlicher Wandel im Hinblick auf das Institut des Garantiekapitals zu vollziehen.

---

582 EuGH Urteil vom 05.11.2002 Rs. C-208/00, IPRax 2003, 65, 72 (Rz. 92, 93).
583 So ausdrücklich in Sachen Inspire Art, vgl. EuGH Urteil vom 30.09.2003 Rs. C-167/01, EuZW 2003, 687, 695 (Rz. 135).
584 Merkt, EBOR 7 (2006), 95, 105; ders., ZGR 2004, 305, 309 ff.; ders., RIW 2004, 1, 6; ders., ECFR 2004, 3, 16 ff., 21; Blaurock, FS Raiser (2005), S. 3, 5; Looijestijn-Clearie, EBOR 5 (2004), 389, 414; Schön, Der Konzern 2004, 162, 163; ders., ZGR 2000, 706, 726; Mülbert, Der Konzern 2004, 151, 151; Bayer, BB 2003, 2357, 2364; Meilicke, GmbHR 2003, 793, 808; so wohl auch Koegel, GmbHR 2003, 1225, 1226.
585 Generalanwalt La Pergola, Schlussanträge vom 16.07.1998 – Rs. C-212/97, Slg. 1999, I-1481, Rz. 21.
586 Generalanwalt La Pergola, Schlussanträge vom 16.07.1998 – Rs. C-212/97, Slg. 1999, I-1481, Rz. 21.
587 Bericht der HLG auf dem Gebiet des Gesellschaftsrechts über moderne gesellschaftsrechtliche Rahmenbedingungen in Europa vom 04.11.2002, S. 84 ff..
588 Generalanwalt Siegbert Alber, Schlussanträge vom 30.01.2003 – Rs. C-167/01, DB 2003, 377, 382, Rz. 141, 142 = NZG 2003, 262, 273, Rz. 141, 142.

a. Großbritannien

Traditionell abgeneigt steht man in Großbritannien dem kapitalbasierten System gegenüber[589]. Für die private limited company sieht das englische Recht ein Mindestkapital nicht vor[590]. Zur Gründung der public limited company ist hingegen ein Mindestkapital von 50.000,- Pfund aufzubringen. Dieses kapitalbasierte System bei der public limited company hat der englische Gesetzgeber allerdings nicht freiwillig, sondern vielmehr aufgrund der Transformation der Kapitalrichtlinie eingeführt, das bis heute noch auf eine breite Kritik stößt[591].

b. Frankreich

In Frankreich wurde jüngst zur Gründung einer „société à résponsabilité limitée" (S.A.R.L.)[592] die Pflicht zur Aufbringung eines gesetzlichen Mindestkapitals abgeschafft[593]. Entgegen der früheren Pflicht zur Gründung einer S.A.R.L., ein Mindestkapital von 7.500,- € gemäß Art. L 223-2 C. Com aufzubringen, kann die Kapitalhöhe von den Gesellschaftern nunmehr frei bestimmt werden[594]. Ganz ohne Stammkapital darf eine S.A.R.L. jedoch nicht sein, sodass wenigstens ein Mindestkapital von 1,- € aufzubringen ist[595]. Damit schaffte der französische Gesetzgeber das Mindestkapitalerfordernis für diese S.A.R.L. ab und bekannte sich explizit zum angloamerikanischen Rechtskreis[596].

c. Spanien

Unter der Beibehaltung des kapitalbasierten Systems wurde in Spanien die „Sociedad limitada nueva empresa", eine vereinfachte Form der GmbH geschaffen[597]. Das Mindeststammkapital dieser sog. „neuen unternehmerischen GmbH" wurde auf 3012,- € herabgesetzt[598]. Die „Sociedad limitada nueva empresa" soll vor allem kleinen und mittelständischen Unternehmen ein vereinfachtes Rechtskleid bieten und durch zahl-

---

589 Vgl. Armour, EBOR 7 (2006), 5, 10; Micheler, ZGR 2004, 324, 332.

590 Micheler, ZGR 2004, 324, 325.

591 Micheler, ZGR 2004, 324, 332; Rickford Report 2004, S. 12 ff., abrufbar unter: http://www.biicl.org/admin/files/PROVREP-FINAL%20ConfJan04.doc.

592 Diese Gesellschaftsform entspricht funktional der GmbH.

593 In den Niederlanden wurde ein Reformprojekt vorgelegt, das die Abschaffung des Mindeskapitals vorsieht. In Portugal wird die Abschaffung des Mindestkapitals ebenfalls erwogen, vgl. Seibert, ZIP 2006, 1157, 1159; Noack, DB 2006, 1475, 1475.

594 Vgl. hierzu Müller/Müller, GmbHR 2006, 583, 585; Meyer/Ludwig, GmbHR 2005, 346, 348 ff..

595 Recq/Hoffmann, GmbHR 2004, 1070, 1072.

596 Grunewald/Noack, GmbHR 2005, 189, 189; Merkt, ZGR 2004, 305, 317; Mülbert, Der Konzern 2004, 151, 152; Becker, GmbHR 2003, 706 ff.; ders., GmbHR 2003, 1120 ff.; Wachter, GmbHR 2003, R 377.

597 Embid Irujo, RIW 2004, 760 ff.. Diese Form der GmbH stellt eine rein spanische Initiative dar und ist im internationalen und europäischen Vergleich einzigartig.

598 Vgl. hierzu Müller/Müller, GmbHR 2006, 583, 586; Blaurock, FS Raiser (2005), S. 3, 5; Bascopé/Hering, GmbHR 2005, 609, 610.

reiche Deregulierungsmaßnahmen eine schnelle[599] und kostengünstige Gesellschaftsgründung ermöglichen[600].

d. Italien

Auch in Italien kam es zu einer umfassenden Reform des Gesellschaftsrechts[601]. Von der Reform war besonders die „società a responsabilità limitata" (s.r.l.), die italienische GmbH, betroffen. Ziel der Reform war es, der s.r.l. die notwendige Flexibilität zu verleihen, indem man den einst starren institutionellen Rahmen, der im Wesentlichen der „società per azioni" (s.p.a.)[602] nachempfunden wurde, durch dispositive Gestaltungsmöglichkeiten substituierte[603].
Trotz der umfassenden Reform des italienischen GmbH-Rechts hielt der italienische Gesetzgeber am Haftkapitalsystem fest. Zwar wurde die Art der Einlagenobjekte liberalisiert, sodass nunmehr auch Dienstleistungsverpflichtungen als Einlageform gestattet sind. Zur Gründung einer s.r.l. ist aber weiterhin ein Stammkapital von 10.000,- € erforderlich.

6. Der Kapitalschutz außerhalb der Europäischen Union am Beispiel von Serbien und Montenegro

Außerhalb der EU haben die selbstständigen Staaten Serbien und Montenegro[604] ihr Gesellschaftsrecht umfassend reformiert und sich im Bereich der GmbH an dem angloamerikanischen Rechtskreis orientiert. Montenegro hat im Jahr 2002 mit der Verabschiedung des Gesetzes über Wirtschaftsgesellschaften „Zakon o privrednim društvima"[605] sein Gesellschaftsrecht erheblich dereguliert[606].

---

599 Innerhalb von 48 Stunden.

600 Bascopé/Hering, GmbHR 2005, 609, 615; Embid Irujo, RIW 2004, 760 ff.; Merkt, ZGR 2004, 305, 317; Vietz, GmbHR 2003, 26 ff.; ders., GmbHR 2003, 523.

601 Zur Reform des italienischen Gesellschaftsrechts, vgl. Lorenzotti/Strnad, GmbHR 2004, 731 ff.; Buenger, RIW 2004, 249 ff.; Haas, GmbHR 2004, 557; Strnad, RIW 2004, 255ff.; Kindler/Bader, RIW 2004, 29 ff.; Magelli/Masotto, RIW 2003, 575 ff.; Hartl, NZG 2003, 667 ff.; Buse, RIW 2002, 676 ff.

602 Entspricht funktional der Aktiengesellschaft.

603 Wachter, GmbHR 2005, 717, 719; Buenger, RIW 2004, 249, 249; Lorenzotti/Strnad, GmbHR 2004, 731, 731.

604 Seit den Unabhängigkeitserklärungen vom 03. bzw. 06. Juni 2006 wurde die Staatengemeinschaft Serbien und Montenegro aufgelöst, sodass Serbien und Montenegro nunmehr als selbständige Staaten existieren. Bereits vor den Unabhängigkeitserklärungen wurde der Republik Serbien und der Republik Montenegro eine eigenständige Gesetzgebungskompentenz im Bereich des Gesellschaftsrechts übertragen, vgl. Službeni glasnik SiCG, br. 1 vom 04. Februar 2003, sodass die Republiken Serbien und Montenegro bereits im Rahmen der Staatengemeinschaft ein unterschiedlich ausgestaltetes Gesellschaftsrecht besaßen. Während in Serbien das Gesetz über Wirtschaftsgesellschaften (Zakon o privrednim društvima), vgl. Službeni glasnik RS, br. 125/04, seit 2004 Anwendung findet, gilt in der Republik Montenegro das im Jahre 2002 verabschiedete Gesetz über Wirtschaftsgesellschaften (Zakon o privrednim društvima), vgl. Službeni glasnik RCG, br. 06/02.

605 Nachfolgend ZOPD CG genannt.

Bei der GmbH „društvo sa ograničenom odgovornošću" (d.o.o.) wurde das kapitalbasierte System in Montenegro gänzlich aufgegeben. Gemäß Art. 66 Abs. 1 ZOPD CG kann eine d.o.o. nunmehr mit einem Grundkapital von 1,- € gegründet werden. Bei der Aktiengesellschaft „akcionarsko društvo" (a.d.) hielt der Gesetzgeber jedoch am kapitalbasierten System fest[607]. Gemäß Art. 17 Abs. 3 ZOPD CG ist zur Gründung einer Aktiengesellschaft ein Stammkapital von 25.000,- € erforderlich.
Auch in Serbien wurde mit der Einführung des Gesetzes über Wirtschaftsgesellschaften „Zakon o privrednim društvima"[608] das Gesellschaftsrecht umfassend reformiert. Zur Gründung einer GmbH „društvo sa ograničenom odgovornošću" (d.o.o.) ist nunmehr ein Stammkapital von 500,- € erforderlich. Zur Gründung einer geschlossenen Aktiengesellschaft[609] (zatvoreno akcionarsko društvo) ist entsprechend dem in Art. 233 ZOPDS verankerten kontinentaleuropäischen System, ein Mindestkapital von 10.000,- € und zur Gründung einer offenen Aktiengesellschaft (otvoreno akcionarsko društvo) ein Mindestkapital von 25.000,- € vorgeschrieben[610].

---

[606] Das einst föderale aus 450 Artikeln bestehende Gesetz über Unternehmen (Zakon o preduzećima), Službeni glasnik SRJ, br. 29/96, 29/97, 59/98, 74/99, 9/01, 36/02, wurde im Gesetz über die Wirtschaftsgesellschaften auf 98 Artikel reduziert. Darüber hinaus wurden erhebliche systemmatische Veränderungen vorgenommen. Während das ZOP wenige, meist kurz formulierten Absätze enthielt, bestehen die Artikel des ZOPD CG aus vielen, lang formulierten Absätzen. Die Einteilung in einen Allgemeinen und Besonderen Teil wurde aufgegeben.

[607] Hierbei handelt es ist um eine Anpassung des montenegrinischen Aktienrechts an das europäische Gesellschaftsrecht. Hinsichtlich der Höhe orientierte sich der Gesetzgeber an der in Art. 6 Abs. 1 der Kapitalrichtlinie festgelegten Mindestkapitalhöhe von 25.000,- €.

[608] Nachfolgend ZOPDS genannt.

[609] Hierbei handelt es sich um eine Aktiengesellschaft, deren Aktien nur an die Gesellschafter oder an eine eingeschränkte Anzahl von Personen ausgegeben werden kann, vgl. Art. 194 Abs. 1 ZOPDS. Gemäß Art. 194 Abs. 2 ZOPDS ist die Anzahl der Aktionäre einer geschlossenen AG auf einhundert Personen beschränkt.

[610] Wie auch in Montenegro, ist das im serbischen Aktienrecht verankerte kapitalbasierte System auf die Umsetzung des Art. 6 Abs. 1 der Kapitalrichtlinie zurückzuführen.

3. Kapitel: Der Kapitalschutz im serbischen und deutschen Recht der GmbH

Einleitung

Die vorherige abstrakte Untersuchung hat gezeigt, dass das stammkapitalbasierte System im Vergleich zum nichtkapitalbasierten angloamerikanischen System keine durchgreifendere Protektion der Gläubiger bieten kann.
Nachfolgend soll der Kapitalschutz anhand von zwei unterschiedlich ausgerichteten Gesellschaftsrechtsordnungen rechtsvergleichend untersucht werden.
Ein Vergleich zum serbischen GmbH-Recht wurde aufgrund der jüngst durchgeführten Revision des Gesellschaftsrechts gewählt. Als Transitionsland hat Serbien innerhalb einer kurzen Zeit eine rasante und innovative Gesellschaftsrechtsentwicklung erfahren. Im Rahmen der Reform hat der serbische Gesetzgeber aktuelle, in Europa und Deutschland diskutierte Fragen zum Kapitalschutz aufgegriffen und legislativ umgesetzt, sodass insbesondere der neu geregelte Kapitalschutz im serbischen Recht der GmbH für die Entwicklung des europäischen und deutschen GmbH-Rechts interessante Ansätze liefern könnte.

A. Die Entwicklung des serbischen Gesellschaftsrechts

I. Geschichtlicher Überblick des serbischen Gesellschaftsrechts

Das marktwirtschaftlich geprägte Gesellschaftsrecht in Serbien kann im Vergleich zum deutschen Gesellschaftsrecht nicht auf einen Entwicklungszeitraum von über einem Jahrhundert zurückblicken. Während sich das deutsche Gesellschaftsrecht stetig durch die Rechtswissenschaft, Rechtsprechung und entsprechende Gesetzesnovellierungen weiterentwickeln konnte, wurde das marktwirtschaftlich geprägte Gesellschaftsrecht in Serbien erst mit der politisch-ideologischen Reform Ende der Achtziger Jahre wiedereingeführt.
Retrospektiv lässt sich die Entwicklung des serbischen Gesellschaftsrechts in drei Phasen einteilen[611], die jeweils erheblich von dem zu Grunde liegenden politischen System geprägt waren.

1. Das Gesellschaftsrecht vor und während der Monarchie

Vor dem Entstehen des Königreichs der Serben, Kroaten und Slowenen im Jahre 1918 existierte kein einheitlich kodifiziertes Gesellschaftsrecht, sodass jeweils die auf den Gebieten der Appellationsgerichte geltenden Rechtsordnungen die Grundlage für das Gesellschaftsrecht der Länder des späteren Königreichs bildeten.

---

[611] Barbić, Privredno pravni priručnik 3/1992, S. 5 ff.; Jankovec, Komentar, Einleitung S. 6 ff.; Goldštajn, Privredno ugovorno pravo, S. 21.

a. Appellationsgericht Zagreb

Auf dem Gebiet des Appellationsgerichts Zagreb, das für die damaligen Gebiete Slawonien und Kroatien[612] zuständig war, galt das aus dem Jahre 1875 stammende kroatische Handelsgesetz (Hrvatski Trgovački Zakon)[613]. Dieses Gesetz, bestehend aus 566 Paragraphen, regelte neben dem Recht der Kaufleute auch das Recht der Handelsgesellschaften[614]. Neben der OHG und der KG kannte das kroatische Handelsgesetz die Rechtsform der AG[615].

b. Appellationsgericht Ljubljana und Split

Auf dem Gebiet des Appellationsgerichts in Ljubljana und dem Appellationsgericht in Split und Teilen des Gebietes des Appellationsgerichts in Zagreb, das für die Gebiete Slowenien, Dalmatien und Istrien zuständig war, galt das österreichische Handelsgesetz aus dem Jahre 1862[616]. Ferner galt in diesen Appellationsgerichtsgebieten das österreichische GmbH-Gesetz aus dem Jahre 1906 sowie das Aktien-Gesetz aus dem Jahre 1899. Das Handelsgesetz, das dem Deutschen sehr verwandt war, kannte neben der OHG und der KG auch die stille Gesellschaft.

c. Appellationsgericht Belgrad

Auf dem Gebiet des Appellationsgerichts in Belgrad, zuständig für das Fürstentum Serbien, und dem Appellationsgericht in Skopje, zuständig für das Gebiet Mazedonien, galt ausschließlich das serbische Handelsgesetz aus dem Jahre 1860[617]. Neben der OHG und der KG kannte das serbische Handelsgesetz die Rechtsform der Aktiengesellschaft[618].

---

[612] Dalmatien ausgeschlossen.

[613] Ledić, Pravo društava i trgovčko pravo, S. 19; Barbić, Privredno pravni priručnik 3/1992, S. 8. Das kroatische Handelsgesetzbuch war mit dem ungarischen Handelsgesetz identisch, da es schlichtweg aus dem ungarischen Handelsgesetz übersetzt wurde. Das ungarische Handelsgesetz leitete sich aus dem österreichischen Handelsgesetz ab, vgl. Jankovec, Privredno pravo, S. 23. Auf dem Gebiet des damaligen Appellationsgerichts in Sarajevo, das für die Gebiete Bosnien und Herzegowina zuständig war, galt das Handelsgesetz für Bosnien und Herzegowina. Dieses Handelsgesetz entsprach dem kroatisch-ungarischen Handelsgesetzbuch.

[614] Jankovec, Privredno pravo, S. 23.

[615] Barbić, Privredno pravni priručnik 3/1992, S. 8, 9.

[616] Barbić, FS Doralt (2004), S. 51, 53; ders., Privredno pravni priručnik 3/1992, S. 8; Goldštajn, Privredno ugovorno pravo, S. 21.

[617] Jankovec Privredno pravo, S. 23; Barbić, Privredno pravni priručnik 3/1992, S. 9. Auf dem Gebiet des Appellationsgerichts Novi Sad galt das ungarische Handelsgesetz und auf dem Gebiet des „hohen Gerichts" von Podgorica, das für das Gebiet von Montenegro zuständig war, galt das Handelsgesetz aus dem Jahre 1910 bzw. 1922, das im Wesentlichen mit dem serbischen Handelsgesetz identisch war.

[618] Barbić, Privredno pravni priručnik 3/1992, S. 9, 10.

d. Die Rechtsform der GmbH in den Appellationsgerichtsgebieten

Mit Ausnahme der Appellationsgerichtsgebiete, in denen das österreichische GmbH-Gesetz galt, war in allen anderen Appellationsgerichtsgebieten die Rechtsform der GmbH unbekannt[619]. Ursächlich hierfür war die relative späte Einführung der GmbH. Die Rechtsform der GmbH wurde erstmals im Jahre 1892 vom deutschen Gesetzgeber ins Leben gerufen, also zu einem Zeitpunkt, in dem die o.g. Handelsgesetze bereits verabschiedet waren[620].

Selbst mit der Einführung des Königreichs der Serben, Kroaten und Slowenien im Jahre 1918 wurde die separative Gesellschaftsrechtsordnung nicht beseitigt. Obwohl im Jahre 1937 ein einheitliches Handelsgesetz für das Gebiet des Königreichs Jugoslawien entworfen wurde, das die Rechtsform der GmbH berücksichtigte[621], wurde dieses Vorhaben aufgrund des Ausbruchs des zweiten Weltkrieges jedoch nie realisiert[622], sodass die Handels- und Gesellschaftskodizes der jeweiligen Appellationsgerichtsgebiete bis 1946 fortgalten[623].

2. Das Gesellschaftsrecht der Sozialistischen Föderativen Republik Jugoslawien (SFRJ)

Ideologiebedingt blieb das Gesellschaftsrecht von der Sozialisierung nicht verschont. Mit der Abkehr von dem marktwirtschaftlich geprägten Gesellschaftsrecht wurde im Jahre 1946 das „Gesetz über staatlich-wirtschaftliche Unternehmen verabschiedet“[624]. Damit wurden die marktwirtschaftlich geprägten Handelsgesellschaften aufgegeben und durch eine einzige, als „Unternehmen“ bezeichnete und staatlich organisierte Rechtsform ersetzt.

Hierbei handelte es sich um eine juristische Person, die mit Ausnahme der Rechtspersönlichkeit, mit der Form der uns bekannten Handelsgesellschaften nicht zu vergleichen war. Mit der Einführung der als „Unternehmen“ bezeichneten Rechtsform sollte dem Staat das Handeln im Wirtschaftsbereich ermöglicht werden. Die

---

[619] Ledić, Pravo društava i trgovčko pravo, S. 19.

[620] Barbić, Privredno pravni priručnik 3/1992, S. 10.

[621] Ledić, Pravo društava i trgovčko pravo, S. 19; Jankovec, Privredno pravo, S. 23; Barbić, Privredno pravni priručnik 3/1992, S. 8.

[622] Im Jahre 1922 wurde allerdings das Gesetz zur Gründung von Aktiengesellschaften verabschiedet.

[623] Jankovec, Komentar, Einleitung S. 7; ders., Privredno pravo, S. 23; Goldštajn, Privredno ugovorno pravo, S. 21. Neben einem mangelnden einheitlichen Gesellschaftsrecht fehlte es im früheren Jugoslawien auch an einer einheitlichen Judikatur. Während die Abteilung A des Kassationsgerichts in Belgrad für das frühere Königreich Serbien zuständig war, war die Abteilung B des Belgrader Kassationsgerichts (Novi Sad) für die Gebiete Banat, Bačka und Barajna zuständig. Der sog. „Tisch der Sieben“ in Zagreb war ebenfalls in zwei Abteilungen eingeteilt. Die Abteilung A war für diejenigen Gebiete zuständig, auf denen das kroatische Handelsgesetz galt und die Abteilung B war für diejenigen Gebiete zuständig, auf denen das österreichische Handelsgesetz galt. Für Bosnien war das hohe Gericht in Sarajevo und für Montenegro das „große Gericht“ in Podgorica zuständig, vgl. hierzu Goldštajn, Privredno ugovorno Pravo, S. 22

[624] Zakon o državnim privrednim preduzećima, Službeni list FNRJ, br. 42/46.

„Unternehmen" wurden in der Folgezeit ausschließlich von staatlichen Organen gegründet und geführt[625].
Die Selbstständigkeit der Unternehmen beschränkte sich auf das formal-juristische, da die Unternehmen ausschließlich im Rahmen eines vom Staate sehr detailliert vorgegebenen Wirtschaftplans tätig werden konnten[626]. Gemäß dem „Gesetz über allgemeinstaatliche wirtschaftliche Pläne und staatliche Organe für die Planung"[627] wurden die vorgelegten Wirtschaftspläne einem Gesetz gleichgestellt, die die Unternehmen zur Ausführung der Verträge verpflichteten, mit der Folge, dass sie ausschließlich als verlängerter Arm des Staates tätig waren.

Im Jahre 1950 wurde die staatlich kontrollierte Unternehmensform abgeschafft und durch die Arbeiterselbstverwaltung (Organizacija Udruženog Rada –OUR-) ersetzt. Mit dem „Gesetz zur Verwaltung staatlich wirtschaftlicher Unternehmen und höherer wirtschaftlicher Vereinigungen durch das Arbeiterkollektiv"[628] erlangten die Arbeiter das Recht, diejenigen wirtschaftlichen Organisationen, in denen sie beschäftigt waren, selbst zu verwalten. Zu den Führungsorganen gehörte neben dem Direktor, der Rat der Arbeiter sowie der ausführende Ausschuss, der sich aus der Belegschaft zusammensetzte und von dieser gewählt wurde[629].
Mit der Verabschiedung des „Gesetzes über die planverwaltende Volkswirtschaft"[630] wurde das starre System der „staatlichen Planwirtschaft" durch das der „gesellschaftlichen Planwirtschaft" ersetzt und den Unternehmen die Plan- und Vertragsautonomie übertragen[631]. Damit erlangten die Unternehmen das Recht zur selbstständigen Planung der Geschäfte.
Das Aufsichtsrecht der staatlichen Organe beschränkte sich dadurch auf eine reine Rechtsaufsicht, wodurch ausschließlich das gesetzeskonforme Handeln der Unternehmen gewährleistet werden sollte. Diese spezifisch jugoslawische Rechtsform der Arbeiterselbstverwaltung[632], bei der die Arbeit, nicht jedoch die Kapitalbeteiligung zur

---

625 Jankovec, Privredno pravo, S. 32.

626 In diesen Plänen wurden sogar die Vertragsinhalte, wie die Art und Menge von Produkten, die die Unternehmen herstellen und an bestimmte Abnehmer verkaufen sollten, vorgegeben, vgl. Jankovec, Privredno pravo, S. 32.

627 Službeni list FNRJ, br. 45/47 (Zakon o opštedržavnom privrednom planu i državnim organima za planiranje). Mit der Verordnung über den Abschluss von wirtschaftlichen Verträgen (Uredba o zaključivanju ugovora u privredi, Službeni list FNRJ, br. 103/46) wurden die Unternehmen zur Einhaltung der Vertragspflichten verpflichtet. Damit sollte dem Infragestellen der „Planaufgaben" entgegengewirkt werden. Verstöße gegen die „Planaufgaben" wurden gemäß dem Gesetz der staatlichen Arbitrage aus dem Jahre 1947, Službeni list FNRJ, br. 107/47, geahndet.

628 Zakon o upravljanju državnim privrednim preduzećima i višim privrednim udruženjima od strane radnih kolektiva, Službeni list FNRJ, br. 43/50.

629 Jankovec, Privredno pravo, S. 33.

630 Zakon o planskom upravljanju narodnom privredom, Službeni list FRNJ, br. 58/51.

631 Zum Ganzen, vgl. Jankovec, Privredno pravo, S. 34.

632 Zur Arbeiterselbstverwaltung, vgl. Barbić, FS Doralt (2004), S. 51, 55; Jankovec, Privredno pravo, S. 33 ff.; Pürner, WiRO 2001, 42, 43; Höffner/Scheele/Hunstein/Schubert, WiRO 1997, 254, 254; Beckmann-Petey, RIW 1988, 431, 432.

Mitentscheidung berechtigte, herrschte bis zum Übergang in die Markwirtschaft Ende der Achtziger Jahre vor[633].

3. Das Gesellschaftsrecht in der Bundesrepublik Jugoslawien (BRJ) und den selbstständigen Staaten Serbien und Montenegro

a. Das Unternehmensgesetz - „Zakon o preduzećima“ (ZOP) -

Ende der Achtziger Jahre wurde im Wege der Reformpolitik des damaligen Präsidenten Marković und noch während des Bestehens der Sozialistischen Föderativen Republik Jugoslawien das „Unternehmensgesetz“ (Zakon o preduzećima) verabschiedet und die klassischen Handelsgesellschaften wiedereingeführt. Mit diesem Gesetz und den Veränderungen und Ergänzungen aus dem Jahre 1989 und 1990 sollte ein allgemeiner normativer Rahmen für ein effizientes, erfolgreiches und modernes Wirtschaften unter marktwirtschaftlichen Bedingungen geschaffen werden. Wie die legislativen Verbesserungen aus den Jahren 1989 und 1990 zeigten, war der Gesetzgeber mit der Einführung des neuen Gesellschaftsrechts völlig überfordert, denn das Gesetz war erheblich unterreguliert. In knapp 200, meist sehr kurzen Artikeln, wurde das Recht der OHG, der KG, der GmbH und das der AG geregelt. Gesellschaftsspezifische Fragenkomplexe wurden nicht einmal annähernd angesprochen. Das Recht der GmbH wurde beispielsweise in lediglich acht Artikeln geregelt.

Im Jahre 1996 wurde das Unternehmensgesetz sodann umfassend reformiert. Zur Vermeidung der beschriebenen Schwächen entschied man sich, auf Rechtsordnungen zurückzugreifen, die sich in der Rechtspraxis bewährt hatten und den gesellschaftsrechtlichen Belangen am besten entsprachen[634]. Bei der Ausarbeitung des Gesetzes orientierte man sich insbesondere an Rechtsordnungen der kontinentaleuropäischen Rechtstradition. Dabei diente vor allem das deutsche Gesellschaftsrecht als Vorlage. Aufgrund der hundertjährigen Bewährungsprobe galt das deutsche Gesellschaftsrecht als besonders praxistauglich.

Entgegen der deutschen Gesetzessystematik entschied man sich, das Personengesellschafts- und Kapitalgesellschaftsrecht in einem Gesetz zu kodifizieren.

Das Unternehmensgesetz wurde in einen Allgemeinen, für alle Gesellschaftsformen gültigen, und einen Besonderen, für die jeweilige Gesellschaftsform spezifischen Teil, aufgegliedert.

---

[633] Das „Gesetz zur Verwaltung staatlich wirtschaftlicher Unternehmen und höherer wirtschaftlicher Vereinigungen durch das Arbeiterkollektiv“, Službeni list FRNJ, br. 43/50, aus dem Jahre 1950 wurde zahlreichen Novellierungen unterworfen. Im Jahre 1965 wurde aufgrund der Zweiten Neufassung der Verfassung aus dem Jahre 1963 das „Allgemeine Unternehmensgesetz“ (Osnovni Zakon o preduzećima) verabschiedet und in den Jahren 1967 und 1968 (Službeni list FRNJ, br. 48/68) verändert und ergänzt. Im Jahre 1971 wurde die Verfassung durch das XXI Amandement ergänzt und im Jahre 1973 wurde das „Gesetz über die Eintragung der Arbeiterselbstverwaltung in das Gerichtsregister“ (Zakon o konstituisanju i upis u sudski registar organzacija udruženog rada, Službeni list FRNJ, br. 22/73) verabschiedet. Mit der Dritten Neufassung der Verfasssung im Jahre 1974 wurde schließlich im Jahre 1976 das „Gesetz über die assozierte Arbeit“ (Zakon o udruženom radu, Službeni list FRNJ, br. 53/76) verabschiedet.

[634] Vasiljević, Komentar ZOP, Vorwort S. 6.

Wesensmerkmal des im ZOP geregelten Kapitalgesellschaftsrechts war das traditionelle kapitalbasierte System. Zur Gründung einer AG und einer GmbH musste ein gesetzlich vorgeschriebenes Gründungskapital aufgebracht werden. Auch das Kapitalaufbringungsverfahren und das Kapitalerhaltungsrecht des ZOP ähnelten stark dem deutschen System.
Das im Jahre 1996 verabschiedete ZOP galt nach der Umwandlung der Bundesrepublik Jugoslawien in den Staatenbund Serbien & Montenegro zunächst in der Republik Serbien und in der Republik Montenegro fort. Mit der Verfassungsänderung im Jahre 2003[635] erlangten die Republik Serbien und die Republik Montenegro eine eigenständige und ausschließliche Gesetzgebungskompetenz im Bereich des Gesellschaftsrechts[636]. Während das bundesrechtlich kodifizierte ZOP aus dem Jahre 1996[637] in Serbien noch bis zum Jahre 2004 fortgalt, verabschiedete Montenegro bereits im Jahre 2002 ein „Gesetz über Wirtschaftsgesellschaften" (Zakon o privrednim društvima)[638]. Seit den Unabhängigkeitserklärungen vom 03. bzw. 05. Juni 2006 in den Parlamenten Montenegros und Serbiens existieren Serbien und Montenegro nunmehr als eigenständige Staaten.

b. Das Gesetz über Wirtschaftsgesellschaften „Zakon o privrednim društvima"[639]

Mit dem im November 2004 verabschiedeten „Gesetz über Wirtschaftsgesellschaften" (Zakon o privrednim društvima - ZOPDS -) ist die Entwicklung des serbischen Gesellschaftsrechts in eine zweite Phase übergegangen. Während das Gesetz aus dem Jahre 1996 noch eine stark edukative Funktion einnahm[640], orientiert sich das neue Gesetz an den aktuellen Entwicklungstendenzen des internationalen Gesellschaftsrechts. Schwerpunkt bei der Schöpfung des ZOPDS war u.a., eine Kompatibilität zu dem internationalen und europäischen Gesellschaftsrecht herzustellen[641].
Leitgedanke der jüngsten Reform des Gesellschaftsrechts war weniger das Prinzip des „Bekannt und Bewährten", als vielmehr der Versuch, aktuelle nationale und internationale Gesellschaftsrechtsentwicklungen in den legislativen Prozess mit einzubinden. Bei der Ausarbeitung des Gesetzes bemühte man sich, Ländererfahrungen ähnlicher Transformationsprozesse[642] miteinzubeziehen, rechtspolitische Entwicklun-

---

[635] Službeni glasnik SiCG, br. 1/03. Vgl. hierzu Jessel-Holst, WiRO 2004, 337, 337; Ilić, Savetodavni Centar, S. 27, abrufbar unter http://www.placyu.org/DownLoads/AIA11eng.pdf(englisch).
[636] Die Gesetzgebungskompetenz der Republik Serbien ergibt sich aus Art. 72 Abs. 1 Punkt 4 der serbischen Verfassung.
[637] Službeni glasnik SRJ, br. 29/96, 29/97, 59/98, 74/99, 9/01 und 36/02.
[638] Službeni glasnik RCG, br. 06/02.
[639] Službeni glasnik RS, br. 125/04.
[640] Vgl. Vasiljević, WiRO 2006, 1, 1.
[641] Vasiljević, WiRO 2006, 1, 2; ders., Komentar ZOPDS, S. 9.
[642] Als Vorlage dienten das kroatische Gesetz über Handelsgesellschaften, das slowenische Gesetz über Handelsgesellschaften, das polnische Gesetz über Handelsgesellschaften, das tschechische Handelsgesetz, das russische Gesetz über Aktiengesellschaften, das mazedonische Gesetz über Handelsgesellschaften, das montenegrinische Gesetz über Wirtschaftsgesellschaften und das Gesetz über Wirtschaftsgesellschaften von Bosnien und Herzegowina, vgl. Vasiljević, Komentar ZOPDS, S. 4.

gen auf europäischer Ebene[643] zu berücksichtigen und europäische Vorschriften[644] und Vorschriften des angloamerikanischen Gesellschaftsrechts[645] zu implementieren. Entsprechend der gesellschaftsrechtlichen Deregulierungsbewegung versuchte man, dem Gesellschaftsrecht eine stärkere Flexibilität zu verleihen. Während das ZOP aus dem Jahre 1996 aufgrund seines edukativen Charakters über einen starren institutionellen Rahmen verfügte, ist das ZOPDS überwiegend dispositiver Natur. Aus Gründen der Rechtssicherheit sah man jedoch davon ab, gesetzliche Regelungen durch flexible Geschäfts- und Verhaltenskodizes zu ersetzen.
Bereits mit der Namensgebung hat der Gesetzgeber zum Ausdruck gebracht, dass er sich dem in fast allen europäischen Gesellschaftsrechtsordnungen zu Grunde gelegten Terminus der „Gesellschaft" anschließen möchte[646]. Zudem schien dem Gesetzgeber eine Namensänderung aus Gründen der Präzision geboten, da der Terminus „Unternehmen" zu ungenau sei. Letztlich sei nur die Gesellschaft und nicht das Unternehmen der Rechtsträgerschaft fähig[647].
Zu den wesentlichen Grundsätzen dieses neuen Gesetzes zählen das Prinzip der Harmonisierung, der Vervollständigung, der Tripartition und der Kompatibilität[648]. Besonders die Harmonisierungsbestrebungen zählten zu den wesentlichen Leitgedanken der Reform[649]. Mit dem ZOPDS wurde das Gesellschaftsrecht den gemeinschaftsrechtlichen Vorgaben angepasst und die aktuellen rechtspolitischen Entwicklungen in der Europäischen Union wurden in den Legislativprozess miteingebunden[650].

Mit dem Grundsatz der Vollständigkeit hat sich der Gesetzgeber für das in Europa dominierende Prinzip entschieden, alle Gesellschaftsformen innerhalb eines Gesetzes zu regeln[651].

Mit der Tripartition der Interessen hat es sich der Gesetzgeber im ZOPDS zur Aufgabe gemacht, die Interessen der Gesellschafter, Gläubiger und Arbeitnehmer zu regeln[652]. Dabei beschränkt sich der Grundsatz der „Tripartition der Interessen" auf das Prinzip

---

[643] Als Vorlage diente auch der Bericht der HLG aus dem Jahre 2002.
[644] Als Vorlage diente die Zweite Richtlinie und die Verordnung über die Europäische Aktiengesellschaft.
[645] Als Vorlage diente das englische Company Law, der amerikanische Revised Model Business Corporation Act, der Delaware General Corporation Act und der Illinois Business Corporation Act.
[646] Vasiljević, Komentar ZOPDS, S. 2.
[647] Vasiljević, WiRO 2006, 1, 1; ders., Komentar ZOPDS, S. 3.
[648] Vgl. hierzu Vasiljević, WiRO 2006, 1, 2 ff..
[649] Gemeinschaftspolitisch ist Serbien bemüht, das „acquis communautaire" zu übernehmen. Mit der Resolution vom 13.10.2004, vgl. Službeni glasnik RS, br. 48/04, räumte das serbische Parlament der Übernahme des „acquis communautaire" zwecks eines zugügigen Beitritts in die EU besondere Priorität ein. Als "acquis communautaire" bezeichnet man den Gesamtbestand an Rechten und Pflichten, die für die Mitgliedstaaten der EU verbindlich sind. Er umfaßt insbesondere das Gemeinschaftsrecht als Summe aller Rechtsvorschriften und Richtlinien, die seit dem Bestehen der EU in der heute geltenden Form geschaffen wurden.
[650] Vgl. Vasiljević, WiRO 2006, 1, 5.
[651] Deutschland, Österreich und England legen dieses System nicht zu Grunde.
[652] Vasiljević, Komentar ZOPDS, S. 7.

der optimalen Konfliktbewältigung, sodass den Interessen kein identischer Stellenwert beigemessen wird. Aus diesem Grund wendet sich das ZOPDS fast ausschließlich gesellschafts- und kapitalrelevanten Fragen zu. Arbeitnehmerinteressen sind hingegen im Arbeitsrecht geregelt[653].

Mit dem Grundsatz der Kompatibilität sollen grenzüberschreitende Geschäftsverbindungen gefördert werden. Hierbei bedient sich das Gesetz standardisierter und allgemein verbreiteter Gesellschaftsformen. Eine klassische Unterscheidung zwischen den Personen- und Kapitalgesellschaften nimmt das ZOPDS nicht vor. Vielmehr operiert das Gesetz mit vier Gesellschaftstypen, nämlich der OHG (ortačko društvo), der KG (komanditno društvo), der GmbH (društvo sa ograničenom ogovornošću) und der AG (akcionarsko društvo).

Insbesondere das GmbH-Recht wurde inhaltlich und systematisch umfassend reformiert. Zentraler Schwachpunkt des ZOP aus dem Jahre 1996 war die mangelnde Eigenständigkeit des GmbH-Rechts. Im Bereich der Gründung, der Gesellschaftsorgane und der Gesellschafterhaftung bediente sich das ZOP häufig aktienrechtlicher Normen. Im ZOPDS wurde das GmbH-Recht teilweise erheblich verselbstständigt. Besonders im Bereich der Sacheinlagenfähigkeit, des Sacheinlagebewertungsverfahrens, der Kapitalaufbringung, der Kapitalerhaltung und dem Verfahren zur Kapitalerhöhung und Kapitalherabsetzung enthält das GmbH-Recht nunmehr eigenständige Regelungen.
Inhaltlich wurde vor allem das Kapitalaufbringungs- und Kapitalerhaltungsrecht umfassend reformiert. Während das ZOP seinerzeit uneingeschränkt am traditionell kapitalbasierten System festhielt und das gesetzliche Grundkapital eines der tragenden Säulen des Gläubigerschutzes bildete, kommt dem institutionellen Gläubigerschutz im ZOPDS keine ernsthafte Bedeutung mehr zu. Obwohl der Kapitalschutz im ZOPDS auf den ersten Blick weiterhin auf den Säulen des Kapitalaufbringungs- und Kapitalerhaltungsrechts basiert[654], wurde das Kapitalaufbringungs- und Kapitalerhaltungsrecht erheblich dereguliert.
Zum Schutze der Gläubiger stellt das ZOPDS nicht mehr auf das gesetzliche Grundkapital, sondern vielmehr auf die Solvenz des Unternehmens ab[655].

Charakteristisch für das neue serbische GmbH-Recht ist ferner die gesteigerte Flexibilität, die mittels einer Reduktion formeller und materieller Reglementierungen erreicht wird. Das Gesetz bedient sich nicht mehr starrer, meist aktienrechtlicher Vorschriften, sondern hat zunehmend dispositive Vorschriften implementiert. Durch nachhaltige vertragliche Gestaltungsmöglichkeiten soll sich die GmbH den Bedürf-

---

[653] Arbeitsrechtliche Aspekte kommen in Art. 6 Abs. 1 ZOPDS zum Ausdruck. Hiernach müssen die Räumlichkeiten den Erfordernissen des Arbeitsschutzes genügen.
[654] Gemäß Art. 112 ZOPDS ist zur Gründung einer GmbH weiterhin ein Mindestbarkapital aufzubringen und gemäß Art. 13 Abs. 8 ZOPDS kann das eingebrachte Kapital nicht an die Gesellschafter zurückgezahlt werden.
[655] Vgl. Vasiljević, Komentar ZOPDS, S. 10; ders., Pravo i privreda 1-4/2004, 3, 14; kritisch Šogorov, Pravo i privreda 5-8/2004, 69, 73.

nissen der Gesellschafter, dem Führungs- und Organisationsbedarf sowie den wirtschaftlichen Anforderungen besser anpassen können.
Rechtspolitisch sollte mit dem neuen GmbH-Recht die Gesellschaftsgründung vereinfacht und die damit verbundenen Kosten gesenkt werden, um so die Wettbewerbsfähigkeit und Attraktivität der GmbH zu verbessern. Mit dem neuen GmbH-Recht sollten schließlich die Rahmenbedingungen der GmbH neu geordnet werden, um so die Unternehmensgründungen zu fördern[656].

Im Unterschied zum GmbH-Recht blieb das Kapitalschutzsystem der kontinentaleuropäischen Prägung im Aktienrecht unverändert. In diesem Zusammenhang ist zu berücksichtigen, dass Serbien als potentieller Beitrittskandidat zur Übernahme des „acquis communautaire" verpflichtet war bzw. ist, sodass der gesetzgeberische Gestaltungsspielraum im Aktienrecht erheblich eingeschränkt war. Um den „Übernahmeanforderungen" zu genügen war der Gesetzgeber angehalten, sich an dem in Art. 6 der Kapitalrichtlinie verankerten kapitalbasierten Kapitalschutz zu orientieren, sodass das Gesetz im Aktienrecht weiterhin am obligatorischen Grundkapital festhält.
Zur Gründung einer geschlossenen AG[657] ist daher gemäß Art. 233 Abs. 1 ZOP ein Mindestbarkapital von 10.000,- € und zur Gründung einer offenen AG gemäß Art. 233 Abs. 2 ZOP ein Mindestbarkapital von 25.000,- € aufzubringen.

4. Die Rechtsquellen des serbischen Gesellschaftsrechts

a. Das „Gesetz über Wirtschaftsgesellschaften" (ZOPDS)

Primäre Rechtsquelle des serbischen Gesellschaftsrechts ist das ZOPDS. Hierbei handelt es sich um ein umfassend geregeltes Gesetzeswerk, das aus 461 Artikel besteht. Systematisch ist das ZOPDS in sechs Teile aufgegliedert. Neben einem Allgemeinen und Besonderen Teil hat der dritte Teil Regelungen über die Liquidation, der vierte Teil Regelungen über die Verbindung von Gesellschaften, der fünfte Teil Regelungen zur Reorganisation von Wirtschaftsgesellschaften und der sechste und letzte Teil Übergangsregelungen zum Gegenstand.

(1) Einige ausgewählte Regelungen des Allgemeinen Teils

(a) Vorschriften zur Gründung (Art. 7 ZOPDS)

Gemäß Art. 7 werden Wirtschaftsgesellschaften per Gründungsakt gegründet. Einzelheiten zum Gründungsakt finden sich in den Regelungen zur jeweiligen Gesellschaftsform, da diese naturgemäß voneinander abweichen können. Unter dem Begriff des „Gründungsakts" ist ein Gesellschaftsvertrag mit einem obligatorischen Mindest-

---

[656] Vasiljević, Pravo i privreda 1-4/2004, 3, 14; kritisch Šogorov, Pravo i privreda 5-8/2004, 69, 73.
[657] Hierbei handelt es sich um eine Aktiengesellschaft, deren Aktien nur an die Gründer oder eine eingeschränkte Anzahl von Personen ausgegeben werden kann, vgl. Art. 194 Abs. 1 ZOPDS. Gemäß Art. 192 Abs. 2 ZOPDS ist die Anzahl der Aktionäre einer geschlossenen Aktiengesellschaft auf einhundert Personen beschränkt.

inhalt zu verstehen, der dem Registrierungsorgan zwingend vorzulegen ist[658]. Daneben kann auch ein Vertrag mit fakultativem Inhalt geschlossen werden, den das Gesetz gemäß Art. 7 Abs. 5 ZOPDS für die OHG, die KG und die GmbH als „Gesellschaftsvertrag" und für die AG als Satzung bezeichnet und der aufgrund der mangelnden Bedeutung für außenstehende Dritte nicht zu den erforderlichen Registrierungsunterlagen zählt[659]. Nach dem ZOPDS kann eine Gesellschaft somit zwei Gründungsdokumente besitzen. Widersprechen sich die Gründungsdokumente, gehen die Vereinbarungen des Gründungsakts den Vereinbarungen des Gesellschafsvertrages vor[660].

(b) Der Unternehmensgegenstand und die „ultra-vires-Lehre"

Während im ZOP noch eine abgeschwächte Form der „ultra-vires-Lehre" galt[661], wurde diese mit der Einführung des ZOPDS aufgegeben. Gemäß Art. 20 Abs. 1 ZOP konnte die Gesellschaft nur im Rahmen der im Gerichtsregister eingetragenen Tätigkeit rechtsgeschäftlich handeln. Neben der registrierten Tätigkeit konnte die Gesellschaft gemäß Art. 20 Abs. 2 ZOP nur dann andere Tätigkeiten ausüben, wenn sie der Ausübung der eingetragenen Tätigkeit dienten und gewöhnlich neben dieser Tätigkeit in einem geringen Umfang anfielen oder vorübergehender Natur waren. Die Wirkung der „ultra-vires-Lehre" wurde dahingehend abgeschwächt, dass diejenigen Rechtsgeschäfte, die entgegen Art. 20 Abs. 1 und Abs. 2 ZOP vorgenommen wurden, gemäß Art. 20 Abs. 3 ZOP Dritten gegenüber grundsätzlich wirksam waren, es sei denn, die Vertragspartner hatten von der Überschreitung des Unternehmensgegenstandes positive Kenntnis oder hätten von dieser wissen müssen[662].

Entgegen dieser früheren Regelung des Art. 20 ZOP knüpft das ZOPDS nicht mehr an den im Gerichtsregister eingetragenen Unternehmensgegenstand an. Gemäß Art. 5 Abs. 1 ZOPDS kann die Gesellschaft vielmehr jeden gesetzlich zulässigen Unter-

---

658 Vasiljević, Komentar ZOPDS, Art. 106, S. 186.

659 Vasiljević, Komentar ZOPDS, Art. 107, S. 187.

660 Für die OHG ergibt sich das aus Art. 57 ZOPDS, für die KG aus Art. 95 ZOPDS, für die GmbH aus Art. 108 ZOPDS und für die AG aus Art. 187 ZOPDS.

661 Jankovec, Privredno pravo, S. 103 ff.; Vasiljević, Komentar ZOP, Art. 20, S. 34, 35; Pürner, WiRO, 2001, 42, 44. Diese abgeschwächte Form der „ultra-vires-Lehre" entspricht im Wesentlichen Art. 9 Abs. 1 S. 2 der ersten Richtlinie, vgl. Jankovec, Privredno pravo, S. 105; Vasiljević, Komentar ZOP, Art. 20, S. 34. Weil das deutsche Recht eine Begrenzung der Rechtsfähigkeit entsprechend der „ultra-vires-Lehre" nicht kannte, sah man von der Umsetzung des Art. 9 Abs. 1 S. 2 der ersten Richtlinie in Deutschland ab, vgl. Schwarz, Europäisches Gesellschaftsrecht, S. 221, Rn. 350. Zur „ultra-vires-Lehre" im ZOP aus dem Jahre 1988, vgl. Beckmann-Petey, RIW 1989, 271, 272.

662 Daneben konnten nach Art. 54 Abs. 2 des „Gesetzes über obligatorische Verhältnisse" (Zakon o obligacionim odnosima) juristische Personen nur im Rahmen ihrer Rechtsfähigkeit rechtsgeschäftliche Handlungen vornehmen. Diese Regel trat für Wirtschaftsgesellschaften im Wege der Spezialiät hinter Art. 20 Abs. 3 ZOP zurück, vgl. Jankovec, Privredno pravo, S. 104; Vasiljević, Komentar ZOP, Art. 20, S. 34.

nehmensgegenstand ausüben[663]. Betätigt sich die Gesellschaft außerhalb des im Gründungsakt festgelegten Gegenstandes, wird sie nunmehr gemäß Art. 25 Abs. 4 ZOPDS grundsätzlich rechtsgeschäftlich gebunden. Damit wurde die „ultra-vires-Lehre" im ZOPDS ausdrücklich aufgegeben[664].

(c) Die Rechtspersönlichkeit der Wirtschaftsgesellschaften (Art. 8 ZOPDS)

Gemäß Art. 8 ZOPDS erlangen Wirtschaftsgesellschaften, hierzu zählen gemäß Art. 2 Abs. 2 ZOPDS die KG, die OHG, die GmbH und die AG, mit der Registrierung den Status einer juristischen Person.
Gemäß Art. 11 ZOPDS ist die Gründungsregistrierung einer Gesellschaft nichtig, wenn der Unternehmensgegenstand ungesetzlich ist (Art. 11 Abs. 2 Ziff. 2 ZOPDS), der Gründungsakt keine Angaben zur Höhe des gesetzlich vorgeschriebenen Gründungskapitals enthält (Art. 11 Abs. 2 Ziff. 3 ZOPDS) und wenn das gesetzlich vorgeschriebene Mindestkapital entgegen den gesetzlichen Vorgaben nicht eingezahlt wurde (Art. 11 Abs. 2 Ziff. 4 ZOPDS).
Die Nichtigkeit der Registrierung lässt gemäß Art. 11 Abs. 4 ZOPDS die Wirksamkeit der Rechtsgeschäfte mit gutgläubigen Dritten allerdings unberührt, da diese regelmäßig an den rechtlichen Bestand der Gesellschaft und dem getätigten Rechtsgeschäft vertrauen durften.
Mit der gerichtlichen Feststellung über die Nichtigkeit der Gründungsregistrierung haften die Gründungsgesellschafter gemäß Art. 11 Abs. 5 ZOPDS gegenüber den Gläubigern solidarisch.

(d) Die Vertretung der Gesellschaft (Art. 25 ff. ZOPDS)

Gemäß Art. 25 Abs. 1 ZOPDS sind die Vertreter der Gesellschaft gegenüber verpflichtet, die qua Gründungsakt, Gesellschaftsvertrag oder Satzung festgesetzten Beschränkungen einzuhalten. Dritten gegenüber hat die Überschreitung der Vertretungsmacht gemäß Art. 25 Abs. 3 ZOPDS allerdings keine rechtliche Wirkung, es sei denn, diese hatten von der Überschreitung positive Kenntnis oder hätten von ihr wissen müssen. Außerhalb des Unternehmensgegenstandes liegende rechtsgeschäftliche Handlungen eines Vertreters binden gemäß der in Art. 25 Abs. 4 ZOPDS verankerten Abkehr von der „ultra-vires Lehre" grundsätzlich die Gesellschaft[665].

(e) Haftung für die Verbindlichkeiten der Wirtschaftsgesellschaft (Art. 15 ZOPDS)

Grundsätzlich haftet die Wirtschaftsgesellschaft für ihre Verbindlichkeiten mit dem Gesellschaftsvermögen. Daneben haften die Gesellschafter einer OHG und die Komplementäre einer KG für die Gesellschaftsverbindlichkeiten persönlich.

---

[663] Ungesetzliche Unternehmensgegenstände haben gemäß Art. 11 Abs. 2 Ziff. 4 ZOPDS die Nichtigkeit der Registrierung zur Folge.
[664] So auch Vasiljević, Komentar ZOPDS, Art. 25, S. 80, 81.
[665] Die Regeln zur Prokura (Art. 26 bis 30 ZOPDS) entsprechen den §§ 48 ff. HGB.

Ausnahmsweise können auch die Kommanditisten einer KG, die Gesellschafter einer GmbH sowie die Aktionäre AG gemäß Art. 15 ZOPDS persönlich haften, wenn sie die Gesellschaft als juristische Person zur Erreichung betrügerischer und ungesetzlicher Zwecke missbraucht oder über das Gesellschaftsvermögen wie über ihr eigenes Vermögen verfügt haben. Hierbei handelt es sich um eine im Allgemeinen Teil des ZOPDS normierte Durchgriffshaftung. In Anlehnung an das Institut „*piercing the coporate veil*" lässt das Gesetz bei Missbrauch der Rechtspersönlichkeit, trotz des im Kapitalgesellschaftsrecht verankerten Trennungsprinzips[666], einen Durchgriff auf das Vermögen der Gesellschafter zu. Die Gesellschafter können auf das Haftungsprivileg dann nicht vertrauen, wenn sie sich unrechtmäßig bzw. missbräuchlich verhalten. Aufgrund des Ausnahmecharakters ist Art. 15 ZOPDS allerdings eng auszulegen. Obwohl bereits das ZOP eine gesetzlich normierte Durchgriffshaftung kannte[667], waren die Gerichte bei der Anwendung dieses Instituts sehr zögerlich[668].

(f) Weitere Bestimmungen des Allgemeinen Teils

Neben den erwähnten Vorschriften enthält der Allgemeine Teil ferner Bestimmungen über die Sacheinlagenbewertung (Art. 14 ZOPDS), zum Sitz und zur Firma (Art. 16 ff. ZOPDS), zu den Verhaltenspflichten der Gesellschafter gegenüber der Gesellschaft (Art. 31 ff. ZOPDS) sowie zur Verjährung der Ansprüche gegen die Gesellschaft (Art. 47 ZOPDS).

(g) Bestimmungen des Besonderen Teils des ZOPDS

Im Besonderen Teil (Art. 48 bis 349 ZOPDS) handelt das Gesetz den Einzelunternehmer und die einzelnen Handelsgesellschaften, nämlich die OHG „ortačko društvo", die KG „komanditno društvo", die GmbH „društvo sa ograničenom odgovornošću" sowie die AG „akcionarsko društvo" in jeweils getrennten Kapiteln ab. Obwohl die Handelsgesellschaften grundsätzlich getrennt geregelt sind, werden sie vereinzelt durch die Verweisungstechnik miteinander verbunden. Im GmbH-Recht bedient sich das Gesetz gelegentlich noch der Verweisung in das Aktienrecht.

---

[666] Zum Gesellschaftsvermögen und zum Trennungsprinzip, vgl. Vasiljević, Komentar ZOPDS, Art. 13, S. 53, 54, 55.

[667] Art. 54 ZOP löste eine Durchgriffshaftung aus, wenn die Gesellschaft zur Erreichung verbotener Ziele bzw. zur Schädigung der Gläubiger missbraucht wurde oder wenn die Organe über das Gesellschaftsvermögen wie über ihr eigenes Vermögen verfügt haben. Persönlich erstreckte sich der Anwendungsbereich auf die Gründer, Gesellschafter, den Verwalungsrat (upravni odbor) und den ausführenden Ausschuss der Direktoren (izvršni odbor direktora).

[668] Vgl. Vasiljević, Komentar ZOPDS, Art. 15, S. 61; ders., Komentar ZOP, Art. 54, S. 67, 68.

b. Weitere Rechtsquellen mit gesellschaftsrechtlichem Bezug

(1) Gesetz über öffentliche Unternehmen

Eine weitere primäre gesellschaftsrechtliche Quelle stellt das „Gesetz über öffentliche Unternehmen" (Zakon o javnim preduzećima -ZOJP-)[669] dar. Der Anwendungsbereich dieses Gesetzes erstreckt sich ausschließlich auf öffentliche Unternehmen, da das ZOPDS keine Regelungen zu diesem Unternehmenstyp enthält[670]. Hierunter versteht man Unternehmen, die vom Staat oder von den kommunalen Körperschaften gegründet werden und die Erfüllung öffentlicher Interessen[671] zum Gegenstand haben. Wesentliches Abgrenzungsmerkmal ist die Gewinnerzielungsabsicht[672]. Im Unterschied zu öffentlichen Unternehmen werden Wirtschaftsgesellschaften nach der Intention des Art. 2 Abs. 1 ZOPDS ausschließlich zu lukrativen Zwecken gegründet. Substantiell befasst sich das ZOJP insbesondere mit dem Gründungsverfahren und der Organstruktur öffentlicher Unternehmen.

(2) Gesetz über private Einzelunternehmer

Bis zum Inkrafttreten des ZOPDS war das Einzelunternehmen in einem gesonderten Gesetz, dem „Gesetz über private Einzelunternehmer" (Zakon o privatnim preduzetnicima –ZPP) geregelt[673]. Das ZPP ermöglichte natürlichen Personen einer wirtschaftlich selbstständigen Tätigkeit nachzugehen.
Das ZPP wurde nunmehr durch die Vorschriften der Art. 48 bis 52 ZOPDS ersetzt[674]. Wie bereits nach dem ZPP knüpft die wirtschaftlich selbstständig ausgeübte Tätigkeit des Einzelunternehmers an das Handwerksgewerbe an. Einzelunternehmen unterscheiden sich in rechtlicher Hinsicht von Wirtschaftsgesellschaft dadurch, dass sie nicht den Status einer juristischen Person erlangen können[675] und ausschließlich von dem Geschäftsinhaber geführt und vertreten sind, der zugleich für die Verbindlich-

---

[669] Službeni glasnik RS, br. 25/00.

[670] Die Republik Serbien hat von der Möglichkeit zur Gründung öffentlicher Unternehmen in einer Vielzahl von Bereichen Gebrauch gemacht, wie z.B. im Bereich der Rohöl- und Rohgasverarbeitung, Službeni glasnik RS, br. 37/91, des Eisenbahnwesens, Službeni glasnik RS, br. 38/91, der Wasser- und Waldwirtschaft, Službeni glasnik RS, br. 46/91, des Postwesens, Službeni glasnik RS, br. 38/91, etc.. Eine Übersicht findet sich bei Jankovec, Privredno pravo, S. 73 (Fn. 112).

[671] Der Begriff des öffentlichen Interesses ist in Art. 2 ZOJP definiert. Neben der Daseinsvorsorge zählen hierzu auch Bereiche, die für die Republik von strategischer Wichtigkeit sein können. Die Erfüllung öffentlicher Interessen kann gemäß Art. 3 ZOJP von dem zuständigen Organ auch auf privatwirtschaftlich organisierten Gesellschaften übertragen werden.

[672] Im Gegensatz zu Wirtschaftsgesellschaften darf bei öffentlichen Unternehmen die Gewinnerzielungsabsicht nicht im Vordergrund stehen, vgl. Vasiljević, WiRO 2006, 1, 2. Vielmehr soll eine möglichst qualitative Befriedigung der gemeinschaftlichen Bedrüfnisse erreicht werden. Bei einigen öffentlichen Unternehmen ist die Eröffnung des Insolvenzverfahrens qua Gesetz ausgeschlossen, vgl. hierzu Jankovec, Privredno pravo, S. 74.

[673] Službeni glasnik SRS, br. 54/89 i 9/90; Službeni glasnik RS, br. 19/91, 46/91, 31/93, 39/93, 53/93, 67/93, 48/94, 53/95, 35/02.

[674] Für die Übergangszeit bis zum 31.12.2005 fanden noch die Regeln des ZPP zur Registrierung privater Einzelunternehmen Anwendung.

[675] Vasiljević, Komentar ZOPDS, Art. 48, S. 116.

keiten gemäß Art. 49 ZOPDS uneingeschränkt mit seinem privaten Vermögen haftet[676]. In tatsächlicher Hinsicht unterscheiden sich Einzelunternehmen von den Wirtschaftsgesellschaften dahingehend, dass sie einen wesentlich geringeren Geschäftsumfang aufweisen.

(3) Gesetz über ausländische Anlagen

Auf Unternehmensgründungen und Unternehmensbeteiligungen mit einem ausländischen Bezug findet das „Gesetz über ausländische Anlagen“(Zakon o stranim ulaganjima -GAA-) Anwendung.

Das GAA wurde erstmals im Jahre 1988[677] erlassen und sollte nach Abschaffung der Arbeiterselbstverwaltung ausländische Kapitalinvestitionen erleichtern und fördern. Insgesamt wurde das GAA in den Jahren 1994[678], 1996[679], 2002[680] und 2003[681] novelliert.

Zweck des GAA ist es, ausländischen Investoren mittels kodifizierter Rechtsgarantien Investitionsanreize zu verschaffen.

Grundformen der ausländischen Beteiligung sind gemäß Art. 4 i.V.m. Art. 3 GAA die Unternehmensgründung und die Unternehmensbeteiligung in Form eines Anteils- oder Aktienerwerbs. Ausländische Personen i.S.d. GAA sind neben juristischen Personen mit ausländischem Sitz und ausländischen natürlichen Personen, auch jugoslawische Staatsbürger mit einem Aufenthalt im Ausland von über einem Jahr. Ausländische Beteiligungen sind gemäß Art. 7 GAA mit einigen wenigen Ausnahmen uneingeschränkt möglich.

Eine Ausnahme bildet beispielsweise Art. 19 Abs. 1 GAA. Hiernach sind ausschließlich ausländische Beteiligungen auf bestimmten örtlichen Gebieten und im Bereich des Handels oder der Produktion von Waffen ausgeschlossen. Ausländische Beteiligungen mit einem inländischen Unternehmen sind gemäß Art. 19 Abs. 2 GAA allerdings möglich, soweit das ausländische Unternehmen nicht mehrheitlich an dem inländischen Unternehmen beteiligt ist. Ein solches Vorhaben ist gemäß Art. 19 Abs. 3 GAA genehmigungspflichtig[682].

Investitionsanreize soll das GAA besonders in Form von Garantien schaffen. Gemäß Art. 8 und Art. 9 GAA werden ausländische Personen und Unternehmen mit ausländischer Beteiligung hinsichtlich der Rechte und Pflichten, der Rechtssicherheit

---

[676] Vgl. hierzu Jankovec, Privredno pravo, S. 82, 83.

[677] Službeni list SFRJ, br. 77/1988.

[678] Zakon o stranim ulaganjima, Službeni list SRJ, br. 79/94, vgl. hierzu Pürner, WiRO 1996, 457 ff..

[679] Zakon o stranim ulaganjima, Službeni list SRJ, br. 29/96, vgl. hierzu Pürner, WiRO 2001, 42, 43, 44.

[680] Zakon o stranim ulaganjima, Službeni list SRJ, br. 3/02.

[681] Zakon o stranim ulaganjima, Službeni list SRJ, br. 05/03.

[682] Eine Entscheidung des zuständigen Bundesorgans über einen solchen Antrag hat gemäß dem Beschleunigungsgrundsatz nach Art. 19 Abs. 5 ZOPDS innerhalb einer Frist von 30 Tagen zu erfolgen. Nach Ablauf dieser Frist wird die Genehmigung fingiert. Gemäß Art. 19 Abs. 6 GAA ist die Versagung begründungspflichtig.

und dem Rechtsschutz, inländischen juristischen und natürlichen Personen gleichgestellt. Gemäß Art. 14 GAA ist ferner die Einfuhr von Sacheinlagen frei und die Einfuhr von Betriebsmitteln[683] wird gemäß Art. 16 GAA von Zoll- und sonstigen Einfuhrgebühren befreit.
Schließlich genießen ausländische Anleger mit ihren Anlagen gemäß Art. 15 GAA Steuer- und Zollvergünstigungen, soweit sie durch Gesetz vorgesehen sind.

(4) Privatisierungsgesetz

Gesellschaftsrechtliche Sachverhalte mit Bezügen zum „gesellschaftlichen" oder „staatlichen" Eigentum können ferner dem Anwendungsbereich des „Privatisierungsgesetzes" (Zakon o privatizaciji)[684] unterliegen. Regelungsgegenstand dieses Gesetzes ist die Umwandlung des staatlichen und gesellschaftlichen[685] Eigentums. Inhaltlicher Schwerpunkt dieses Gesetzes ist vor allem die Steuerung von Privatisierungsprozessen[686].

(5) Gesetz über die Registrierung von Wirtschaftssubjekten

Zum 01.01.2005 ist das „Gesetz über die Registrierung von Wirtschaftssubjekten" (Zakon o registraciji privrednih subjekata -RegG-) in Kraft getreten[687]. Damit wurde das Gründungsverfahren von Wirtschaftsgesellschaften dem Standard der EU angepasst. Seitens der EU wurden insbesondere die lange Gründungsdauer und die Einschränkung der Gründungsfreiheit bemängelt und eine entsprechende legislative Abhilfe gefordert[688]. Durchschnittlich beliefen sich in Serbien die Registrierungskosten auf 283,- US$, und die Registrierungsdauer betrug durchschnittlich 71 bis 105 Tage[689]. Normative Grundlage des früheren Registrierungsverfahrens von Wirtschaftsgesellschaften waren die Art. 95-99 ZOP, das „Bundesgesetz über die gerichtliche Registrierung" (Savezni Zakon o sudskoj registraciji)[690] und die „Bundesverordnung über die Gerichtsregistereintragung" (Savezna uredba o upisu u sudski registar)[691].

---

[683] Hiervon sind PKW und Glücksspielautomaten ausgenommen.

[684] Službeni glasnik RS, br. 38/01.

[685] Was unter dem Begriff des „gesellschaftlichen Eigentums" zu verstehen ist, war lange Zeit unklar. Im Gegensatz zu anderen sozialistischen Ländern, die ausschließlich die Form des staatlichen Eigentums kannten, existierte in der damaligen Sozialistischen Föderativen Republik Jugoslawien der Sebstverwaltungssozialismus. Dementsprechend verstand man unter dem Begriff des „gesellschaftlichen Unternehmens" ein verstaatlichtes Unternehmen, in dem der Staat formell nicht als Eigentümer auftrat, sondern das Eigentum der Gesellschaft selbst und den darin beschäftigten Mitarbeitern zuzuordnen war, vgl. Tischler, Handbuch Wirtschaft und Recht in Osteuropa, Band 4, SYST 11 SLO, S. 13 Rn. 56; Borić/Petrović, Gesellschaftsrecht und Wirtschaftsprivatrecht in Kroatien, S. 199.

[686] Gemäß Art. 12 des Privatisierungsgesetzes können inländische und ausländische juristische und natürliche Personen gesellschaftliches oder staatliches Eigentum erwerben.

[687] Službeni glasnik RS, br. 55/04 und 61/05, vgl. hierzu auch Pintarić, WiRO 2004, 286.

[688] Ilić, Savetodavni Centar, S. 25 (Ziff. 5).

[689] Ilić, Savetodavni Centar, S. 35, 46.

[690] Službeni glasnik SRJ, br. 80/94.

[691] Službeni glasnik SRJ, br. 1/97, 5/97, 13/02.

Ursache der erheblich langen Verfahrensdauer war eine fehlende gesetzliche Fristenvorgabe, innerhalb derer eine Eintragung oder Entscheidung über die Eintragung durch die zuständigen Gerichte zu erfolgen hat. Zudem war das Registrierungsverfahren kompliziert und aufgrund der Dualität der Zuständigkeiten[692] sehr undurchsichtig. Auch legten die Registrierungsbehörden keinen einheitlichen Beurteilungsmaßstab zu Grunde, sodass dadurch eine erhebliche Rechtsunsicherheit erzeugt wurde. Charakteristisch war ferner, dass eine Eintragung in das Gerichtsregister gemäß Art. 18 ZOP nur dann erfolgen konnte, wenn der Antragsteller eine Bescheinigung des zuständigen Inspektionsorgans (sog. Inspektionsbescheid) über die Erfüllung der Anforderungen an die technischen Einrichtungen und den Arbeitsschutz beibringen konnte[693]. Besonders Art. 18 ZOP stellte mit seinen Anforderungen eine erhebliche Einschränkung der Gründungs- und unternehmerischen Handlungsfreiheit dar[694].

Mit dem ZOPDS wurde der Regelungsgehalt des Art. 18 ZOP zwar nicht abgeschafft, allerdings stellen die nunmehr in Art. 6 ZOPDS geregelten Anforderungen an die technischen Einrichtungen und den Arbeitsschutz keine Registrierungsvoraussetzung mehr dar[695].

Im Bereich der Registrierung nahm der Gesetzgeber zahlreiche systematische und deregulierende Veränderungen vor, wodurch das Gründungs- und Registrierungsverfahren vereinfacht, beschleunigt und transparenter gemacht wurde.
Registrierungssubjekte sind neben den Wirtschaftsgesellschaften und Genossenschaften künftig auch Einzelunternehmer[696]. Gegenstand der Registrierung ist gemäß Art. 5 RegG neben der Gründung, der Verbindung und der Auflösung von Gesellschaften auch die Gesellschaftsumwandlung. Zum obligatorischen Registerinhalt gehören gemäß Art. 6 RegG neben den jährlich von den Wirtschaftssubjekten einzureichenden Finanzberichten auch sonstige Wirtschaftssubjektdaten, die für den Geschäftsverkehr von Relevanz sind.
Mit Übertragung der Registrierungszuständigkeit auf die Agentur für das Wirtschaftsregister[697] wurde das duale Registrierungssystem vollständig abgeschafft und zentrali-

---

[692] Für die Registrierung von Wirtschaftsgesellschaften waren 17 Handelsgerichte und für die Einzelunternehmen 106 Gemeinden zuständig.

[693] Vgl. hierzu Vasiljević, Komentar ZOP, Art. 18, S. 33; Jankovec, Privredno pravo, S. 44, 108. Die Mindestanforderungen über die technische Einrichtung von Räumlichkeiten waren besonderes geregelt, Službeni glasnik RS, br. 105/93.

[694] Ilić, Savetodavni Centar, S. 35.

[695] Gemäß Art. 6 Abs. 2 ZOPDS wird die Einhaltung der Anforderungen an die technischen Einrichtungen und den Arbeitsschutz von dem zuständigen Inspektionsorganen überwacht. Einer Genehmigung bedarf es hierbei jedoch nicht. Ausnahmsweise können Gesellschaften ihre Geschäftstätigkeit erst nach einer zuvor erteilten Genehmigung aufnehmen, wenn die Gesellschaft die Produktion, den Vertrieb und die Verarbeitung von gefährlichen und gesundheitsgefährdenden Stoffen zum Gegenstand hat.

[696] Gemäß Art. 88 Abs. 2 RegG findet das RegG erst zum 01.01.2006 auf die Registrierung von Einzelunternehmen Anwendung.

[697] Gegründet wurde diese Agentur mit dem „Gesetz über die Agentur für Wirtschaftsregister" (Zakon o Agenciji za privredne registre), Službeni glasnik RS, br. 55/04.

siert. Die Registrierungstätigkeit nehmen sog. Registratoren vor, die auf vier Jahre von dem Vorstand der Agentur für Wirtschaftsregister ernannt werden[698].

Gemäß Art. 3 Abs. 6 RegG zählt besonders die Wirtschaftlichkeit zu den elementaren Grundsätzen dieses Gesetzes. Hiernach haben die Eintragung, der Einblick sowie der Auszug aus dem Register ohne Verzögerungen und unter einem möglichst geringen Kostenaufwand zu erfolgen. Der Beschleunigungsgrundsatz kommt besonders in den Art. 24, 25 und 26 RegG zum Ausdruck. Hiernach hat der Registrar innerhalb einer Frist von fünf Tagen eine Entscheidung über die Eintragung zu treffen. Sollten die Voraussetzungen für eine Registereintragung nicht erfüllt sein, muss der Registrar gemäß Art. 24 RegG innerhalb von fünf Tagen ab dem Zeitpunkt der Antragstellung einen ablehnenden Bescheid erlassen.
Liegen die Voraussetzungen zur Registrierung hingegen vor, ist der Registrar verpflichtet, innerhalb von 5 Tagen ab dem Zeitpunkt der Antragstellung einen positiven Bescheid zu erlassen und die Eintragung unverzüglich vorzunehmen. Ergeht innerhalb dieser Fünf-Tages-Frist keine Entscheidung wird die Genehmigung gemäß Art. 26 RegG fingiert und der Registrar verpflichtet, eine Eintragung unverzüglich vorzunehmen.

Im Rechtsbehelfsverfahren setzt sich dieser Beschleunigungsgrundsatz konsequent fort. Binnen einer Frist von 8 Tagen steht dem Antragsteller ein Beschwerderecht gegen den ablehnenden Bescheid zu. Hilft der Registrar der Beschwerde nicht ab, hat er diese innerhalb einer Frist von fünf Tagen dem zuständigen Ministerium vorzulegen, das sodann innerhalb einer Frist von 30 Tagen ab dem Zeitpunkt der Beschwerdeeinlegung eine Entscheidung trifft. Gegen diese Entscheidung kann der Antragsteller gemäß Art. 28 RegG wiederum innerhalb einer Frist von 30 Tagen einen Rechtsbehelf einlegen.
Neben dem Postweg ist gemäß Art. 20 RegG eine elektronische Antragstellung möglich. Allerdings ist binnen fünf Tagen ab dem Zeitpunkt der elektronischen Antragstellung das Nachreichen der Originalunterlagen erforderlich. Für den Zeitpunkt der Antragstellung ist der Zeitpunkt des Eingangs der Originalunterlagen maßgebend. Werden die Originalunterlagen nicht innerhalb der Fünf-Tages-Frist beigebracht, gilt der Antrag als nicht gestellt.

5. Das Gesellschaftsrecht in den ehemaligen Republiken der Sozialistischen Föderativen Republik Jugoslawien

a. Kroatien

Nach dem Zerfall der Sozialistischen Föderativen Republik Jugoslawien galt in Kroatien das im Jahre 1988 verabschiedete, jedoch mehrfach novellierte Unternehmensgesetz (ZOP) zunächst bis 1993 fort. Im Jahre 1993 trat dann das „Handels-

[698] Eine Wiederernennung ist gemäß Art. 9 RegG möglich.

gesellschaftsgesetz" (Zakon o trgovčkim društvima) in Kraft[699]. Bei der Schaffung des „Handelsgesellschaftsgesetzes" orientierte sich der kroatische Gesetzgeber stark am deutschen Gesellschaftsrecht[700], sodass dem „Handelsgesellschaftsgesetz" die klassischen Handelsgesellschaften wie die OHG, KG, GmbH und die AG bekannt sind. Im Kapitalgesellschaftsrecht gilt uneingeschränkt das kontinentaleuropäische kapitalbasierte System. Zur Gründung einer GmbH (društvo s ograničenom ogovornošću, d.o.o.) ist ein Stammkapital von 20.000,- HRK[701] und zur Gründung einer Aktiengesellschaft (dioničko društvo, d.d.) ein Gründungskapital von 120.000 HRK[702] vorgeschrieben. Im Jahr 2003 wurde das kroatische „Handelsgesellschaftsgesetz" nachgebessert und an das Europäische Gesellschaftsrecht angepasst[703].

b. Slowenien

Ähnlichen gestaltete sich die Entwicklung des slowenischen Gesellschaftsrechts. Wie in der Bundesrepublik Jugoslawien und in Kroatien galt das „Unternehmensgesetz" aus dem Jahre 1988 in Slowenien zunächst fort[704]. Die offenkundigen Schwächen des „Unternehmensgesetzes" machten eine Novellierung des slowenischen Gesellschaftsrechts erforderlich, sodass am 27.05.1993 das „Gesetz über Wirtschaftsgesellschaften" (Zakon o gospodarskih družbah) verabschiedet wurde[705]. Auch der slowenische Gesetzgeber entschied sich, die im kontinentaleuropäischen Rechtsraum verbreiteten Handelsgesellschaften zu übernehmen[706]. Das slowenische Gesellschaftsrecht kennt damit die KG, die Gesellschaft mit unbeschränkter solidarischer Haftung der Mitglieder[707] sowie die AG und die GmbH[708]. Im Kapitalgesellschaftsrecht gilt uneingeschränkt das kontinentaleuropäische Kapitalschutzsystem, sodass zur Gründung einer GmbH ein Stammkapital von 2,1 Mio. SIT[709] und zur Gründung einer AG ein Grundkapital von 6,0 Mio. SIT[710] aufzubringen ist.

---

[699] Das Gesetz ist bereits am 23. Dezember 1993 in Kraft getreten, findet aber erst seit dem 01.01.1995 Anwendung, vgl. hierzu Borić/Petrović, Gesellschaftsrecht und Wirtschaftsprivatrecht in Kroatien, S. 214; Pintarić in Gralla/Sonnenberger, Handelsgesellschaften in Osteuropa, S. 46 ff.; Bogdanović/Pürner, Handbuch Wirtschaft und Recht in Osteuropa, Band 2, SYST 31 KRO, S. 2 ff..

[700] Barbić, FS Doralt, S. 51, 68; Borić/Petrović, Gesellschaftsrecht und Wirtschaftsprivatrecht in Kroatien, S. 215; Bogdanović/Pürner, Handbuch Wirtschaft und Recht in Osteuropa, Band 2, SYST 31 KRO, S. 2 Rn. 2.

[701] Kroatische Kuna. Entspricht einem Gegenwert von etwa 2.560,- €.

[702] Entspricht einem Gegenwert von 16.000,- €.

[703] Barbić, FS Doralt, S. 51, 68, 69.

[704] Vgl. hierzu Tischler, Investieren in Slowenien, S. 49 ff..

[705] Uradni list RS, br. 30/93 z dne 10.07.1993 (Amtsblatt RS Nr. 30/93 vom 10.07.1993).

[706] Doralt/Kocbek/Pivka, Die Aktiengesellschaft, S. 5.

[707] Diese Gesellschaftsform entspricht funktional der OHG.

[708] Tischler, Handbuch Wirtschaft und Recht in Osteuropa, Band 4, SYST 11 SLO, S. 13 Rn. 62.

[709] Slowenischer Tolar. Entspricht einem Gegenwert von etwa 8.700,- €.

[710] Entspricht einem Gegenwert von etwa 25.000,- €.

c. Bosnien und Herzegowina

Auch in der Föderation Bosnien und Herzegowina[711] wurde das aus dem Jahre 1988 stammende ZOP zunächst durch ein gleichnamiges Gesetz und im Jahre 1999 durch das „Gesetz über Wirtschaftsgesellschaften" ersetzt[712]. Auch dem bosnischen Gesellschaftsrecht sind die klassischen Handelsgesellschaften bekannt. Im Kapitalgesellschaftsrecht entschied man sich ebenfalls, das kontinentaleuropäische kapitalbasierte System zu übernehmen[713].

B. Einführung in das deutsche GmbH-Recht

Die Rechtsform der GmbH wurde erstmals im Jahre 1892 von dem deutschen Gesetzgeber geschaffen[714] und entsprang den besonderen wirtschaftlichen Bedürfnissen, auch kleinen und mittleren Unternehmen eine kapitalistische Gesellschaftsform zur Verfügung zu stellen[715]. Trotz der bereits existierenden kleinen Kapitalgesellschaften, die in Form der Aktiengesellschaft organisiert waren, sollte mit der GmbH eine neue, flexible Gesellschaftsform dadurch geschaffen werden, indem die Organisationsstruktur vereinfacht, die Gründung erleichtert und eine stärkere Einbindung der Gesellschafter erreicht werden sollte. Man suchte nach einer Gesellschaftsform, die sich zwischen der Gesellschaftsform der OHG und der AG bewegte und die Vorteile beider Gesellschaftsformen verband. Im Ergebnis wurde eine Kapitalgesellschaftsform geschaffen, die sowohl personalistische wie auch kapitalistische Gesellschaftsstrukturen vereinte und sich seit dem Bestehen in über 100 Ländern verbreitete. Trotz der beeindruckenden Popularität hat die GmbH mit dem Problem der tendenziellen Finanzschwäche und der damit verbundenen signifikanten Insolvenzanfälligkeit zu kämpfen[716].

Zur Lösung des vorhergesehenen Unterkapitalisierungsproblems entschied sich der Gesetzgeber im Jahre 1892 für das Prinzip eines festen, gesetzlich vorgeschriebenen Stammkapitals, das bis heute, von der Höhe abgesehen[717], unverändert neben dem

---

[711] In der Republika Srpska, der kleineren der beiden Entitäten, gilt das aus dem Jahre 1998 stammende „Unternehmensgesetz" (Zakon o preduzećima), Službeni list RS, br. 43/1999, welches sich stark an das gleichnamige Gesetz der BR Jugoslawien aus dem Jahre 1996 anlehnte.

[712] Vgl. hierzu Pürner, Handbuch Wirtschaft und Recht in Osteuropa, Band 1, SYST 01 BiH, S. 11, 28 Rn. 29, 85.

[713] Gemäß Art. 38 Abs. 1 des bosnischen „Gesetzes über Wirtschaftsgesellschaften" verfügen die Aktiengesellschaft und die Gesellschaft mit beschränkter Haftung über ein gesetzliches Grundkapital. Auch in der Republika Srpska ist im Kapitalgesellschaftsrecht das kapitalbasierte System verankert.

[714] GmbHG RGBl. 1892, 477-499.

[715] Lutter, FS 100 Jahre GmbHG (1992), S. 49, 51.

[716] Hüls, Früherkennung insolvenzgefährdeter Unternehmen, S. 66; Lutter, FS 100 Jahre GmbHG (1992), S. 49, 72; Hansen, GmbHR 1996, 327, 330; ders., GmbHR 1988, 15, 17; Ballerstedt, GmbHR 1967, 66, 69.

[717] Mit dem Inkraftreten sah das GmbHG im Jahre 1892 ein Mindeststammkapital von 20.000,- Mark vor. Inflationsbedingt wurde die Höhe des Mindeststammkapitals zwischen dem ersten und zweiten

Kapitalerhaltungsrecht einen festen Bestandteil bzw. das Kernstück der GmbH bildet und entsprechend streng von der Rechtsprechung behandelt wird[718]. Mit dem gewählten Konzept sollte der Markt vor einer Überzahl an ungenügend fundierten Gesellschaftsgründungen bewahrt[719] und ein gewisses Interesse der Teilnehmer am Schicksal des gemeinsamen Unternehmens[720] gewährleistet werden[721].
Trotz zahlreicher rechtspolitischer Reformbestrebungen[722] ist das GmbHG aus dem Jahre 1892 bis auf wenige legislative Maßnahmen unverändert geblieben[723]. Einen wesentlich stärkeren Einfluss auf die Entwicklung des GmbH-Gesetzes nimmt die Rechtsprechung im Rahmen der Rechtfortbildung ein[724].

C. Der Kapitalschutz in Serbien und Deutschland

Aspekte der Rechtsvergleichung

Im Rahmen der nachfolgenden Ausführungen wird die Rechtslage des GmbHG grundsätzlich als bekannt vorausgesetzt. Eine Darstellung des deutschen GmbH-Rechts soll in der Vergleichsanalyse in einem ausführlichen Umfang erfolgen, wenn es zum besseren Verständnis oder für die Vergleichsanalyse erforderlich und aufgrund von aktuellen Entwicklungen geboten erscheint.

Weltkrieg mehrfach verändert, vgl. hierzu Hachenburg, GmbHG 6. Aufl., § 5, Einl.. Aus ordnungspolitischen Gründen brachte die Novellierung des GmbH-Gesetzes im Jahre 1980 schließlich eine Erhöhung der Mindeststammkapitalziffer von 20.000,- auf 50.000,- DM mit sich. Zu den erfolglosen Reformbestrebungen vgl. Mosthaf, Die Reform des Rechts der GmbH, 1994, S. 62 ff..

[718] Wiederholt hat der BGH die Kapitalaufbringungs- und Kapitalerhaltungsvorschriften zum Kernstück des GmbH-Rechts erklärt, die eine Aushöhlung nicht vertragen würden, vgl. BGHZ 28, 77, 78; 51, 157, 162.

[719] Hierbei stand jedoch weniger die wirtschaftliche als die politische Solidität im Vordergrund, vgl. Bauer, S. 136; Fabricius, GmbHR 1970, 137, 138.

[720] Dieser Gesichtspunkt spielt in der heutigen privatwirtschaftlich und individualistisch organisierten Gesellschaft keine Rolle, so auch Bauer, S. 137; Fabricius, GmbHR 1970, 137, 139.

[721] Begründung des Entwurfes des GmbH Gesetzes von 1892, S. 40 § 5. Vgl. hierzu Fabricius, GmbHR 1970, 137, 138; Bauer, S. 136 ff.; Fromm, Gläubigerschutz, S. 76.

[722] Zu den wichtigsten, jedoch gescheiterten Reformbestrebungen, zählen der Reformentwurf aus dem Jahre 1939, der Referentenentwurf von 1969 sowie der Regierungsentwurf aus den Jahren 1971 und 1973. Im Jahre 1980 wurde statt einer umfassendenden Reform das GmbHG lediglich novelliert. Ein umfassender Überblick über die Reformbestrebungen findet sich bei Scholz/Westermann, GmbHG, 9. Aufl. 2000, Einl. Rn. 45 ff.; Mosthaf, Die Reform des Rechts der GmbH, 1994, S. 18 ff.; K. Schmidt, Gesellschaftsrecht, 4. Aufl. 2002, S. 987 ff..

[723] K. Schmidt, Gesellschaftsrecht, 4. Aufl. 2002, § 33 II 2. a, S. 987.

[724] Ein umfassender Überblick über die Rechtsfortbildung des Reichsgerichts und des Bundesgerichtshofes findet sich bei Mosthaf, Die Reform des Rechts der GmbH, 1994, S. 43 (Fn. 100, 102). Einen Meilenstein in der Rechtsfortbildung des GmbH-Rechts stellt die Rechtsprechung des BGH zur Existenzvernichtungshaftung dar, BGHZ 149, 10 = ZIP 2001, 1874 = WM 2001, 2062 „Bremer Vulkan"; BGH ZIP 2002, 848 = WM 2002, 960 „BGH, Urt. V. 25. Februar 2002"; BGH ZIP 2003, 1578 = WM 2002, 1804 „KBV".

Als Basis des Vergleichs dient das reformierte serbische GmbH-Recht, dessen Unterschiede zum deutschen GmbH-Recht dargestellt und analysiert werden sollen. Das im ZOP zu Grunde gelegte System wird aus Vergleichs- und Verständnisgründen teilweise mitberücksichtigt und im Rahmen des serbischen Rechts dargestellt. Vorschriften und Institute außerhalb des Kapitalaufbringungs- und Kapitalerhaltungsrechts bleiben unberücksichtigt, da sich die Untersuchung auf das im jeweiligen GmbH-Recht verankerte Kapitalschutzsystem im engeren Sinne beschränkt.

I. Das Grundkapital und das Recht der Kapitalaufbringung

1. Die Bareinlage

a. Die Bareinlage nach dem ZOP

Art. 336 Abs. 1 bildete im ZOP die Grundlage des im GmbH-Recht verankerten kontinentaleuropäischen Kapitalaufbringungsgrundsatzes. Hiernach war zur Gründung einer GmbH ein Mindeststammkapital von 5.000,- US$ aufzubringen[725]. Das Stammkapital wurde in Stammeinlagen aufgeteilt und durfte gemäß Art. 336 Abs. 2 ZOP den Betrag von 500,- US$ nicht unterschreiten.

Die Besonderheit des im ZOP verankerten Kapitalaufbringungsprinzips war, dass das Gesetz nicht von einem „Mindeststammkapital", sondern vielmehr von einem Mindestbaranteil am Stammkapital ausging. Die Aufbringung der in Art. 336 Abs. 1 ZOP festgelegten Bareinlage war zwingend und konnte nicht durch eine alternative Einlageform erbracht werden. Bei der Feststellung, ob der gesetzlich erforderliche Baranteil am Stammkapital i.H.d. Gegenwerts von 5.000,- US$ erbracht wurde, konnten Sacheinlagen daher keine Berücksichtigung finden[726].

Auch der Baranteil an der Stammeinlage der Gesellschafter konnte nicht durch Sacheinlagen erbracht werden, sodass eine ausschließlich auf die Sacheinlage beschränkte Beteiligung der Gesellschafter nicht möglich war.

Wie auch in anderen Gesellschaftsrechtsordnungen bildete das Stammkapital im ZOP das Kernstück der Finanzverfassung und wurde als Seriositätsschranke[727], Garantiefonds zugunsten der Gläubiger[728] oder als notwendiges Anfangsvermögen[729] der gegründeten Gesellschaft verstanden.

Das Prinzip der Kapitalaufbringung stellte den „Preis" für die Inanspruchnahme der Haftungsfreistellung dar. Allerdings tat sich die Literatur mit der Terminologie der

---

[725] Das Mindeststammkapital musste gemäß Art. 336 Abs. 1 ZOP in der Landeswährung „Dinar" aufgebracht werden und zum Zeitpunkt der Einzahlung einem Gegenwert von 5.000,- US$ entsprechen. Abweichend von Art. 336 Abs. 1 ZOP waren Unternehmen mit einem besonderen Unternehmensgegenstand gemäß Art. 20 ZOP, wenn dies durch Bundesgesetz geregelt war, zur Aufbringung eines höheren Grundkapitals verpflichtet.

[726] Jankovec, Komentar, Art. 196, S. 152; Jankovec, Privredno pravo, S. 53; Vasiljević, Komentar ZOP, Art. 194, S. 190; Pürner, WiRO 2001, 42, 44; Babić, Pravo i privreda 5-8/1998, 82, 91.

[727] Babić, Pravo i privreda 5-8/1998, 82, 90; ders., Pravo i privreda 5-8/1999, 97, 107.

[728] Šogorov, Pravo i privreda 5-8/2004, 69, 71; Babić, Pravo i privreda 5-8/1998, 82, 90.

[729] Šogorov, Pravo i privreda 5-8/2004, 69, 72.

„Haftungsfreistellung der Gesellschafter“ etwas schwer, sodass sie in der Literatur teilweise als eine „Haftung der Gesellschafter, die auf die Höhe der Einlage begrenzt sei“, umschrieben wurde[730].

b. Allgemeiner Überblick über das Kapitalaufbringungs- und Kapitalerhaltungsrecht nach dem ZOPDS

Der Kapitalschutz der GmbH wurde mit dem Inkrafttreten des ZOPDS eingehend reformiert, wovon insbesondere die Vorschriften zur Kapitalaufbringung und Kapitalerhaltung betroffen waren, sodass der institutionelle Gläubigerschutz im ZOPDS nunmehr äußerst schwach ausgeprägt ist.

Im Unterschied zu der verabschiedeten Gesetzesversion distanzierte sich der Gesetzentwurf noch wesentlich deutlicher vom kontinentaleuropäischen Kapitalschutzkonzept[731]. Nach dem ZOPDS ist zur Gründung einer GmbH zwar weiterhin ein gesetzliches Mindestbarkapital i.H.d. Gegenwertes von 500,- € aufzubringen. Im Gegensatz zum institutionellen Gläubigerschutz basiert der im ZOPDS zu Grunde gelegte Gläubigerschutz allerdings nicht mehr auf dem Prinzip des gesetzlichen Grundkapitals, das mittels eines starren Kapitalerhaltungsrechtes vor Rückflüssen an die Gesellschafter geschützt wird. Der Gläubigerschutz soll vielmehr durch die Solvenz sowie durch ein der Solvenzerhaltung dienendes, flexibles Kapitalerhaltungssystem realisiert werden. Trotz der faktischen Abkehr vom gesetzlichen Grundkapital bleibt der kapitalbasierte Ausschüttungsschutz - wenn auch modifiziert - ein wesentliches Grundprinzip des ZOPDS.

Nach Ansicht des Gesetzgebers könne das gesetzliche Grundkapital den Gläubigern keine nennenswerte Haftungsgarantie bieten. Der Gläubigerschutz werde nach dem ZOPDS daher nicht mehr mit dem Grundkapital, sondern mittels der Solvenz des Unternehmens und ihrem Erhalt verwirklicht[732]. Zur Erhaltung dieser gläubigerschützenden Solvenz bedient sich das Gesetz eines Solvenzprüfungsverfahrens, das im Gegensatz zu dem traditionellen Kapitalerhaltungsrecht nicht ausschließlich den Erhalt der obligatorischen Kapitalziffer, sondern den Erhalt der zur Gläubigerbefriedigung erforderlichen Liquidität zum Gegenstand hat. Mit dem kontinentaleuropäischen Kapitalschutz hat das im ZOPDS zu Grunde gelegte Kapitalschutzsystem daher wenig Gemeinsamkeiten. Es ist vielmehr mit dem angloamerikanischen Kapitalschutzkonzept stark verwandt.

---

[730] Babić, Pravo i privreda 5-8/1999, 97, 106; differenzierter Vasiljević, Komentar ZOP, Art. 332, S. 300, der von einer Haftungsfreistellung der Gesellschafter ausging, allerdings in der Einlageleistung eine Geschäftsrisikoübernahme in Höhe der Einlage sah; so auch Carić, PRAVO 3/1998, 11, 13; ähnlich Jankovec, Privredno pravo, S. 64.

[731] Art. 110 des Gesetzentwurfes sah lediglich ein symbolisches Stammkapital i.H.d. Gegenwertes von 10,- € je Gesellschafter vor. Dieses Mindestbarkapital von 10,- € je Gründungsgesellschafter vermochte weder einen wirksamen Gläubigerschutz noch eine ernsthafte Seriositätsgewähr zu bieten.

[732] Vasiljević, WiRO 2006, 1, 4.

c. Die Bareinlage nach dem ZOPDS

Trotz der faktischen Abkehr vom kontinentaleuropäischen Kapitalschutz ist zur Gründung einer GmbH gemäß Art. 112 Abs. 1 ZOPDS weiterhin ein Mindestbaranteil am Stammkapital i.H.d. Gegenwertes von 500,- € aufzubringen[733]. Eine Unterscheidung zwischen dem Mindestbaranteil am Stammkapital und dem Mindestbaranteil an der Stammeinlage nimmt das Gesetz nicht mehr vor, sodass das Verhältnis des Mindestbaranteils an der Stammeinlage letztlich bedeutungslos geworden ist. Entscheidend ist, dass der Mindestbaranteil am Stammkapital i.H.d. Gegenwertes von insgesamt 500,- € erreicht wird. Wie auch nach dem ZOP muss das Mindeststammkapital nach Art. 112 Abs. 1 ZOPDS ausschließlich in bar aufgebracht werden.

Art. 112 ZOPDS stellt klar, dass zur Ermittlung des Gegenwerts der Bareinlage der Mittelkurs am Tage der Einzahlung maßgebend ist. Gemäß Art. 110 Abs. 1 ZOPDS ist neben der Bareinlage auch die Sacheinlage ausdrücklich zugelassen. Allerdings gelten im ZOPDS ebenfalls die bereits im ZOP genannten Besonderheiten zur Kapitalaufbringung. Die Aufbringung der in Art. 112 ZOPDS festgesetzten Geldsumme ist zwingend und kann nicht durch eine alternative Einlageform erbracht werden, sodass Sacheinlagen zur Feststellung, ob der obligatorische Mindestbaranteil der Gesellschafter geleistet wurde, unberücksichtigt bleiben. Wie bereits nach Art. 336 Abs. 1 ZOP ist der in Art. 112 Abs. 1 ZOPDS festgesetzte Mindestbaranteil am Stammkapital daher zwingend.

Der Zweck der strengen Bareinlagenregelung hat sich aufgrund der geringen Stammkapitalziffer jedoch gewandelt. Während das ZOP mit einem Mindestbaranteil am Stammkapital i.H.d. Gegenwertes von 5.000,- US$ noch sicherstellen wollte, dass die Gesellschaften mit hinreichenden Barmitteln ausgestattet wurden, kann dieser Zweck aufgrund der äußerst niedrigen Mindestbarkapitalziffer nicht erreicht werden und ist vom Gesetzgeber offensichtlich nicht mehr gewollt. Ausschließlicher Zweck dieses obligatorischen Barkapitals ist es, missbräuchlichen Gesellschaftsgründungen vorzugreifen[734]. Aufgrund der äußerst niedrigen Kapitalziffer und mangels eines Volleinzahlungsgebots kann dieser Kapitalaufbringungspflicht daher kein Seriositätsnachweis zukommen. Art. 112 Abs. 1 ZOPDS legt die generelle Untergrenze für den Mindestbaranteil am Stammkapital fest, die von den Gesellschaftern statuarisch erhöht werden kann.

Angesichts des relativ niedrigen Baranteils am Stammkapital kann die Gesellschaft nunmehr größtenteils mit Sachmitteln gegründet werden. Entscheiden sich die Gesellschafter die Gesellschaft beispielsweise mit einem Startkapital von 25.000,- € auszustatten, sind sie gemäß Art. 112 ZOPDS lediglich verpflichtet, Barmittel i.H.d. Gegenwerts von 500,- € einzubringen. Das restliche Kapital i.H.v. 24.500,- € kann daher in Form von Sacheinlagen erbracht werden.

---

[733] Gemäß Art. 112 Abs. 2 ZOPDS ist eine höhere Mindestbareinlage am Stammkapital dann aufzubringen, wenn es sich um die Gründung eines Versicherungs- oder Finanzdienstleistungsunternehmens in Rechtsform einer GmbH handelt.

[734] Vasiljević, Komentar ZOPDS, Art. 112 S. 191, 192, bezeichnet dies als einen Nachweis anfänglicher Ernsthaftigkeit über die geschäftliche Tätigkeit.

Bareinlagen werden gemäß Art. 108 Abs. 3 i.V.m. Art. 103 Abs. 5 ZOPDS durch Zahlung erbracht, sodass diesbezüglich alle gesetzlichen Zahlungsmittel[735] möglich sind. Entscheidend ist, dass der Gesellschaft Barmittel zugeführt werden.

d. Vergleichende Aspekte zur Bareinlage

Ein Vergleich zum deutschen GmbHG zeigt, dass der Kapitalschutz nach dem ZOPDS ausgesprochen angloamerikanisch ausgeprägt ist. Im Unterschied zum kontinentaleuropäischen Konzept, das im GmbHG verankert ist und einst im ZOP zu Grunde gelegt wurde[736], kommt dem gesetzlichen Stammkapital im ZOPDS keine Bedeutung mehr zu. Ausdruck findet diese Funktionsverlagerung insbesondere in der Höhe des gesetzlich festgesetzten Stammkapitals. Ein gesetzliches Stammkapital von lediglich 500,- € ist erkennbar zur Realisierung des Gläubigerschutzes ungeeignet und offensichtlich vom Gesetzgeber nicht mehr gewollt. Damit bringt der Gesetzgeber in aller Klarheit zum Ausdruck, dass sich Gläubiger nicht auf das gesetzliche Stammkapital verlassen, sondern vielmehr auf die Eigenbesicherung bedacht sein sollten. Die Kapitalausstattung ist nach dem ZOPDS ausschließlich dispositiv und soll als eigenfinanzierte Vermögensmasse der Gesellschaft als Betriebskapital dienen, wohingegen das gesetzliche Stammkapital nach dem GmbHG neben seiner Funktion als Betriebskapital vornehmlich dem Schutz der Gläubigerinteressen dienen soll[737].
Im ZOPDS hat der Gesetzgeber die Kollision[738] der Gläubigerschutz- und Betriebskapitalfunktion erkannt und den Gläubigerschutz aus Gründen der mangelnden Effizienz in das Kapitalerhaltungsrecht verlagert.
Unterschiede weisen das ZOPDS und das GmbHG auch im Hinblick auf die Stammkapitalzusammensetzung auf.
Zur Gründung einer GmbH nach serbischem Recht muss das in Art. 112 Abs. 1 ZOPDS festgesetzte Stammkapital ausschließlich in bar aufgebracht werden, wohingegen das GmbHG lediglich zur Aufbringung ein Mindeststammkapitals von 25.000,- € verpflichtet, ohne die Zusammensetzung gesetzlich vorzugeben[739]. Die Einlage der Gesellschafter kann nach dem GmbHG daher als Geld- oder als Sacheinlage erfolgen

---

[735] Hierzu zählen das Bargeld, der Scheck und die Überweisung.

[736] Mit einem Mindestbaranteil am Stammkapital i.H.d. Gegenwertes von 5.000,- US$ lag die Mindeststammkapitalziffer des ZOP deutlich unter der des GmbHG. Im europäischen Verglich liegt die Mindeststammkapitalziffer des GmbHG von 25.000,- € auf dem Höchstniveau. Lediglich das österreichische GmbHG schreibt eine höhere Mindeststammkapitalziffer in Höhe von 35.000,- € vor, vgl. Frank/Wachter, GmbHR 2002, 17, 18 ff..

[737] Roth/Altmeppen, GmbHG, 4. Aufl., § 5 Rn. 4; Scholz/Winter, GmbHG, 9. Aufl. 2000, § 5 Rn. 10; Michalski-Zeidler, GmbHG, § 5 Rn. 19; Baumbach/Hueck/Fastrich, GmbHG, § 3 Rn. 16; Henze, Handbuch GmbHR, Rn. 258; Lutter/Bayer in Lutter/Hommelhoff, GmbHG, 16. Aufl. 2004, § 5 Rn. 1; Münchener Handbuch GesR III/Heinrich, § 19 Rn. 47.

[738] Zur Kollision der Betriebskapital- und Gläubigerschutzfunktion, vgl. 2. Kapitel, S. 75.

[739] Zur Gründung einer spanischen „Sociedad limitada nueva empresa" muss das Stammkapital i.H.v. 3.012,- € ebenfalls ausschließlich in Geld aufgebracht werden, vgl. Embid Irujo, RIW 2004, 760, 762.

und wird qua Gesetz gleichgestellt[740].Im Unterschied zur d.o.o. kann eine GmbH daher ausschließlich durch Sacheinlagen gegründet werden. Faktisch hat sich das ZOPDS dem GmbHG allerdings dadurch angenähert, dass die Gesellschaft mit Ausnahme des Baranteils von 500,- € nunmehr ebenfalls ausschließlich mit Sacheinlagen gegründet werden kann.
Insgesamt kommen in den Kapitalaufbringungsvorschriften des GmbHG und des ZOPDS die bestehenden Systemunterschiede deutlich zum Ausdruck.

e. Rechtspolitische Tendenzen in Deutschland und der Europäischen Union zum kapitalbasierten System

(1) Deutschland

In einem ersten, nicht öffentlichen Entwurf zur Neuregelung der Kapitalaufbringung[741] beabsichtigte der deutsche Gesetzgeber, das stammkapitalbasierten System vollständig aufzugeben[742]. Gemäß Art. 6 Ziff. 2 des Entwurfes wurde die Stammkapitalhöhe zur Disposition der Gesellschafter gestellt. Mit dieser Initiative sollte die internationale Wettbewerbsfähigkeit der deutschen GmbH erhalten bzw. gestärkt werden. In der Entwurfsbegründung stellte der Gesetzgeber fest, dass das Mindeststammkapital im Haftkapitalsystem das „schwächste Glied" darstelle. Der fragwürdige Nutzen käme bereits darin zum Ausdruck, dass das eingezahlte Kapital bereits kurze Zeit nach der Gründung vollständig aufgebraucht sein könnte und den Gläubigern innerhalb eines solchen Systems oft der Schein einer vermeintlichen Haftungsmasse vorgespiegelt würde[743]. Auch die relativ geringe Mindeststammkapitalziffer erfüllte die ihr zugedachte Funktion als Seriositätsschwelle nur unzureichend, da der Risikobeitrag im Verhältnis zum konkreten Unternehmensrisiko in den meisten Fällen zu niedrig wäre.

Dieser systemwechselsympathisiernde Entwurf konnte sich allerdings nicht durchsetzen. Mit dem Entwurf zur Neuregelung des Mindestkapitals der GmbH (MindestkapG) vom 15. April 2005 sowie dem Entwurf eines Gesetzes zur Modernisierung des GmbH-Rechts und zur Bekämpfung von Missbräuchen (MoMiG) vom 29.05.2006 hält der Gesetzgeber am stammkapitalbasierten System weiterhin fest[744]. Die jüngsten Entwürfe sehen jedoch eine Senkung der Mindeststammkapitalziffer von 25.000,- € auf 10.000,- € vor. Hiermit beabsichtigt der Gesetzgeber das „bewährte Haftkapital-

[740] K. Schmidt, Gesellschaftsrecht 4. Aufl., § 34 II 2 e), S. 1003; Baumbach/Hueck/Fastrich, GmbHG, § 5 Rn. 14; Roth/Atlmeppen, GmbHG, 4. Aufl., § 5 Rn. 25; Scholz/Winter, GmbHG, 9. Aufl. 2000, § 5 Rn. 36.

[741] Entwurf eines Gesetzes zur Bekämpfung von Missbräuchen, zur Neuregelung der Kapitalaufbringung und zur Förderung der Transparenz im GmbH-Recht (MiKaTraG) vom 30. November 2004.

[742] Für die Einführung der „Ein-Euro GmbH" haben sich jüngst Blaurock, FS Raiser (2005), S. 3, 16, und Grunewald/Noack, GmbHR 2005, 189, 193 ausgesprochen.

[743] Entwurf eines Gesetzes zur Bekämpfung von Missbräuchen, zur Neuregelung der Kapitalaufbringung und zur Förderung der Transparenz im GmbH-Recht (MiKaTraG) vom 30. November 2004, S. 23.

[744] Befürwortend Breitenstein/Meyding, BB 2006, 1457, 1458; Dierksmeier/Scharbert, BB 2006, 1517, 1519.

system der GmbH" zu erhalten, die systeminhärenten Gründungshürden abzumildern und die Wettbewerbsfähigkeit der deutschen GmbH insgesamt zu verbessern.
Obwohl der deutsche Gesetzgeber in diesen Entwürfen dem stammkapitalbasierten System den Vorzug gewährt, könnte er mit der Absenkung der Mindestkapitalziffer auf 10.000,- € die Weichen für die künftige Gestaltung des Kapitalschutzes gestellt haben. Dem häufig im Zusammenhang mit dem stammkapitalbasierten System vorgebrachten Argument der Seriositätsfunktion entzöge er damit zweifelsohne die Berechtigung, da die Gründer mit einem Startkapital von 5.000,- €[745], unabhängig von der Kapitalintensität des zu gründenden Unternehmens, eine finanzielle Solidität wohl kaum noch dokumentieren könnten[746]. Es würde sich damit zwangsläufig die Frage aufdrängen, weshalb die finanzielle Solidität nicht gleich in den Verantwortungsbereich der Gründungsgesellschafter verlagert werden sollte. Obwohl in der Absenkung der Mindestkapitalziffer nicht mehr als ein Kompromiss zu sehen ist[747], könnte der Gesetzgeber mit dem jüngsten Entwurf gleichwohl einen irreversiblen Weg bei der künftigen Gestaltung des GmbH-rechtlichen Kapitalschutzes eingeschlagen haben[748].
Seine kritische Haltung gegenüber dem stammkapitalbasierten System hat der deutsche Gesetzgeber bereits im Rahmen der Begründung des ersten Entwurfs zur Neuregelung der Kapitalaufbringung unzweideutig zum Ausdruck gebracht, was angesichts des seit über einem Jahrhundert im GmbH-Recht fest verankerten stammkapitalbasierten Systems und seiner noch zahlreich vorhandenen Anhänger durchaus als ein Novum bezeichnet werden kann. Langfristig wird die Resistenz des stammkapitalbasierten Systems auch in Deutschland schwinden. Darauf deutet die zunächst noch systemtreue Gesetzesinitiative zumindest ansatzweise hin.

(2) Europäische Union

Auch auf europäischer Ebene hat das stammkapitalbasierten System an Überzeugungskraft verloren. Obwohl die HLG in ihrem Bericht zur Modernisierung des Gesellschaftsrechts konstatierte, dass das in der Kapitalrichtlinie verankerte System des

---

[745] Ein Volleinzahlungsgebot sieht der Entwurf nicht vor. Für ein Volleinzahlungsgebot insoweit Bormann, GmbHR 2006, 1021, 1024; Karsten, GmbHR 2006, 57, 60.

[746] Ähnlich Triebel/Otte, ZIP 2006, 1321, 1321; Bormann, GmbHR 2006, 1021, 1024. Zutreffend wird angemerkt, dass damit das Mindestkapital nominell, unter Außerachtlassung der Inflation, auf den Stand von 1980 gebracht wird, vgl. Bormann, GmbHR 2006, 1021, 1022. Seibert, ZIP 2006, 1157, 1159, spricht in diesem Zusammenhang von einer „Ironie der Geschichte". Nach Noack, DB 2006, 1475, 1475, lässt das MoMiG wenig spektakuläre Korrekturen erkennen, sodass eher von einem „back to the roots" gesprochen werden kann. Für eine Freigabe des Mindestkapitals plädieren Bayer/Lieder, GmbHR 2006, 1121, 1128, 1129.

[747] Nach Ansicht von Römermann, GmbHR 2006, 673, 681, enthält das MoMiG „eher moderate Eingriffe in das bestehende Recht als epochale Umwälzungen". Teichmann, NJW 2006, 2444, 2451, begrüßt diesen moderaten Reformansatz. Nach Ansicht von Triebel/Otte, ZIP 2006, 1321, 1322, stellt die Herabsetzung des Mindestkapitals auf 10.000,- € einen „faulen Kompromiss" dar, der die GmbH nicht attraktiver macht.

[748] So auch die Stellungnahme des DAV, NZG 2005, 548. Ablehnend steht Wilhelmi, GmbHR 2006, 13, 22, 24, der Herabsetzung der Mindeststammkapitalziffer gegenüber.

Mindestkapitals „weder abgeschafft noch angehoben werden sollte“[749], merkte sie gleichfalls an, dass das Mindestkapital die ihm zugedachte Funktion nur unzureichend erfülle. Der Mindestnennbetrag biete für die Gläubiger einen äußerst geringen Schutz und versage in dieser Hinsicht[750]. Mit Ausnahme der Abschreckung vor leichtfertigen Gründungen böte das Mindestkapital in seiner derzeitigen Höhe keine andere nützliche Funktion[751]. Zu dem Ergebnis, das Mindestkapital weder abzuschaffen noch anzuheben, kam die Expertengruppe, weil es ihrer Ansicht nach keine Belege dafür gäbe, dass das Mindestkapital ein Hindernis für die Geschäftstätigkeit darstellte. Diese Feststellung gilt jedoch ausschließlich für die auf große Gesellschaften zugeschnittene AG, wohingegen für kleine und mittlere Unternehmen die Mindestkapitalaufbringung zweifelsohne ein beachtliches Gründungshindernis darstellt und demzufolge geeignet ist, die Wettbewerbsfähigkeit dieser Unternehmensgattung in einem nicht unerheblichen Maße zu beeinträchtigen. In diesem Zusammenhang hätte die HLG wahrscheinlich eine weitaus weniger neutrale Position zur Frage des Mindestkapitals bezogen.
Mittelbar ist das kapitalbasierte System allerdings durch die beabsichtigte Einführung eines alternativen Kapitalerhaltungssystems[752] unter Druck geraten. Im Rahmen dieses alternativen Kapitalerhaltungssystems wird dem Mindestkapital bei der Ausschüttungsbemessung kein bedeutender Stellenwert mehr beigemessen.
Ferner soll das Kapitalaufbringungsverfahren aufgrund der SLIM-Initiative nicht unerheblich dereguliert werden[753]. Die von der HLG vorgeschlagenen kapitalbezogenen Maßnahmen zur Modernisierung und Verbesserung des Gesellschaftsrechts hat die EU-Kommission in ihrem Aktionsplan aufgegriffen und in einen konkreten Richtlinienvorschlag umgesetzt[754].

2. Die Sacheinlage

a. Die Sacheinlage nach dem ZOP

Gemäß Art. 337 Abs. 6 i.V.m. Art. 194 ZOP waren neben der Bareinlage auch Sacheinlagen einlagefähig. Bezüglich der Sacheinlage orientierte sich der Gesetzgeber stark an der zweiten Richtlinie[755]. Sach- und Rechtseinlagen waren bewertungspflichtig und mussten in einem entsprechenden Geldwert ausgewiesen werden.

---

[749] Bericht der HLG auf dem Gebiet des Gesellschaftsrechts über moderne gesellschaftsrechtliche Rahmenbedingungen in Europa vom 04.11.2002, S. 88.

[750] Bericht der HLG auf dem Gebiet des Gesellschaftsrechts über moderne gesellschaftsrechtliche Rahmenbedingungen in Europa vom 04.11.2002, S. 13, 14.

[751] Bericht der HLG auf dem Gebiet des Gesellschaftsrechts über moderne gesellschaftsrechtliche Rahmenbedingungen in Europa vom 04.11.2002, S. 88.

[752] Bericht der HLG auf dem Gebiet des Gesellschaftsrechts über moderne gesellschaftsrechtliche Rahmenbedingungen in Europa vom 04.11.2002, S. 94 ff., vgl. hierzu 3. Kapitel, S. 177.

[753] Bericht der HLG auf dem Gebiet des Gesellschaftsrechts über moderne gesellschaftsrechtliche Rahmenbedingungen in Europa vom 04.11.2002, S. 90, vgl. hierzu 3. Kapitel, S. 154.

[754] KOM (2004) 730 endg. ‚Vorschlag der Kommission der Europäischen Gemeinschaften für eine Richtlinie des Europäischen Parlament und Rates zur Änderung der Richtlinie 77/91/EWG des Rates in Bezug auf die Gründung von Aktiengesellschaften und die Erhaltung und Änderung ihres Kapitals.

[755] Vasiljević, Komentar ZOP, Art. 194, S. 191.

Gemäß Art. 337 Abs. 2 ZOP wurde die Einbringung von Arbeits- und sonstigen Dienstleistungen ausdrücklich ausgeschlossen[756]. Grund der unzulässigen Einbringung von Dienstleistungs- und Arbeitseinlagen war neben der fehlenden Bewertungs- und Bilanzierbarkeit, die fehlende wirtschaftliche Verwertbarkeit zugunsten der Gläubiger[757].

b. Die Sacheinlage nach dem ZOPDS

Gemäß Art. 110 Abs. 1 ZOPDS sind neben Bareinlagen auch Sacheinlagen zulässig[758]. Wie bereits nach dem ZOP, ist auch nach dem ZOPDS der Mindestbaranteil am Stammkapital i.H.d. Gegenwertes von 500,- € zwingend und kann nicht im Wege der Sacheinlage erbracht werden. Einlagefähig sind alle Gegenstände, die einen Vermögenswert verkörpern.

Im Bereich des Sacheinlagenrechts hat sich der Gesetzgeber an den rechtspolitischen Tendenzen der EU orientiert. Gemäß Art. 110 Abs. 1 ZOPDS werden künftig auch Dienst- und Arbeitsleistungen für einlagefähig erklärt[759]. Die Einbringungsmöglichkeit von Dienst- und Arbeitsleistungen wird jedoch dahingehend eingeschränkt, dass nur bereits erbrachte, nicht jedoch künftige Dienst- und Arbeitsleistungen einlagefähig sind[760]. Zudem sind nur diejenigen Dienstleistungen einlagefähig, die gegenüber der Gesellschaft erbracht wurden.
Genauer betrachtet wird deutlich, dass sich die im ZOPDS zugelassene Dienstleistungseinlage von der geplanten Einführung von Dienstleistungseinlagen in der EU[761] erheblich unterscheidet.

---

[756] Kritisch zu dieser Vorschrift, Babić, Pravo i privreda 5-8/1998, 82, 91. Als Vorlage diente Art. 7 der Kapitalrichtlinie, vgl. Vasiljević, Komentar ZOP, Art. 194, S. 191.

[757] Šogorov, Pravo i privreda 5-8/2004, 69, 75; Höffner/Scheele/Hunstein/Schubert, WiRO 1997, 293, 293.

[758] Der Wortlaut legt die Termini „Bareinlage“ und „Nicht-Bareinlage“ zu Grunde, vgl. Art. 110 Abs. 1 ZOPDS.

[759] Kritisch zur Erweiterung der Kapitaleinlagemöglichkeit, Šogorov, Pravo i privreda 5-8/2004, 69, 75, 77. Arbeits- und Dienstleistungseinlagen werden gemäß Art. 14 Abs. 1 ZOPDS den Sacheinlagen zugeordnet. Gemäß Art. 192 Abs. 2 ZOPDS werden Arbeits- und Dienstleistungseinlagen ferner bei der geschlossenen AG für einlagefähig erkärt. Bei der offenen AG wird jede Form der Arbeits- und Dienstleistungseinlagen gemäß Art. 192 Abs. 1 ZOPDS ausdrücklich für nicht einlagefähig erklärt.

[760] Diese eingschränkte Einbringungsform entspricht dem Standard in Delaware, vgl. hierzu Fleischer, Kapitalschutz und Durchgriffshaftung bei Auslandsgesellschaften, S. 49, 69. Wohingegen nach § 6.21 (b) RMBCA auch künftige Dienstleistungen sacheinlagefähig sind.

[761] Bericht der HLG auf dem Gebiet des Gesellschaftsrechts über moderne gesellschaftsrechtliche Rahmenbedingungen in Europa vom 04.11.2002, S. 13, 15, 90, 98. Auch die Mitglieder der deutschen Arbeitsgruppe befürworten –wenn auch nur eingeschränkt- in ihrer Stellungnahme zum Bericht der HLG die Form der Dienstleistungseinlage, vgl. Stellungnahme der deutschen Arbeitsgruppe Europäisches Gesellschaftsrecht (Group of German Experts on Corporate Law) zum Bericht der HLG in ZIP 2003, 863, 872; Stellungnahme der Group of German Experts on Corporate Law zum Konsultationsdokument der High Level Group of Company Lax Experts, ZIP 2002, 1310, 1318. In Frankreich sind für die S.A.R.L. nunmehr auch künftige Dienstleistungseinlagen zulässig, vgl. Recq/Hoffmann, GmbHR 2004, 1070, 1072.

Im Unterschied zu der in der EU geplanten Einführung von Dienstleistungseinlagen ist der Anwendungsbereich der nach dem ZOPDS zulässigen Dienstleistungseinlage erheblich eingeschränkt.
Rechtspolitisches Motiv der HLG die Dienstleistungseinlage zuzulassen, war es, den wirtschaftlichen Bedürfnissen bestimmter Unternehmensbranchen gerecht zu werden. Insbesondere für Technologieunternehmen, Sozietäten oder Unternehmen, in denen spezialisierte Dienstleistungen im Mittelpunkt stehen, können Dienstleistungseinlagen von hohem Nutzen sein[762]. Der wirtschaftliche Nutzen solcher Einlagen besteht in der künftigen Erbringung von Dienstleistungen, die zum Schwerpunkt des Unternehmensgegenstandes gehören.
Aus der im ZOPDS zu Grunde gelegten Lösung wird deutlich, dass die eingeschränkte Form der Dienstleistungseinlage ausschließlich im Rahmen der Kapitalerhöhungen relevant sein wird. Den besonderen wirtschaftlichen Bedürfnissen o.g. Dienstleistungsbetriebe kann diese eingeschränkte Form von Dienstleistungseinlagen daher nicht gerecht werden.
Ob auch Dienstleistungen, die bereits im Gründungsstadium erbracht werden, einlagefähig sind, erscheint fraglich. Bei einer strengen Auslegung des Wortlauts dürften diese sog. Gründungsleistungen nicht einlagefähig sein, da Dienstleistungen gegenüber einem noch nicht bestehenden Unternehmen nicht erbracht werden können. Zum Zeitpunkt der Dienstleistungserbringung ist die Gesellschaft rechtlich noch nicht existent, sodass sie auch kein Leistungsempfänger sein kann.
Um den Anwendungsbereich der Dienstleistungseinlage in einem solchen Fall nicht völlig leer laufen zu lassen, könnte der Wortlaut weit ausgelegt werden, um Gründungsdienste, also Dienstleistungen, die im Gründungsstadium oder in der reinen Vorbereitungsphase erbracht werden und der künftigen Gesellschaft gewidmet sind, als einlagefähig anzuerkennen. Rechtlich könnten diese Gründungsdienstleistungen als Vergütungsforderung gegenüber der Vor-GmbH eingebracht werden[763].

Aufgrund dieser beschränkten Einlagenfähigkeit auf „bereits erbrachte Dienstleistungen" konnte der Gesetzgeber auf entsprechende Sicherungsmechanismen, wie sie die HLG vorschlägt[764], verzichten.
Insgesamt wurde der Umfang der Sacheinlagen daher nicht nennenswert erweitert, da bereits vor dieser vermeintlichen Erweiterung des Sacheinlagenrechts, Vergütungsforderungen aus erbrachten Dienstleistungen im Wege der Forderungseinlage einlage-

---

[762] Bericht der HLG auf dem Gebiet des Gesellschaftsrechts über moderne gesellschaftsrechtliche Rahmenbedingungen in Europa vom 04.11.2002, S. 90.
[763] Bereits nach dem ZOP waren Forderungen gegenüber Vor-GmbH einlagefähig. In vielen amerikanischen Bundesstaaten sind Gründungsdienste beispielsweise gesetzlich anerkannt, vgl. Bauer, S. 144.
[764] Ausfallrisiken sollten durch entsprechende gesetzliche Abschlusspflichten von Ausfallversicherungen gemindert werden, so der Bericht der HLG auf dem Gebiet des Gesellschaftsrechts über moderne gesellschaftsrechtliche Rahmenbedingungen in Europa vom 04.11.2002, S. 90. Ähnlich bereits Lutter, Kapital, Sicherung der Kapitalaufbringung und Kapitalerhaltung in den Aktien- und GmbH-Rechten der EWG, S. 233.

fähig waren[765]. Im Ergebnis stellt Art. 110 Abs. 1 ZOPDS daher lediglich klar, dass Vergütungsforderungen, die aus einem Arbeit- bzw. Dienstleistungsverhältnis resultieren, einlagefähig sind[766].

c. *Vergleichende Aspekte zur Sacheinlage*

Im Bereich der Sacheinlage unterscheiden sich das serbische und deutsche Recht geringfügig. Beide Rechtsordnungen lassen Sacheinlagen zu, wobei das GmbHG im Unterschied zum ZOPDS Bar- und Sacheinlagen vollständig gleichstellt[767].
Hinsichtlich des Umfangs der Sacheinlagefähigkeit von Gegenständen und Rechten unterscheiden sich die Rechtsordnungen ebenfalls geringfügig.
Wie nach dem ZOPDS sind auch nach dem GmbHG Dienstleistungsverpflichtungen der Gesellschafter nicht einlagefähig[768]. Dieser Grundsatz beschränkt sich allerdings auf Dienstleistungsverpflichtungen, wohingegen sich die Zulässigkeit der Dienstleistungseinlage aus erbrachten Dienstleistungen differenzierter beurteilt.
Zunächst bleibt festzuhalten, dass das GmbHG keine eigenständigen gesetzlichen Vorschriften zur Dienstleistungseinlage enthält. Die mangelnde Einlagefähigkeit von Dienstleistungsverpflichtungen leitet die h.M. in Deutschland aus § 27 Abs. 2 HS 2 AktG her, einer Vorschrift, die auf die Umsetzung des Art. 7 der Kapitalrichtlinie zurückzuführen ist und zur Kapitalaufbringung im Kapitalgesellschaftsrecht einen allgemeinen Rechtsgedanken enthält[769]. Bereits vor der Umsetzung der zweiten Richtlinie war in Deutschland anerkannt, dass Dienstleistungsverpflichtungen durch die Gesellschafter nicht einlagefähig sind[770].
Während Dienstleistungsverpflichtungen nach deutschem Recht daher grundsätzlich nicht einlagefähig sind, beurteilt sich die Einlagefähigkeit von Ansprüchen, die aus erbrachten Dienstleistungen resultieren, differenzierter.

---

[765] Vasiljević, Komentar ZOP, Art. 337, S. 304; Vukadinović, privredno pravni priručnik 12/1989, 23, 32.

[766] Art. 110 ZOPDS hat daher lediglich deklaratorischen Charakter.

[767] Durch die Herabsetzung des Mindestbaranteils am Stammkapital auf den Gegenwert von 500,- € hat sich das serbische Recht dem deutschen Recht faktisch angenähert. Künftig wird eine serbische GmbH bis auf den Mindestbaranteil i.H.v. 500,- € ebenfalls ausschließlich durch Sacheinlagen gegründet werden können.

[768] Roth/Altmeppen, GmbHG, 4. Aufl., § 5 Rn. 43; Michalski-Zeidler, GmbHG, § 5 Rn. 138; Hachenburg/Ulmer, GmbHG, 8. Aufl., § 5 Rn. 47; Scholz/Winter, GmbHG, 9. Aufl. 2000, § 5 Rn. 47, 52; Meyer-Landrut/Miller/Niehus, GmbHG, § 5 Rn. 33; Rowedder/Schmidt-Leithoff, GmbHG 4. Aufl., § 5 Rn. 29; Lutter/Bayer in Lutter/Hommelhoff, GmbHG, 16. Aufl. 2004, § 5 Rn. 16; Lutter in Kölner Kommentar zum AktG, 2. Aufl., § 183 Rn. 14; Hüffer, AktG, § 27 Rn. 29; Baumbach/Hueck/Fastrich, GmbHG, § 5 Rn. 27; Röhricht in Großkommentar AktG, § 27 Rn. 70; Rodewald/Scheel, GmbHR 2003, 1478, 1478; Just, NZG 2003, 161, 161; Hoffmann, NZG 2001, 433, 433; Frey, S. 98; Mildner, S. 32; a.A. Skibbe, GmbHR 1980, 73, 75.

[769] So die h.M.; a.A. Skibbe, GmbHR 1980, 73, 75. Zur Begründung wird neben der inhärenten Unsicherheit einer künftigen Erfüllung aufgrund der personenbezogenen Risikobehaftung, die mangelnde Verwert- und Vollstreckbarkeit angeführt, so bereits Lutter, Kapital, Sicherung der Kapitalaufbringung und Kapitalerhaltung in den Aktien- und GmbH-Rechten der EWG, S. 232.

[770] Hüffer, AktG, § 27 Rn. 29.

Bei Ansprüchen aus einer zu Grunde liegenden Dienstleistung handelt es sich um Vergütungsansprüche, die dem Gesellschafter gegenüber der Gesellschaft aufgrund einer erbrachten Dienstleistung entstanden sind. In einer solchen Konstellation wird also nicht die Dienstleistung, sondern vielmehr der gegenüber der Gesellschaft bestehende Vergütungsanspruch eingebracht. Bei dieser Form der mittelbaren Einlage von Dienstleistungen wird letztlich eine Forderung eingebracht, die als Sacheinlage zunächst grundsätzlich einlagefähig ist. In der Praxis sind diese mittelbaren Dienstleistungseinlagen regelmäßig im Rahmen der Gesellschaftsgründung und der Kapitalerhöhung von Bedeutung.
Im Rahmen der Gesellschaftsgründung wird eine solche mittelbare Dienstleistungseinlage teilweise für nicht zulässig erachtet. Hierbei wird vorgebracht, dass der aus einer Gründerdienstleistung entstandene Gründerlohn zur Minderung des Stammkapitals führe bevor die Gesellschaft entstanden sei. Dies wäre mit dem Grundsatz der realen Kapitalaufbringung nicht zu vereinbaren. Obwohl der Gesellschafter einen Anspruch auf Auszahlung des Gründerlohns hat[771], ist dieser Vergütungsanspruch nach teilweise vertretener Ansicht daher nicht einlagefähig[772]. Diese Ansicht beruht auf dem Grundsatz, wonach eine Auszahlung des Gründerlohns nur zu Lasten des freien, nicht jedoch zu Lasten des nach § 30 GmbHG gebundenen Vermögens erfolgen darf[773]. Anderer Ansicht nach darf der Gründerlohn entweder uneingeschränkt oder soweit er als „angemessen" zu beurteilen ist auch zu Lasten des nach § 30 GmbHG gebundenen Vermögens ausgezahlt werden[774]. In konsequenter Fortführung dieser Ansicht müsste der Gründerlohn damit entweder uneingeschränkt oder nur soweit er „angemessen" ist als mittelbare Dienstleistung einlagefähig sein[775].

Mittelbare Dienstleistungen, die im Rahmen einer Kapitalerhöhung eingebracht werden, sind dagegen grundsätzlich einlagefähig[776]. In diesem Zusammenhang müssen

---

[771] Zum Gründungsaufwand nach § 26 Abs. 2 AktG zählt nach allgemeiner Ansicht auch der Gründerlohn. Im GmbHG fehlt jedoch eine dem § 26 Abs. 2 AktG entsprechende Vorschrift, sodass diese Vorschrift im GmbH-Recht entsprechend angewandt wird, vgl. Rowedder/Schmidt-Leithoff, GmbHG, 4. Aufl., § 5 Rn. 67; Hachenburg/Ulmer, GmbHG, 8. Aufl., § 5 Rn. 185; Roth/Altmeppen, GmbHG, 4. Aufl., § 5 Rn. 72; Michalski-Zeidler, GmbHG, § 5 Rn. 229.

[772] So ausdrücklich Lutter/Bayer in Lutter/Hommelhoff, GmbHG, 16. Aufl. 2004, § 5 Rn. 16; a.A. noch Lutter, Kapital, Sicherung der Kapitalaufbringung und Kapitalerhaltung in den Aktien- und GmbH-Rechten der EWG, S. 238, 324. Für die grundsätzliche Einlagefähigkeit des Gründerlohns wohl Rodewald/Scheel, GmbHR 2003, 1478, 1478. Eine ausrückliche Regelung wie im österreichischen GmbH-Recht, wonach gemäß § 7 ÖGmbHG die Gewährung eines Gründerlohns verboten ist und nicht auf die Stammeinlage angerechnet werden kann, fehlt im GmbHG, vgl. hierzu auch Rowedder/Schmidt-Leithoff, § 5 Rn. 73.

[773] Lutter/Bayer in Lutter/Hommelhoff, GmbHG, 16. Aufl. 2004, § 3 Rn. 54; Roth/Altmeppen, GmbHG, 4. Aufl., § 5 Rn. 75.

[774] Scholz/Winter, GmbHG, 9. Aufl. 2000, § 5 Rn. 113; Hachenburg/Ulmer, GmbHG, 8. Aufl., Rn. 188; Baumbach/Hueck/Fastrich, GmbHG, § 5 Rn. 55; Münchener Handbuch GesR III/Heinrich, § 5 Rn. 14; Rowedder/Rittner/Schmidt-Leithoff, GmbHG, 4. Aufl., § 5 Rn. 69.

[775] Auch Forderungen gegenüber der Vor-GmbH sind einlagefähig, vgl. Lutter/Bayer in Lutter/Hommelhoff, GmbHG, 16. Aufl. 2004, § 5 Rn. 16.

[776] Rodewald/Scheel, GmbHR 2003, 1478, 1478; a.A. Mildner, S. 35, 36. Diese Ansicht verkennt jedoch, dass der Vergütungsanspruch im Unterschied zur Dienstleistungsverpflichtung nicht mit einem

jedoch die Sachgründungsvorschriften beachtet werden[777], sodass der als Forderung[778] eingebrachte Vergütungsanspruch werthaltig, vollwertig, fällig und liquide sein muss. Damit lässt sich das Risiko einer unangemessenen Vergütungsvereinbarungen mit den Sacheinlage- und Sachbewertungsvorschriften reduzieren.
Im Ergebnis unterscheiden sich das serbische und deutsche GmbH-Recht hinsichtlich des Umfangs der Sacheinlage lediglich geringfügig. Dienstleistungsverpflichtungen sind nach beiden Rechtsordnungen nicht einlagefähig, wohingegen mittelbare Dienstleistungseinlagen im Rahmen der Kapitalerhöhung nach beiden Rechtsordnungen möglich sind.

II. Die Sicherung der Kapitalaufbringung

1. Die Sicherung der Bareinlage nach dem ZOP

a. Zeitpunkt der Einlagenleistung

Wie in den meisten europäischen Gesellschaftsrechtsordnungen war nach dem ZOP die Einzahlung des Mindeststammkapitals eine zwingende Gründungsvoraussetzung. Gemäß Art. 337 Abs. 3 ZOP mussten bis zur Eintragung in das Gerichtsregister kumulativ 50% der im Gesellschaftsvertrag vereinbarten Bareinlage, mindestens jedoch die Hälfte des in Art. 336 Abs. 1 ZOP festgelegten Mindestbaranteils am Stammkapital, sowie 50 % des von jedem Gesellschafter zu erbringenden Stammeinlagenbaranteils, mindestens jedoch die Hälfte der nach Art. 336 Abs. 2 ZOP vorgeschriebenen Stammeinlagenhöhe eingezahlt werden[779].
In Ausnahme zu Art. 337 Abs. 3 ZOP konnten gemäß Art. 337 Abs. 4 ZOP lediglich 20 % des Baranteils am Stammkapital eingezahlt werden, wenn der im Gesellschaftsvertrag vereinbarte Baranteil am Stammkapital den Betrag von 15.000,- US$ im Gegenwert überstieg.

---

personenbezogenen Risiko behaftet ist. Ferner führt die mittelbare Dienstleistungen zur Mehrung des Gesellschaftsvermögens, entweder durch die Ersparung von Vermögensaufwendungen oder durch die wirtschaftliche Verwertung der Dienstleistung seitens der Gesellschaft. Aus diesen Gründen erscheint eine untschiedliche Behandlung von Vergütungsansprüchen mit der sonst uneingeschränkten Sacheinlagefähigkeit von Forderungen nicht gerechtfertigt. Darüber hinaus kann sich der Gesellschafter den Vergütungsanspruch auszahlen lassen und diesen unter Umgehung des § 19 Abs. 2 und Abs. 5 GmbHG der Gesellschaft als Bareinlage wieder zuführen. Im Übrigen ist der Anwendungsbereich des § 27 Abs. 2 HS 2 AktG dem Wortlaut nach ausschließlich auf Dienstleistungsverpflichtungen beschränkt.

[777] Rodewald/Scheel, GmbHR 2003, 1478, 1478.

[778] Eine weitere Variante der mittelbaren Dienstleistung besteht darin, zunächst eine Bareinlage zu vereinbaren und diese mit dem Vergütungsanspruch aufzurechnen. In einer solchen Konstellation ist der Anwendungsbereich des § 19 Abs. 5 GmbHG und des § 19 Abs. 2 GmbHG eröffnet, sodass es im Ergebnis keinen Unterschied macht, ob die Forderung selbst eingebracht oder der Vergütungsanspruch mit der Bareinlagenpflicht verrechnet wird, vgl. Rodewald/Scheel, GmbHR 2003, 1478, 1478.

[779] Vasiljević, Komentar ZOP, Art. 337, S. 304.

Der restliche Teil der in bar zu erbringenden Einlage musste gemäß Art. 337 Abs. 3 ZOP innerhalb von zwei Jahren ab dem Zeitpunkt der Registrierung nachgezahlt werden.

b. Befreiungsverbot

Gemäß Art. 338, Art. 344 Abs. 1 ZOP konnten die Gesellschafter von ihrer Einlagepflicht nicht befreit werden. Verboten war jede rechtsgeschäftliche Befreiung von der Einlagepflicht. Neben der Befreiung konnte die Einlagepflicht gemäß Art. 338 weder verringert, noch konnte die Leistungspflicht gestundet werden. Zweck dieser Reglung war es, den Grundsatz der realen Kapitalaufbringung abzusichern.
Nicht von dem Befreiungsverbot erfasst war die Kapitalherabsetzung nach Art. 383 i.V.m. Art. 304 ff. ZOP.

c. Aufrechnungsverbot

Gemäß Art. 344 Abs. 2 ZOP konnte die Einlagepflicht auch nicht durch Aufrechnung mit einer gegen die Gesellschaft bestehenden Forderung überwunden werden[780]. Zweck dieser Vorschrift war es, die Umgehung der Einlageverbindlichkeiten zu vereiteln. Insbesondere die Zuführung des Mindestbaranteils am Stammkapital sollte hiermit gesichert werden. Forderungen waren trotz des Aufrechnungsverbots als Sach- bzw. Rechtseinlage uneingeschränkt einlagefähig. Zurückzuführen war dies auf das sacheinlagenspezifische Bewertungsverfahren, das sicherstellte, dass die in einem Geldwert ausgewiesenen Sachen und Rechte verifiziert dem Gesellschaftsvermögen zugeführt wurden.

d. Haftung für nicht geleistete Einlagen

Kamen die Gesellschafter ihrer Einlagepflicht zum Zeitpunkt der Fälligkeit nicht nach[781], waren sie gemäß Art. 337 Abs. 6 ZOP i.V.m. Art. 198 Abs. 5 ZOP verpflichtet, den der Gesellschaft entstandenen Schaden zu ersetzen. Neben dem Anspruch auf Leistung der Einlage hafteten die Gesellschafter gemäß Art. 198 Abs. 5 ZOP für Zinsen und sonstige Schäden.
Neben den schadensverursachenden Gesellschaftern löste Art. 337 Abs. 5 ZOP eine Ausfallhaftung der übrigen Gesellschafter aus, sodass sie der Gesellschaft und den Gläubigern für die nicht geleisteten Bareinlagen solidarisch hafteten.
Der unmittelbare Anspruch der Gläubiger gegen die Gesellschafter beschränkte sich ausschließlich auf den fehlenden Einlagebetrag. Weitergehende Ansprüche, die der Gesellschaft gegen ihre Gesellschafter zustanden, konnten die Gläubiger nur im Rahmen des derivativen Klageverfahrens nach Art. 73 ff. ZOP geltend machen[782]. Ein

[780] Diese Vorschrift entspricht § 19 Abs. 2 Satz 2 GmbHG, so auch Höffner/Scheele/Hunstein/Schubert, WiRO 1997, 293, 293.
[781] Wurde der Zeitpunkt der Fälligkeit nicht im Gesellschaftsvertrag vereinbart, ergab sich der Fälligkeitszeitpunkt aus Art. 337 Abs. 3 ZOP.
[782] Vasiljević, Komentar ZOP, Art. 337, S. 305.

Urteil zugunsten der Gesellschaft konnten die Gläubiger allerdings nur im Rahmen einer Pfändung des rechtskräftig festgestellten Anspruchs der Gesellschaft gegen ihre Gesellschafter verwerten.
Von der Haftung nach Art. 337 ZOP konnten die Gesellschafter gemäß Art. 338 ZOP ebenfalls nicht befreit werden.

2. Die Sicherung der Bareinlage nach dem ZOPDS

a. Zeitpunkt der Einlagenleistung

Hinsichtlich des Leistungszeitpunktes der Bareinlage bedient sich das ZOPDS eines dualen Einlagensicherungssystems[783]. Das Gesetz unterscheidet zwischen dem obligatorischen Mindestbaranteil am Stammkapital und der statuarischen Bareinlage.

(1) Der obligatorische Mindestbaranteil am Stammkapital nach Art. 112 Abs. 1 ZOPDS

Gemäß Art. 112 Abs. 1 ZOPDS i.V.m. Art. 22 Abs. 4, Art. 35 Abs. 4 RegG ist die Einzahlung der Hälfte des gesetzlich vorgeschriebenen Mindestbaranteils am Stammkapital (250,- €) eine unabdingbare Registrierungsvoraussetzung mit entsprechend konstitutiver Wirkung[784]. Zur Registrierung der GmbH muss dem Registrar der Zahlungsnachweis in Form eines Einzahlungsbelegs oder einer Bestätigung der Gründungsgesellschafter vorgelegt werden, dass die Hälfte des gesetzlich vorgeschriebenen Mindeststammkapitals geleistet wurde.
Im Unterschied zu Art. 337 Abs. 3 ZOP, wonach das Gesetz auf die im Gesellschaftsvertrag vereinbarten Bareinlage abstellte, beschränkt sich die Einlagensicherungsregel nach Art. 112 Abs. 1 ZOPDS ausschließlich auf den obligatorischen Mindestbaranteil am Stammkapital i.H.d des Gegenwertes von 500,- €[785].
Unabhängig von der statuarisch festgesetzten Barkapitalhöhe ist lediglich die Einzahlung der Hälfte des gesetzlich festgelegten Mindestbaranteils daher maßgebend[786]. Der restliche obligatorische Mindestbaranteil am Stammkapital i.H.v. 250,- € muss innerhalb von zwei Jahren nachgezahlt werden[787]. Auch diese in Art. 112 Abs. 1 ZOPDS geregelte Nachzahlungsfrist beschränkt sich auf den gesetzlich vorgeschriebenen Mindestbaranteil am Stammkapital[788].

---

[783] Im Aktienrecht geht das ZOPDS weiterhin von einem einheitlichen Einlagensicherungssystem aus. Zur Registrierung einer AG müssen mindestens 50 % der gesamten Bareinlagen, gemeint ist hiermit die gesetzliche und die statuarische Bareinlage, eingezahlt sein.
[784] Ist der nach Art. 112 Abs. 1 ZOPDS zwingende Baranteil am Stammkapital nicht eingezahlt, ist die Registrierung der Gesellschaft gemäß Art. 11 Abs. 2 Ziff. 4 ZOPDS grundsätzlich nichtig.
[785] So auch Vasiljević, Komentar ZOPDS, Art. 112, S. 192.
[786] Setzen die Gesellschafter beispielsweise vertraglich ein Barkapital von 30.000,- € fest, sind sie gemäß Art. 112 Abs. 1 ZOPDS lediglich verpflichtet, die Hälfte des gesetzlich vorgeschriebenen Barkapitals i.H.d. Gegenwertes von 250,- € zur Registrierung einzuzahlen. Nach Art. 337 Abs. 3 ZOP waren die Gesellschafter hingegen zur Zahlung von mindestens 15.000,- € verpflichtet.
[787] Die Frist beginnt mit dem Zeitpunkt der Registrierung zu laufen.
[788] So auch Vasiljević, Komentar ZOPDS, Art. 112, S. 192.

(2) Die statuarische Bareinlage

Im Unterschied zum gesetzlich vorgeschriebenen Mindestbaranteil am Stammkapital ist der Leistungszeitpunkt der statuarischen Bareinlage dispositiv. Art. 112 Abs. 1 ZOPDS beschränkt sich im Hinblick auf die Einlagepflicht und den Leistungszeitpunkt expressis verbis auf den gesetzlich vorgeschriebenen Mindestbaranteil am Stammkapital. Zudem ergibt sich aus den Vorschriften Art. 13 Abs. 1, Art. 110 Abs. 3, Art. 111 i.V.m. Art. 106 Abs. 5 ZOPDS, dass die Einlage nach den Bestimmungen des Gründungsaktes[789] zu leisten ist. Zur unabdingbaren Registrierungsvoraussetzung wird der Leistungsnachweis der statuarischen Bareinlagen gemäß Art. 22 Abs. 4 i.V.m. Art. 35 Abs. 4 RegG lediglich dann, wenn der im Gründungsakt vereinbarte Fälligkeitszeitpunkt vor dem Zeitpunkt der Registrierung liegt. Die konstitutive Wirkung der Leistungspflicht bezüglich der statuarischen Bareinlage wird daher zur Disposition der Gesellschafter gestellt.

(3) Stellungnahme

Regelungszweck des Teilzahlungsgebotes ist es, die dem kapitalbasierten System inhärenten Gründungserschwerungen[790] zu reduzieren und den Existenzgründern den Unternehmensstart zu erleichtern. Angesichts der nachhaltigen Liberalisierung des Kapitalaufbringungsrechts und der damit verbundenen faktischen Abkehr vom stammkapitalbasierten System besteht nach dem ZOPDS jedoch kein Bedarf für solche gründungserleichternde Mechanismen. Mit Ausnahme des Mindestbarkapitals können die Gesellschafter künftig die Höhe des Stammkapitals frei bestimmen. Die Finanzierung des symbolischen Mindestbarkapitals von 500,- € wird für die Gesellschafter regelmäßig keine ernsthafte Gründungshürde darstellen.
Zudem ist die gesetzliche Garantie, dass das Mindestbarkapital innerhalb von 2 Jahren vollständig eingezahlt werden muss, unter Gläubigerschutzgesichtspunkten bedeutungslos, sodass der Gesetzgeber den Leistungs- und Fälligkeitszeitpunkt auch hinsichtlich des gesetzlichen Mindestbaranteils am Stammkapital zur Disposition der Gesellschafter hätte stellen oder das Volleinzahlungsgebot[791] zu Grunde legen können, wobei eine dispositive Regelung aus Gründen der Rechtsklarheit vorzugswürdig erscheint.

b. Einlagepflicht und Befreiungsverbot

Gemäß Art. 112 Abs. 1, Art. 13 Abs. 1 i.V.m. Art. 110 Abs. 3 ZOPDS sind die Gesellschafter zur Leistung der übernommenen Bareinlage verpflichtet. Von dieser Pflicht können sie nach Art. 13 Abs. 7 ZOPDS weder befreit noch kann die Höhe der Einlagepflicht gemindert werden. Der Anwendungsbereich des Art. 13 Abs. 7 ZOPDS erfasst

---

[789] Bestimmungen über den Leistungszeitpunkt der Bareinlagen zählen nach Art. 106 Abs. 5 ZOPDS zum obligtorischen Mindestinhalt des Gründungsaktes.

[790] Das Mindeststammkapital macht den größten Teil des Gründungsaufwandes aus.

[791] Beschränkt auf den gesetzlichen Mindestbaranteil am Stammkapital. Ein allgemeines Volleinzahlungsgebot könnte zur Folge haben, dass die Unternehmen von vornherein mit einem geringeren Startkapital ausgestattet werden.

alle Einlageformen, sodass die Gesellschafter weder von dem gesetzlich vorgeschriebenen Mindestbaranteil am Stammkapital nach Art. 112 Abs. 1 ZOPDS noch von der im Gründungsakt freiwillig übernommenen Bareinlage befreit werden können.
Aufgrund des allgemein formulierten Wortlauts verbietet Art. 13 Abs. 7 ZOPDS jede rechtsgeschäftliche Befreiung von der Einlagepflicht. Nicht ausdrücklich verboten ist die Stundung[792]. Hinsichtlich des obligatorischen Mindestbaranteils am Stammkapital dürfte die gesetzliche Vorgabe zum Leistungszeitpunkt einen hinreichenden Anhaltspunkt für die Unzulässigkeit der Stundung darstellen. Andernfalls könnte der gesetzliche Leistungszeitpunkt beliebig durch die Stundung hinausgeschoben und dadurch umgangen werden. Ähnlich beurteilt sich die Stundung hinsichtlich der statuarischen Bareinlagen. Nach dem Eintritt des im Gründungsakt festgelegten Fälligkeitszeitpunktes würde ein rechtsgeschäftliches Hinausschieben des Fälligkeitszeitpunktes wirtschaftlich einem Teilerlass gleichkommen, da der Gesellschaft in der Zeit zwischen der Fälligkeit und der verspäteten Einlagenleistung die Nutzungsmöglichkeit an dem Forderungsgegenstand und damit ein Teil des Wertes der Sacheinlage entzogen würde. Gemäß Art. 14 Abs. 7 ZOPDS ist aber eine Minderung der Einlagenpflicht ausgeschlossen, sodass der Teilerlass vom Wortlaut ausdrücklich erfasst und damit für unzulässig erklärt wird.

Neben diesem zivilrechtlichen Sicherungsinstrument enthält das ZOPDS ferner einen Bußgeldkatalog. Gemäß Art. 450 Abs. 1 Ziff. 6 ZOPDS werden Zuwiderhandlung, die im Zusammenhang mit der Einlagepflicht stehen, mit einem Bußgeld sanktioniert. Der Anwendungsbereich dieser Bußgeldvorschrift erstreckt sich auf die verantwortlichen Gesellschafter und die Gesellschaft. Sachlich ist der Anwendungsbereich auf die Leistungspflicht nach Art. 112 Abs.1 ZOPDS beschränkt. In diesem Zusammenhang wäre es sinnvoll gewesen, den Anwendungsbereich nicht nur auf die gesetzliche Einlagenleistungspflicht zu beschränken. Damit wäre sichergestellt, dass auch statuarisch begründete Einlagepflichten dem Gesellschaftsvermögen tatsächlich zugeführt werden. Im Regelfall wird die Nachleistung des statuarischen Kapitals um ein vielfaches den Betrag der nach Art. 450 Abs. 1 Ziff. 6 ZOPDS geschützten Einlagenleistung i.H.v. 250,- € übersteigen. Allerdings ist zu berücksichtigten, dass gesetzliche Sanktionsvorschriften ihrem Sinn und Zweck nach lediglich zur Sicherstellung der durch Gesetz begründeten Pflichten dienen. Freiwillige Einlagepflichten werden hingegen ausschließlich per Gesellschaftsvertrag begründet und gehören daher bereits formal-juristisch nicht in den Anwendungsbereich von Sanktionsvorschriften.

---

[792] Im Vergleich hierzu war die Stundung bis zur Novellierung des GmbHG im Jahre 1980 ausdrücklich verboten. Die Neufassung des § 19 Abs. 2 S. 1 GmbHG erklärt nur noch die Befreiung von der Einlageleistung für unzulässig. Dennoch wird die Stundung in Deutschland nach allgemeiner Ansicht für unzulässig erachtet, vgl. Michalski-Ebbing, GmbHG, § 19 Rn. 44; Hueck/Fastrich in Baumbach/Hueck/Fastrich, GmbHG, § 19 Rn. 14; Roth/Altmeppen, GmbHG, 4. Aufl., § 19 Rn. 23; Hachenburg/Ulmer, GmbHG, § 19 Rn. 49; Scholz/Winter, GmbHG, 9. Aufl. 2000, § 14 Rn. 45; Lutter/Bayer in Lutter/Hommelhoff, GmbHG, 16. Aufl. 2004, § 19 Rn. 15.

c. Aufrechnungsverbot

Im Unterschied zu Art. 344 Abs. 2 ZOP ist die Frage der Einlageleistung im Wege der Aufrechnung im ZOPDS ungeregelt geblieben. Dies könnte zu der Annahme führen, dass Einlageleistungen im Wege der Aufrechnung nunmehr zulässig sind.
Eine solche Auslegung bedarf allerdings einer näheren Betrachtung. Der Gläubigerschutz des kontinentaleuropäischen Kapitalschutzsystems basiert im Wesentlichen auf dem gesetzlichen Grundkapital. Einen entsprechend hohen Stellenwert nimmt in diesem System der Grundsatz der realen Kapitalaufbringung ein. Dieser soll zum Schutz der Gesellschaftsgläubiger sicherstellen, dass die von dem Gesellschafter geschuldete Einlagenleistung dem Gesellschaftsvermögen vollständig und in der vorgesehenen Form zufließt. Kontinentaleuropäische Systeme haben daher ein strenges Einlageverfahren verankert und legen regelmäßig ein Aufrechnungsverbot zu Grunde.
Im angloamerikanischen System basiert der Gläubigerschutz hingegen erkennbar nicht auf dem Grundkapital, sondern vielmehr auf dem Prinzip der Solvenzerhaltung, sodass das Gebot der realen Kapitalzuführung in einem solchen System von untergeordneter Bedeutung ist. Entsprechend liberal ist auch das Einlageverfahren in diesen Systemen ausgestaltet.
Im Zuge des Systemwechsels wurde in Serbien auch das Sacheinlageverfahren dereguliert und liberalisiert, sodass künftig Sacheinlagen grundsätzlich von den Gesellschaftern bewertet werden und eine Bewertungskontrolle seitens des Registrierungsorgans nicht mehr erfolgt. Im Ergebnis wäre ein uneingeschränktes Festhalten am Aufrechnungsverbot sinnwidrig, da Forderungen gegenüber der Gesellschaft uneingeschränkt als Sach- bzw. Rechtseinlage eingebracht werden können, das Sacheinlagenverfahren jedoch keine Mechanismen zur Verifikation der Vollwertigkeit der Einlagen mehr enthält. Das Aufrechnungsverbot wäre letztlich eine bloße, sachlich nicht mehr zu rechtfertigende Förmelei[793].

Im Hinblick auf die Einlageverbindlichkeit nach Art. 112 Abs. 1 ZOPDS wird eine Aufrechnung allerdings weiterhin unzulässig sein. Andernfalls könnte das in Art. 112 Abs. 1 ZOPDS verankerte Barkapitalzuführungsprinzip umgangen werden.

d. Haftung für nicht geleistete Bareinlagen

Die Pflicht zur Leistung der Bareinlagen wird ferner durch Art. 13 Abs. 1, Abs. 3 und Art. 104 Abs. 3 ZOPDS flankiert.
Gemäß Art. 13 Abs. 1 ZOPDS sind die Gesellschafter verpflichtet, sämtliche durch Gesetz bzw. Gründungsakt oder Gesellschaftsvertrag begründete Einlagen zu leisten. Erfüllen die Gesellschafter ihre Einlagenleistungspflicht nicht, haften sie der Gesellschaft für den entstandenen Schaden. Die Schadensersatzpflicht ergibt sich aus Art. 13 Abs. 3 ZOPODS, wobei diese nicht nur auf die Einlagepflicht beschränkt ist. Dem Wortlaut nach werden sämtliche Pflichtverletzungen erfasst, die im „Zusammenhang mit der Gesellschaftsgründung“ stehen.

---

[793] A. A. wohl Vasiljević, Komentar ZOPDS, Art. 111, S. 190, der die Aufrechnung im Zusammenhang mit der „zusätzlichen“ Einlageverbindlichkeit für unzulässig hält.

Erfüllen die Gesellschafter ihre Pflicht nicht, den restlichen Mindestbaranteil am Stammkapital in dem nach Art. 112 Abs. 1 ZOPDS vorgeschriebenen Zeitraum von zwei Jahren[794] nachzuleisten, steht der Gesellschaft ein Schadensersatzanspruch nach Art. 13 Abs. 3 ZOPDS zu. Ebenso steht der Gesellschaft ein Schadensersatzanspruch nach Art. 13 Abs. 3 ZOPDS zu, wenn die Gesellschafter die vertraglich begründeten und fällig gewordenen Bareinlagen nicht oder nicht rechtzeitig leisten. Unerheblich ist, dass der vertraglich festgesetzte Fälligkeitszeitpunkt hinsichtlich der statuarischen Bareinlage nach dem Zeitpunkt der Gründung eintreten kann. Hierbei handelt es sich um eine bei der Gründung, nämlich im Gründungsakt übernommene und daher im „Zusammenhang mit der Gründung" i.S.d. Art. 13 Abs. 3 ZOPDS stehende Pflicht.
Die Gesellschaft kann neben Zinsansprüchen auch weitergehende Schadensersatzansprüche geltend machen[795]. Der Schadensersatzanspruch kann von Gesellschaftern, die mit mindestens zu 5 % am Vermögen der Gesellschaft beteiligt sind, im Rahmen eines derivativen Klageverfahrens geltend gemacht werden[796].

Neben der Schadensersatzpflicht für nicht geleistete Einlagen haften die Gesellschafter gemäß Art. 104 Abs. 3 ZOPDS für die Gesellschaftsverbindlichkeiten bis zur Höhe der nicht geleisteten Einlage persönlich. Aufgrund des Trennungsprinzips werden die Gesellschafter einer GmbH grundsätzlich von der Haftung für die Verbindlichkeiten der Gesellschaft gemäß Art. 104 Abs. 3 ZOPDS befreit. Kommen die Gesellschafter ihrer Einlagepflicht allerdings nicht nach, haften sie für die Verbindlichkeiten der Gesellschaft in Höhe der übernommenen Einlage persönlich. Hierbei handelt es sich nicht um eine das Trennungsprinzip durchbrechende Haftungsregelung, sondern vielmehr um eine Vorschrift, die sicherstellen soll, dass die Gesellschafter in Höhe der übernommenen Einlage auch tatsächlich am Geschäftsrisiko beteiligt werden.
Hierdurch können die Gläubiger darauf vertrauen, dass die Gesellschafter auch tatsächlich in Höhe des im Gründungsakt ausgewiesenen Kapitals am Geschäftsrisiko beteiligt werden.
Dadurch, dass den Gläubigern nunmehr eine derivative Klagemöglichkeit im Zusammenhang mit der Durchsetzung der Einlagepflichten nicht mehr zusteht, gewährt ihnen Art. 104 Abs. 3 ZOPDS einen unmittelbaren, auf die Höhe der nicht geleisteten Einlage beschränkten, persönlichen Anspruch gegen die Gesellschafter.
Diese Vorschrift schränkt das Haftungsprivileg der Gesellschafter auch nicht unverhältnismäßig ein, denn erst eine ziffernmäßige Beteiligung am Geschäftsrisiko rechtfertigt die Haftungsprivilegierung der GmbH-Gesellschafter.

---

[794] Dieser gesetzliche vorgegebene Fälligkeitszeitpunkt kann selbstverständlich vertraglich vorverlagert werden.
[795] Bei Sacheinlagen kann die Gesellschaft z.B. Nutzungsausfallschäden geltend machen.
[796] Das derivative Klagerecht steht nach Art. 41 ZOPDS nur noch den Gesellschafter zu, wohingegen nach den Art. 73 ff. ZOP auch die Gläubiger im Rahmen des derivativen Klageverfahrens vorgehen konnten.

Die gesetzliche Barkapitalaufbringungspflicht als Registrierungsvoraussetzung

Hinsichtlich des nach Art. 112 Abs. 1 ZOPDS vorgeschriebenen Mindestbaranteils am Stammkapital ist zu berücksichtigen, dass die Nichtleistung der nach Art. 112 Abs. 1 ZOPDS i.V.m. Art. 35 Abs. 2 RegG zur Eintragung erforderlichen Einlagepflicht gemäß Art. 11 Abs. 1, Abs. 2 Ziff. 4 ZOPDS die Nichtigkeit der vorgenommenen Registrierung zur Folge hat. Der Anwendungsbereich dieser Nichtigkeitsvorschrift ist ausdrücklich auf die gesetzliche Mindestbarkapitalaufbringungspflicht beschränkt[797].
Gemäß Art. 11 Abs. 4 ZOPDS wirkt sich die festgestellte Nichtigkeit aufgrund des faktischen Bestehens der Gesellschaft nicht auf die Wirksamkeit der getätigten Rechtsgeschäfte mit gutgläubigen Dritten aus. Nach Art. 11 Abs. 5 ZOPDS haften die Gesellschafter im Fall der Nichtigkeit solidarisch und persönlich bezüglich der aus Art. 11 Abs. 4 ZOPDS resultierenden Verbindlichkeiten. Voraussetzung hiefür ist allerdings, dass sich die Gläubiger aus dem Vermögen der Gesellschaft nicht befriedigen können. Eine Beschränkung auf die Höhe der übernommenen Einlage besteht nach Art. 11 Abs. 5 nicht. Gesellschafter, die nicht einmal das nach Art. 112 Abs. 1 ZOPDS gesetzlich vorgeschriebene Mindestbarkapital aufbringen, sollen sich nach dem Sinn und Zweck dieser Vorschrift nicht auf das Haftungsprivileg berufen können.

3. Vergleichende Aspekte zur Sicherung der Bareinlage

a. Die Bareinlage als zwingende Registrierungsvoraussetzung

Im Unterschied zum ZOPDS hat die Leistung der Bareinlagen nach dem GmbHG nicht immer konstitutiven Charakter.
In Deutschland stellen insbesondere die §§ 7 Abs. 2 und Abs. 3, 9 c GmbHG sicher, dass Bareinlagen vor der Eintragung in das Handelsregister geleistet werden, wobei sich die Höhe der zu leistenden Geldeinlage gemäß § 7 Abs. 2 GmbHG nach den Festsetzungen des Gesellschaftsvertrages bestimmt.
Dabei geht § 7 Abs. 2 GmbHG von zwei kumulativen Eintragungsvoraussetzungen aus. Vor der Anmeldung muss mindestens ein Viertel der in bar übernommenen Einlage[798] und mindestens die Hälfte des gesetzlichen Stammkapitals eingezahlt sein.
Wird der in § 7 Abs. 2 S. 1 GmbHG vorgeschriebene Mindeststammkapitalbetrag überschritten, müssen die Gesellschafter dennoch nachweisen, dass sie ein Viertel der statuarisch festgesetzten Bareinlage geleistet haben.
Im Unterschied zum ZOPDS stellt das GmbHG die Zusammensetzung des Stammkapitals zur Disposition der Gründungsgesellschafter und schreibt ein Mindestbar-

[797] Auf die Leistung der freiwillig übernommenen und nach dem Gründungsakt fälligen Bareinlagen stellt die Vorschrift nicht ab. Demnach können die vor der Registrierung fälligen, jedoch nicht geleisteten freiwillig übernommenen Bareinlagen auch keine solidarische und persönliche Haftung der Gesellschafter nach Art. 11 Abs. 5 ZOPDS auslösen. In einem solchen Fall greift ausschließlich Art. 104 Abs. 3 ZOPDS ein, der eine auf die Einlagenhöhe beschränkte persönliche Haftung auslöst.

[798] Es genügt nicht, dass auf einzelne Stammeinlagen mehr und auf andere weniger eingezahlt wird, vgl. Roth/Altmeppen, GmbHG, 4. Aufl., § 7 Rn. 17; Scholz/Winter, GmbHG, 9. Aufl. 2000, § 7 Rn. 19.

kapital nicht vor. Soll die Gesellschaft ausschließlich durch Sacheinlagen gegründet werden, kann eine deutsche GmbH damit auch ohne den Nachweis geleisteter Bareinlagen in das Handelsregister eingetragen werden.

b. Bareinlagensicherung

Bezüglich der Bareinlagensicherung decken sich das serbische und deutsche GmbH-Recht im Wesentlichen. Nach beiden Rechtsordnungen werden die Gesellschafter zur Leistung der übernommenen Einlagen verpflichtet und können von dieser Pflicht nicht befreit werden. Das Befreiungsverbot ist in § 19 Abs. 2 S. 1 GmbHG, der zentralen Vorschrift des GmbHG zur Sicherung des Gebots der realen Kapitalaufbringung, geregelt. Während sich das ZOP und das GmbHG im Hinblick auf das Aufrechungsverbot noch entsprachen, fehlt es im ZOPDS an einer Aufrechnungsverbotsregelung. Der Systemwechsel im ZOPDS machte ein Aufrechnungsverbot, wie vorstehend ausgeführt, weitestgehend entbehrlich. Lediglich im Zusammenhang mit der gesetzlichen Bareinlageverbindlichkeit wird eine Aufrechnung nach dem ZOPDS weiterhin unzulässig sein.

Nach § 19 Abs. 2 GmbHG wird eine einseitige Aufrechnungserklärung durch die Gesellschafter unter das Aufrechnungsverbot gestellt. Das einseitige Aufrechnungsverbot soll verhindern, das Gebot der realen Kapitalaufbringung dadurch zu umgehen, dass die Einlageforderung durch die Verrechnung mit einer wirtschaftlich nicht vollwertigen Gegenforderung zum Erlöschen gebracht wird[799].
Nicht nach § 19 Abs. 2 GmbHG untersagt, ist die Aufrechnung seitens der Gesellschaft oder durch einen Aufrechnungsvertrag. Diese Aufrechnungsalternativen werden unter Berücksichtigung des Gebots der realen Kapitalaufbringung nach der ständigen Rspr.[800] und h.M. dann für zulässig erachtet, wenn die Gegenforderung vollwertig, fällig und liquide ist[801]. Ferner sind gemäß § 19 Abs. 5 GmbHG im Interesse der ordnungsgemäßen Kapitalaufbringung die Scheinlagevorschriften zu beachten.

c. Haftung für nicht geleistete Einlagen

Nach beiden Rechtsordnungen sind die Gesellschafter verpflichtet, ihre Resteinlage innerhalb eines bestimmten Zeitraums zu erbringen. § 19 Abs. 1 GmbHG gewährleistet, dass die Gesellschafter ihrer Bareinlagepflicht nachkommen. Das spielt insbesondere für die Resteinlage eine wichtige Rolle. Der Zeitpunkt der Fälligkeit der Resteinlage bestimmt sich nach dem GmbHG nach den Festsetzungen des Gesellschaftsvertrages[802]. Mit Ausnahme der Mindestbareinlage am Stammkapital ist der

---

799 Scholz/Winter, GmbHG, 9. Aufl. 2000, § 19 Rn. 54.
800 BGHZ 15, 52, 59.
801 Baumbach/Hueck/Fastrich, GmbHG, § 19 Rn. 18; Rowedder/Schmidt-Leithoff/Pentz, GmbHG, § 19 Rn. 70; Roth/Altmeppen, GmbHG, 4. Aufl., § 19 Rn. 31; Hachenburg/Ulmer, GmbHG, 8. Aufl., § 19 Rn. 61.
802 Enthält der Gesellschaftsvertrag über die Fälligkeit der Resteinlagen keine Regelungen, sog. offener Zahlungstermin, wird der Anspruch über die Resteinlage nicht automatisch mit der Eintragung

Fälligkeitszeitpunkt hinsichtlich der freiwilligen Restbareinlage nach dem ZOPDS ebenfalls dispositiv und beurteilt sich ebenfalls nach den Festsetzungen des Gründungsaktes.
Bezüglich der Resteinlagen sind die Gesellschafter nach beiden Rechtsordnungen verpflichtet, diese innerhalb eines bestimmten Zeitraumes zu erbringen und können von dieser Pflicht nicht befreit werden. Das Aufschieben des im Gesellschafvertrag bzw. Gründungsakt festgelegten Fälligkeitszeitpunktes bezüglich der Resteinlagen durch einen entsprechenden Gesellschafterbeschluss ist als eine unter das Befreiungsverbot fallende Stundung zu qualifizieren und insoweit unzulässig[803].
Im Unterschied zum ZOPDS enthält das GmbHG keine Regelung, wonach die Gesellschafter in Höhe der nicht geleisteten Einlageverbindlichkeit persönlich für die Gesellschaftsverbindlichkeiten haften. Nach dem GmbHG bleiben die Gesellschafter zur Nachleistung der Einlage verpflichtet, ohne jedoch für die Gesellschaftsverbindlichkeiten persönlich zu haften. Für den Fall der Nichtleistung enthält das GmbHG in den §§ 20 ff. GmbHG entsprechende Sanktionsmaßnahmen.
Eine im Handelsregister eingetragene GmbH ist ungeachtet davon, ob die nach § 7 Abs. 2 GmbHG erforderlichen Mindesteinlagen erbracht wurden, wirksam entstanden[804]. Die Nichtleistung der erforderlichen Mindesteinlage hat im Unterschied zum ZOPDS nach dem GmbHG nicht die Nichtigkeit der Gesellschaft zu Folge.

Kommen die Gesellschafter ihrer Bareinlagenpflicht nicht nach, haften sie nach beiden Rechtsordnungen der Gesellschaft für den entstandenen Schaden. Obwohl sich § 20 GmbHG dem Wortlaut nach auf die Entrichtung des Verzugszinses beschränkt, kann die Gesellschaft nach allgemeiner Ansicht auch weitergehende Schadensersatzansprüche geltend machen[805], sodass in dieser Hinsicht zum ZOPDS keine Unterschiede bestehen.

4. Die Sicherung der Sacheinlage nach dem ZOP

a. Zeitpunkt der Einlagenleistung

Im Unterschied zur Beinlage mussten Sacheinlagen gemäß Art. 337 Abs. 6 i.V.m. Art. 198 Abs. 4 ZOP vor der Registrierung vollständig bewirkt worden sein.

---

der Gesellschaft in das Handelsregister fällig, sondern bedarf der Einforderung durch einen Gesellschafterbeschluss, vgl. Scholz/Schneider, GmbHG, 9. Aufl. 2000, § 19 Rn. 10. Zu welchem Zeitpunkt die Gesellschafter den Einforderungsbeschluss fassen, liegt im unternehmerischen Ermessen der Gesellschafter, vgl. BFHE 93, 414.

[803] Rowedder/Schimdt-Leithoff/Pentz, GmbHG, 4. Aufl., § 19 Rn. 18, 55; Hachenburg/Ulmer, GmbHG, 8. Aufl., § 19 Rn. 32; Scholz/Schneider, GmbHG, 9. Aufl. 2000, § 19 Rn. 46.

[804] Hachenburg/Ulmer, GmbHG, 8. Aufl., § 7 Rn. 28; Scholz/Winter, GmbHG, 9. Aufl. 2000, § 7 Rn. 24.

[805] Baumbach/Hueck/Fastrich, GmbHG, 17. Aufl., § 20 Rn. 8; Scholz/Winter, GmbHG, 9. Aufl. 2000, § 20 Rn. 21; Hachenburg/Ulmer, GmbHG, 8. Aufl., § 20 Rn. 41.

b. Bewertung der Sacheinlagen

Sacheinlagen mussten gemäß Art. 337 Abs. 6 i.V.m Art. 194 Abs. 1, Abs. 2 ZOP von einem bevollmächtigten Sachverständigen bewertet werden. Mittels der Bewertung durch einen unabhängigen Sachverständigen sollte die Ermittlung des tatsächlich zugeführten Sacheinlagenvermögens und damit die Richtigkeit der Bewertung gewährleistet bzw. das Risiko einer Überbewertung reduziert werden[806]. Eine realistische bzw. richtige Bewertung diente nicht nur dem Interesse der Gläubiger, sondern gleichzeitig der Ermittlung der realen Beteiligungsquoten der Gesellschafter[807].

Regelungen über den „bevollmächtigten Sachverständigen" waren im Gesetz jedoch nicht vorhanden. Neben Unternehmen, die durch Gesetz zur Bewertung des Kapitals von kleinen, mittleren und großen Unternehmen ermächtigt waren, zählten nach der Praxis der Handelsgerichte auch Gerichtssachverständige zum Kreis der bevollmächtigten Sachverständigen[808].

Ausnahmsweise konnten Gründungsgesellschafter gemäß Art. 194 Abs. 4 ZOP selbst ihre Sacheinlagen bewerten. Voraussetzung war jedoch, dass der in Geld ausgewiesene Gesamtwert der eingebrachten Sacheinlagen nicht den in Art. 336 Abs. 1 ZOP geregelten Mindestbaranteil am Stammkapital i.H.v. 5.000,- US$ überstieg.

Wurden neben dem obligatorischen Baranteil am Stammkapital Sacheinlagen geleistet, verpflichtete Art. 339 i.V.m. Art. 200 Abs. 1 ZOP die Gründungsgesellschafter zur Erstellung eines Sachgründungsberichtes. Hierfür war der Einlagegegenstand genau zu bezeichnen und ein Beweis über die tatsächliche Erbringung der Einlage beizufügen.

c. Überbewertung der Sacheinlagen und Differenzhaftung

Trotz einer möglichen Überbewertung[809] enthielt das ZOP keine Regelungen zur Differenzhaftung der Gesellschafter. Bei der Selbstbewertung war das Schutzinteresse der Gesellschafter an der Ermittlung des realen Sacheinlagenwertes und der sich daraus ergebenden Beteiligungsquote aufgrund der einvernehmlichen Bewertung sicherlich gering. Das Schutzinteresse der Gläubiger an der realen Existenz der ausgewiesenen Vermögenswerte bestand jedoch unverändert fort.

Dessen ungeachtet hielt der Gesetzgeber die Gläubiger in einer solchen Konstellation entweder für nicht besonders schutzwürdig oder er hatte eine Regelung für diesen Fall schlichtweg übersehen. Für eine geringere Schutzwürdigkeit der Gläubiger sprach die Tatsache, dass die Selbstbewertung der Sacheinlagen auf den Höchstbetrag von 5.000,- US$ beschränkt war. In der Literatur ging man, ohne auf eine normative Grundlage zurückzugreifen, von einer Differenzhaftung der Gesellschafter aus[810].

---

[806] Jankovec, Privredno pravo, S. 54; Vasiljević, Komentar ZOP, Art. 194, S. 190.

[807] Jankovec, Komentar, Art. 196, S. 151.

[808] Andžić/Bjelica/Brkić/Jovčić, Priručnik, S. 148, 149.

[809] Babić, Pravo i privreda 5-8/1998, 82, 90. Im Fall der Sachverständigenbewertung war das Überbewertungs- bzw. Manipulationsrisiko gering, sodass hierfür ein Regelungsbedarf überhaupt nicht bestand.

[810] Jankovec, Privredno pravo, S. 55.

d. Befreiungsverbot

Bezüglich der Sacheinlage konnten die Gesellschafter nach Art. 338, Art. 344 Abs. 2 ZOP ebenfalls nicht von der Einlageverbindlichkeit befreit werden, sodass sich zur Bareinlage keine Unterschiede ergaben.

e. Haftung für nicht geleistete Sacheinlagen

Für nicht geleistete Sacheinlageverbindlichkeiten hafteten die Gesellschafter gemäß Art. 337 Abs. 6 i.V.m. Art. 198 Abs. 5 ZOP der Gesellschaft für den entstandenen Schaden. Von besonderer Bedeutung waren im Bereich der Sacheinlagen die Nutzungsausfallschäden. Daneben hafteten die Gesellschafter gemäß Art. 337 Abs. 5 ZOP der Gesellschaft und den Gläubigern gegenüber für nicht geleistete Sacheinlagen solidarisch.

5. Die Sicherung der Sacheinlage nach dem ZOPDS

a. Zeitpunkt der Einlagenleistung

Mit dem Inkrafttreten des ZOPDS wurde das Sacheinlagensicherungsrecht der GmbH erheblich dereguliert. Schwerpunktmäßig orientierte sich der Gesetzgeber an den rechtspolitischen Entwicklungen in der EU. Besonders im Bereich der Sacheinlagenbewertung fanden die im Rahmen der SLIM-Initiative ausgearbeiteten Vorschläge zum Gesellschaftsrecht Berücksichtigung.

Zeitpunkt und Umfang der Sacheinlagenleistung sind nunmehr dispositiv und bestimmen sich nach Art. 13 Abs. 1 i.V.m. Art. 110 Abs. 1 und Art. 106 Abs. 4 ZOPDS ausschließlich nach den Festsetzungen im Gründungsakt. Entscheiden sich die Gesellschafter zur Sachgründung, sind die Festsetzungen zum Leistungszeitpunkt und zum Leistungsumfang der Sacheinlage zwingender Inhalt des Gründungsaktes[811]. Zum obligatorischen Mindestinhalt des Gründungsaktes gehört im Fall der Sachgründung gemäß Art. 106 Abs. 4 ZOPDS ferner die wertmäßige Bezifferung der Sacheinlagen.
Im Unterschied zu Art. 337 Abs. 6 i.V.m. Art. 198 Abs. 4 ZOP, wonach Sacheinlagen vor der Registrierung vollständig zu leisten waren, stellt die Sacheinlagenleistung aufgrund der Dispositivität nunmehr keine zwingende Registrierungsvoraussetzung dar.
Art. 13 Abs. 6 ZOPDS stellt klar, dass alle durch Eigentumsübertragung in die Gesellschaft eingebrachten Sachen zum Gesellschaftsvermögen gehören und von den Gesellschaftern nicht mehr als ihr Eigentum genutzt werden können. Die eingebrachten Sacheinlagen müssen der Gesellschaft daher zur endgültigen und freien Verfügung überlassen werden.

[811] Art. 106 Abs. 5 ZOPDS. Enthät der Gründungsakt keine Bestimmungen zu den obligatorischen Mindestangaben, ist er nichtig, vgl. Vasiljević, Komentar ZOPDS, Art. 106, S. 186.

b. Bewertung der Sacheinlagen

Unseriösen Sachgründungen versucht das ZOPDS mit dem in Art. 14 ZOPDS geregelten Bewertungsverfahren zu begegnen. Das Sacheinlagenbewertungsverfahren wurde im Zuge der Reform erheblich dereguliert. Gemäß Art. 14 Abs. 2 ZOPDS werden Sacheinlagen nunmehr grundsätzlich von den Gesellschaftern selbst bewertet[812]. Auch die Anfertigung eines gesonderten Sachgründungsberichts ist nicht mehr erforderlich. Systemwechselbedingt ist das gesetzliche Grundkapital für den Gläubigerschutz von geringer Bedeutung, sodass das ZOPDS auf entsprechende Vorkehrungen zur Sicherung der realen Kapitalaufbringung, die im ZOP noch verankert waren, nunmehr verzichten konnte.

Statt einer Selbstbewertung können die Gesellschafter gemäß Art. 14 Abs. 3 ZOPDS einen bevollmächtigten Sachverständigen oder ein Gericht mit der Bewertung der Sacheinlagen beauftragen. Auf diese fakultative Form der Bewertung werden die Gesellschafter bei Uneinigkeit zurückgreifen, da die Sacheinlagenbewertung gleichzeitig der Ermittlung der Beteiligungsverhältnisse dient und sich maßgeblich auf die Stimm- und Gewinnverteilung der Gesellschafter auswirkt.

Entscheiden sich die Gesellschafter für ein Fremdbewertungsverfahren nach Art. 14 Abs. 3 ZOPDS, ist dem Registrar gemäß Art. 35 Abs. 5 ZOPDS der von dem bevollmächtigten Sachverständigen erstellte Bewertungsbericht zwingend beizufügen.

(1) Deregulierung des RegG

In diesem Zusammenhang ist zu berücksichtigen, dass das RegG dem Registrar weder ein Prüfungsrecht einräumt noch Prüfungspflichten auferlegt. Die Kompetenz des Registrars beschränkt sich lediglich auf die Prüfung, ob die nach dem RegG einzureichenden Registrierungsunterlagen bzw. Nachweise beigefügt worden sind. Die Richtigkeit und Authentizität der eingereichten Unterlagen überprüft der Registrar hingegen nicht, sodass die von den Gesellschaftsgründern vorgenommene Bewertung der Sacheinlagen ebenfalls keiner registerlichen Prüfung unterliegt.

Ziel der Reform des RegG war es, das Registrierungsverfahren zu vereinfachen und zu beschleunigen, um damit die Gründung von Unternehmen zu erleichtern. Um dieses Ziel auch effektiv erreichen zu können, stellt das RegG abschließende und dezidierte Registrierungsvoraussetzungen auf und schließt zugleich ein Kontroll- bzw. Prüfungsrecht des Registrars aus, bzw. schränkt es auf den genannten Umfang ein. Zur Begründung dieses äußerst liberalen Prüfungsverfahrens verwies der Gesetzgeber auf die mangelnde Effektivität des bisherigen, wesentlich strengeren Registrierungsverfahrens[813].

[812] Dies gilt für die OHG, KG, GmbH und für die geschlossene AG. Die Bewertung von Sacheinlagen bei der offenen AG hat gemäß Art. 14 Abs. 4 ZOPDS weiterhin zwingend durch einen bevollmächtigten Sachverständigen zu erfolgen.

[813] Das bisherige Registrierungssystem habe ungesetzliche, unrichtige und missbräuchliche Eintragungen der Wirtschaftssubjekte nicht verhindern können, so die Gesetzesbegründung zum RegG.

(2) Drittschutz nach dem RegG

Die Liberalisierung des Registrierungsverfahrens soll sich nach dem Willen des Gesetzgebers jedoch nicht zu Lasten des Drittschutzes auswirken, sodass das RegG Dritten die Möglichkeit eröffnet, ein gerichtliches Verfahren zur Feststellung der Nichtigkeit der Registrierung einzuleiten. Ein solches Nichtigkeitsfeststellungsverfahren können Dritte gemäß Art. 69 Abs. 3 RegG dann einleiten, wenn sie an der Nichtigkeitsfeststellung ein rechtliches Interesse haben. Nichtig i.S.d. Art. 69 Abs. 1 RegG ist eine Registrierung insbesondere dann, wenn bei der Registrierungsanmeldung falsche Angaben gemacht oder unechte Registrierungsdokumente bzw. Registrierungsdokumente unrichtigen Inhalts beigefügt wurden. Stellt das Gericht die Nichtigkeit fest, ist es verpflichtet, den Registrar binnen einer Frist von 15 Tagen über die Nichtigkeit der Registrierung zu unterrichten. Aufgrund der rechtskräftigen Nichtigkeitsfeststellung nimmt der Registrar sodann eine Löschung der Gründungsregistrierung vor und unterrichtet die zuständigen Organe zur Einleitung eines Liquidations- oder Insolvenzverfahrens. Im Fall einer rechtskräftigen Nichtigkeitsfeststellung haften die Gesellschafter solidarisch zur Befriedigung der Gläubiger. Dies ergibt sich aus einer entsprechenden Anwendung des Art. 11 Abs. 5 ZOPDS.

Aus Gründen der Rechts- und Verkehrssicherheit ist ein Nichtigkeitsfeststellungsverfahren lediglich innerhalb von 30 Tagen ab Kenntnis der Nichtigkeitsgründe möglich, soweit seit dem Registrierungszeitpunkt nicht bereits 3 Jahre vergangen sind. Neben dem Nichtigkeitsfeststellungsverfahren stellt Art. 78 RegG zudem klar, dass falsche Angaben oder unechte Registrierungsdokumente oder Dokumente unrichtigen Inhaltes, die im Zusammenhang mit der Registrierung in der Absicht beigefügt wurden, um im Registrierungsverfahren als echt verwendet zu werden, eine Straftat darstellen. Das Gesetz sieht hierfür eine Freiheitsstrafe von drei Monaten bis zu fünf Jahren vor.

Aus Gründen der Vereinfachung legt das RegG somit keine präventive Bewertungskontrolle zu Grunde. Es findet allenfalls, und nur auf Initiative Dritter, eine nachträgliche gerichtliche Überprüfung statt.

c. Differenzhaftung im Fall der Überbewertung

Gemäß Art. 13 Abs. 3 2. Alt. ZOPDS haften die Gesellschafter der Gesellschaft gegenüber für den Schaden, der ihr aufgrund unrichtiger Angaben zur Einlage entstanden ist. Obwohl sich der Wortlaut der Haftungsnorm nicht auf eine bestimmte Einlageform beschränkt, wird der Anwendungsbereich des Art. 13 Abs. 3 Alt. 2 ZOPDS in der Praxis regelmäßig nur für die Sacheinlage von Relevanz sein. Art. 13 Abs. 3 ZOPDS soll Gesellschafter und Gläubiger vor unrichtigen Angaben, die im Zusammenhang mit der Sacheinlage gemacht werden, schützen, da diese Angaben zur Ermittlung der Beteiligungsverhältnisse und Quantifizierung des Gesellschaftsvermögens dienen.

Persönlich ist der Anwendungsbereich der Differenzhaftung auf die verantwortlichen Gesellschafter beschränkt. Eine solidarische Ausfallhaftung der Gesellschafter hinsichtlich des Differenzschadens besteht hingegen nicht.

Neben dem Differenzschaden kann die Gesellschaft auch weitergehende Schäden ersetzt verlangen, soweit sie ihr tatsächlich entstanden sind. Der Differenzschaden wird der Gesellschaft als Bareinlage geschuldet. Der weitergehende Schadensersatzanspruch kann allerdings als Einlage nicht berücksichtigt werden.

d. Einlagenpflicht und Befreiungsverbot

Nach Art. 13 Abs. 1 i.V.m. Art. 110 Abs. 3 ZOPDS sind die Gesellschafter verpflichtet, Sacheinlagen gemäß den Festsetzungen im Gründungsakt zu leisten. Von dieser Pflicht können sie gemäß Art. 13 Abs. 7 ZOPDS weder befreit, noch kann die Höhe der Einlagepflicht gemindert werden. Art. 13 Abs. 7 ZOPDS erstreckt sich auf alle Einlageformen und damit auch auf die Sacheinlage.

e. Haftung für nicht geleistete Einlagen

Erfüllen die Gesellschafter die im Gründungsakt übernommene Sacheinlagenverbindlichkeit nicht, haften sie gemäß Art. 13 Abs. 3 ZOPDS für den der Gesellschaft entstandenen Schaden[814]. Neben der Nacherfüllungspflicht kann die Gesellschaft weitergehende Ansprüche geltend machen. In diesem Zusammenhang werden regelmäßig Nutzungsausfallschäden von Bedeutung sein. Bezüglich der Nachleistungspflicht ist jedoch die Besonderheit des Art. 13 Abs. 5 ZOPDS zu beachten. Statt der Sacheinlage kann der ersatzpflichtige Gesellschafter, bei einer entsprechenden vorherigen Genehmigung der Gesellschaft, die Einlage in Form einer Bareinlage nachleisten. Mit der Genehmigungsbedürftigkeit soll das Interesse der Gesellschaft an bestimmten Sachgegenständen geschützt werden[815].
Im Übrigen haftet der säumige Gesellschafter gemäß Art. 104 Abs. 3 ZOPDS bis zur Höhe der nicht geleisteten Einlage für die Verbindlichkeiten der Gesellschaft persönlich.

6. Vergleichende Aspekte zur Sicherung der Sacheinlage

Deregulierungsbedingt hat sich das serbische Sacheinlagenrecht im Bereich der Sacheinlagenbewertung dem GmbHG angenähert. Während nach dem ZOP Sacheinlagen noch ausschließlich von einem bevollmächtigten Sachverständigen bewertet werden konnten, eröffnen das ZOPDS und das GmbHG den Gesellschaftern die Möglichkeit, Sacheinlagen selbst zu bewerten. Im Unterschied zum ZOPDS sind die Gründungsgesellschafter gemäß § 5 Abs. 4 S. 2 GmbHG im Rahmen der Sacheinlagengründung verpflichtet, einen Sachgründungsbericht zu erstellen.

---

[814] Art. 13 Abs. 3 ZOPDS beschränkt sich dem Wortlaut nach auf Pflichtverletzungen, die im Zusammenhang mit der Gründung der Gesellschaft stehen. Unerheblich dabei ist, dass der vertraglich festgesetzte Fälligkeitszeitpunkt hinsichtlich der Sacheinlagen erst nach der Gründung der Gesellschaft eintreten kann. Entscheidend ist vielmehr, dass es sich um eine im Zeitpunkt der Gründung entstandene Pflicht handelt.

[815] Sacheinlagen können den wirtschaftlichen Bedürfnissen der Gesellschaft teilweise besser als Bareinlagen entsprechen.

Ein weiterer Unterschied zum deutschen Recht besteht darin, dass sich der Zeitpunkt der Sacheinlagenleistung nach dem ZOPDS ausschließlich nach den Festsetzungen des Gründungsaktes bestimmt, wohingegen Sacheinlagen gemäß § 7 Abs. 2 GmbHG vor der Anmeldung der Gesellschaft zur Eintragung in das Handelsregister vollständig zu bewirken sind.
Ferner ist im GmbHG ein präventives Bewertungskontrollsystem verankert, sodass die von den Gesellschaftern vorgenommene Sacheinlagenbewertung gemäß § 9 c Abs. 1 S. 2 GmbHG von einem Registergericht als unabhängige Kontrollinstanz überprüft wird und im Falle einer Überbewertung die Eintragung in das Handelsregister abgelehnt werden kann[816]. Einen Umfang über das Prüfungsrecht und die Prüfungspflicht des Registergerichts gibt das GmbHG allerdings nicht vor. Zunächst bestimmt sich der Prüfungsumfang anhand der nach § 8 GmbHG einzureichenden Anmeldeunterlagen. Im Einzelfall und aufgrund begründeter Zweifel können zusätzliche Ermittlungen und Anforderungen über die nach § 8 GmbHG einzureichenden Anmeldeunterlagen zulässig sein.
Aufgrund dieser wenig verbindlichen Prüfungsrichtlinien und der mangelnden Objektivierbarkeit der Einlagegegenstände wird die Effizienz des präventiven Bewertungskontrollverfahrens in Deutschland gelegentlich bezweifelt[817].
Nach serbischem Recht ist indessen lediglich eine nachträgliche gerichtliche Überprüfung in Form eines Nichtigkeitsfeststellungsverfahrens möglich.

Obwohl beide Rechtsordnungen eine Differenzhaftung positivrechtlich verankert haben, ist der Anwendungsbereich der Differenzhaftung des GmbHG weiter als der des ZOPDS. Art. 13 Abs. 3 ZOPDS beschränkt den Anwendungsbereich der Differenzhaftung auf die Urheber. Nach § 9 a GmbHG[818] können hingegen neben den Urhebern auch Gesellschafter und Geschäftsführer von der Gesellschaft in Anspruch genommen werden[819], da es für die Haftung nach § 9 a Abs. 1 GmbHG unerheblich ist, wer die falschen Angaben gemacht hat und in wessen Pflichtenkreis die betreffenden Angaben fallen[820]. Ein Gesellschafter oder Geschäftsführer ist nach dem GmbHG

---

[816] Die Überbewertung von Sacheinlagen stellt nach deutschem Recht ein Eintragungshindernis dar, vgl. Baumbach/Hueck/Fastrich, GmbHG, 17. Aufl., § 9 c Rn. 5.
[817] Bauer, S. 171 ff..
[818] Normzweck des § 9 a Abs. 1 GmbHG ist eine Verbesserung des Gläubigerschutzes mittels der Ergänzung der Kapitalaufbringungsvorschriften durch eine deliktsähnliche Verschuldenschaftung der Gesellschafter, vgl. Baumbach/Hueck/Fastrich, GmbHG, 17. Aufl., § 9 a Rn. 1; Scholz/Winter, GmbHG, 9. Aufl. 2000, § 9 a Rn. 1, 6.
[819] Die Einlagepflicht des Gesellschafters nach § 9 GmbHG beseitigt den Anspruch nach § 9 a Abs. 1 GmbHG nicht, vgl. Rowedder/Schmidt-Leithoff, GmbHG, 4. Aufl., § 9 a Rn. 18;
Lutter/Bayer in Lutter/Hommelhoff, GmbHG, 16. Aufl., § 9 a Rn. 7; Scholz/Winter, GmbHG, 9. Aufl., § 9 a Rn. 31; Baumbach/Hueck/Fastrich, GmbHG, 17. Aufl., § 9 a Rn. 10. Über die Differenzhaftung hinaus erfasst § 9 a GmbHG jeden weitergehenden Schaden der Gesellschaft, vgl. Lutter/Bayer in Lutter/Hommelhoff, GmbHG, 16. Aufl. 2004, § 9 a Rn. 8.
[820] Baumbach/Hueck/Fastrich, GmbHG, 17. Aufl., § 9 a Rn. 2; Scholz/Winter, GmbHG, 9. Aufl. 2000, § 9 a Rn. 10; Rowedder/Schmidt-Leithoff, GmbHG, 4. Aufl., § 9 a Rn. 8.

nicht nur für die Richtigkeit seiner eigenen Angaben, sondern auch für die Angaben sämtlicher Gesellschafter und Geschäftsführer verantwortlich[821].

Im Unterschied zum deregulierten serbischen Sacheinlagenrecht ist die Fallgruppe von nicht geleisteten Sacheinlageverbindlichkeiten und der daraus resultierenden Schadensersatzansprüche in Deutschland von geringer Bedeutung, da Sacheinlagen gemäß § 7 Abs. 3 GmbHG vor der Anmeldung zur Eintragung in das Handelsregister vollständig zu bewirken sind und nicht zur Disposition der Gesellschafter stehen[822].

7. Rechtsvergleichende Aspekte zum Institut der verdeckten Sacheinlage

a. Die Rechtsfigur der verdeckten Sacheinlage nach deutschem Recht

Das Institut der verdeckten Sacheinlage wurde in Deutschland[823] im Rahmen der Rechtsfortbildung zum Schutze der Sachgründungsvorschriften entwickelt[824]. Unter der verdeckten Sacheinlage werden Bareinlagen verstanden, die in zeitlicher und sachlicher Hinsicht mit einem Rechtsgeschäft zwischen der Gesellschaft und dem einlegenden Gesellschafter derart gekoppelt sind, dass die geleistete Bareinlage unter Umgehung der Sachgründungsvorschriften an den Gesellschafter wieder zurückfließt[825]. In einem solchen Fall wird der Gesellschaft nur der Form halber eine Bar-

---

[821] Scholz/Winter, GmbHG, 9. Aufl. 2000, § 9 a Rn. 10.

[822] In einem solchen Fall kann die Gesellschaft nach den allgemeinen Verzugsvorschriften des BGB und nicht nach § 20 GmbHG den Schaden geltend machen, vgl. Baumbach/Hueck/Fastrich, GmbHG, 17. Aufl., § 20 Rn. 2.

[823] Auch in Österreich ist in der Literatur und Rechtsprechung das Institut der verdeckten Sacheinlage anerkannt, vgl. OGH GesRZ 2003, 163 ff.; OGH AG 2002, 569 ff..

[824] Schöpflin, GmbHR 2003, 57, 59; Bayer, ZIP 19998, 1985, 1987; Scholz/Winter, GmbHG, 9. Aufl., § 5 Rn. 76; Roth/Altmeppen, GmbHG, 4. Aufl., § 5 Rn. 68 ff.; Lutter/Bayer in Lutter/Hommelhoff, GmbHG, 16. Aufl. 2004, § 5 Rn. 41 ff.; BGHZ 125, 141, 143 ff; 132, 133, 135 ff.; 132, 141, 143 ff.. Die Lehre von der verdeckten Sacheinlage wurde jedoch nicht bedenkenlos hingenommen, vgl. hierzu Wilhelm, ZHR 152 (1988), 333, 349 ff., 360; Meilicke, Die „verschleierte" Sacheinlage, S. 37 ff., 38. Zweifel an der Vereinbarkeit der Rechtsfigur der verschleierten Sacheinlage mit der Kapitalrichtlinie bestehen jedenfalls im Bereich des GmbH-Recht nicht, da sich diese ausschließlich auf den Anwendungsbereich der AG beschränkt, vgl. Schöpflin, GmbHR 2003, 57, 60. Der BGH hält die Lehre von der verdeckten Sacheinlage auch im Bereich des Aktienrechts für europarechtskonform, da er die Kapitalrichtlinie als eine offenkundige Mindestregelung ansieht, vgl. BGHZ 110, 47, 68 ff.; so auch Lutter/Gehling, WM 1989, 1445, 1456 ff., 1459; Lutter, FS Everling (1995), Band I, S. 765, 779; Kindler, FS Boujong (1996), S. 299, 309; Wiedemann, ZIP 1991, 1257, 1268; Frey, ZIP 1990, 288, 294; Ebenroth/Kräutter, DB 1990, 2153, 2156; Gross, AG 1991, 217, 220, 221; Hüffer, AktG, 5. Aufl., § 27 Rn. 13; Röhricht in Großkommentar zum AktG, 4. Aufl., § 27 Rn. 192; kritisch Joost, ZIP 1990, 549, 564, 565. Generalanwalt Tesauro hingegen hält die Lehre von der verdeckten Sacheinlage nicht mit der Kapitalrichtlinie für vereinbar, EuGH, Urteil vom 16.7.1992, Rs. C-83/91 (Meilicke), Slg. 1992, I-4871, 4897 ff.. Eine Entscheidung hierüber hat der EuGH jedoch nicht getroffen, vgl. EuGH, Urteil vom 16.7.1992, Rs. C-83/91 (Meilicke), Slg. 1992, I-4871 ff.. Die Auslegung des BGH der Kapitalrichtlinie als Mindestregelung wurde vom BVerfG bestätigt, BVerfG DB 1991, 2230.

[825] Rechtsgeschäfte, die nicht mit der Einlage gekoppelt sind, werden hingegen für zulässig erachtet, vgl. Lutter/Bayer in Lutter/Hommelhoff, GmbHG, 16. Aufl. 2004, § 5 Rn. 43. Uneinigkeit herrscht

einlage, in Wahrheit jedoch eine Sacheinlage zugeführt[826]. Typischerweise[827] wird bei der verdeckten Sacheinlage die Kaufpreisschuld, die aus der Lieferung von Waren oder anderen Gegenständen der Gesellschafter an die Gesellschaft stammt, mit der Bareinlagenschuld verrechnet oder an den Inferenten ausgezahlt[828].
Zweck des Instituts der verdeckten Sacheinlage ist es, die Umgehung der strengen Sacheinlagevorschriften zu vereiteln, die sicherstellen sollen, dass dem Gesellschaftsvermögen die Einlagen auch tatsächlich zugeführt werden. Aufgrund der Umgehungsgeschäfte besteht nämlich die Gefahr, dass dem Gesellschaftsvermögen durch eine Überbewertung nicht die tatsächlich ausgewiesenen Wertmittel zufließen.
Nach der Rechtsfigur der verdeckten Sacheinlage besteht die Bareinlagenpflicht fort und zwar auch dann, wenn die verdeckte Sacheinlage vollwertig war, denn weder die Verrechnung noch das Hin- und Herzahlen führen zur Erfüllung der Bareinlagenschuld[829]. Lag ein Umgehungstatbestand vor, ist das vorgenommene Verkehrsgeschäft unwirksam, wodurch eine Rückabwicklungspflicht ausgelöst wird. Als unbefriedigend[830] erweist sich diese Rechtsfolge insbesondere dann, wenn die Gesellschaft den Sacheinlagengegenstand dringend benötigt, da sich ein erneutes Verkehrsgeschäft ohne das Bestehen eines Unternehmenszusammenhangs nicht vornehmen lässt. Angesichts dieser als außerordentlich schwerwiegend empfundenen Rechtsfolge hat der BGH im GmbH-Recht die Möglichkeit der Heilung verdeckter Sacheinlagen anerkannt, sodass die vereinbarte Bareinlage durch einen, die Satzung ändernden

besonders über das Erfordernis der subjektiven Voraussetzungen. Während das Reichsgericht noch eine Umgehungsabsicht gefordert hatte, vgl. RGZ 152, 292, 300 ff.; 121, 99, 102, verlangt der BGH, vgl. BGHZ 132, 139, 139; 152, 37, 44 und die herrschende Literatur, vgl. Lutter/Bayer in Lutter/Hommelhoff, GmbHG, 16. Aufl. 2004, § 5 Rn. 43; Baumbach/Hueck/Fastrich, GmbHG, 17. Aufl., § 19 Rn. 30 a; Scholz/Winter, GmbHG 9. Aufl., § 5 Rn. 79; Schöpflin, GmbHR 2003, 57, 61, 62; Joost, ZIP 1990, 549, 558 ff.; Mülbert, ZHR 154 (1990), 145, 187, 189, eine Abrede im weitesten Sinne. Das Vorliegen eines sachlichen und zeitlichen Zusammenhangs führt dazu, dass eine Abrede vermutet wird, vgl. BGHZ 132, 133, 139. Andere bestimmen den Tatbestand der verdeckten Sacheinlage rein objektiv, indem sie einen sachlich-zeitlichen Zusammenhang zwischen dem Rechtsgeschäft und der Bareinlagenpflicht genügen lassen, so Lutter/Bayer in Lutter/Hommelhoff, GmbHG, 15. Aufl., § 5 Rn. 43; Lutter/Gehling, WM 1989, 1445, 1447.

826 BGHZ 113, 335, 349.

827 Weitere Fallgruppen finden sich bei Schöpflin, GmbHR 2003, 57, 58, 59; Priester, ZIP 1991, 345, 352 ff.; von Gerkan, GmbHR 1992, 433, 434 ff.; Ulmer, ZHR 154 (1990), 128, 131 ff..

828 Die Kaufpreisauszahlung an den Gesellschafter wird als Fallgruppe des Hin- und Herzahlens bezeichnet, vgl. BGHZ 28, 314, 319; 125, 141, 143 ff.; 132, 133, 135 ff.; BGH ZIP 1998, 780, 782; siehe auch Lutter/Bayer in Lutter/Hommelhoff, GmbHG, 16. Aufl. 2004, § 5 Rn. 42; Schöpflin, GmbHR 2003, 57, 58; Baumbach/Hueck/Fastrich, GmbHG, 17. Aufl., § 19 Rn. 30; Bayer, ZIP 1998, 1985, 1987; Ulmer, ZHR 154 (1990), 128, 137.

829 Lutter/Bayer in Lutter/Hommelhoff, GmbHG, 16. Aufl. 2004, § 5 Rn. 48; Schöpflin, GmbHR 2003, 57, 62; Scholz/Winter, GmbHG, 9 Aufl., § 5 Rn. 80 b; BGHZ 28, 314, 320; 113, 335, 348; 125, 141, 149; BGH ZIP 2003, 1540 ff..

830 Die Rechtsfolge wird allgemein als „hart" und „katastrophal" für die Gesellschafter empfunden, vgl. Lutter/Bayer in Lutter/Hommelhoff, GmbHG, 16. Aufl. 2004, § 5 Rn. 47; Schöpflin, GmbHR 2003, 57, 62; Lutter/Gehling, WM 1989, 1445, 1446. Wegen der strengen Rechtsfolge wird auch teilweise vertreten, dass eine Differenzhaftung für den Fall der fehlenden Vollwertigkeit des eingebrachten Gegenstands sachgerechter wäre, vgl. Brandner, FS Boujong (1996), S. 37, 44 ff.; Grunewald, FS Rowedder (1994), S. 111, 114 ff..

Beschluss in eine Sacheinlage umgewidmet werden kann[831]. Hierbei wird allerdings nicht der Rückgewähranspruch der fehlgeschlagenen Bareinzahlung, sondern der offen zu legende und auf seine Werthaltigkeit zu prüfende Sachwert eingebracht[832].

b. Die Rechtsfigur der verdeckten Sacheinlage nach dem ZOP

Das Institut der verdeckten Sacheinlage ist dem serbischen Recht - wie auch anderen europäischen Rechtsordnungen[833]- indes unbekannt. Das ZOP ließ eine solche Sachverhaltsgestaltung jedoch nicht gänzlich ungeregelt. Gemäß Art. 194 Abs. 3 ZOP mussten Gegenstände, die eine Gesellschaft von einem ihrer Gründungsgesellschafter innerhalb eines Zeitraums von zwei Jahren nach der Gründung rechtsgeschäftlich erworben hatte, von einem bevollmächtigten Sachverständigen bewertet werden. Hierdurch sollte sichergestellt werden, dass das Gebot der realen Kapitalaufbringung nicht durch sog. Nachgründungsgeschäfte umgangen würde. Dadurch, dass Nachgründungsgeschäfte ein ähnliches Risikopotential wie die Sachgründung bargen, fanden die Vorschriften zur Sacheinlage entsprechend Anwendung[834]. Im Unterschied zur Sachgründung war der Anwendungsbereich des Sacheinlagesicherungsverfahrens für Nachgründungsgeschäfte allerdings eingeschränkt, da Art. 194 Abs. 3 ZOP lediglich vorsah, die der Gesellschaft übertragenen Sachen von einem bevollmächtigten Sachverständigen zu bewerten. Ein Sachgründungsbericht musste bei Nachgründungsgeschäften hingegen nicht erstellt werden.

Der wesentliche Unterschied zwischen der Rechtsfigur der verdeckten Sacheinlage und dem Tatbestand der Nachgründung liegt in der weitaus weniger restriktiven Rechtsfolge. Während die erbrachte Einlage nach der Rechtsfigur der verdeckten Sacheinlage nur ausnahmsweise als Sacheinlage anerkannt wird, waren Nachgründungsgeschäfte nach dem ZOP grundsätzlich wirksam.
Diese an Art. 11 der Kapitalrichtlinie angelehnte Rechtsfigur der Nachgründung wurde in Serbien für ausreichend erachtet[835]. Mit der Bewertung der Sacheinlagen durch

---

[831] BGHZ 132, 141, 148 ff., 150.

[832] BGHZ 132, 141, 155; BGH ZIP 2003, 1540 ff..

[833] Die Rechtsfigur der verdeckten Sacheinlage ist dem französischen, britischen, italienischen und spanischen Recht ebenfalls fremd, vgl. hierzu Schwarz, Europäisches Gesellschaftsrecht, S. 377, Rn. 594; Helms, S. 273; Reichert, Gläubigerschutz in der Europäischen Privatgesellschaft aus der Sicht der Praxis, S. 201, 211; Heider, Gesellschafterpflichten nach dem EPG-Statut, S. 127, 135; Gansen, Harmonisierung, S. 173; Lutter/Gehling, WM 1989, 1445, 1457, 1458; Murati, Gläubigerschützende Maßnahmen im spanischen Recht, S. 65; Franzmann, Kapitalaufbringung im spanischen Kapitalgesellschaftsrecht, S. 192, 193; Einsele, NJW 1996, 2681, 2685. Sachverhaltsgestaltungen der verdeckten Sacheinlage werden in diesen Ländern jedoch teilweise von gesetzlichen Vorschriften erfasst, die aus der Transformation des Art. 11 der Kapitalrichtlinie resultieren. So z.B. in Frankreich und England, vgl. Lutter/Gehling, WM 1989, 1445, 1458; Einsele, NJW 1996, 2681, 2685.

[834] Der Anwendungsbereich der Vorschrift zur Nachgründung erstreckte sich aufgrund der vollumfänglichen Verweisung des Art. 337 Abs. 6 ZOP auf Art. 194 ZOP auch auf die Rechtsform der GmbH.

[835] Vasiljević, Komentar ZOP, Art. 194, S. 191. Auf die Begrenzung, wonach der erworbene Gegenstand mindestens 1/10 des gezeichneten Kapitals betragen muss, stellte Art. 194 Abs. 3 ZOP nicht ab.

einen bevollmächtigten Dritten war die Gefahr der bewussten Überbewertung im Vergleich zum System der Selbstbewertung deutlich geringer.

Dennoch eröffnete das Gesetz eine ZOP-spezifische Umgehungsalternative. Mit der nach Art. 194 Abs. 3 ZOP legalisierten Nachgründung war es möglich, die zwingende Mindestbarkapitalregelung des Art. 336 Abs. 1 ZOP einfach und sanktionslos zu umgehen. Die förmlich vereinbarte und zunächst tatsächlich geleistete Bareinlage i.H.d. nach Art. 336 Abs. 1 ZOP vorgeschriebenen Gegenwertes von 5.000,- US$ konnten die Gründungsgesellschafter mittels der Nachgründung an sich wieder zurückfließen lassen. Das Gesetz enthielt hierfür weder einen Umgehungsschutz noch schrieb es für einen solchen Fall das Fortbestehen der Bareinlagenpflicht des Inferenten vor.
Im Wege der Nachgründung konnte das obligatorische Mindestbarkapital daher problemlos durch Sacheinlagen substituiert werden.

c. Die Rechtsfigur der verdeckten Sacheinlage nach dem ZOPDS

Mit dem Inkrafttreten des ZOPDS und der damit verbundenen Deregulierung des Sachgründungsrechts hat der Gesetzgeber den Anreiz zur Umgehung der Sachgründungsvorschriften deutlich gemindert. Die mangelnde Akzeptanz der Sachgründungsvorschriften ist im Wesentlichen auf das zeitaufwendige, kostenintensive und komplizierte Sachgründungsverfahren zurückzuführen[836]. Mit dem RegG und dem ZOPDS hat man in Serbien das Sachgründungsverfahren vereinfacht, beschleunigt und den Kostenaufwand reduziert, sodass Umgehungssachverhalte, die in Deutschland an der Tagesordnung sind, im serbischen Recht künftig keine praktische Relevanz haben werden.

8. Rechtspolitische Tendenzen in Deutschland und der Europäischen Union zum Kapitaleinlageverfahren

a. Deutschland

Obwohl die in Deutschland vorgelegten Gesetzesentwürfe die Neuregelung des Mindestkapitals zum Gegenstand haben[837], befasst sich keiner der Entwürfe mit der Deregulierung des Kapitaleinlageverfahrens. Wenngleich die obligatorische Mindestkapitalziffer den größten Teil des Gründungsaufwandes ausmacht[838], sollte die Negativ-

---

[836] Das haben die Erfahrungen in Deutschland gezeigt, vgl. hierzu Klose-Morkoß, S. 11; Kübler, ZHR 157 (1993), 196, 208; Priester, ZIP 1991, 345, 347. Lutter/Gehling, WM 1989, 1445, 1445, bezeichnen die Sachgründungsvorschriften als zu teuer, zeitraubend und kostenintensiv.

[837] Referentenentwurf eines Gesetzes zur Modernisierung des GmbH-Rechts und zur Bekämpfung von Missbräuchen (MoMiG) vom 29.05.2006; Entwurf eines Gesetzes zur Bekämpfung von Missbräuchen, zur Neuregelung der Kapitalaufbringung und zur Förderung der Transparenz im GmbH-Recht (MiKaTraG) vom 30. November 2004; Entwurf eines Gesetzes zur Neuregelung des Mindestkapitals der GmbH (MindestkapG) vom 15.04.2005.

[838] So zutreffend die Begründung des Entwurfes eines Gesetzes zur Bekämpfung von Missbräuchen, zur Neuregelung der Kapitalaufbringung und zur Förderung der Transparenz im GmbH-Recht (MiKaTraG) vom 30. November 2004, S. 24.

wirkung der flankierenden, restriktiven und komplizierten Regeln zum Kapitaleinlageverfahren aufgrund des damit verbundenen Kosten- und Zeitaufwandes nicht unterschätzt werden.
In diesem Zusammenhang bietet sich insbesondere eine Deregulierung des Sacheinlagebewertungsverfahrens und die Anerkennung der Einlagefähigkeit von Dienstleistungen an[839]. Angesichts der wirtschaftlich veränderten Gegebenheiten, bei denen die überwiegende Anzahl der Gesellschaftsneugründungen aus dem Dienstleistungssektor stammen[840], können Dienstleistungseinlagen für diese weniger kapitalintensiven Unternehmen von einem erheblichen wirtschaftlichen Nutzen sein.

b. Europäische Union

Auf europäischer Ebene zeichnen sich im Bereich des Kapitaleinlageverfahrens Deregulierungsmaßnahmen ab. Zur Förderung der Leistungs- und Wettbewerbsfähigkeit von Unternehmen sollen kapitalbezogene Maßnahmen für die Aktiengesellschaften künftig erleichtert werden, wodurch die Unternehmen rascher und mit einem geringeren Kostenaufwand auf für sie relevante Marktentwicklungen reagieren könnten[841]. Im Vorschlag zur Änderung der Kapitalrichtlinie[842] folgt die Kommission im Wesentlichen den Empfehlungen der SLIM-Initiative. Gemäß Art. 10 a und 10 b der Kapitalrichtlinie[843] sollen Sacheinlagen künftig unter bestimmten Voraussetzungen[844] auch ohne den gegenwärtig obligatorischen Sachverständigenbericht eingebracht werden können. Gegenüber der Einlagefähigkeit von Dienstleistungseinlagen zeigte sich die HLG überraschend offen. Allerdings müsse dem Risiko einer mangelnden Dienstleistung durch entsprechende Sicherungsmechanismen entgegengewirkt werden[845].

---

839 In Verbindung mit der Beibringung von entsprechenden Sicherheiten. So auch die Stellungnahme der deutschen Arbeitsgruppe Europäisches Gesellschaftsrecht (Group of German Experts on Corporate Law) zum Bericht der HLG in ZIP 2003, 863, 872; Stellungnahme der Group of German Experts on Corporate Law zum Konsultationsdokument der High Level Group of Company Law Experts, ZIP 2002, 1310, 1318. Ähnlich Triebel/Otte, ZIP 2006, 1321, 1323.

840 Vgl. Entwurf eines Gesetzes zur Neuregelung des Mindestkapitals der GmbH (MindestkapG) vom 15. April 2005, S. 6, wonach über 85 % der neugegründeten Gesellschaften aus dem Dienstleistungssektor stammen.

841 KOM (2004) 730 endg., S. 6.

842 KOM (2004) 730 endg..

843 Vgl. KOM (2004) 730 endg., S. 10, 11.

844 Insbesondere dann, wenn für die Bewertung der betreffenden Einlage klare Anhaltspunkte vorliegen, vgl. hierzu Art. 10 a, 10 b des Richtilnienvorschlages.

845 Exemplarisch verwies die HLG auf die Möglichkeit einer treuhänderischen Hinterlegung von Aktien oder den Abschluss einer Versicherung für den Fall der Nichterbringung der Dientleistung, vgl. hierzu Bericht der HLG auf dem Gebiet des Gesellschaftsrechts über moderne gesellschaftsrechtliche Rahmenbedingungen in Europa vom 04.11.2002, S. 90.

III. Das Recht der Kapitalerhaltung

Einführung

Die Kapitalerhaltungsvorschriften zählen zu den elementaren Gläubigerschutzbestimmungen des GmbH-Rechts[846]. Obwohl die zu untersuchenden Kapitalerhaltungssysteme Regelungs- und Wertungsunterschiede aufweisen, gilt dies für das deutsche[847] und serbische Recht der GmbH gleichermaßen.
Während der institutionelle Gläubigerschutz nach dem GmbHG fundamental auf dem gesetzlichen Grundkapital basiert und dem Kapitalerhaltungsrecht eine Flankenschutzfunktion zukommt, wurde der Gläubigerschutz nach dem ZOPDS weitestgehend in das Kapitalerhaltungsrecht verlagert. Ohne auf die konventionelle Kapitalerhaltung[848] zu verzichten, wurde das Kapitalerhaltungssystem in Serbien um das Solvenzprüfungsverfahren erweitert, wobei der Solvenzerhaltung eine weitaus bedeutendere Rolle als der Erhaltung des Grundkapitals zukommt.

1. Systematik und Zweck des Kapitalerhaltungsrechts

a. Systematik

Das Kapitalerhaltungsrecht ist in den Art. 131 ff. ZOPDS geregelt. Neben diesen GmbH-spezifischen Regelungen stellt Art. 13 Abs. 8 ZOPDS den allgemeinen Grundsatz auf, dass die Gesellschafter einer GmbH keinen Anspruch auf die Rückgewähr ihrer Einlagen haben. Gleichzeitig stellt Art. 13 Abs. 8 ZOPDS jedoch klar, dass diejenigen Auszahlungen an die Gesellschafter, die im Einklang mit dem ZOPDS stehen, gemeint sind diejenigen Auszahlungen, die nicht dem Ausschüttungsverbot des Art. 133 ZOPDS unterliegen, nicht als verbotene Rückzahlungen im Sinne Art. 13 Abs. 8 Satz 1 ZOPDS zu verstehen sind. Die Zulässigkeit der Ausschüttungen an die Gesellschafter bestimmt sich daher maßgeblich nach Art. 13 Abs. 8 i.V.m. Art. 131 ff. ZOPDS.

b. Normzweck der Art. 131 ff. ZOPDS

Das in den Art. 131 ff. ZOPDS geregelte Kapitalerhaltungsrecht dient dem Schutz des Gesellschaftsvermögens. Teleologisch ist dieser Schutz auf den Leistungsaustausch im Gesellschaftsverhältnis beschränkt. Demnach ist dieser Kapitalschutz nicht als ein umfassender Vermögensschutz zu verstehen, sodass die Kapitalerhaltungsvorschriften

---

[846] Ausschüttungssperren sind unabhängig von dem zu Grunde liegenden Kapitalschutzsystem in allen Rechtsordnungen auf internationaler Ebene verankert. Inhaltlich können sich die Kapitalerhaltungssysteme jedoch erheblich unterscheiden.

[847] Vgl. Fleck, FS 100 Jahre GmbHG, S. 391 ff.; Ulmer, FS 100 Jahre GmbHG, S. 363; Michalski-Heidinger, GmbHG, § 30 Rn. 1.

[848] Zweck der Kapitalerhaltung ist es, das ausgewiesene Stammkapital unversehrt zu halten und vor Vermögensabflüssen an die Gesellschafter zu schützen.

keinen Schutz vor betriebsbedingtem Vermögensverzehr oder betriebswirtschaftlicher Unvernunft bieten. Gelangen die Einlagen in den Geld- und Wirtschaftskreislauf der Gesellschaft, unterliegen diejenigen Vermögensauskehrungen, die nicht als Rückfluss an die Gesellschafter zu qualifizieren sind, nicht dem Auszahlungsverbot.
Ein Auszahlungsverbot, welches auch betriebsbedingte Vermögensdispositionen umfassen würde, wäre rechtspolitisch nicht haltbar. Ein solches Kapitalerhaltungsrecht würde in einem unerträglichen Maße die unternehmerische Handlungsfreiheit einschränken. Aus diesem Grund fallen ausschließlich Vermögensverschiebungen zwischen der Gesellschaft und ihren Gesellschaftern in den Anwendungsbereich des Kapitalerhaltungsrechts.
Neben der gläubigerschützenden Funktion dient das Kapitalerhaltungsrecht dem Erhalt des Gesellschaftsvermögens und damit dem Schutz der Gesellschaft und der Gesellschafter.
Im Unterschied zu manchen angloamerikanisch geprägten Rechtsordnungen, die ein strengeres Ausschüttungsreglement zu Grunde legen und beispielsweise ausschließlich Gewinnzuwendungen an die Gesellschafter zulassen[849], ist nach dem ZOPDS jede Form von Zuwendungen an die Gesellschafter zu Lasten des Gesellschaftsvermögens möglich, soweit sie nicht dem Ausschüttungsverbot nach Art. 133 ZOPDS unterliegen. In diesem Zusammenhang stellt Art. 132 Abs. 1 ZOPDS ausdrücklich klar, dass Auszahlungen an die Gesellschafter, soweit sie nicht den Festsetzungen des Gründungsakts entgegenstehen oder dem Auszahlungsverbot nach Art. 133 ZOPDS unterliegen, zu jedem Zeitpunkt erlaubt sind.
Gemäß Art. 132 Abs. 3 ZOPDS können zudem Auszahlungsvereinbarungen, insbesondere Vereinbarung über den Zeitpunkt und die Höhe der Ausschüttungen qua Gesellschaftsvertrag geregelt werden. Die in Art. 132 ZOPDS geregelte Dispositivität beschränkt sich aufgrund des zwingenden Charakters des Art. 133 ZOPDS ausschließlich auf Vereinbarungen, die das Auszahlungsverbot verschärfen. Vereinbarungen, die das gesetzliche Auszahlungsverbot aufweichten, würden der Intention des Art. 133 ZOPDS zuwiderlaufen und wären daher unwirksam.

2. Das Auszahlungsverbot nach Art. 133 ZOPDS

Gemäß Art. 133 ZOPS steht und fällt die Legalität der Ausschüttungen an die Gesellschafter. Die Zulässigkeit von Vermögensverschiebungen an die Gesellschafter beurteilt sich daher ausschließlich, es sei denn, die Festsetzungen im Gesellschaftsvertrag legen ein strengeres Ausschüttungsverfahren zu Grunde, anhand des Art. 133 ZOPDS. Der Wortlaut dieser zentralen Kapitalerhaltungsvorschrift ist folgender:

[849] In Großbritannien kann z.B. nur der Bilanzgewinn ausgeschüttet werden. Diese Regel gilt seit dem Flitcroft's Case aus dem Jahre 1882 und wurde im Jahre 1980 in sec. 263 CA aufgenommen, vgl. hierzu, Micheler, ZGR 2004, 324, 329; Mülbert, Der Konzern 2004, 151, 160; Michalski-Fleischer, GmbHG, Syst. Darst. 6 Rn. 77; Bödecker, S. 34 ff..

(1) Die Gesellschaft mit beschränkter Haftung kann keine Auszahlungen an ihre Gesellschafter vornehmen, wenn nach der Zahlung:

> *1. das Nettovermögen der Gesellschaft niedriger als ihr Grundkapital wäre, erhöht um die Reserven, die an die Aktionäre im Einklang mit diesem Gesetz oder dem Gesetz zur Regelung der Buchführung und Revision ausgezahlt werden können und gemindert um denjenigen Betrag, den die Gesellschaft zur Bildung von Rücklagen verpflichtet ist, in dem Jahr, in dem sie die Auszahlung tätigt;*
>
> *2. die Gesellschaft zur Zahlung ihrer Schulden nicht in der Lage wäre, deren Fälligkeit innerhalb eines ordentlichen Geschäftsganges zu erwartet ist.*

(2) In Ausnahme zu Absatz 1 dieses Artikels kann die Gesellschaft mit beschränkter Haftung Auszahlungen an ihre Gesellschafter tätigen, wenn aus den Finanzberichten, die im Einklang mit dem Gesetz zur Regelung der Buchführung und Revision erstellt wurden, hervorgeht, dass die Auszahlung den vorgegebenen Umständen entspricht. Durch Gründungsakt oder Gesellschaftsvertrag kann bestimmt werden, dass solche Auszahlungen besonderer Finanzberichte, Präzisierungen der Standards der Rechnungslegungspraktiken und Angaben zur Bewertungsmethode bedürfen.

Wie dem Wortlaut zu entnehmen ist, legt das Gesetz ein zweistufiges Prüfungsverfahren zu Grunde. Zur Ermittlung des ausschüttungsfähigen Betrages ist gemäß Art. 133 Abs. 1 ZOPDS daher kumuliert ein Bilanz- und Solvenzprüfungsverfahren durchzuführen.

a. Die Bilanzprüfung nach Art. 133 Abs. 1 Ziff. 1 ZOPDS

Zur Ermittlung des ausschüttungsfähigen Betrages ist zunächst eine Bilanzprüfung durchzuführen, bei der das Gesetz auf das Netto- bzw. Reinvermögen der Gesellschaft abstellt. Zur Ermittlung des Nettovermögens müssen das Aktiv- und Passivvermögen gegenübergestellt werden. Gemäß dem in Art. 133 Abs. 1 Ziff. 1 ZOPDS aufgestellten Grundsatz müssen sich das Nettovermögen und das ausgewiesene Grundkapital nach der Auszahlung an die Gesellschafter der Höhe nach noch decken. In Art. 13 Abs. 12 ZOPDS ist der Begriff des Grundkapitals legaldefiniert und hiermit das Stammkapital gemeint. Das Stammkapital ist eine feste Vermögensgröße, die sich aus dem gesetzlichen Mindestbaranteil am Stammkapital nach Art. 112 Abs. 1 ZOPDS und den statuarischen Einlagen zusammensetzt, im Register eingetragen und als Passivposten in der Bilanz ausgewiesen wird.

Auszahlungen an die Gesellschafter sind demnach verboten, wenn das errechnete Reinvermögen nach der Ausschüttung geringer als das in der Bilanz ausgewiesene Stammkapital wäre, also eine Unterbilanz aufgrund der Auszahlung herbeigeführt oder vertieft würde.

Die Bilanz- bzw. Nettovermögensprüfung ist gemäß Art. 133 Abs. 2 ZOPDS anhand des Finanzberichts vorzunehmen, der gemäß Art. 131 Abs. 1 ZOPDS jährlich der Gesellschafterversammlung von dem Direktor[850] vorzulegen und nach den Vorschriften des Gesetzes über die Revision und Buchführung (Zakon o reviziji i računovodstvu[851]) aufzustellen ist[852]. Dabei sind die fortgeschriebenen Buchwerte des letzten Finanzberichts zum Zeitpunkt der Auszahlung anzusetzen[853]. Fakultativ kann gemäß Art. 133 Abs. 2 Satz 2 ZOPDS per Gründungsakt oder Gesellschaftsvertrag festgesetzt werden, dass es zur Ermittlung des auszahlungsfähigen Betrages, statt der Zwischenbilanz, eines besonderen Finanzberichtes bedarf[854].

Zur Bestimmung der Stammkapitalhöhe nach Art. 133 Abs. 1 Ziff. 1, 2. HS ZOPDS

Wie bereits erwähnt, stellt das in der Bilanz ausgewiesene Stammkapital eine feste Vermögensgröße dar. Dieser feste, im Register eingetragene und in der Bilanz ausgewiesene Vermögenswert besteht nicht fortwährend an, sondern kann nach den Regeln zur Kapitalerhöhung und Kapitalherabsetzung etwaigen Veränderungen unterliegen. Kapitalverändernde Maßnahmen sind nach Art. 133 Abs. 1 Ziff. 1 ZOPDS nur dann berücksichtigungsfähig, wenn die Verfahrensvorschriften eingehalten wurden und formell, mit Eintragung im Register[855], wirksam geworden sind. Über diese feste Vermögensgröße hinaus sind i.R.d. Bilanzprüfung auch variable Veränderungen des Stammkapitals, die keinem formellen Akt unterliegen, zu berücksichtigen.

Gemäß Art. 133 Abs. 1 Ziff. 1, 2. HS ZOPDS ist das Grundkapital um denjenigen Reservebetrag zu erhöhen, der an die „Aktionäre“[856] ausgezahlt werden kann und um denjenigen Betrag zu mindern, zu welchem die Gesellschaft zur Rücklagenbildung verpflichtet ist.

---

[850] Der im ZOPDS zu Grunde gelegte Terminus „Direktor“ entspricht dem Geschäftsführer nach dem GmbHG. Alternativ kann die Gesellschaft statt eines „Direktors“ nach Art. 153 Abs. 1 ZOPDS einen Verwaltungsrat „upravni odbor“ wählen.

[851] Službeni list RS, br. 55/04.

[852] Gemäß Art. 24 des Gesetzes über die Revision und Buchführung bilden die Bilanz, die Gewinn- und Verlustrechnung, der Bericht über die Eigenkapitalentwicklung, die Kapitalflussrechnung und ein Anhang mit entsprechenden Erläuterungen die Grundlage des Finanzberichtes.

[853] So im amerikanischen Recht für den „balance sheet test“ (entspricht der Bilanzprüfungung) und den „equity inslovency test“ (entspricht dem Solvenzprüfungsverfahren), vgl. Solomon/Palmiter, Corporations, § 9.2.4, S. 128.

[854] Regelmäßig reicht nach Art. 133 Abs. 2 jedoch eine Zwischenbilanz zum Auszahlungszeitpunkt aus.

[855] Gemäß Art. 113 Abs. 4 ZOPDS i.V.m. Art. 53, 54 RegG sind Kapitalerhöhungen und Kapitalherabsetzungen registrierungspflichtig.

[856] Hierbei handelt es sich um ein redaktionelles Versehen des Gesetzgebers. Gemeint sind hiermit nicht die Aktionäre, sondern die Gesellschafter der GmbH.

Von Relevanz ist diese variabel zu bestimmende Stammkapitalgröße dann, wenn der Gesellschaftsvertrag entsprechende Festsetzungen zu Rücklagen, bestimmten Ausschüttungsmodalitäten oder zur Gewinnverteilung enthält. Für den gesetzlichen Regelfall ist Art. 133 Abs. 1 Ziff. 1, 2. HS ZOPDS regelmäßig ohne Bedeutung.

b. Die Solvenzprüfung nach Art. 133 Abs. 1 Ziff. 2 ZOPDS

Kumulativ zur Bilanzprüfung ist nach Art. 133 Abs. 1 Ziff. 2 ZOPDS zur Ermittlung des auszahlungsfähigen Betrags eine Solvenz- bzw. Liquiditätsprüfung durchzuführen. Hierbei handelt es sich um eine situative Ausschüttungssperre, die sich an der Liquidität der Gesellschaft orientiert.

Ein Ausschüttung an die Gesellschafter ist daher trotz einer positiven Bilanzprüfung verboten, wenn die Gesellschaft nach der Zuwendung nicht in der Lage wäre, ihre Verbindlichkeiten, deren Fälligkeit innerhalb einer ordentlichen Geschäftsperiode zu erwarten ist, zu tilgen. Wie bei jeder unternehmerischen Entscheidung ist auf die planmäßige Perspektive abzustellen, sodass nachträglich unvorhersehbare Ereignisse und Entwicklungen unberücksichtigt bleiben[857].

Im Unterschied zur Bilanzprüfung müssen i.R.d. Solvenzprüfungsverfahrens das Umlaufvermögen und die Verbindlichkeiten gegenübergestellt werden. Prüfungsmaßstab ist daher die Zahlungsfähigkeit des Unternehmens[858]. Entsprechend der Intention des Gesetzgebers, den Gläubigerschutz nicht mit dem gesetzlichen Stammkapital zu realisieren, bedient sich das Gesetz einer flexiblen, jeweils auf die Finanzsituation der Gesellschaft abzustellenden Lösung.

Zur Realisierung des Gläubigerschutzes kommt es daher nicht auf den Erhalt des Stammkapitals, sondern vielmehr auf den Erhalt der zahlungsorientierten Liquidität an. Zentrales Anliegen des Solvenzprüfungsverfahrens ist daher die Verhinderung einer ausschüttungsbedingten Zahlungsunfähigkeit[859].

Art. 133 ZOPDS dient daher dem Kapital- und Liquiditätserhalt der Gesellschaft. Mit dem Solvenzprüfungsverfahren stellt das Gesetz sicher, dass die Gesellschaft auch nach der Ausschüttung an die Gesellschafter mit einem hinreichenden Umlaufvermögen ausgestattet ist, um so die Verbindlichkeiten tilgen bzw. die Gläubiger befriedigen zu können.

Für die Gläubiger ist die Liquiditätsgröße regelmäßig bedeutender als die Gesamtrelation der Bilanz. Im Unterschied zum festen, in der Satzung ausgewiesenen und an die jeweilige Finanzsituation nicht angepassten Stammkapital, wird für die Gläubiger primär die Höhe des Umlaufvermögens von Bedeutung sein, da sie ausschließlich aus

---

[857] Vgl. hierzu auch Pellens/Sellhorn, in Lutter: Das Kapital der Aktiengesellschaft in Europa, ZGR-Sonderheft 17 2006, 451, 474.

[858] Während der Gesetzesentwurf in Art. 131 ZOPDS noch den Begriff der Insolvenz zu Grunde legte, stellt Art. 133 Abs. 1 Ziff. 2 ZOPDS begrifflich auf die Zahlungsunfähigkeit der Gesellschaft ab. Zum Begriff der *„equity insolvency"* im US-amerikanischen Recht, vgl. Kübler, Aktie, Unternehmensfinanzierung und Kapitalmarkt, S. 39; Manning/Hanks, Legal Capital, S. 64; Watrin, DB 2001, 933, 937; Maier, S. 143; Bauer, S. 236.

[859] Manning/Hanks, Legal Capital, S. 63.

dieser Vermögensmasse bedient werden. Das Interesse der Gläubiger richtet sich daher zunächst auf den Erhalt der Zahlungsfähigkeit der Gesellschaft zum Zeitpunkt des künftigen Schuldentilgungstermins[860]. Erst wenn die Liquidität der Gesellschaft vollständig aufgebraucht ist, wird sich das Augenmerk der Gläubiger auf das Stammkapital richten.

Der Ermessensspielraum und der zeitliche Rahmen der zu berücksichtigenden Verbindlichkeiten i.R.d. Solvenzprüfungsverfahrens

Im Rahmen des Solvenzprüfungsverfahrens ist zu untersuchen, ob die Vermögensausschüttung an die Gesellschafter, die Fähigkeit der Gesellschaft zur planmäßigen Tilgung ihrer Verbindlichkeiten beeinträchtigen wird. Der Zeitrahmen hinsichtlich der zu berücksichtigenden Verbindlichkeiten wird durch das Gesetz insoweit nicht näher konkretisiert. Gemäß Art. 133 Abs. 1 Ziff. 2 ZOPDS müssen diejenigen Verbindlichkeiten dem Umlaufvermögen gegenübergestellt werden, deren Fälligkeit im Rahmen eines ordnungsgemäßen Geschäftsgangs zu erwarten ist.

Hieraus folgt zunächst, dass die Gesellschaft nicht mit einem Umlaufvermögen ausgestattet sein muss, um ihre Verbindlichkeiten jederzeit tilgen zu können. Ausreichend ist vielmehr, dass die Gesellschaft mit einem Umlaufvermögen ausgestattet ist, wodurch die planmäßige Erfüllung der Verbindlichkeiten innerhalb eines bestimmten Zeitraumes gesichert erscheint.

Bei dieser Liquiditätsbeurteilung räumt Art. 133 Abs. 1 Ziff. 2 ZOPDS den Entscheidungsträgern einen Entscheidungsspielraum ein. Art. 133 Abs. 1 Ziff. 2 ZOPDS stellt zum Prüfungszeitpunkt nicht nur auf bereits abgeschlossene Rechtsgeschäfte, deren Fälligkeit i.R.e. Geschäftsperiode zu erwarten ist, ab. Nach dem Wortlaut sollen auch schwebende Rechtsgeschäfte, die noch keinen verpflichtenden Abschluss gefunden haben, aber hinreichend konkret sind und deren Abschluss und Fälligkeit innerhalb der ordnungsgemäßen Geschäftsperiode zu erwarten ist, Berücksichtigung finden.

Der in Art. 133 Abs. 1 Ziff. 2 ZOPDS verankerte Solvenztest stellt insoweit auf die Aufrechterhaltung der Zahlungsfähigkeit bei Unternehmensfortführung ab, weshalb nur eine Finanzplanung und nicht eine fortgeschriebene Bilanz die Grundlage für einen solchen Test bilden kann[861].

In diesem Zusammenhang ist zu berücksichtigen, dass der in Art. 133 Abs. 1 Ziff. 2 ZOPDS gewählte Wortlaut dem des „equity insolvency test“ nach § 6.40 (c) (1) RMBCA entspricht[862]. Ob und inwieweit sich die serbische Judikatur bei der Aus-

---

860 Ähnlich Rickford, EBOR 7 (2006), 135, 139.

861 Vgl. hierzu Rickford, EBOR 7 (2006), 135, 166. Zu § 6.40 (c) (1) RMBCA, vgl. Pellens/Sellhorn, in Lutter: Das Kapital der Aktiengesellschaft in Europa, ZGR-Sonderheft 17 2006, 451, 473 ff.; Schön, WPg Sonderheft 2001, 74, 78; Watrin, DB 2001, 933, 937; Niehues, WPg 2001, 1209, 1217; Merkt, US-amerikanisches Gesellschaftsrecht, S. 280, Rn. 464.

862 Der Wortlaut des § 6.40 (c) (1) lautet: „No distribution may be made if, after giving it effect: the corporation would not be able to pay its debts as they become due in the usual course of business. Der „Insolvenztest“ gilt in allen amerikanischen Bundeststaaten entweder kraft ausdrücklicher gesetzlicher Regelung oder kraft common law, vgl. hierzu Maier, S. 143.

legung des Art. 133 Abs. 1 Ziff. 2 ZOPDS an der amerikanischen Jurisdiktion zum solvency test orientieren wird, bleibt abzuwarten.
In den USA stellte der official comment klar, dass es nach Ansicht des Gesetzgebers aus Gründen größtmöglicher Flexibilität zur Bestimmung der Zahlungsunfähigkeit nicht mehr genüge, lediglich das Umlaufvermögen in Relation zu den kurzfristigen Verbindlichkeiten zu setzen. Erforderlich sei vielmehr eine Prognose, ob die Ertragskraft des Unternehmens ausreiche, die konkreten Verbindlichkeiten bei deren Fälligkeit zu befriedigen[863].
Aus Gründen der Justitiabilität und Praktikabilität erscheint ein objektiviertes Verfahren sicherlich vorzugswürdig. Umgekehrt würde ein ausschließlich objektiviertes Verfahren die dem Solvenzprüfungsverfahren zugedachte Flexibilität erheblich mindern[864].
Fehlentscheidungs- bzw. Manipulationsrisiken werden daher maßgeblich von dem zu Grunde liegenden Wertungsmaßstab abhängen. Die Judikatur bzw. die Rechts- und Wirtschaftslehre werden daher gefordert sein, operable Lösungen zur Beurteilung der Angemessenheit von Prognosedaten auszuarbeiten[865]. Unter Berücksichtigung aller hier genannten Gesichtspunkte sollte die Finanzplanung keinesfalls rein spekulativer Natur sein. Sie sollte vielmehr auf einem Fundament wirtschaftlich nachvollziehbarer Tatsachengrundlagen basieren. Unter Zugrundelegung eines sorgfältigen Maßstabs sollten daher verbindlichkeits- und forderungsbegründende Rechtsgeschäfte nur dann berücksichtigungsfähig sein, soweit deren Bestehen von einer gewissen Wahrscheinlichkeit ist. Dabei wird man den Entscheidungsträgern zubilligen müssen, sich anhand vergangener Geschäftsperioden zu orientieren, es sei denn, es sind offensichtliche Abweichungen zu erwarten[866], die sich zum Zeitpunkt der Liquiditätsentscheidung bereits abgezeichnet haben. Maßgeblich wird daher der i.R.d. Wirtschaftsprognose zu Grunde zu legende Sorgfalts- und Wahrscheinlichkeitsmaßstab sein. Im Unterschied zu der ausschließlich nominalkapitalbasierten Ausschüttungsrestriktion werden i.R.d. Solvenztests die Wertungsentscheidungen auf die Rechtsprechung delegiert.

---

[863] Vgl. hierzu Watrin, DB 2001, 933, 937; Niehues, WPg 2001, 1209, 1217; Wüstemann, WPg 1996, 421, 425, 426; Bauer, S. 320.

[864] So auch Fleischer, EBOR 7 (2006), 29, 37. Mangelnde Objektivierbarkeit des sitautiven Ausschüttungsrestriktionssystems wird mit einer größeren Rechtsunsicherheit für die Zahlungsveranlasser und –empfänger verbunden sein, vgl. Spindler, JZ 2006, 839, 844. Die damit einhergehende Rechtsunsicherheit könnte eben diesen Personenkreis veranlassen, sich im Rahmen von Ausschüttungen risikoavers zu verhalten und damit ein vorsichtigeres Ausschüttungsverhalten induzieren, vgl. Kuhner, ZGR 2005, 754, 779; Engert, ZHR 170 (2006), 296, 320, 331, 335. Andererseits würde ein grundsätzlich zurückhaltendes Ausschüttungsverhalten kontraproduktiv wirken, da dem situativen Ausschüttungssystem die inhärente Flexibilität entzogen würde. Es wird daher Aufgabe sein, ein angemessenes Verhältnis zwischen dem prognostischen Charakter der Solvenzprüfung und dem Objektivierbarkeitserfordernis zu definieren.

[865] Bezüglich der Beurteilung von Prognosespielräumen im Gesellschaftsrecht, vgl. Spindler, AG 2006, 677, 688. Hinsichtlich der Prognosebehandlung bei der Einführung eines Solvenzprüfungsverfahrens in Europa, vgl. Veil, in Lutter: Das Kapital der Aktiengesellschaft in Europa, ZGR-Sonderheft 17 2006, 91, 107; Kuhner, ZGR 2005, 754, 778.

[866] Zum Beispiel aufgrund starker Konjunktureinbrüche.

Zeitlich stellt Art. 133 Abs. 1 Ziff. 2 ZOPDS auf den Zeitraum eines „ordnungsgemäßen Geschäftsganges“ ab. In diesem Zusammenhang wird man von einem Zeitraum von sechs bis zwölf Monaten ausgehen müssen. Im HLG-Bericht stellte die Expertengruppe i.R.d. Solvenzprüfungsverfahrens auf einen Zeitraum von bis zu zwölf Monaten ab[867].

3. Rechtsfolgen einer unerlaubten Ausschüttung nach Art. 134 ZOPDS

Während Art. 133 ZOPDS als Ausschüttungsrestriktion verbindliche Regeln hinsichtlich der Mittelabflüsse an die Gesellschafter aufstellt, begründet Art. 134 ZOPDS einen Restitutionsanspruch der Gesellschaft. Personell erstreckt sich der Anwendungsbereich des Art. 134 ZOPDS auf Zahlungsempfänger und Zahlungsveranlasser. Quantitativ ist dieser Restitutionsanspruch gemäß dem Wortlaut des Art. 134 ZOPDS auf die zu Unrecht ausgeschütteten Beträge beschränkt.

Der Ausschüttungsrestriktion zuwider geleistete Zahlungen lösen gemäß Art. 134 Abs. 1 ZOPDS einen Rückzahlungsanspruch der Gesellschaft gegen die Gesellschafter aus. Anspruchsbegründende Voraussetzung ist eine nach Art. 133 ZOPDS verbotene Auszahlung und daher der Eintritt einer ausschüttungsbedingten Zahlungsunfähigkeit bzw. Unterbilanz. Expressis verbis ist der Rückzahlungsanspruch ausschließlich auf diejenigen Gesellschafter beschränkt, die eine Kapitalausschüttung erhalten haben.

Neben den Zuwendungsempfängern werden gemäß Art. 134 Abs. 2 ZOPDS auch die Zahlungsveranlasser zur Verantwortung gezogen. Als Zahlungsveranlasser können gemäß Art. 134 Abs. 2 ZOPDS die Gesellschafter, der Direktor sowie die Mitglieder des Verwaltungsrates zur Rückerstattung verpflichtet sein. Mehrere Rückzahlungsschuldner haften der Gesellschaft nach Art. 134 Abs. 3 ZOPDS solidarisch, unabhängig davon, ob sie Zahlungsveranlasser oder -empfänger sind.

Ein Rückzahlungsanspruch gegen die Verantwortlichen besteht allerdings nur dann, wenn sie wussten oder hätten wissen müssen, dass die veranlassten Zahlungen[868] oder erhaltenen Kapitalausschüttungen[869] rechtswidrig, bzw. nach Art. 133 ZOPDS unzulässig waren. Eine Exkulpation ist somit möglich, wenn die Zahlungsempfänger bzw. -veranlasser hinsichtlich der Umstände, aus denen sich die Unzulässigkeit der Auszahlungen ergibt, in gutem Glauben waren.

4. Weitere Sanktionsmaßnahmen

Neben der zivilen Haftung werden rechtswidrige bzw. unzulässige Ausschüttungen an die Gesellschafter unter Geldstrafe gestellt. Gemäß Art. 450 Abs. 1 Ziff. 11, Abs. 2

---

[867] Bericht der HLG auf dem Gebiet des Gesellschaftsrechts über moderne gesellschaftsrechtliche Rahmenbedingungen in Europa vom 04.11.2002, S. 95. In Neuseeland wird ebenfalls ein Zeitraum von einem Jahr für maßgeblich erachtet, vgl. Jungmann, ZGR 2006, 638, 651. Im Rahmen eines Formulierungsvorschlages hinsichtlich der tatbestandlichen Ausgestaltung eines Solvenzprüfungsverfahrens spricht sich Engert, ZHR 170 (2006), 296, 328, 335, für eine zwei- oder dreiteilige zeitliche Untergliederung aus, bei der jeweils ein unterschiedlicher Prognosemaßstab zu Grunde zu legen ist.

[868] Gilt für Zahlungsveranlasser.

[869] Gilt für Zahlungsempfänger.

ZOPDS sieht das Gesetz für einen Verstoß gegen die Ausschüttungsrestrikionsvorschrift eine Geldstrafe von 2.000,- bis 200.000,- Dinar[870] vor. Mittels des in den Art. 450, 451 ZOPDS geregelten Sanktionskataloges soll etwaigen Wirtschaftsverstößen präventiv entgegengewirkt werden. Die Protektionswirkung des Ausschüttungsrestriktionssystems wird dabei maßgeblich von dem zu Grunde liegenden Haftungs- bzw. Sanktionssystem beeinflusst. Je signifikanter die gesetzlichen Sanktionsfolgen sind, desto eher werden sich die Ausschüttungsverantwortlichen risikoavers verhalten.

Völlig kontraproduktiv ist allerdings die Sanktionsandrohung gegenüber der Gesellschaft. Gemäß Art. 450 Abs. 1 Ziff. 11 ZOPDS werden nicht nur die Verantwortlichen, sondern auch die Gesellschaft im Fall einer Zuwiderhandlung gegen die Vorschrift des Art. 133 ZOPDS mit einer Geldstrafe von 10.000,- bis 3.000.000,- Dinar[871] belegt. Sinn und Zweck des Art. 133 ZOPDS ist es, das Gesellschaftsvermögen in seinem Bestand zu schützten. Mittels der Geldstrafe wird das durch die unzulässige Ausschüttung angegriffene Gesellschaftsvermögen zusätzlich geschmälert und der Entzug der den Gläubigern zur Verfügung stehenden Vermögensmasse verstärkt.

In diesem Zusammenhang ist anzumerken, dass die HLG im Rahmen ihrer Erwägungen zur Einführung eines zweistufigen, kumulativ durchzuführenden Bilanz- und Insolvenzprüfungsverfahrens ebenfalls über Sanktionsmaßnahmen gegenüber der Unternehmensleitung nachgedacht hat. Gemäß den Erwägungen der HLG sollen Ausschüttungen an die Gesellschafter nur möglich sein, wenn die Unternehmensleitung eine entsprechende Solvenzbescheinigung[872], aus der die Zulässigkeit der vorgeschlagenen Ausschüttung hervorgeht, ausgestellt hat und für deren Richtigkeit die Aussteller verantwortlich sind. Irreführende bzw. unrichtige Solvenzbescheinigungen sollen angemessen sanktioniert werden[873].

Auch in Großbritannien ist geplant, das starre und restriktive Ausschüttungssystem[874] durch ein flexibleres System zu ersetzen. In diesem Zusammenhang soll eine unrichtige Solvenzbescheinigung eine strafrechtlich relevante Handlung darstellen[875].

---

[870] Entspricht einem Gegenwert von ca. 30,- € bis 3.000,- €.

[871] Entspricht einem Gegenwert von ca. 150,- € bis 44.500,- €.

[872] Bericht der HLG auf dem Gebiet des Gesellschaftsrechts über moderne gesellschaftsrechtliche Rahmenbedingungen in Europa vom 04.11.2002, S. 96. Auch nach dem neuseeländischen Companies Act werden die Direktoren verpflichtet eine Solvenzbescheinigung auszustellen, vgl. Rickford-Report 2004, S. 93, abrufbar unter: http://www.biicl.org/admin/files/PROVREP-FINAL%20ConfJan04.doc.

[873] Exemplarisch werden die persönliche Haftung und ein Tätigkeitsverbot der Direktoren aufgeführt, vgl. Bericht der HLG auf dem Gebiet des Gesellschaftsrechts über moderne gesellschaftsrechtliche Rahmenbedingungen in Europa vom 04.11.2002, S. 96.

[874] Gemäß sec. 263 CA kann in Großbritannien nur der Bilanzgewinn ausgeschüttet werden.

[875] Clause 63 Abs. 3, 4 Modernising Company Law, White Paper, Cm 5553-II Volume II, abrufbar unter: http://www.dti.gov.uk/companiesbill/whitepaper.htm; vgl. hierzu Micheler, ZGR 2004, 324, 341; Veil, in Lutter: Das Kapital der Aktiengesellschaft in Europa, ZGR-Sonderheft 17 2006, 91, 102. In diesem Zusammenhang ist zu erwähnen, dass die Geschäftsleiter gemäß Sec. 52 (2), (3) des New

Eine solche Solvenzbescheinigungspflicht der Unternehmensleitung wurde im ZOPDS allerdings nicht verankert.

5. Die erweiterte Kapitalerhaltung nach Art. 114 i.V.m. Art. 236 ZOPDS

Neben der Ausschüttungsrestriktion statuiert das ZOPDS eine aktive Kapitalerhaltungspflicht. Nach Art. 114 ZOPDS werden die Vorschriften zur offenen AG über die „Erhaltung", Erhöhung und Herabsetzung des Grundkapitals sowie über die Einberufung der Gesellschafterversammlung für die GmbH entsprechend für anwendbar erklärt.
Terminologisch versteht der Gesetzgeber unter dem Begriff der „Erhaltung" eine in Art. 236 ZOPDS geregelte Pflicht, das Stammkapital aktiv auf einem bestimmten Niveau zu halten. Gemäß Art. 236 Abs. 1, Abs. 2 ZOPDS ist die Gesellschaft verpflichtet, das Nettovermögen stets auf dem Niveau des gesetzlich vorgeschriebenen Grundkapitals zu halten.
Projiziert auf die GmbH wird deutlich, dass es sich hierbei nicht um eine Nachschusspflicht der Gesellschafter[876], sondern um eine originäre Pflicht der Gesellschaft handelt, die entstandene Kapitallücke[877] zu schließen. Ausschließlich die Gesellschaft wird verpflichtet, entsprechende kapitalbezogene „Sanierungsmassnahmen" zu ergreifen. Ob sich die Gesellschaft hierbei eines Nachschuss-[878] oder Fremdkapitals bedient, liegt in ihrem Ermessen und hängt von den Festsetzungen des Gesellschaftsvertrages ab.
Hinsichtlich der Relation des Nettovermögens und des Grundkapitals stellt Art. 236 Abs. 1 ZOPDS ausdrücklich auf das gesetzliche und nicht auf das statuarische Grundkapital ab, sodass bei der GmbH das Nettovermögen ausschließlich auf dem Niveau des nach Art. 112 ZOPDS vorgeschriebenen Mindestbaranteils am Stammkapital i.H.v. 500,- € zu halten ist, unabhängig davon, wie hoch das in der Bilanz

Zealand Companies Act 1993 ebenfalls verpflichtet sind, eine Solvenzbescheinigung auszustellen, vgl. hierzu Jungmann, ZGR 2006, 638, 652.

[876] Im Unterschied hierzu sieht der Verordnungsentwurf zur EPG eine gesetzliche Nachschusspflicht vor. Zu Art. 28 EPG-VE (Verordnungsentwurf zur EPG), vgl. Heider, Gesellschafterpflichten nach dem EPG-Statut, S. 127, 137; Haas, Gläubigerschutz in der Europäischen Privatgesellschaft, S. 196 ff..

[877] Unerheblich ist aus welchen Gründen die Kapitallücke entstanden ist. Von Bedeutung wird regelmäßig die auf Verluste zurückzuführende Kapitallücke sein.

[878] Eine Nachschusspflicht kann gemäß Art. 107 Abs. 1 Ziff. 1 ZOPDS qua Gesellschaftsvertrag vereinbart werden. Per Legaldefinition handelt es sich bei Nachschusseinlagen um weitere, über die Stammeinlage hinausgehende Zahlungen, die nicht auf die Stammeinlage angerechnet werden. Gemäß Art. 111 Abs. 1 ZOPDS wird die satzungsmäßige Nachschusspflicht durch die Gesellschafterversammlung beschlossen. Neben der Nachschusspflicht kann die Kapitalbeschaffung regelmäßig durch Gesellschafterdarlehen, freiwillige Nachschüsse sowie Kapitalerhöhungen realisiert werden. Das in Art. 135 ZOPDS geregelte Kapitalersatzrecht ist mit den §§ 32 a, b GmbHG nahezu wortgleich.

ausgewiesene Stammkapital ist[879]. Vertraglich lässt sich diese aktive Form der „Kapitalerhaltung" selbstverständlich auf das statuarische Kapital erweitern.
In diesem Zusammenhang ist jedoch zu berücksichtigen, dass die in Art. 236 ZOPDS verankerte „aktive Kapitalerhaltungspflicht" fakultativer Natur ist. Wird die Kapitallücke nicht innerhalb einer Frist von sechs Monaten geschlossen, wird bei der Beibehaltung der Rechtsform, das Liquidationsverfahren und soweit die Voraussetzungen für die Eröffnung eines Insolvenzverfahrens vorliegen, das Insolvenzverfahren eröffnet.
Fällt das Nettovermögen der Gesellschaft unter die Grenze des gesetzlich vorgeschriebenen Grundkapitals, ist die Gesellschaft verpflichtet, entweder geeignete „kapitalerhaltende" Maßnahmen zu ergreifen oder die Rechtsform zu ändern. Bei Untätigkeit wird das Liquidationsverfahren von Amts wegen eröffnet. Eine Obligation zur Schließung der Kapitallücke besteht aufgrund der alternativ eröffneten Optionen jedoch nicht.

Mit dieser aktiven Kapitalerhaltungspflicht institutionalisiert das ZOPDS eine Kapitalverantwortung der Gesellschaft und ihrer Gesellschafter.
Im gesetzlichen Regelfall ist der Anwendungsbereich dieser aktiven Kapitalerhaltungspflicht bei der GmbH aufgrund des geringen Mindestbarkapitals faktisch auf die Verhinderung einer Unterbilanz beschränkt[880].

6. Die Einberufungspflicht nach Art. 114 i.V.m. Art. 280 ZOPDS

Neben der Kapitalverantwortung der Gesellschaft und ihrer Gesellschafter hat der Gesetzgeber ferner ein Krisenfrühwarnsystem verankert. Befindet sich die Gesellschaft in einem Zustand, in dem die Verluste die Hälfte des Grundkapitals[881] übersteigen, ist gemäß Art. 114 i.V.m. Art. 280 ZOPDS eine Gesellschafterversammlung einzuberufen. Zweck dieser Vorschrift ist es, der Insolvenz durch entsprechende reorganisatorische Maßnahmen vorzugreifen[882].

---

[879] Im Unterschied hierzu stellt Art. 133 Abs. 1 Ziff. 1 ZOPDS zur Ermittlung des ausschüttungsfähigen Betrages auf das satzungsmäßige Stammkapital ab.

[880] Am satzungsmäßigen Stammkapital orientiert, hätte die aktive Kapitalerhaltungspflicht möglicherweise einen negativen Einfluss auf die Finanzierungsgepflogenheiten der Gesellschafter. Je höher das satzungsmäßige Stammkapital ist, desto höher wäre die Kapitalverantwortung der Gesellschaft und ihrer Gesellschafter. Um die Kapitalverantwortung gering zu halten, würde die Gesellschaft von Anfang an mit einem geringeren Stammkapital ausgestattet.

[881] Gemeint ist das obligatorische und statuarische Stammkapital der Gesellschaft.

[882] Für Gesellschaften, die lediglich über das obligatorische Mindestbarkapital verfügen, ist diese Krisenwarnfunktion nahezu bedeutungslos. Darüber hinaus ist zu berücksichtigen, dass mit dieser rein bilanzorientierten Einberufungspflicht, eine effektive Warnfunktion eingeschränkt ist. In diesem Zusammenhang wäre eine Anknüpfung an situative Warnsignale, entsprechend Art. 133 ZOPDS, konsequenter und effektvoller gewesen. In diesem Sinne auch Haas, Reform des gesellschaftsrechtlichen Gläubigerschutzes, E 112.

7. Bewertung des ZOPDS-Kapitalerhaltungssystems

Hinsichtlich der in Art. 133 ZOPDS geregelten Ausschüttungsrestriktion hat sich der Gesetzgeber stark an § 6.40 des Revised Model Business Corporation Act (RMBCA) orientiert. Beide Systeme basieren auf der kumulativ[883] durchzuführenden Bilanz[884]- und Solvenzprüfung[885]. Zentrales Anliegen dieses flexiblen Kapitalerhaltungssystems ist es, die Zahlungsfähigkeit des Unternehmens zu erhalten bzw. eine ausschüttungsbedingte Insolvenz zu verhindern[886], um damit etwaigen Forderungsausfällen der Gläubiger vorzugreifen. Im Unterschied zu einem starren, ausschließlich am Stammkapital orientierten Konzept, können nach diesem System Ausschüttungen an die Gesellschafter vorgenommen werden, wenn sie unter ökonomischen Gesichtspunkten geboten sind[887]. Entscheidend ist, dass die Gesellschaft auch nach der Ausschüttung noch über hinreichende Liquiditätsmittel verfügt.

Inhaltlich unterscheiden sich § 6.40 RMBCA und Art. 133 ZOPDS besonders im Hinblick auf das Bilanzprüfungsverfahren[888]. Während i.R.d. Bilanzprüfung nach § 6.40 (c) (2) RMBCA das Stammkapital zur Ermittlung des ausschüttungsfähigen Betrages unberücksichtigt bleibt, basiert die Bilanzprüfung nach Art. 133 Abs. 1 Ziff. 1 ZOPDS gerade auf der Größe des Stammkapitals.

Im Vergleich zu anderen angloamerikanisch geprägten Gesellschaftsrechtsordnungen wird deutlich, dass das auf dem Stammkapital basierte Bilanzprüfungsverfahren des ZOPDS nicht atypisch ist.

Bis heute haben einige US-Bundesstaaten in ihren Gesellschaftsrechtsordnungen Ausschüttungsrestriktionen verankert, die auf dem sog. „Balance Sheet Surplus Statutes" und damit auf dem Nennkapital bzw. den traditionellen Prinzipien der Kapitalbindung basieren[889].

---

[883] Auch nach Sec. 4 des New Zeeland Companies Act 1993 ist im Rahmen einer Ausschüttung ein zweistufiges Prüfungsverfahren, bestehend aus einem „Liquidy Test" und einem „Balance Sheet Test", durchzuführen, vgl. hierzu Jungmann, ZGR 2006, 638, 650.

[884] Sog. „balance sheet test" nach § 6.40 (c) (2) RMBCA.

[885] Sog. „equity insolvency test" nach § 6.40 (c) (1) RMBCA. Zum „balance sheet test" und „equity insolvency test", vgl. Watrin, DB 2001, 933, 937; Niehues, WPg 2001, 1209, 1217; Wüstemann, WPg 1996, 421, 425 ff.; Bauer, S. 319 ff.; Manning/Hanks, Legal Capital, S. 63 ff..

[886] Vgl. Manning/Hanks, Legal Capital, S. 63; Niehues, WPg 2001, 1209, 1218.

[887] Auch in Großbritannien wird über eine Deregulierung der geltenden Ausschüttungsrestriktion nachgedacht. Während nach Sec. 263 CA 1985 ausschließlich der Bilanzgewinn ausschüttungsfähig ist, steht nunmehr ein zweistufig, kumulativ durchzuführender Ausschüttungstest zur Debatte. Allerdings soll die Bilanzprüfung nicht auf einem gesetzlichen Verlustpuffer basieren. Gemäß diesem Bilanzprüfungsmodell soll es ausreichen, wenn sich zumindest Aktiva und Passiva decken, vgl. Micheler, ZGR 2004, 324, 339 ff..

[888] Vgl. hierzu Manning/Hanks, Legal Capital, S. 183.

[889] So insbesondere in Delaware, vgl. § 170 (a) Del.Gen.Corp.L., und in New York, vgl. § 510 (b) N.Y.Bus.Corp.L., vgl. hierzu Manning/Hanks, Legal Capital, S. 68 ff.; Bauer, S. 218; Kübler, Aktie, Unternehmensfinanzierung und Kapitalmarkt, S. 37; Maier, S. 139; Wüstemann, WPG 1996, 421, 424. Die gesellschaftsrechtlichen Bestimmungen der Staaten Delaware, New York und Kalifornien sind für das US-amerikanische Gesellschaftsrecht besonders gewichtig, da hier die meisten Gesellschaften inkorpiert sind, vgl. Wüstemann, WPg 1996, 421, 424; Kübler, Aktie, Unternehmensfinanzierung und Kapitalmarkt, S. 16. Die meisten der amerikanischen Bundesstaaten legen die Kapitalisierunsvorschriften des RMBCA zu Grunde, vgl. hierzu Manning/Hanks, Legal Capital, S. 177; Merkt, US-

Im Unterschied zur Bilanzprüfung ist das Solvenzprüfungsverfahren nach Art. 133 Abs. 1 Ziff. 2 ZOPDS und der in § 6.40 (c) (1) RMBCA geregelte „equity insolvency test" identisch.
Summarisch betrachtet, ist das Ausschüttungsrestriktionssystem nach Art. 133 ZOPDS eine Kombination der europäischen stammkapitalbasierten Bilanz- und der für das angloamerikanische System typischen Solvenzprüfung.

Obwohl der Bilanztest nach Art. 133 Abs. 1 Ziff. 1 ZOPDS auf den ersten Blick der stammkapitalbasierten Kapitalerhaltung nach § 30 GmbHG gleicht, können sich in der Praxis teilweise erhebliche Unterschiede ergeben[890]. Geht man von dem gesetzlichen Regelfall aus, wonach eine d.o.o. mit einem Mindestbarkapital von 500,- € auszustatten ist, kann im Rahmen der Bilanzprüfung nahezu das gesamte Gesellschaftsvermögen an die Gesellschafter ausgeschüttet werden[891].
Orientierten sich die Gesellschafter am gesetzlichen Regelfall, ist die bilanzprüfungsbasierte Ausschüttungsrestriktion daher nahezu bedeutungslos. Mit der Bilanzprüfung ließe sich lediglich kurzfristig der Eintritt einer ausschüttungsbedingten Unterbilanz verhindern, denn mit einem „Reservekapital" von unbedeutenden 500,- € könnten bereits geringste Vermögensbewegungen eine Unterbilanz hervorrufen.
Eine solche einseitige Betrachtung würde die Wirkungsweise der in Art. 133 ZOPDS verankerten Ausschüttungsrestriktion allerdings nicht präzise wiedergeben, denn eine Ausschüttung darf erst nach einer kumulativ durchgeführten Bilanz- und Solvenzprüfung erfolgen.
Dabei stellt das im Rahmen der Bilanzprüfung zu berücksichtigende Stammkapital nicht zwangsläufig die Ausschüttungsbemessungsgrenze dar. Trotz einer „positiven" Bilanzprüfung kann der ausschüttungsfähige Betrag nach dem Solvenztest erheblich limitiert bzw. unzulässig sein, insbesondere dann, wenn das Umlaufvermögen die i.R.e. ordnungsgemäßen Geschäftsganges fällig werdenden Verbindlichkeiten nicht decken würde.
Diese sog. situative Ausschüttungssperre ist im Vergleich zur traditionellen Kapitalbindung wesentlich flexibler, da sie insbesondere dann Ausschüttungen zulässt, wenn sie unter ökonomischen Gesichtspunkten und unter Berücksichtigung der Gläubigerinteressen geboten erscheinen[892]. Während für die Bilanzprüfung lediglich das Verhältnis zwischen dem Gesamtvermögen und der Passiva von Bedeutung ist, ist i.R.d. Solvenzprüfung die Relation des Umlaufvermögens zu den Verbindlichkeiten maßgebend.
Nach dem stammkapitalbasierten Bilanzprüfungsverfahren wird ausschließlich das Gesellschaftsvermögen i.H.d. ausgewiesenen Stammkapitals gebunden, wohingegen

---

amerikanisches Gesellschaftsrecht, S. 280, Rn. 464; Veil, in Lutter: Das Kapital der Aktiengesellschaft in Europa, ZGR-Sonderheft 17 2006, 91, 101; Bauer, S. 316.

[890] Zu dieser Problematik im US-amerikanischen Recht, vgl. Kübler, Aktie, Unternehmensfinanzierung und Kapitalmarkt, S. 38; Bauer, S. 218.

[891] Lediglich das Mindestbarkapital von 500,- € wäre von der Ausschüttungsrestriktion erfaßt.

[892] Stellungnahme der Group of German Experts on Corporate Law zum Konsultationsdokument der High Level Group of Company Lax Experts, ZIP 2002, 1310, 137. Ähnlich Jungmann, ZGR 2006, 638, 674.

der Solvenztest dem Erhalt von Liquiditätsmitteln und damit der Verhinderung einer ausschüttungsbedingten Insolvenz dient.

Obwohl das Bilanzprüfungsverfahren mit der erzeugten Vermögensreserve i.H.d. ausgewiesenen Stammkapitals dem Eintritt einer ausschüttungsbedingten Unterbilanz entgegenwirkt und damit eine gewisse Protektionswirkung zu Gunsten der Gläubiger entfaltet, mangelt es diesem, ausschließlich am Stammkapital basierten System, an der notwendigen Präzision[893].

Situationen, in denen ein Unternehmen trotz Ausschüttung an die Gesellschafter zahlungsfähig bliebe, könnten nach der stammkapitalbasierten Bilanzprüfung unzulässig sein. Solche Ungenauigkeiten treten insbesondere dann auf, wenn die Umlaufvermögenswerte eines Unternehmens hoch und die Anlagevermögenswerte niedrig sind, da i.R.d. Bilanzprüfung das Verhältnis zwischen dem Anlage- und dem Umlaufvermögen ohne Bedeutung ist.

Umgekehrt können Ausschüttungen an die Gesellschafter nach dem Bilanzprüfungsverfahren zulässig sein, obwohl sie offensichtlich zur Zahlungsunfähigkeit führten[894]. Ungenauigkeiten dieser Art können dann eintreten, wenn die Anlagevermögenswerte höher als die Umlaufvermögenswerte sind.

Gläubigern gegenüber gibt das Solvenzprüfungsverfahren daher wesentlich verlässlichere Auskünfte[895] über das Liquiditäts- und Tilgungspotential und damit über das Forderungsausfallrisiko eines Unternehmens. Langzeitgläubigern bieten sowohl das Solvenzprüfungs- als auch das Bilanzprüfungsverfahren allerdings einen geringen Schutz.

Im Ergebnis sind die Stärken des Solvenzprüfungsverfahrens in der Flexibilität und der insolvenzprophylaktischen Wirkung zu erblicken.

Diese dem Solvenzprüfungsverfahren inhärente Flexibilität wird allerdings aufgrund des kumulativ durchzuführenden Bilanzprüfungsverfahrens[896] eingeschränkt[897]. Je höher das ausgewiesene Stammkapital einer Gesellschaft ist, desto höher wird die Kapitalbindung nach Art. 133 ZOPDS und desto geringer die Ausschüttungsdisponibilität über das Gesellschaftsvermögen sein.

In diesem Zusammenhang ist jedoch zu berücksichtigen, dass das Maß der Ausschüttungsdisponibilität nach dem Kombinationsmodell des ZOPDS ausschließlich im Ermessen der Gesellschafter liegt, da sie die Höhe des Stammkapitals und die daraus resultierende Kapitalbindung weitestgehend frei bestimmen können.

---

[893] Ähnlich Haas, Reform des gesellschaftsrechtlichen Gläubigerschutzes, E 131, E 142; Jungmann, ZGR 2006 638, 641, 648; a.A. Wilhelmi, GmbHR 2006, 13, 21.

[894] Vgl. hierzu auch der Bericht der HLG auf dem Gebiet des Gesellschaftsrechts über moderne gesellschaftsrechtliche Rahmenbedingungen in Europa vom 04.11.2002, S. 94, 95.

[895] Ähnlich Pellens/Sellhorn, in Lutter: Das Kapital der Aktiengesellschaft in Europa, ZGR-Sonderheft 17 2006, 451, 472.

[896] Dieses vom serbischen Gesetzgeber kombinierte Bilanz-und Sovlenzprüfungsverfahren stellt kein Unikum dar, sondern findet sich in nahezu allen Gesellschaftsrechten der amerikanischen Bundesstaaten wieder. Lediglich im Bundesstaat Massachusetts gibt es ausschließlich einen Insolvenztest, vgl. Maier, S. 143, Wüstemann, WPg 1996, 421, 426.

[897] Hierdurch wird den Ausschüttungsverantwortlichen jedoch ein gewisses Maß an Rechtssicherheit vermittelt, vgl. hierzu Mülbert, EBOR 7 (2006), 357, 392; Schön, EBOR 7 (2006), 181, 194, 195.

Ein wesentlicher Vorteil des solvenzprüfungsbasierten Ausschüttungsrestriktionssystems ist darin zu sehen, dass sich die situative Liquiditätsanalyse einer prospektiven Finanzplanung bedient und nicht an einer zurückliegenden, willkürlich durch Gesetz bzw. Gesellschafterbeschluss festgesetzten Kapitalziffer orientiert, sondern Faktoren berücksichtigt, die einen Aufschluss über die wirtschaftliche Lage und die finanzielle Perspektive der Gesellschaft zulassen[898].

Gleichzeitig räumt der Solvenztest den Entscheidungsträgern bei der Beurteilung der Vertretbarkeit von Ausschüttungen einen Beurteilungsspielraum ein. Dieser Ermessensspielraum steht jedoch in einem Spannungsverhältnis zu dem bezweckten Gläubigerschutz[899]. Je höher der Ermessensspielraum eines Entscheidungsträgers ist, desto eher sind die Gläubiger der Gefahr einer optimistischen bzw. opportunistischen Liquiditätsanalyse ausgesetzt, indem konkrete, jedoch in der Schwebe stehende, verbindlichkeitsbegründende Geschäfte unberücksichtigt bleiben, forderungsbegründende Geschäfte hingegen, obwohl sie von geringerer Bestimmtheit sind, in die Liquiditätsprognose einbezogen werden.

In diesem Zusammenhang hat sich der Gesetzgeber des ZOPDS zwar am Wortlaut des § 6.40 (c) (1) RMBCA orientiert, es bleibt aber abzuwarten, ob sich die serbische Rechtspraxis trotz des klaren Wortlauts dennoch an Bilanzkennzahlen[900] orientieren und welchen Sorgfalts- und Wahrscheinlichkeitsmaßstab sie zu Grunde legen wird.

Gegen ermessensbasierte Ausschüttungsrestriktionen wird häufig hervorgebracht, dass sie wenig praktikabel und justitiabel seien[901]. Dem ist zwar zuzustimmen, allerdings ist zu berücksichtigen, dass eine Ausschüttungssperre die Insolvenzprophylaxe und nicht die objektive Nachprüfbarkeit der Entscheidung zum Gegenstand hat[902]. Insoweit wird man aus dem geringeren Objektivitätsniveau nicht per se auf ein vermindertes Gläubigerschutzniveau schließen können[903]. Aus Gläubigersicht wird sich die Berechenbarkeit der Ausschüttungspolitik zwar reduzieren. Allerdings ist das geringere Objektivitätsniveau für die Ausschüttungsverantwortlichen mit Unsicherheiten über die Angemessenheit bzw. Vertretbarkeit der geplanten Ausschüttung verbunden, sodass durch den im Solvenztest zu Grunde liegenden prognoseorientierten Standard ein bedachteres Ausschüttungsverhalten induziert wird.

---

[898] So auch Micheler, ZGR 2004, 324, 342; Kübler, Aktie, Unternehmensfinanzierung und Kapitalmarkt, S. 39.

[899] Diesen Ermessensspielraum bringt die deutschsprachige Literatur häufig gegen das Solvenzprüfungsverfahren vor, vgl. Schön, Der Konzern 2004, 162, 169; ders., ZHR 166 (2002), 1, 5; Mülbert, Der Konzern 2004, 151, 160. Zutreffend merkt Haas, Reform des gesellschaftsrechtlichen Gläubigerschutzes, E 134, an, dass der Bewertungsspielraum eines Solvenztestes nicht mit Willkür gleichgesetzt werden darf.

[900] Gegenüberstellung von Umlaufvermögen und kurzfristigen Verbindlichkeiten. Dieses an Bilanzkennzahlen orientierte Verfahren würde die Praktikabilität und Justitiabilität erheblich verbessern.

[901] Micheler, ZGR 2004, 324, 343; Schön, Der Konzern 2004, 162, 169; Mülbert, Der Konzern 2004, 151, 160. Ferner soll ein objektiviertes, an der Handelsbilanz orientiertes Verfahren, dem Management und den geschäftsführenden Gesellschaftern eine Rechts- und Planungssicherheit gewährleisten, vgl. Spindler, JZ 2006, 938, 843; Lutter, AG 1998, 375, 377.

[902] So wohl auch Pellens/Sellhorn, in Lutter: Das Kapital der Aktiengesellschaft in Europa, ZGR-Sonderheft 17 2006, 451, 483; ferner Mülbert, Der Konzern 2004, 151, 161.

[903] Ähnlich Haas, Reform des gesellschaftsrechtlichen Gläubigerschutzes, E 136.

Abschließend sei angemerkt, dass sich die Liquiditätsprognose lediglich auf absehbare Ereignisse beschränkt, wohingegen unvorhersehbare Ereignisse, welche die Liquiditätssituation eines Unternehmens rasch und zum Nachteil der Gläubiger verändern können, unberücksichtigt bleiben. Trotz einer legalen Ausschüttung an die Gesellschafter kann sich das Forderungsausfallpotential der Gläubiger durch das kumulierte Hinzutreten unvorhersehbarer Ereignisse daher erhöhen[904]. In einer solchen Situation fungiert das nach Art. 133 Abs. 1 Ziff. 1 ZOPDS gebundene Stammkapital als Vermögenspuffer. Die Wirkung eines solchen Vermögenspuffers hängt jedoch entscheidend von der Höhe des in der Satzung vereinbarten Stammkapitals ab. Im gesetzlichen Regelfall tendiert dieser Wirkungsgrad aufgrund der äußerst geringen Höhe jedoch gegen Null.

8. Die IAS/IFRS-Rechnungslegung als Grundlage der Ausschüttungsbemessung

Spätestens seit dem 01.01.2004 bilden in Serbien die IAS/IFRS die Grundlage der Rechnungslegung[905]. Ziel der IAS/IFRS-Rechnungslegung ist es, den Adressaten eine möglichst approximate Vermögens-, Finanz und Ertragslage der Unternehmen zu vermitteln. Aufgrund dieses durchweg informativ intendierten Charakters stehen im Rahmen der IAS/IFRS ausschließlich die Informationsinteressen der Adressaten im Vordergrund (sog. Monofunktionalität). Das Ausschüttungsbemessungsinteresse, wie es in einem traditionellen Rechnungslegungssystem, wie dem HGB, von paritätischem Range ist, bleibt hingegen unberücksichtigt. Zudem ist den IAS/IFRS ein Realisations- bzw. Imparitätsprinzip, das der Ermittlung von verlustantizipierten Gewinnen und damit dem Ausgleich der Zahlungsbemessungsinteressen dient, unbekannt[906].
Diese, an den Zeitwerten orientierte Bewertung des Gesellschaftsvermögens, könnte damit ein prinzipiell höheres Ausschüttungsergebnis zur Folge haben[907]. Zur Beurteilung dieser Frage ist allerdings nicht ausschließlich auf das Rechnungslegungssystem, sondern auf dessen Wechselwirkung mit dem zu Grunde liegenden Ausschüttungsrestriktionssystem abzustellen.

Dabei ist zunächst zu berücksichtigen, dass nicht „alles Mögliche" im Rahmen der IAS/IFRS aktiviert werden kann. Diese enthalten vielmehr klar definierte Vorgaben bezüglich der Aktivierungs- und Passivierungsfähigkeit von Vermögenswerten. Bei der Bilanzierungsfähigkeit stellen die IAS/IFRS auf den Vermögens- und Schulden-

---

[904] Das Problem unvorhergesehbarer Ereignisse tritt bei dem stammkapitalbasierten Bilanzprüfungsverfahren gleichermaßen auf.

[905] Für die Unternehmen gelten die IAS/IFRS seit dem 01.01.2004 und für die Banken bereits seit dem 01.01.2003, vgl. hierzu 4. Kapitel, S. 185 ff..

[906] In Deutschland wird dem IFRS-Abschluss unter Hinweis auf seine Fokkusierung auf die Informationsfunktion die Eignung als Ausschüttungsbemessungsgrundlage vielfach abgesprochen, vgl. Ekkenga, AG 2006, 389, 395, 397; Merschmeyer, Die Kapitalschutzfunktion des Jahresabschlusses und Übernahme der IAS/IFRS für die Einzelbilanz, 2005, S. 192, 232. Zur Meinung in Deutschland, vgl. Pellens/Sellhorn, in Lutter: Das Kapital der Aktiengesellschaft in Europa, ZGR-Sonderheft 17 2006, 451, 460, m.w.N..

[907] Vgl. hierzu Pellens/Sellhorn, in Lutter: Das Kapital der Aktiengesellschaft in Europa, ZGR-Sonderheft 17 2006, 451, 461; Joost, Die GmbH-Reform in der Diskussion, 31, 45.

begriff ab, für dessen Erfüllung das Vermögen oder die Schulden zuverlässig bewertbar und der künftig resultierende Zu- oder Abfluss von Vermögenswerten wahrscheinlich sein muss.
Im Unterschied zu imparitätsbasierten Rechnungslegungssystemen lässt sich mit der informationsorientierten Rechnungslegung das Gesellschaftsvermögen daher positiver darstellen. Auch die Bewertungskonzeption der IAS/IFRS kann zu einer besseren Darstellung des Gesellschaftsvermögens führen. Besonders im Rahmen der Folgebewertung eröffnen die IAS/IFRS den Bilanzierenden Bewertungswahlrechte[908]. Konzeptionsbedingt werden die IAS/IFRS im Ergebnis daher einen höheren Ausweis des Eigenkapitals erlauben.
Bei Anwendung des zweistufig durchzuführenden liquiditätsbasierten Ausschüttungsbemessungsverfahrens resultiert hieraus jedoch kein zwingend höheres Ausschüttungsbemessungsergebnis.
Im Unterschied zu dem ausschließlich stammkapitalbasierten Ausschüttungsbemessungsverfahren, bei dem ein höherer Ausweis des Eigenkapitals regelmäßig zu einem höheren Ausschüttungsergebnis führen würde, kommt es im Rahmen der Liquidationsprognose maßgeblich auf die Beurteilung der Zahlungsfähigkeit des Unternehmens und damit auf das Deckungsverhältnis des Umlaufvermögens und der Verbindlichkeiten an. Mit Ausnahme der wenig gewichtigen Bilanzprüfung ist das ausgewiesene Eigenkapital für die situative Ausschüttungsbemessung daher nahezu bedeutungslos.
Unangemessene Ausschüttungsergebnisse sind in einem situativen Ausschüttungsrestriktionssystem allerdings dann zu erwarten, wenn die für die Solvenzprüfung maßgeblichen Vermögenswerte der betriebswirtschaftlichen Realität zuwider bewertet würden. Insoweit führt jedoch eine paritätische Behandlung des Vermögens und der Schulden nicht zu einer unangemessenen Benachteiligung der Gläubiger. Sie dient vielmehr einer betriebswirtschaftlich realistischen Ermittlung der Vermögens-, Finanz- und Ertragslage.
Die konzeptionsbedingten Ausschüttungsbemessungsschwächen der IAS/IFRS können im Rahmen eines situativen Ausschüttungsbemessungssystems daher weitestgehend kompensiert werden[909], wohingegen das ausschließlich stammkapitalbasierte Ausschüttungsbemessungsverfahren in dieser Hinsicht wesentlich anfälliger ist.

---

[908] Hierbei eröffnen die IAS/IFRS die Möglichkeit, auf die Neubewertung des Sachanlagenvermögens und bei der Bewertung der Finanzanlagen, auf die „Fair-Value-Methode“ zurückzugreifen. Darüber hinaus kann beim Vorratsvermögen, wenn der Nettoveräußerungspreis den Buchwert des Vermögenswertes übersteigt, der Vermögenswert durch eine Zuschreibung –begrenzt auf die Anschaffungs- bzw. Herstellungskosten- berichtigt werden. In diesem Zusammenhang sei jedoch angemerkt, dass nach den IAS/IFRS das Stetigkeitsgebot zum Kernbereich des Rechnungslegungssystems gehört, wodurch situative und opportunistische Bewertungs- und Ansatzwechsel weitestgehend ausgeschlossen sind.
[909] So wohl auch der jüngst von Lutter initiierte Arbeitskreis „Kapital in Europa“, der sich für eine Bilanzierung nach den IFRS in Komabination mit einem dualen, kumulativ durchzuführenden Ausschüttungsbemessungssystem ausspricht, vgl. Lutter, in Lutter: Das Kapital der Aktiengesellschaft in Europa, ZGR-Sonderheft 17 2006, 1, 11, 14; Pellens/Sellhorn, in Lutter: Das Kapital der Aktiengesellschaft in Europa, ZGR-Sonderheft 17 2006, 451, 472, 484, 485; Veil, in Lutter: Das Kapital der Aktiengesellschaft in Europa, ZGR-Sonderheft 17 2006, 91, 112; Engert, ZHR 170 (2006), 296, 334.

Im Übrigen haben es die Gründungsgesellschafter selbst in der Hand, den zu Grunde liegenden Ausschüttungsbemessungsstandard per Gesellschaftsvertrag zu definieren. Schließlich eröffnet Art. 133 Abs. 2 ZOPDS ausdrücklich die Möglichkeit, per Gründungsakt oder Gesellschaftsvertrag im Rahmen der Ausschüttungsbemessung besondere Finanzberichte, Präzisierungen der Rechnungslegungspraktiken und Angaben zu den zu Grunde liegenden Bewertungsmethoden zu verlangen.

Zudem steht es den Beteiligten frei, im Rahmen der Ausschüttungsbemessung individuell formulierte und auf das konkrete Risiko zugeschnittene, gegebenenfalls verlustantizipierte Rechnungslegungsmethoden zu Grunde zu legen[910].

9. Rechtsvergleich zum Kapitalerhaltungsrecht nach dem ZOPDS und dem GmbHG

Im Unterschied zu Art. 133 ZOPDS basiert das Ausschüttungsverbot nach § 30 GmbHG ausschließlich auf dem Bilanzprüfungsverfahren. Gemäß § 30 GmbHG darf das zur Erhaltung des Stammkapitals erforderliche Gesellschaftsvermögen nicht an die Gesellschafter ausgezahlt werden, sodass Ausschüttungen, wie auch nach serbischem Recht, nicht auf den Bilanzgewinn beschränkt sind[911].

Im Hinblick auf das Bilanzprüfungsverfahren bestehen zwischen der stammkapitalbasierten Bilanzprüfung nach Art. 133 Abs. 1 Ziff. 1 ZOPDS und der Unterbilanzprüfung nach § 30 GmbHG keine Unterschiede.

In der Praxis können sich aufgrund des divergierenden Kapitalaufbringungsrechts jedoch erhebliche Unterschiede bei der Ermittlung des ausschüttungsfähigen Betrages eröffnen. Geht man von dem gesetzlichen Regelfall aus, wonach eine GmbH nach serbischem Recht mit einem Barkapital von lediglich 500,- € gegründet werden kann, könnte nach Art. 133 Abs. 1 Ziff. 1 ZOPDS mit Ausnahme des Mindestbaranteils am Stammkapital i.H.v. 500,- € nahezu das gesamte Gesellschaftsvermögen an die Gesellschafter ausgeschüttet werden, wohingegen nach § 30 GmbHG im gesetzlichen Regelfall das Gesellschaftsvermögen i.H.v. 25.000,- € gebunden wird.

Unterschiedliche Ergebnisse können sich bei der Ermittlung des ausschüttungsfähigen Betrages aber vor allem aufgrund des in Serbien kumulativ durchzuführenden Solvenzprüfungsverfahrens ergeben. Das im ZOPDS verankerte Solvenzprüfungsverfahren ist situativ und setzt dem Wortlaut nach eine prospektive Analyse der Vermögenswerte voraus, wohingegen sich das Ausschüttungsrestriktionssystem nach § 30 GmbHG ausschließlich an starren Bilanzkennzahlen orientiert.

Je nach Liquiditätssituation können sich der nach Art. 133 ZOPDS und der nach § 30 GmbHG ermittelte ausschüttungsfähige Betrag damit erheblich unterscheiden.

Die Schwäche der rein stammkapitalbasierten Ausschüttungsrestriktion nach § 30 GmbHG besteht darin, dass das System die Liquidität des Unternehmens gänzlich vernachlässigt und sich ausschließlich an der willkürlich festgesetzten Stammkapital-

---

[910] Zur Praxis der Covenants, vgl. 4. Kapitel, S. 198 ff..

[911] Bei Aktiengesellschaften sind Ausschüttungen nach § 58 Abs. 4 AktG auf den Bilanzgewinn beschränkt.

ziffer orientiert, die den Gläubigern jedoch keinen Aufschluss über die aktuelle und künftige Finanzlage des Unternehmens geben kann.
Zudem kann das im GmbHG zu Grunde gelegte System Ausschüttungen an die Gesellschafter verhindern, obwohl sie unter ökonomischen Gesichtspunkten geboten erscheinen, ohne jedoch den Gläubigerschutz nennenswert zu verbessern[912].
Die Unzulänglichkeiten des stammkapitalbasierten Kapitalerhaltungssystems hat der BGH mit seiner Rechtsprechung zur Existenzvernichtung jüngst bestätigt[913].
Mit der Rechtsprechung zur Existenzvernichtungshaftung hat der BGH das Ausschüttungsrestriktionssystem des GmbHG deutlich erweitert. Eingriffe in das Gesellschaftsvermögen, die eine Auskehr von Vermögensmitteln an die Gesellschafter oder Dritte darstellen, sind demnach verboten, soweit der Gesellschaft dadurch Finanzmittel entzogen werden, die sie zur Befriedigung ihrer Gläubiger benötigt.
Künftig wird in Deutschland eine ausschließlich am Stammkapital orientierte Bilanzprüfung nicht mehr ausreichen. Es wird vielmehr im Rahmen eines zweistufigen Prüfungsverfahrens zumindest eine an das Solvenzprüfungsverfahren angelehnte Liquiditätsprüfung[914] vorzunehmen sein. Dabei wird der „Solvenztest" die Bilanzprüfung nicht substituieren, sondern sie vielmehr ergänzen[915].

Neben dem Ausschüttungsverbot statuiert das ZOPDS eine dem GmbHG unbekannte aktive Pflicht, das Nettovermögen der Gesellschaft auf einem bestimmten Niveau zu erhalten. Obwohl diese Form der Kapitalerhaltungspflicht fakultativer Natur ist, eröffnen sich der Gesellschaft zur Erhaltung ihres Status quo keine Alternativen. Angesichts der Tatsache, dass eine Unternehmensfortführung regelmäßig im Interesse der Gesellschaft und ihrer Gesellschafter sein wird, reduzieren sich die gesetzlich eröffneten Alternativen gegen Null. Möchte die Gesellschaft daher unter der gleichen Rechtsform fortgeführt werden, muss sie die entstandene Kapitallücke schließen.
Damit versucht das ZOPDS nicht nur eine ausschüttungsbedingte Unterbilanz zu verhindern, sondern zieht die Gesellschaft für jedwede Unterbilanz, unabhängig auf welchen Gründen sie beruht[916], zur Verantwortung und verpflichtet die Gesellschaft, auch eine durch betriebsbedingten Vermögensverzehr eingetretene Unterbilanz zu schließen.
Eine gesetzliche Nachschusspflicht ist beiden Rechtsordnungen fremd und wäre mit dem Haftungsprivileg des Kapitalgesellschaftsrechts schwer zu vereinbaren. Nachschusspflichten können nach beiden Rechtsordnungen jedoch durch Vertrag begründet

---

[912] Mülbert, Der Konzern 2004, 151, 160. Einer situativen Ausschüttungssperre steht auch Eidenmüller positiv gegenüber, vgl. Eidenmüller, FS Heldrich (2005), S. 581, 594; Eidenmüller/Engert, AG 2005, 97, 108.
[913] Teichmann, Diskussionsbericht zum Gläubigerschutz, ZGR 2004, 348, 352; Wiedemann, ZGR 2003, 283, 294.
[914] Hinsichtlich der konkreten Voraussetzungen schweigt das Urteil jedoch, vgl. Drygala GmbHR 2003, 729, 734.
[915] Drygala, GmbHR 2003, 729, 734.
[916] So in Art. 236 Abs. 2 ZOPDS ausdrücklich formuliert.

werden, wobei die praktische Bedeutung der vertraglichen Nachschusspflicht äußerst gering ist[917].

Im Hinblick auf das gesetzlich verankerte „Krisenfrühwarnsystem" erweisen sich beide Rechtsordnungen konvergent. Unter identischer Voraussetzung und Rechtsfolge lösen sowohl § 49 Abs. 3 GmbHG[918] als auch Art. 114 i.V.m. Art. 280 ZOPDS eine Einberufungspflicht der Gesellschafterversammlung aus, wenn das Nettovermögen der Gesellschaft nicht wenigstens die Hälfte des Stammkapitals deckt.
Die Einberufungspflicht dient primär der Insolvenzprophylaxe, wodurch mittelbar ein gläubigerschützender Effekt erreicht wird[919].

10. Rechtspolitische Tendenzen in Deutschland und der Europäischen Union im Hinblick auf das Kapitalerhaltungsrecht

a. Deutschland

Eine Änderung des einstufigen stammkapitalbasierten Kapitalerhaltungssystems sehen die in Deutschland vorgelegten Entwürfe zur Modernisierung des GmbH-Rechts nicht vor[920]. In der Begründung des Entwurfs eines Gesetzes zur Neuregelung des Mindestkapitals der GmbH (MindestkapG) vom 15. April 2005 führte der Gesetzgeber vielmehr aus, dass das im GmbH-Recht verankerte Haftkapitalsystem erhalten bleiben soll. Demnach soll der Gläubigerschutz im deutschen GmbH-Recht weiterhin maßgeblich von der Größe des Mindestkapitals beherrscht sein, sodass auch die flankierenden Regeln zur Kapitalerhaltung im Rahmen der Ausschüttungsbemessung ausschließlich auf dem Mindeststammkapital basieren werden. Weder im ersten Entwurf[921], in welchem zunächst eine Abkehr von dem gesetzlichen Stammkapital geplant war, noch in dem zweiten[922] und dritten[923] wesentlich moderateren Entwurf, in

---

[917] Die vertragliche Nachschusspflicht ist in Deutschland von geringer Bedeutung, vgl. Rowedder/Schmidt-Leithoff/Pentz, GmbHG, § 26 Rn. 3; Scholz/Emmerich, GmbHG, 9. Aufl., § 26 Rn. 1; Roth/Altmeppen, GmbHG, 4. Aufl., § 26 Rn. 1; Hommelhoff/Kleindiek, FS 100 Jahre GmbHG (1992), S. 421, 422 ff.; Lutter/Bayer in Lutter/Hommelhoff, GmbHG, 16. Aufl. 2004, § 26 Rn. 1.

[918] Vgl. hierzu Lutter/Hommelhoff in Lutter/Hommelhoff, GmbHG, 16. Aufl. 2004, § 49 Rn. 13; Roth/Altmeppen, GmbHG, 4. Aufl., § 49 Rn. 11; Rowedder/Schmidt-Leithoff/Koppensteiner, GmbHG, § 49 Rn. 10.

[919] Eine Anknüpfung an situative Warnsignale würde in diesem Zusammenhang jedoch effektiver erscheinen. In diesem Sinne auch Haas, Reform des gesellschaftsrechtlichen Gläubigerschutzes, E 112.

[920] Mit der jüngsten Ergänzung des § 30 Abs. 1 GmbHG im Rahmen des Referentenentwurfes eines Gesetzes zur Modernisierung des GmbH-Rechts und zur Bekämpfung von Missbräuchen (MoMiG) werden die Rechtsprechungsregeln zur Praxis des Cash-Pooling zwar unterbunden. Konzeptionell lässt der Entwurf jedoch § 30 GmbH in seinem Kernbereich unberührt und erteilt dem situativen Ausschüttungsrestriktionssystem noch eine Absage, vgl. hierzu K. Schmidt, ZIP 2006, 1925, 1932.

[921] Entwurf eines Gesetzes zur Bekämpfung von Missbräuchen, zur Neuregelung der Kapitalaufbringung und zur Förderung der Transparenz im GmbH-Recht (MiKaTraG) vom 30.11.2004.

[922] Entwurf eines Gesetzes zur Neuregelung des Mindestkapitals der GmbH (MindestkapG) vom 15.04.2005.

[923] Referentenentwurf eines Gesetzes zur Modernisierung des GmbH-Rechts und zur Bekämpfung von Missbräuchen (MoMiG) vom 29.05.2006.

dem lediglich eine Absenkung der Mindeststammkapitalziffer auf 10.000,- € vorgesehen war bzw. ist, wurde nicht einmal ansatzweise eine Revision des ausschließlich bilanzprüfungsbasierten Kapitalerhaltungssystems erörtert.

b. Europäische Union

Auf europäischer Ebene steht die Einführung eines alternativen zweistufigen Kapitalerhaltungssystems zur Diskussion. Da ein solches Kapitalerhaltungssystem von dem derzeitigen, auf dem Mindestnennbetrag beruhenden Kapitalerhaltungskonzept grundlegend abweichen würde, hat die EU-Kommission in ihrem Aktionsplan eine mittelfristig angelegte Realisierbarkeitsstudie angekündigt[924].
Nach einem solchen alternativen System, das die HLG in ihrem Bericht skizzierte, wäre vor jeder Ausschüttung an die Aktionäre eine „angemessene Solvenzprüfung" vorzunehmen, die sich aus einem kumulativ durchzuführenden Bilanzprüfungs- und Liquiditätsprüfungsverfahren zusammensetzt[925]. Nach Ansicht der HLG böte das gegenwärtige, ausschließlich bilanzbasierte Ausschüttungsverfahren den Gläubigern einen geringen Schutz, da es den Unternehmen ungeachtet der Zahlungsfähigkeit einen großen Spielraum eröffnete. Durch das liquiditätsbasierte Verfahren könnten die Gläubiger hingegen besser geschützt werden. Ausschüttung an die Aktionäre sind nach diesem Modell nur möglich, wenn die Unternehmen nach der Ausschüttung noch zahlungsfähig bleiben[926].
Nach dem von der HLG vorgeschlagenen Modell muss die Unternehmensleitung zudem eine Solvenzbescheinigung ausstellen, für deren Richtigkeit sie einzustehen hat. Irreführende oder unrichtige Bescheinigungen lösen in diesem Zusammenhang eine Sanktionsfolge aus. Mit der Einführung eines solchen mindestkapitalabgeneigten Kapitalerhaltungssystems könnte der kontinentaleuropäische Kapitalschutz in Europa ernsthaft unter Druck geraten. Die Transformation eines solchen Kapitalerhaltungssystems in das deutsche Aktienrecht könnte auch im Bereich der §§ 30, 31 GmbHG zu einer grundlegenden Neuorientierung führen[927].

---

[924] KOM (2003) 284 endg., S. 21.

[925] Gemäß der Bilanzprüfung müssen nach einer Ausschüttung die Aktiva und Passiva, mit Ausnahme des Eigenkapitals, deckungsgleich sein. Gemäß der Liquiditätsprüfung muss der Bestand des Umlaufvermögens die Summe der kurzfristigen Verbindlichkeiten decken, vgl. hierzu Bericht der HLG auf dem Gebiet des Gesellschaftsrechts über moderne gesellschaftsrechtliche Rahmenbedingungen in Europa vom 04.11.2002, S. 95. Kritisch zu diesem bilanziellen Schuldendeckungsgebot, Bezzenberger, Das Kapital der Aktiengesellschaft, S. 184 ff..

[926] Bericht der HLG auf dem Gebiet des Gesellschaftsrechts über moderne gesellschaftsrechtliche Rahmenbedingungen in Europa vom 04.11.2002, S. 94.

[927] Eine Transformationspflicht ist allerdings nicht vorgesehen, vgl. Bericht der HLG auf dem Gebiet des Gesellschaftsrechts über moderne gesellschaftsrechtliche Rahmenbedingungen in Europa vom 04.11.2002, S. 94.

4. Kapitel: Der alternative Gläubigerschutz im serbischen Gesellschaftsrecht

Wie die bisherigen Ausführungen gezeigt haben, wurde der Kapitalschutz im serbischen GmbH-Recht eingehend reformiert. Summarisch betrachtet wurde in Serbien das stammkapitalbasierten System faktisch abgeschafft. Das „Minus" an Gläubigerschutz, verursacht durch das liberalisierte und deregulierte Kapitalaufbringungsrecht, versucht das ZOPDS mit einem flexiblen und präziseren Kapitalerhaltungsrecht auszugleichen. Ohne jeden Zweifel ist der im serbischen GmbH-Recht zu Grunde gelegte Kapitalschutz durchweg angloamerikanisch geprägt.
Entsprechend den angloamerikanischen Erfahrungen wird der Gläubigerschutz in Serbien künftig vermehrt auf eigeninitiierten Gläubigerschutzvorkehrungen basieren müssen. Dieses gesteigerte Informationsinteresse der Gläubiger hat der Gesetzgeber erkannt und die zivilrechtlichen Publizitätspflichten entsprechend angepasst.
Korrelativ zum reformierten Kapitalschutz sind die Kapitalgesellschaften künftig qua Gesetz angehalten, ihre Kapitalverhältnisse stärker zu offenbaren. Im Mittelpunkt dieses alternativen Gläubigerschutzes standen die Einführung der Geschäftsbriefpublizität und die Erweiterung der Jahresabschlusspublizität.

A. Unternehmenspublizität im Geschäftsverkehr

I. Angaben zur Kapitalausstattung auf den Geschäftsbriefen

Auf Geschäftsbriefen und anderen Dokumenten müssen die Unternehmen neben den üblichen Angaben, wie dem Sitz der Gesellschaft, der Firma und der Rechtsform, der Register- und Umsatzsteueridentnummer gemäß Art. 22 Abs. 2 ZOPDS künftig auch Angaben zur Kapitalausstattung machen.
Der Anwendungsbereich dieser erweiterten Geschäftsbriefpublizität erstreckt sich auf die GmbH sowie auf die offene und geschlossene Aktiengesellschaft. Hierbei handelt es sich um eine durch Gesetz verpflichtende Offenlegung. Kapitalgesellschaften müssen die Höhe des gezeichneten und des geleisteten Kapitals auf ihren Geschäftsbriefen offen legen. Eine Differenzierung nach dem gezeichneten und dem bereits geleisteten Kapital war aufgrund eines mangelnden Volleinzahlungsgebotes erforderlich[928]. Im Übrigen gehören diese Angaben nach Art. 6 Abs. Ziff. 3 RegG zum obligatorischen Registerinhalt.
Dieser erweiterten Geschäftsbriefpublizität liegt der Gedanke zu Grunde, außenstehenden Dritten bereits i.R.d. Korrespondenz erste Informationen über die Kapitalausstattung des potentiellen Geschäftspartners zur Verfügung zu stellen. Dem Geschäfts- und Rechtsverkehr wird mittels dieser erweiterten Informationspflicht schon in einem

[928] Diese Form der Offenlegung entspricht dem Art. 4 der Richtlinie 2003/58/EG des Europäischen Parlaments und des Rates vom 15. Juli 2003 zur Änderung der Richtlinie 68/151/EWG des Rates in Bezug auf die Offenlegungspflichten von Gesellschaften bestimmter Rechtsformen. ABl. EG L 221 vom 04.09.2003 S. 13 ff..

vorverlagerten Zeitpunkt und ohne notwendige Eigenbemühungen die Möglichkeit eröffnet, sich eine Vorstellung über die Kapitalverhältnisse eines Unternehmens zu machen. Bereits im Rahmen der Geschäftskorrespondenz sollen die an einer Geschäftsverbindung Interessierten beurteilen können, ob und zu welchen Konditionen ein Rechtsgeschäft zustande kommen soll[929].
Die Geschäftsbriefpublizität ist insbesondere auf die Gruppe der potentiellen Vertragsgläubiger zugeschnitten, damit sie ihr Forderungsausfallrisiko mittels der offengelegten Kapitalverhältnisse besser beurteilen können. Die Geschäftsbriefpublizität soll daher gleichermaßen als Informations- und Warninstrument fungieren.

Mittels der Geschäftsbriefpublizität können zudem die Finanzierungsgepflogenheiten positiv beeinflusst werden. Aufgrund der weitestgehenden Finanzierungsfreiheit und des Transparenzgebots obliegt es den Gesellschaftern, ihre finanzielle Solidität im Rechtsverkehr zu dokumentieren[930]. Dabei kann vor allem das Transparenzgebot den Unternehmen einen wirtschaftlichen Anreiz bieten, mittels einer soliden Kapitalausstattung um das Vertrauen ihrer potentiellen Vertragspartner zu werben, denn nur solide finanzierte Unternehmen werden wirtschaftliche Vorteile bzw. verbesserte Konditionen an den relevanten Märkten erwarten können. Vertragspartner werden nur mit solide finanzierten Unternehmen bedenkenlos kontrahieren. Zudem wird die Kapitalausstattung den Risiko- und Kostenfaktor und damit die Vertragskonditionen beeinflussen. Projiziert man diese Grundsätze auf die Kreditvergabe, wird ein solide finanziertes Unternehmen wesentlich einfacher und gegebenenfalls ohne zusätzliche persönliche Sicherheiten einen Bankkredit erhalten und aufgrund des geringeren Ausfallrisikos bessere Konditionen, also einen geringeren Zinssatz aushandeln können. Dieser ökonomische Anreiz, die beschriebenen Marktpotentiale zu nutzen, kann über kurz oder lang die Finanzierungsgepflogenheiten der Gesellschafter dahingehend beeinflussen, dass sie ihr Unternehmen bereits i.R.d Gründung mit einem höheren Kapital ausstatten. Ungeachtet der im ZOPDS verankerten Finanzierungsfreiheit der Gesellschafter könnte die eingeführte Geschäftsbriefpublizität dazu beitragen, dass die d.o.o. künftig mit einem höheren bzw. einem den Markterfordernissen angemessenen Kapital ausgestattet werden.

Trotz der positiven Effekte, die man sich mit der eingeführten Geschäftsbriefpublizität erhofft, sollen die Bedenken, die gegen den informatorischen Gläubigerschutz vorgebracht werden, nicht unerwähnt bleiben.

---

[929] Merkt in VGR, Gesellschaftsrecht in der Diskussion 1999, VGR Bd. 2 (2000), S. 111, 126; Görk, GmbHR 1999, 793, 798.

[930] Vgl. hierzu G. H. Roth, Festschrift Doralt (2004), S. 479, 483; Drygala, ZGR 2006, 587, 599; Heine/Röpk, RabelsZ 70 (2006), 138, 157 (Fn. 66), „finanzielles Signal"; Wilhelmi, GmbHR 2006, 13, 16; *zweifelnd* Priester, Die GmbH-Reform in der Diskussion, 1, 7. Mit einer höheren Nennkapitalziffer können die auf Solidität bedachten Unternehmen ihre Solidität nach Außen hin signalisieren, vgl. Kuhner, ZGR 2005, 754, 765. Schön, Der Konzern 2004, 162, 166, hat den finanziellen Eigenbetrag als eine „kollektive Haftungszusage" umschrieben.

In diesem Zusammenhang wird angeführt, dass sich der informationsorientierte Ansatz ausschließlich an diejenige Gläubigergruppe richtet, die einen rechtsgeschäftlichen Kontakt zu dem potentiellen Geschäftspartner sucht. Im Unterschied zu diesen sog. Vertragsgläubigern tendiere der Schutzeffekt bei unfreiwilligen bzw. deliktischen Gläubigern i.R.e. solchen informationsorientierten Ansatzes gegen Null[931].

Ferner wird auf den begrenzten Informationsgehalt der Nominalkapitalziffer hingewiesen[932]. Das im Geschäftsbrief offengelegte Stammkapital gebe weder Auskunft über das Nettovermögen der Gesellschaft, noch Auskunft darüber, ob ein Nettovermögen in Höhe der offengelegten Nominalkapitalziffer überhaupt vorhanden sei[933]. Aufgrund dieses begrenzten Informationsgehaltes könne das Gesellschaftskapital nur einen geringen Aufschluss über die finanzielle Solidität des Unternehmens geben, womit die Wirkung der publizierten Nominalkapitalziffer auf den relevanten Märkten entsprechend gering sei[934].
Ferner könne das auf dem Geschäftsbrief offengelegte Gesellschaftskapital auch unberechtigte Erwartungen bei den Gläubigern schüren[935]. Dadurch, dass das Gesellschaftskapital in seiner Funktion als Betriebskapital eine variable Größe darstelle und ständigen Veränderungen unterliege, könne die erweiterte Geschäftsbriefpublizität so manche Gläubiger zu der falschen Vorstellung bewegen, im Insolvenzfall auf das offengelegte Kapital zurückgreifen zu können.

Trotz dieser teilweise berechtigten Bedenken ist die Einführung der Geschäftsbriefpublizität im serbischen Kapitalgesellschaftsrecht zu begrüßen[936]. Als Korrelat zur Finanzierungsfreiheit und haftungsprivilegierten Teilnahme am Markt trägt sie zur Verbesserung der Transparenz bei. Sie ermöglicht allen interessierten Marktteilnehmern, sich in der Orientierungsphase planerisch und organisatorisch auf den Wettbewerb einzustellen. Ohne einen nennenswerten Aufwand können die an einem rechtsgeschäftlichen Kontakt interessierten Gläubiger einen ersten Eindruck über den potentiellen Geschäftspartner gewinnen.
Keinesfalls sollte die Wirkung der Geschäftsbriefpublizität überbewertet werden. Aufgrund des begrenzten Informationsgehalts der Stammkapitalziffer wird die Geschäfts-

---

931 Als „völlig nutzlos“, wie dies in der deutschen Literatur vorgebracht wird, wird man den informatorischen Gläubigerschutz jedoch nicht bezeichnen können, vgl. hierzu Mülbert, Der Konzern 2004, 151, 157. Der durch die erweiterte Geschäftsbriefpubliziät erzeugte ökonomische Anreiz kann zur allgemeinen Verbesserung der Kapitalausstattung der Unternehmen führen. Dieser verbesserte Kapitalsockel kommt auch unfreiwilligen Gläubigern, wenn auch nur reflexiv, zugute.

932 Triebel/Otte, ZIP 2006, 311, 315; Wilhelmi, GmbHR 2006, 13, 16.

933 Schön, Der Konzern 2004, 151, 157.

934 Eine Kreditvergabe erfolgt in der Praxis ausschließlich anhand einer Bilanzanalyse. Dabei hat sich eine Vielzahl von Kennzahlen herausgebildet. Bei der Beruteilung des Ausfallrisikos ist regelmäßig der „cash-flow“ von Bedeutung.

935 Merkt in VGR, Gesellschaftsrecht in der Diskussion 1999, VGR Bd. 2 (2000), S. 111, 128.

936 Eine noch weitergehende Form der Geschäftsbriefpublizität ermöglicht Art. 4 der Richtlinie 2003/58/EG, ABl. L 221 S. 13 ff. Hiernach steht es den Mitgliedsstaaten frei, vorzuschreiben, dass auch die Webseiten der Gesellschaft Angaben über das gezeichnete und eingezahlte Gesellschaftskapital enthalten müssen.

briefpublizität die Rechnungslegungspublizität nicht ersetzen können. Vielmehr dient die Einführung der Geschäftsbriefpublizität primär der Verbesserung der Finanzierungsgepflogenheiten der Gründungsgesellschafter.

II. Versäumte Sanktionsandrohung

Obwohl der Gesetzgeber im ZOPDS einen umfassenden Sanktionskatalog vorgesehen hat, bleiben Pflichtverstöße, die im Zusammenhang mit der Geschäftsbriefpublizität einhergehen, sanktionslos. Im Bußgeldkatalog der Art. 450, 451 ZOPDS finden sich weder Maßregeln zur Durchsetzung der obligatorischen Angaben noch Maßregeln zur Sicherstellung der Richtigkeit der zu den Kapitalverhältnissen gemachten Angaben. Diese Sanktionslücke könnte das Vertrauen in die Richtigkeit der offengelegten Daten erheblich beeinträchtigen und damit die dem informatorischen Gläubigerschutz zugedachte Warn- und Informationsfunktion erheblich schwächen. In diesem Zusammenhang bedarf das ZOPDS einer dringenden Korrektur[937].

B. Die Jahresabschlusspublizität

Die Geschäftsbriefpublizität unterscheidet sich von der Jahresabschlusspublizität sowohl im Umfang als auch in der Bedeutung für den informatorischen Gläubigerschutz. Während bei der Geschäftsbriefpublizität lediglich das gezeichnete und eingezahlte Stammkapital offen zu legen ist, müssen die Unternehmen i.R.d. Jahresabschlusspublizität ihre gesamten Vermögensverhältnisse der Öffentlichkeit zugänglich machen.

Bereits aus dem Umfang der offen zu legenden Unternehmensdaten wird deutlich, dass nur die Jahresabschlusspublizität geeignet sein kann, das gesteigerte Informationsinteresse der Gläubiger zu befriedigen.

Keinesfalls dürfen die Geschäftsbrief- und die Jahresabschlusspublizität in einem Rangverhältnis gesehen werden. Je nach Intensität der beabsichtigten Geschäftsaufnahme können sich die Geschäfts- und Jahresabschlusspublizität sinnvoll ergänzen. Ohne Eigenaufwand ermöglicht die Geschäftsbriefpublizität den Gläubigern, sich einen ersten Eindruck über den potentiellen Vertragspartner zu verschaffen. Wenn sich das Interesse an einem geschäftlichen Kontakt gefestigt hat, wird sich das Informationsinteresse der Gläubiger auf die konkreten Vermögensverhältnisse richten. Erst in diesem Stadium der Geschäftsanbahnung werden sich die Gläubiger sinnvollerweise eigeninitiiert um einen Registerauszug mit den darin befindlichen, umfassenden Finanzdaten bemühen.

Im Rahmen des alternativen Gläubigerschutzes richtet sich das Informationsinteresse der Gläubiger primär auf das Forderungsausfallrisiko. Dabei sollen die offengelegten

---

[937] Im Vergleich hierzu sieht Art. 6 b der Richtlinie 2003/58/EG, ABl.EG L 221 vom 04.09.2003 S. 13 ff. vor, dass die Mitgliedsstaaten geeignete Maßregeln für den Fall androhen, dass die auf den Geschäftspapieren vorgesehenen obligatorischen Angaben fehlen.

Vermögensdaten den Gläubigern eine negative Unternehmensentwicklung frühzeitig anzeigen und ihnen als Indikator zur Beurteilung der Insolvenzwahrscheinlichkeit dienen. Gläubiger, die ihr Forderungsausfallrisiko beurteilen können, werden eine wesentlich fundiertere Entscheidung über den beabsichtigten Geschäftskontakt treffen können. Nach dem Grad der ermittelten Insolvenzgefahr werden sie sich entweder eine Risikoprämie geben lassen, geeignete Sicherheiten verlangen oder von der Geschäftsaufnahme Abstand nehmen.

Die Effizienz der Jahresabschlusspublizität als Instrument zur Beurteilung des Forderungsausfallrisikos wird von einer Vielzahl von Faktoren beeinflusst, die in Serbien ebenfalls Gegenstand der Reform waren und nachfolgend untersucht werden sollen.

I. Die Publizitätspflichten

Gemäß Art. 24 Abs. 1 des Buchführungs- und Revisionsgesetzes (Zakon o računovodstvu i reviziji)[938] sind Einzelunternehmer und juristische Personen[939] verpflichtet, jährlich einen Finanzbericht in schriftlicher oder elektronischer Form zu erstellen. Gemäß Art. 25 ZORR bilden die Bilanz, die Gewinn- und Verlustrechnung, der Bericht über die Eigenkapitalentwicklung, die Kapitalflussrechnung, der Anhang mit entsprechenden Erläuterungen sowie ein statistischer Annex die Grundlage des Finanzberichtes.
Den erstellten Finanzbericht müssen die Unternehmen gemäß Art. 31 Abs. 1 ZORR jährlich bei der Serbischen Nationalbank hinterlegen. Ferner sind die Unternehmen gemäß Art. 44 RegG verpflichtet, ihren jährlichen Finanzbericht bei der zuständigen „Agentur zur Registrierung von Wirtschaftssubjekten" einzureichen. Für kleine[940] Unternehmen sieht Art. 30 Abs. 2 ZORR eine Offenlegungserleichterung vor. Hiernach sind kleine Unternehmen lediglich zur Offenlegung ihrer Bilanz und Gewinn- und Verlustrechnung sowie dem statistischen Annex verpflichtet.

Auch der Zugang zu den offengelegten Unternehmensinformationen wurde in Serbien beschleunigt und erleichtert. Gemäß Art. 33 Abs. 2 ZORR sind die nach Art. 31 ZORR offengelegten und von der Serbischen Nationalbank verarbeiteten Daten öffentlich und allen juristischen sowie natürlichen Personen zugänglich. Auch die bei der „Agentur zur Registrierung von Wirtschaftssubjekten" erhältlichen Registerangaben, hierzu zählen u.a. die jährlichen Finanzberichte der Wirtschaftssubjekte, sind allen interessierten Dritten ohne den Nachweis eines rechtlichen Interesses zugänglich.
Überdies sind alle nach Art. 37 ZORR prüfungspflichtigen Unternehmen[941] gemäß Art. 32 ZORR verpflichtet, ihren jährlichen Finanzbericht gemeinsam mit dem Prüfbe-

---

[938] Službeni glasnik RS, br. 46/O6. Nachfolgend ZORR genannt.

[939] Hierzu zählen gemäß Art. 2 Abs. 2 ZOPDS die OHG, KG, GmbH sowie die AG.

[940] Per Definition des Art. 7 des ZORR sind kleine Unternehmen solche, die mindestens zwei der drei in Art. 7 ZORR beschriebenen Merkmale nicht erfüllen. In diesem Zusammenhang stellt Art. 7 ZORR auf die durchschnittliche Arbeitnehmerzahl, die Bilanzsumme sowie die Umsatzerlöse ab.

[941] Hierzu zählen gemäß Art. 37 ZORR u.a. große und mittlere Unternehmen.

richt des Abschlussprüfers spätestens bis zum 30. September des dem Abschlussstichtag nachfolgenden Jahres entweder auf ihrer Homepage oder in Zeitungen bzw. Zeitschriften zu veröffentlichen.

II. Die Offenlegungsfristen

Die Offenlegungsfristen können die Aussagekraft der Jahresabschlüsse und damit die daraus resultierende gläubigerschützende Wirkung erheblich beeinflussen. Je länger der Zeitraum zwischen dem Bilanzstichtag und dem Zeitpunkt der Publizitätsobligation zurückliegt, desto älter sind die der Bilanzanalyse zu Grunde liegenden Finanzdaten, wodurch die Aussagekraft der Jahresabschlüsse gemindert wird.
Das ZORR sowie das RegG legen in diesem Zusammenhang eine kurze Offenlegungsfrist zu Grunde. Nach Art. 31 ZORR sowie Art. 44 RegG i.V.m. Art. 31 ZORR müssen Unternehmen ihren Finanzbericht spätestens bis Ende Februar des dem Abschlussstichtag nachfolgenden Jahres hinterlegen[942]. Geprüfte Finanzberichte müssen gemeinsam mit dem Prüfungsvermerk des Revisors spätestens bis zum 30. September und konsolidierte Finanzberichte spätestens bis zum 31. Oktober des dem Abschlussstichtag nachfolgenden Jahres hinterlegt werden. Nicht prüfungspflichtige Wirtschaftssubjekte können sich mit der Offenlegung daher bis zu 2 Monate und prüfungspflichtige Unternehmen bis zu 9 Monate Zeit lassen, sodass der letzte, beim Register erhältliche Finanzbericht 14 bzw. 21 Monate alt sein kann.

III. Die Rechnungslegungsgrundsätze

Einen weiteren beachtlichen Einfluss auf die Wirkung des informatorischen Gläubigerschutzes übt das geltende Rechnungslegungssystem aus. Insbesondere bilanzpolitisch ausgelöste Verzerrungen können die Aussagekraft der beim Register offengelegten Jahresabschlüsse signifikant beeinflussen. Unter dem Begriff der Bilanzpolitik versteht man die willentliche und hinsichtlich der Unternehmensziele zweckorientierte Einflussnahme[943] auf Form, Inhalt und Berichterstattung des Jahresabschlusses[944]. Eine unabdingbare Voraussetzung für das Betreiben von Bilanzpolitik ist, dass das zu Grunde liegende Rechnungslegungssystem Bewertungs- und Bilanzie-

---

[942] Verstöße gegen die Offenlegungspflicht werden gemäß Art. 68 Abs. 12 ZORR mit einer Geldstrafe im Gegenwert von ca. 1.300,- € bis ca. 39.000,- € bzw. gemäß Art. 69 ZORR (gilt für Einzelunternehmer) mit einer Geldstrafe im Gegenwert von ca. 66,- € bis 6.600,- € sanktioniert.
[943] Im Vordergrund soll vorliegend die materielle Bilanzpolitik stehen, die durch die Bilanzierung und Bewertung von Geschäftsvorfällen betrieben werden kann, sog. Darstellungsgestaltung. Sachverhaltsgestaltende Maßnahmen sind der Bilanz- und Bewertungspolitik hingegen vorverlagert und dienen der Vorbereitung des Einsatzes bilanzpolitischer Instrumente.
[944] Die Ziele der verfolgten Bilanzpolitik können vielfältig sein. Dabei können bilanzpolitische Ziele in monetäre und nicht monetäre Ziele eingeordnet werden. Häufig beabsichtigen Unternehmen, den ausgewiesenen Erfolg zu maximieren oder zu minimieren. Das Ziel, den ausgewiesenen Erfolg zu maximieren werden die Unternehmen verfolgen, um möglichst gut darzustehen. Dies ist für die Unternehmen dann von Interesse, wenn das Unternehmen verkauft oder Kapital zu günstigen Konditionen beschafft werden soll. Den ausgewiesenen Erfolg werden die Unternehmen minimieren, wenn sie Steuern sparen wollen.

rungswahlrechte und damit entsprechende bilanzielle Entscheidungsspielräume eröffnet. Je größer der bilanzpolitische Spielraum eines Rechnungslegungssystems ist, desto geringer wird die Aussagekraft der publizierten Jahresabschlüsse sein.
Neben dem eingeschränkten bilanzpolitischen Gestaltungspotential ist für die Informationsfunktion der Rechungslegung entscheidend, dass das geltende Rechnungslegungssystem eine Bilanzinterpretation nicht zusätzlich erschwert. In einem informationsorientierten Rechnungslegungssystem sollte daher die Aufdeckung bilanzpolitisch ausgelöster Verzerrungen sowie eine Interpretation der bilanzpolitischen Ausrichtung möglich sein.

IV. Das Rechnungslegungssystem in Serbien

Gemäß Art. 2 ZORR sind Einzelunternehmer und juristische Personen verpflichtet, ihre Rechnungslegung entsprechend den gesetzlichen, internen und sog. professionellen Vorgaben zu erstellen. Unter die gesetzlichen Vorgaben fallen die Regelungen des ZORR und entsprechende untergesetzliche Ausführungsvorschriften. Zu den sog. professionellen Vorgaben gehören nach Art. 2 ZORR insbesondere die *International Accounting Standards* (IAS) bzw. *International Financial Reporting Standards* (IFRS), sodass die Unternehmen in Serbien ihre Abschlüsse nach den Regeln der IAS/IFRS aufstellen müssen.
Mit Einführung der IAS/IFRS-Rechnungslegungsstandards hat der serbische Gesetzgeber neben dem Kapitalschutz im GmbH-Recht ein weiteres, angloamerikanisch geprägtes Modell implementiert, da die IAS/IFRS als kapitalmarktorientiertes Rechnungslegungsmodell stark an die angelsächsische Rechnungslegungsphilosophie angelehnt sind[945]. Ziel der IAS/IFRS-Rechnungslegung ist es, den Rechnungslegungsadressaten[946] entscheidungsrelevante Informationen zu vermitteln[947]. Im Fokus stehen dabei die Leistungsfähigkeit und die wirtschaftliche Lage der Unternehmen.

1. Instrument zur Informationsvermittlung

Inwieweit die IAS/IFRS-Rechnungslegung den Bedürfnissen einer „Informationsbilanz" gerecht wird, kann nachfolgend nur ansatzweise erörtert werden. Ein wesentliches Kriterium stellt dabei die Informationsdichte des Rechnungslegungssystems dar.
Es ist daher zu prüfen, ob die aus der IAS/IFRS-Rechnungslegung resultierenden Finanzinformationen ausreichen, damit die Adressaten auf Grundlage dieses Materials das Insolvenzrisiko eines Unternehmens hinreichend prognostizieren können. Dabei

---

[945] Die angelsächsische Prägung ist darauf zurückzuführen, dass das International Accounting Standards Committee (IASC) unter starkem britisch-amerikanischen Einfluss stand, vgl. hierzu Heuser/Theile, IAS-Handbuch, 2003, Rn. 1.
[946] Der Kreis der Rechnungslegungsadressaten kann sehr weit sein. Hierzu zählen u.a. Investoren, Kreditgeber, Lieferantern und andere Gläubiger, Kunden, Arbeitnehmer sowie die Öffentlichkeit, vgl. hierzu Framwork Tz. 9.
[947] Vgl. Framework Tz. 12-14; Pellens/Sellhorn, in Lutter: Das Kapital der Aktiengesellschaft in Europa, ZGR-Sonderheft 17 2006, 451, 453, 455.

können die Aktivierungs- und Passivierungskonzepte eines Rechnungslegungssystems die Prognosetauglichkeit erheblich beeinflussen. Je geringer der Ausweis an Erfolgspotentialen und je lückenhafter die Dokumentation an Auszahlungspotentialen in der Bilanz ist, desto beschränkter ist die Aussagekraft der Jahresabschlüsse.
Gemäß der Zielsetzung, den Rechnungslegungsadressaten eine möglichst approximate Vermögens-, Finanz- und Ertragslage eines Unternehmens zu vermitteln, legen die IAS/IFRS ein relativ ausgedehntes Aktivierungspotential zu Grunde.
Neben „greifbaren“ Vermögensgegenständen[948] können nach den IAS/IFRS auch immaterielle Vermögenswerte aktiviert werden, sofern ein identifizierbarer, künftiger wirtschaftlicher Nutzen zu erwarten ist, über den das Unternehmen verfügen kann[949]. Neben den erworbenen immateriellen Vermögenswerten können auch selbst erstellte Vermögenswerte angesetzt werden[950].
Naturgemäß sind dem Informationspotential der IAS/IFRS auch Grenzen gesetzt. Stark prognostische bzw. spekulative Ansatzkriterien, die nicht an intersubjektiv nachweisbare Sachverhalte anknüpfen, würden die Zuverlässigkeit des Informationsmaterials beeinträchtigen und könnten den Informationsnutzen in ein Gegenteil verkehren. Aus diesem Grund schränken die IAS/IFRS das Aktivierungspotential mit einem Restriktionsgebot ein und knüpfen an die konkrete Bilanzierfähigkeit an. Voraussetzung ist daher, dass neben der zuverlässigen Bewertbarkeit, ein aus dem Vermögenswert künftig resultierender Nutzenzufluss wahrscheinlich ist[951].
Ferner sind nicht quantifizierbare Sachverhalte, die sich auf den Erfolg des Unternehmens jedoch erheblich auswirken können[952], nicht aktivierbar.
Das Passivierungskonzept der IAS/IFRS entspricht dem Aktivierungskonzept auf der Ebene der allgemeinen Ansatzvorschriften[953]. Analog zur Bilanzierfähigkeit von Aktivposten kann es in der Passiva allerdings nach IAS 37 zu einem unvollständigen Schuldenausweis kommen, wenn dem Grunde nach relativ wahrscheinliche Verpflichtungen nur deshalb nicht angesetzt werden, weil sie der Höhe nach nur schwer

---

948 Hierunter ist eine in der Verfügungsmacht des Unternehmens stehende Ressource zu verstehen, die ein Ereigniss der Vergangenheit darstellt und von der erwartet wird, dass dem Unternehmen aus ihr ein künftiger wirtschaftlicher Nutzen zufliessen wird, vgl. Framework 49 a.

949 IAS 38, 7-35. Vgl. hierzu Euler, BB 2002, 875, 877; Streim/Esser, StuB 2003, 736, 738.

950 IAS 38, 39-52.

951 Theile, StuB 2003, 957, 960; Streim/Esser, StuB 2003, 836, 838.

952 Hierzu zählen u.a. das technische Know-how, die Marktstellung, Forschungserfolge, die Qualität des Managements und seiner Mitarbeiter, sowie Kundenlisten. Die Kenntnis dieser Sachverhalte ist zur Einschätzung der zukünftigen Entwicklung des Unternehmens von wesentlicher Bedeutung, vgl. hierzu Streim/Esser, StuB 2003, 836, 837; Kahle, WPg 2003, 262, 264; Hellermann, S. 187; Coenenberg, S. 887.

953 Gemäß der abstrakten Passivierungsfähigkeit ist unter dem Begriff der Schuld eine gegenwärtige Verpflichtung des Unternehmens zu verstehen, die aus einem in der Vergangenheit eingetretenen Ereignis resultiert und deren Erfüllung voraussichtlich zu einem Abfluss von Ressourcen führen wird, die einen wirtschaftlichen Nutzen beinhaltet, vgl. hierzu Framework 49 b.

abschätzbar sind[954]. Demzufolge kann das Passivierungskonzept dazu führen, dass wesentliche Auszahlungspotentiale nicht in der Bilanz ausgewiesen werden[955].
Aber nicht nur das Aktivierungs- und Passivierungskonzept, sondern auch die Bewertungskonzeption können das Informationspotential des Rechnungslegungssystems maßgeblich beeinflussen. Obwohl die erstmalige Bewertung der Vermögenswerte gemäß dem Anschaffungskostenprinzip nur eingeschränkte Informationen über den künftigen Cashflow liefern kann[956], wird das Informationspotential der IAS/IFRS Rechnungslegung vor allem i.R.d Folgebewertung positiv beeinflusst. Besonders durch die zeitwertorientierte Neubewertung zum Fair-Value wird das Informationspotential der IAS/IFRS entscheidend gesteigert.

Summarisch lässt sich daher konstatieren, dass das Rechnungslegungskonzept der IAS/IFRS in vielen Bereichen auf die Vermittlung von finanzrelevanten Informationen ausgelegt ist, den Anforderungen an eine „Informationsbilanz" allerdings nicht fortwährend gerecht werden kann.

2. Das bilanzpolitische Gestaltungspotential

Neben der Informationsdichte kann vor allem aber das bilanzpolitische Gestaltungspotential eines Rechnungslegungssystems die Aussagekraft der Jahresabschlüsse beachtlich beeinflussen.
In diesem Zusammenhang ist zu berücksichtigen, dass das Regelwerk des *International Accounting Standards Committee* (IASC) und des *International Accounting Standards Board* (IASB) aus mehreren Elementen besteht, mit seinen Standards Einzelfragen zur Rechnungslegung außerordentlich detailliert behandelt und deshalb eine hohe Regelungsdichte aufweist. Das Regelwerk der IASB/IASC setzt sich aus dem Vorwort (preface)[957] zu den IFRS, dem Rahmenkonzept (Framework)[958], den Standards (IAS/IFRS)[959], der Interpretationsanleitung (Standing Interpretations Committee (SIC)[960]) sowie den Anwendungsleitlinien (implementation guidance)[961] zusammen.

---

[954] Vgl. hierzu Streim/Esser, StuB 2003, 736, 741; Streim/Esser, StuB 2003, 836, 838; Kahle, WPg 2003, 262, 269. Darüber hinaus dürfen „unsichere Innenverpflichtungen" nicht in der IAS/IFRS-Bilanz angesetzt werden.
[955] Hierdurch kann es zur Bildung stiller Lasten kommen, vgl. Kahle, WPg 2003, 262, 269; Streim/Esser, StuB 2003, 736, 741.
[956] Vgl. hierzu Streim/Esser, StuB 2003, 836, 838.
[957] Das Vorwort soll die Ziele und Verfahrensregeln des IASC darlegen und den Anwendungsbereich erläutern.
[958] Das Rahmenkonzept bildet die theoretische Basis für die Entwicklung der einzelnen Standards und dient den Unternehmen als Richtschnur für Sachverhalte, die nicht von den Standards abgedeckt sind.
[959] Die Standards behandeln jeweils Rechnungslegungs- und Darstellungsfragen, deren Anwendung bindend ist.
[960] Die Interpretationsanleitung soll eine einheitliche Auslegung der Standards gewährleisten.
[961] Die Anwendungsleitlinien stellen in Form von Fragen und Antworten entsprechende Auslegungshilfen bereit.

Trotz der kasuistischen Regelungstechnik[962] und der daraus resultierenden hohen Regelungsdichte eröffnen die IAS/IFRS gleichwohl bilanzpolitische Gestaltungsspielräume[963].

Neben den Beurteilungsspielräumen, die aus offenen Regelungen resultieren, können vor allem die impliziten und expliziten Aktivierungs-, Passivierungs- und Bewertungswahlrechte das bilanzpolitische Gestaltungspotential innerhalb des Rechnungslegungssystems erhöhen. Dabei erweisen sich insbesondere diejenigen Instrumente der IAS/IFRS als kontraproduktiv, die der Steigerung der Informationsdichte dienen und den Rechnungslegungspflichtigen Wahlrechte und Beurteilungspotentiale einräumen[964].

Gerade diese Instrumente, denen sich das Regelwerk zur Vermittlung einer approximaten Darstellung der Leistungsfähigkeit des Unternehmens bedient, knüpfen an subjektive Erwartungen der Bilanzpflichtigen an, die sich negativ auf eine objektivierte Unternehmensabbildung auswirken können.

Allerdings wird das bilanzpolitische Gestaltungspotential durch den Stetigkeitsgrundsatz begrenzt[965]. Gemäß dem in IAS/IFRS 8.41 verankerten Stetigkeitsgebot muss der Bilanzierungspflichtige die einmal von ihm gewählte Bilanzierungs- und Bewertungsmethode fortführen. Eine Änderung der Bilanzierungs- und Bewertungsmethode kann nur unter bestimmten Voraussetzungen vorgenommen werden[966]. Hiermit wird sichergestellt, dass die einmal von den bilanzierungspflichtigen Unternehmen eingeschlagene Bilanzpolitik auch künftig die Grundlage der Rechnungslegung bilden wird.

---

[962] Nach dem Regelwerk steht nicht die abstrakte Kodifikation im Vordergrund, die eine deduktive Rechtsfindung auf unterschiedliche Sachverhalte durch die Subsumtion erlaubt, sondern eine möglichst detaillierte Einzelfallregelung, die für Sachverhalte eine konkrete Rechtsfolge festlegt. Damit sollen Beurteilungsspielräume eingeschränkt und eine einheitliche Bilanzierung gewährleistet werden, vgl. hierzu Schulze-Osterloh, ZIP 2003, 93, 98; Ekkenga, BB 2001, 2362, 2367. Der Nachteil einer solchen Regelungstechnik besteht darin, dass das Regelwerk ständig an die praktischen Gegebenheiten angepasst werden muss und daher dem Vorwurf mangelnder Rechtssicherheit ausgesetzt ist, vgl. Euler, BB 2002, 875, 877; Ekkenga, BB 2001, 2362, 2367.

[963] Tanski, DStR 2004, 1843, 1843; Meyer/Meisenbacher, DStR 2004, 567, 572; Schulze-Osterloh, ZIP 2003, 93, 97; Theile, StuB 2003, 957, 965; Kahle, WPg 2003, 262, 266; Küting/Dawo, StuB 2002, 1205, 1213; Euler, BB 2002, 875, 878.

[964] Ein Untersuchung der bilanzpolitischen Spielräume nach den IAS/IFRS findet sich bei Tanski, DStR 2004, 1843 ff.; Engel-Ciric, DStR, 2002, 780 ff.; Schulze-Osterloh, ZIP 2003, 93, 97; Müller/Wulf, BB 2001, 2206 ff.; Euler, BB 2002, 875, 878; Kahle, WPg 2003, 262, 266; Theile, StuB 2003, 957 ff.; Küting/Dawo, StuB 2002, 1205 ff..

[965] So auch Müller/Wulf, BB 2001, 2206, 2213. Zu beachten ist jedoch, dass sich das Stetigkeitsgebot nicht auf Ermessensspielräume bezieht, vgl. hierzu Theile, StuB 2003, 957, 959.

[966] Gemäß IAS/IFRS 8.42 kann eine Änderung der Bilanzierungs- und Bewertungsmethode nur dann vorgenommen werden, wenn dies von einer Satzung oder einem Standardsetter verlangt wird oder wenn diese Änderung zu einer besseren Darstellung von Ergebnissen oder Geschäftsvorfällen in den Abschlüssen des Unternehmens führt. Gemäß IAS/IFRS 8.43 ist eine bessere Darstellung von Ereignissen oder Geschäftsvorfällen in den Abschlüssen dann gegeben, wenn die neue Bilanzierungs- und Bewertungsmethode zu einer besseren oder verlässlicheren Information über die Vermögens-, Finanz- oder Ertragslage sowie über den Cashflow des Unternehmens führt. Zum Stetigkeitsgrundsatz, vgl. Heuser/Theile, IAS-Handbuch, 2003, Rn. 130 ff.. Gemäß IAS 8.44 a liegt eine Durchbrechung des Stetigkeitsgebots dann nicht vor, wenn eine veränderte Bilanzierungs- und Bewertungsmethode gewählt wird, die sich auf veränderte Ereignisse oder Geschäftsvorfälle beziehen.

Damit werden die Bilanzadressaten vor bilanzpolitischen Veränderungen und den daraus resultierenden Verzerrungen geschützt und können sich auf die einmal eingeschlagene Bilanzierungs- und Bewertungsmethode einstellen.
Diese Kontinuität trägt ferner dazu bei, dass die bilanzpflichtigen Unternehmen bereits bei der ersten Bilanzierung in einem moderaten Maße von ihrem bilanzpolitischen Gestaltungsspielraum Gebrauch machen werden, denn der einmal eingeschlagene Weg ebnet die künftige Bilanzpolitik. Der Gebrauch extremer bilanzpolitischer Gestaltungspotentiale wird i.R.d. IAS/IFRS-Rechnungslegung daher wohl eher die Ausnahme bilden. Häufige Wechsel der Bilanzierungs- und Bewertungsmethoden werden die Glaubwürdigkeit der offengelegten Bilanz eines Unternehmens merklich beeinträchtigen und damit die Bilanzierungsadressaten auf eine aktive Bilanzpolitik sensibilisieren.
Ferner werden aufgrund der Bilanzkontinuität die Tendenzen der Vermögens-, Finanz- und Ertragslage und damit die wirtschaftliche Entwicklung der Unternehmen präziser dokumentiert. Das Stetigkeitsgebot trägt daher in einem nicht unerheblichen Maße zur Steigerung des Informationspotentials bei. Über Veränderungen der zu Grunde gelegten Bilanzierungs- und Bewertungsmethode sind die Bilanzadressaten im Übrigen im Anhang aktiv zu informieren[967].

Obwohl das Rechnungslegungssystem scheinbar konzeptionell inhärente Unvollkommenheiten aufweist, sollte in diesem Zusammenhang nicht unberücksichtigt bleiben, dass die umfassenden obligatorischen Anhangsangaben nach den IAS/IFRS eine Identifizier- und Interpretierbarkeit aktiver Bilanzpolitik ermöglichen. Nach den IAS/IFRS sind bilanzierungspflichtige Unternehmen verpflichtet, innerhalb der jährlich offen zu legenden Finanzberichte, umfassende Anhangsangaben (notes) zu machen[968]. Neben der Bilanz, der Gewinn- und Verlustrechnung, der Eigenkapitalveränderungsrechnung und der Kapitalflussrechnung stellen die Anhangsangaben ein gleichwertiges, eigenständiges und ein gewichtiges Informationsinstrument des Rechnungslegungsabschlusses nach den IAS/IFRS dar[969]. Den Anhangsangaben kommt naturgemäß eine Erläuterungs-, Ergänzungs-, und Entlastungsfunktion gegenüber der Bilanz, der Gewinn- und Verlustrechung und der Kapitalflussrechnung zu[970]. Das Regelwerk der IASB stellt an die Angaben in den notes quantitative und inhaltlich hohe Anforderungen, wobei die Struktur der Anhangsangaben in IAS 1.91 ausdrücklich geregelt ist. Die Angabenpflichten ergeben sich jeweils aus den Vorgaben der einzelnen Standards[971]. Eine Befreiung von der Berichtspflicht im Anhang ist für die bilanzierungspflichtigen Unternehmen allerdings dann möglich, wenn die daraus resultierenden Informationen nicht wesentlich sind. Obwohl die IAS/IFRS eine exakte Definition über das Kriterium der Wesentlichkeit nicht enthalten, ist von dieser dann

[967] Framework 40; IAS 8.53, IAS 8.57.
[968] Zur Erreichung der IAS/IFRS-Konformität sind die Anhangsangaben das entscheidende Kriterium.
[969] Neben IAS 1.7 werden die Bestandteile eines IAS/IFRS-konformen Abschlusses in Art. 25 ZORR explizit aufgeführt.
[970] Wollmert/Achleitner in Baetge/Kleekämper/Wollmert, Rechnungslegung nach International Accounting Standards (IAS), Teil A, Kapitel II, S. 34, Rn. 25.
[971] Die Vorgaben finden sich jeweils im letzten Abschnitt der Standards.

auszugehen, wenn die unterlassenen Angaben die wirtschaftliche Entscheidung der Abschlussadressaten beeinflusst hätten (IAS 1.31)[972]. Damit eröffnen die IAS/IFRS den angabepflichtigen Unternehmen zwar gewisse Interpretationsspielräume, die die Identifizier- und Interpretierbarkeit der Anhangsangaben beeinträchtigen können. Dieser Interpretationsspielraum wird allerdings durch die bereits publizierten Anhänge und dem Grundsatz der Plausibilität eingeengt und konkretisiert[973].
Ferner wird die Identifizier- und Interpretierbarkeit einer aktiv betriebenen Bilanzpolitik mittels der obligatorischen Angaben zu den angewandten Bewertungs- und Bilanzierungsmethoden sowie den Berichtspflichten über die Veränderungen der zu Grunde gelegten Bewertungs- und Bilanzierungsmethode deutlich gesteigert.
Aus diesen Gründen kommt dem Anhang i.R.d. der Bilanzanalyse von Jahresabschlüssen nach den IAS/IFRS ein bedeutender Stellenwert zu[974], mit dem bilanzpolitisch ausgelöste Verzerrungen neutralisiert werden können.
Alternativ können sich Rechnungslegungsadressaten damit behelfen, indem sie i.R.d. Bilanzanalyse nach dem sog. Neutralisierungsprinzip bilanzpolitisch weniger beeinflussbare Kennzahlen zu Grunde legen[975].

3. Stellungnahme

Summarisch betrachtet lässt sich festhalten, dass das Rechnungslegungssystem der IAS/IFRS aufgrund der informationsorientierten Zielsetzung zu einer gesteigerten Informationsdichte und damit zu einer approximaten Vermittlung der Vermögens-, Finanz- und Ertragslage der rechnungslegungspflichtigen Unternehmen beiträgt.
Dabei steht die gesteigerte Informationsdichte in einem natürlichen Spannungsverhältnis zu dem bilanzpolitischen Gestaltungspotential. Diese durch das bilanzpolitische Gestaltungspotential ausgelöste Minderung der Aussagekraft von Abschlüssen wird durch das Stetigkeitsgebot sowie durch die umfassenden Anhangsangaben neutralisiert.
In diesem Zusammenhang ist allerdings zu berücksichtigen, dass die Rechnungslegung primär vergangenheitsbezogen ist, wodurch ihr naturgemäß eine eingeschränkte Indikatorfunktion bezüglich der künftigen wirtschaftlichen Entwicklung eines Unternehmens zukommt. Hierbei handelt es sich jedoch um eine unüberwindbare, von dem zu Grunde liegenden Rechnungslegungssystem losgelöste Gesetzmäßigkeit, sodass statt des zukunftbezogenen sicheren Wissens vielmehr die Prognosetauglichkeit des Rechnungslegungssystems von Bedeutung ist. In dieser Hinsicht liefern IAS/IFRS-konform aufgestellte Jahresabschlüsse ein umfangreiches, für die Bilanzanalyse relevantes Zahlenmaterial. Im Rahmen der Bilanzanalyse haben sich eine Vielzahl von Kennzahlen[976] herausgebildet, die den Rechnungslegungsadressaten entscheidungs-

---

[972] Vgl. hierzu Heering/Heering, StuB 2003, 149, 151.
[973] Heering/Heering, StuB 2003, 149, 152.
[974] Meyer/Meisenbacher, DStR 2004, 567, 572.
[975] Hellermann, S. 183.
[976] Zu den bedeutendsten Kennzahlen zählen der Verschuldensgrad, die Gesamtkapitalrentabilität, der Gesamtkapitalumschlag, die Liquiditätskennzahl sowie der Entschuldungsgrad, vgl. Hellermann, S. 176.

relevante und prognosefähige Informationen liefern können[977]. Obwohl die bilanzanalytische Klassifikation nicht empirisch belegbar ist, sind die erzielten Trefferquoten beachtlich und für den informatorischen Gläubigerschutz von großem Nutzen.
Insgesamt ist die Umstellung der Rechnungslegung auf die IAS/IFRS in Serbien im Hinblick auf den informatorischen Gläubigerschutz positiv zu bewerten. Zudem wurde der informatorische Gläubigerschutz mit der erweiterten Geschäftsbriefpublizität, den verkürzten Offenlegungsfristen sowie dem vereinfachten Zugang zu den offengelegten Abschlüssen deutlich gestärkt.

V. Vergleich zum deutschen Recht

Im Unterschied zum serbischen Recht ist der informatorische Gläubigerschutz im deutschen Recht schwächer ausgeprägt[978]. Charakteristisch für den im deutschen GmbH-Recht zu Grunde gelegten kontinentaleuropäischen Kapitalschutz ist die starke Institutionalisierung des Gläubigerschutzes, die sich in der Rechnungslegungsphilosophie des HGB fortsetzt[979]. Gemäß diesem konzeptionellen Leitgedanken sollen Gläubiger mittels eines lückenlos kodifizierten Gesellschafts- und Bilanzrechts umfassend geschützt werden, sodass in diesem System weder die Vermittlung von wirtschaftsrelevanten Informationen noch die privatautonome Protektion im Vordergrund stehen. Dieser Grundsatz wird zwar durch die im HGB verankerte Publizität durchbrochen[980]. Allerdings spielt der informatorische Gläubigerschutz in Deutschland außerhalb des Kapitalmarktes eine untergeordnete Rolle. Auch wenn die Unternehmenspublizität ein notwendiges Korrelat der Marktteilnahme bildet[981], besteht in Deutschland eine traditionell[982] ablehnende Haltung gegenüber der Publizität der GmbH[983]. Der Publizitätspflicht von kleinen und mittleren Unternehmen werden insbesondere der Vertraulichkeitsgrundsatz[984] sowie die publizitätsbedingten Wettbewerbsnachteile[985] entgegengebracht[986].

---

[977] Hellermann, S. 177.

[978] Auch in England basiert der Gläubigerschutz schwerpunktmäßig auf der Publizität, vgl. Triebel/Hodgson/Kellenter/Müller, Englisches Handels- und Wirtschaftsrecht, 2. Aufl., Rn. 740. Eine Ausweitung der Publizitätspflichten ist in England geplant, vgl. Lembeck, NZG 2003, 956, 962.

[979] Ähnlich Pellens/Sellhorn, in Lutter: Das Kapital der Aktiengesellschaft in Europa, ZGR-Sonderheft 17 2006, 451, 452.

[980] Zur Vermittlung von Informationsinteressen als Rechnungslegungszweck des HGB, vgl. Baetge/Thiele, FS Beisse (1997), S. 11 ff..

[981] Merkt, Unternehmenspublizität, S. 332 ff..

[982] Das GmbHG aus dem Jahre 1892 sah eine Publizitätspflicht für die GmbH nicht vor. Auch in der Folgezeit wurde eine Publizitätspflicht für die GmbH nicht erwogen, vgl. Hellermann, S. 45 ff..

[983] Meilicke, DB 1986, 2445, 2445. Für eine Publizitätserweiterung, Blaurock, FS Raiser (2005), S. 3, 21.

[984] Einige sehen in dem Vertraulichkeitsverlust einen Eingriff in das grundrechtlich geschützte Recht auf informationelle Selbstbestimmung, vgl. Weimer/Reeh, DB 1988, 1637, 1637; Meilicke, DB 1986, 2445, 2445; Friauf, GmbHR 1985, 245, 252; ders., GmbHR 1991, 397, 407; a.A. Ehling, WPg 1997, 513, 524. Das BayOLG, BB 1995, 353, hält den Eingriff aus Gründen des Informationsinteresses für gerechtfertigt. Ferner wird in der Publizitätspflicht ein Verstoß gegen Art. 3 Abs. 1 GG und Art. 12 GG gesehen.

Die Publizitätspflicht der GmbH nach § 325 HGB ist das Ergebnis der Bilanzrechtsreform aus dem Jahre 1985[987], die nicht auf autonomen Motiven des deutschen Gesetzgebers beruht[988], sondern vielmehr auf den Transformationszwang der Bilanzrichtlinie zurückzuführen ist[989].

Die uneingeschränkte Publizitätspflicht gilt ausschließlich für börsennotierte Kapitalgesellschaften. Für nicht börsennotierte Kapitalgesellschaften sieht das HGB, im Unterschied zum serbischen Recht, größenabhängige Aufstellungs[990]- und Publizitätserleichterungen vor. Für nicht börsennotierte Kapitalgesellschaften bestimmt sich der Umfang der Publizitätspflicht grundsätzlich anhand der Größe[991] der Gesellschaft. Mittelgroße Kapitalgesellschaften werden von der Bundesanzeigerpublizität befreit und unterliegen ausschließlich der Handelsregisterpublizität. Ferner sind mittelgroße Kapitalgesellschaften aufgrund der Aufstellungserleichterungen nach § 327 HGB verpflichtet, lediglich die in verkürzter Form aufgestellten Unterlagen offen zu legen. Kleine Kapitalgesellschaften müssen gemäß § 326 HGB nur die Bilanz und den Anhang beim Handelsregister einreichen.

Darüber hinaus weist die Bilanz schon bei ihrer Aufstellung gegenüber den mittelgroßen und großen Kapitalgesellschaften gemäß § 266 Abs. 1 S. 3 HGB einen erheblich geringeren Detaillierungsgrad auf.

Solche Aufstellungs- und Offenlegungserleichterungen, die in Deutschland als ein notwendiger Kompromiss zwischen dem Geheimhaltungsinteresse kleiner und mittelgroßer Unternehmen und dem Informationsinteresse der Gläubiger verstanden

---

985 Barth, BB 1987, 1045, 1047; ders., BB 1986, 2235, 2238; Tillmann, DB 1986, 1319, 1319; Weimer/Reeh, DB 1988, 1637, 1637.

986 Hellermann, S. 83.

987 Mit dem Bilanzrichtlinien-Gesetz (BiRiLiG) vom 19.12.1985 wurden die 4., 7. und die 8. EG-Richtlinie umgesetzt, vgl. hierzu Baumbach/Hopt/Merkt, HGB, 31. Aufl. 2003, Einl. v. § 238 Rn. 1 ff.. Die Publizitätspflicht der Kapitalgesellschaften nach §§ 325 ff. HGB resultiert aus der Umsetzung der 4. Richtlinie.

988 Der Widerstand gegen die in der 4. Richtlinie geforderte Publizität der GmbH war so groß, dass sich die EG-Kommission zum wiederholten Eingreifen gezwungen sah, vgl. Hellermann, S. 65. Die Umsetzung der GmbH & Co-Richtlinie wurde in Deutschland bis 1999 hinausgezögert und erfolgte erst nachdem die Vertragswidrigkeit durch den EuGH festgestellt wurde, vgl. EuGH BB 1999, 1485 ff..

989 In diesem Zusammenhang ist zu erwähnen, dass bereits vor der Umsetzung der 1., 4. und 7. Richtlinie deutsche Unternehmen nach dem Publizitätsgesetz zur Offenlegung der aufgestellten Jahresabschlüsse verpflichtet waren. Die aus dem PublG resultierende Publizitätspflicht war rechtsformunabhängig und knüpfte ausschließlich an die Größe des Unternehmens an. Hinsichtlich der Größenklassifizierung stellte § 1 PublG auf die Bilanzsumme, den Umsatz und die Anzahl der Beschäftigten ab. Mit dem Inkrafttreten des Bilanzrichtliniengesetzes ergibt sich die Publizitätspflicht der Kapitalgesellschaften und damit der GmbH ausschließlich aus den §§ 325 ff. HGB.

990 Kapitalgesellschaften sind nach § 264 Abs. 1 HGB verpflichtet, einen Jahresabschluss, der sich nach § 242 Abs. 3 HGB aus der Bilanz und der GuV zusammensetzt, einen Anhang und einen Lagebericht aufzustellen. Kleine Kapitalgesellschaften sind nach § 264 Abs. 1 S. 3 HGB von der Lageberichtserstellung befreit. Verkürzte Anhangsangaben sind nach § 288 HGB für kleine und mittelgroße Kapitalgesellschaften vorgesehen.

991 § 267 HGB unterteilt die Kapitalgesellschaften in große, mittelgroße und kleine Kapitalgesellschaften.

werden[992], führen zu einer Verkürzung des Informationsvolumens, wodurch die Aussagekraft der Jahresabschlüsse verringert und eine Analyse der Jahresabschlüsse deutlich erschwert wird. Erleichterungen dieser Art haben zur Folge, dass entweder bestimmte Kennzahlen überhaupt nicht oder nicht mit der gebotenen Genauigkeit bestimmt werden können[993].

Neben diesen größenabhängigen Aufstellungs- und Offenlegungserleichterungen bestehen auch bezüglich der Offenlegungsfristen Unterschiede. Gemäß § 325 Abs. 1 S. 1 HGB müssen Jahresabschlüsse unverzüglich, d.h. ohne schuldhaftes Zögern i.S.d. § 121 Abs. 1 S. 1 BGB, jedoch spätestens vor Ablauf des zwölften Monats des dem Abschlussstichtag nachfolgenden Geschäftsjahres vorgelegt werden. Damit eröffnet das Gesetz den Unternehmen einen Zeitraum von einem ganzen Jahr, ihrer Publizitätspflicht nachzukommen[994]. Obwohl das Ausschöpfen der Offenlegungsfrist eigentlich nicht gesetzeskonform ist, neigen die Unternehmen in der Praxis dazu, die zwölfmonatige Frist voll auszuschöpfen[995].
Längere Offenlegungsfristen können aufgrund des Aktualitätsverlustes zu erheblichen Einbußen der Aussagekraft der offengelegten Abschlüsse führen. Die bei einem deutschen Handelsregister erhältlichen Abschlüsse können daher bis zu 2 Jahren alt sein, wohingegen die von einem serbischen Register erhältlichen Unterlagen im ungünstigsten Fall 14 bzw. 21 Monate alt sind.
Im Hinblick auf die Einsichtnahme ist das in Deutschland zu Grunde gelegte System gegenwärtig noch defizitär. Obwohl in Deutschland mit dem „Gesetz über elektronische Register und Justizkosten für Telekommunikation (ERJuKoG)[996] § 9 a HGB im Jahr 2001 novelliert wurde, bleibt der elektronische Zugang bzw. der Online-Abruf auf die in § 9 Abs. 1 HGB genannten Handelsregistereintragungen beschränkt[997].
Sämtliche nach § 9 Abs. 2 HGB eingereichten Schriftstücke und damit auch die nach § 325 HGB einzureichenden Jahresabschlüsse sind von dem Anwendungsbereich des Online-Abrufes nach § 9 a HGB noch nicht erfasst.
Bereits zum Zeitpunkt der Novellierung war allerdings klar, dass der Online-Abruf von Jahresabschlüssen auf lange Sicht auch in Deutschland unvermeidbar sein wird.

---

[992] Hellermann, S. 178, 179.

[993] Cashflow Analysen lassen sich bei mittlgroßen Kapitalgesellschaften nur mühsam errechnen, vgl. Apelt, S. 124 ff.. Bei kleinen Kapitalgesellschaften kann die Ertrags- und Finanzlage mangels einer offengelegten Gewinn- und Verlustrechnung nur schwer beurteilt werden, vgl. Apelt, S. 132.

[994] Zu Recht wird vorgebracht, dass die im HGB zu Grunde gelegte Offenlegungsfrist viel zu lang bemessen ist, vgl. Merkt, EBOR 7 (2006), 95, 119.

[995] Offenlegungsverstöße sind nahezu sanktionslos, vgl. hierzu MüKo-Fehrenbacher, HGB, § 325 Rn. 56; Dierksmeier/Scharbert, BB 2006, 1517, 1521. Nur wenige kleine und mittlere GmbH's kommen ihrer gesetzlichen Pflicht zur Hinterlegung nach, vgl. Böckmann, Gläubigerschutz bei GmbH und close corporation, S. 183. Empirischen Studien zufolge kommen ca. 5 % der zur Offenlegung verpflichteten Unternehmen ihrer gesetzlichen Pflicht nach, vgl. Haas, Reform des gesellschaftsrechtlichen Gläubigerschutzes, E 107.

[996] BGBl. I S. 3422.

[997] Vgl. hierzu Dierksmeier/Scharbert, BB 2006, 1517, 1520; Noack, BB 2001, S. 1261 ff.; Wiesner, GmbHR 2001, R 309; Seibert, BB 2001, S. 2494 ff.; Schemmann/Solveen, ZIP 2001, 1518 ff.; Hellermann, S. 86.

Aufgrund kontroverser Standpunkte zu diesem Thema entschied man sich jedoch, diese Frage mit den beteiligten Kreisen näher zu erörtern. Die derzeitige Rechtslage wird in Deutschland allerdings nicht von langer Dauer sein, da die Mitgliedsstaaten nach der Richtlinie 2003/58/EG[998] bis spätestens Anfang 2007 verpflichtet sind, den elektronischen Zugriff auf alle aufgrund der Vorschriften der 1., 4. und 7. Richtlinie zum Handelsregister eingereichten Dokumente zu ermöglichen[999].

Grundlegend unterschiedlich sind jedoch die Rechnungslegungssysteme. Obwohl mit dem Inkrafttreten des Bilanzrechtsreformgesetzes (BilReG)[1000] die Rechnungslegung in Deutschland teilweise auf die IAS/IFRS umgestellt wurde, bleibt die Rechnungslegung bei kleineren und mittleren Kapitalgesellschaften unverändert. Lediglich kapitalmarktorientierte Unternehmen werden nach dem BilReG verpflichtet, ab dem 01.01.2005 nach den IAS/IFRS zu bilanzieren. Gemäß dem neu eingefügten § 315 a Abs. 3 HGB können in Deutschland nicht kapitalmarktorientierte Mutterunternehmen einen Konzernabschluss wahlweise nach den IAS/IFRS oder dem HGB aufstellen. Einzelabschlüsse müssen hingegen weiterhin nach den Vorschriften des HGB aufgestellt werden[1001]. Lediglich zu Offenlegungszwecken und beschränkt auf große Kapitalgesellschaften kann ein Jahresabschluss gemäß § 325 Abs. 2 a HGB nach den IAS/IFRS aufgestellt werden[1002]. Voraussetzung für eine befreiende Offenlegung eines nach den IAS/IFRS aufgestellten Einzelabschlusses ist jedoch, dass die Regeln der IAS/IFRS vollständig befolgt werden. Die Attraktivität, einen nach den IAS/IFRS-Grundsätzen aufgestellten Abschluss offen zu legen, wird allerdings dadurch gemindert, dass die Unternehmen von der Pflicht, einen Jahresabschluss nach den Vorschriften des HGB aufzustellen, nicht befreit sind[1003]. Diese aus dem BilReG resultierende Parallelexistenz von HGB und IAS/IFRS-Abschlüssen wird zudem die Komparabilität einschränken[1004].
Trotz des BilReG müssen kleinere und mittelgroße Gesellschaften mit beschränkter Haftung in Deutschland ihre Jahresabschlüsse weiterhin nach den Vorschriften des HGB aufstellen und offenlegen. In Serbien hingegen werden alle Gesellschaftsformen einheitlich und größenunabhängig verpflichtet, ihre Abschlüsse nach den Vorschriften

---

998 Richtlinie 2003/58/EG des Europäischen Parlaments und des Rates zur Änderung der Richtinie 68/151/EWG in Bezug auf die Offenlegungspflichten von Gesellschaften bestimmter Rechtsformen, ABl.EG L 221 vom 04.09.2003, S. 13 ff..

999 Gemäß dem Entwurf eines Gesetzes über elektronische Handelsregister und Genossenschaftsregister sowie das Unternehmensregister (EHUG) sollen in Deutschland die Unterlagen der Rechnungslegung nach § 325 HGB künftig elektronisch zugänglich sein.

1000 Gesetz zur Einführung internationaler Rechnungslegungsstandards und zur Sicherung der Qualität der Abschlussprüfung (Bilanzrechtsreformgesetz – BilReG) vom 04.12.2004, BGBl. I 2004, 3166.

1001 Wulf/Klein/Azaiz, DStR 2005, 260, 261; Möhlmann-Mahlau/Gerken/Grotheer, StuB 2004, 849, 849; Pottgießer, StuB 2004, 166, 167.

1002 Vgl. hierzu Wulf/Klein/Azaiz, DStR 2005, 260, 261.

1003 Grundlage für die Gewinnverwendung ist trotz der Offenlegung eines Einzelabschlusses nach den Vorschriften der IAS/IFRS, der nach dem HGB aufgestellte Jahresabschluss. Ferner ist der nach dem HGB aufgestellte Jahresabschluss mit dem dazu erteilten Bestätigungs- oder Versagungsvermerk beim Handelsregister einzureichen, vgl. hierzu Wulf/Klein/Azaiz, DStR 2005, 260, 261.

1004 So auch Küting, StuB 2004, 683, 685.

der IAS/IFRS aufzustellen und offen zu legen. In diesem Zusammenhang ist ein nach den IAS/IFRS aufgestellter und offengelegter Finanzbericht deutlich umfangreicher als die nach § 325 HGB bei dem Handelsgericht einzureichenden Unterlagen.
Materiell ist die Bilanzierung nach den Vorschriften des HGB von dem Vorsichtsprinzip geprägt, wohingegen bei der IAS/IFRS-Bilanzierung die Vermittlung des True and Fair View im Fokus steht. Bereits diese Tatsache lässt auf ein geringeres Informationspotential der HGB-Bilanzierung schließen. Insbesondere das dem Gläubigerschutz und der Ermittlung des ausschüttbaren Gewinns dienende[1005] Vorsichtsprinzip erweist sich als informationsfeindlich[1006].
Auch das in § 252 I Nr. 4 HGB verankerte Imparitätsprinzip schränkt das Informationspotential in einem erheblichen Maße ein. Gemäß dieser nicht paritätischen Behandlung von Verlusten und Gewinnen sind vorhersehbare Verluste und Risiken durch die Bildung von Rückstellungen zu antizipieren, wohingegen Gewinne ausschließlich dann berücksichtigungsfähig sind, wenn sie zum Abschlussstichtag bereits realisiert worden sind. Die Folge des imparitätischen Bilanzierungsprinzips ist eine, den tatsächlichen ökonomischen Gegebenheiten nicht entsprechende bilanzielle Unternehmensabbildung[1007]. In wirtschaftlich guten Zeiten haben Unternehmen nach der HGB-Bilanzierung die Möglichkeit, ihr Ergebnis schlechter darzustellen, um so die steuerlichen Belastungen gering zu halten und stille Reserven zu bilden. In wirtschaftlich schlechten Zeiten hingegen kann das Ergebnis der Unternehmen durch die Aufdeckung der stillen Reserven positiver dargestellt werden[1008]. Die Informationsvermittlung wird nach der HGB-Bilanzierung daher nur unzureichend erfüllt.
Das Informationspotential eines nach den Vorschriften des HGB aufgestellten Abschlusses wird ferner durch die Verknüpfung des Bilanz- und Steuerrechts zusätzlich beeinträchtigt[1009]. Über das Maßgeblichkeitsprinzip[1010] wird die Bilanzierung nach dem HGB wesentlich durch eine steuerpolitisch motivierte Bilanzpolitik beeinflusst[1011].
Neben einem geringeren Informationspotential eröffnet die Bilanzierung nach den Vorschriften des HGB zudem erhebliche bilanzpolitische Gestaltungsspielräume. In einer Simulationsstudie von Touche Ross Europe[1012], in der die bilanzpolitischen Gestaltungsspielräume einiger ausgewählter europäischer Länder untersucht wurden, zeigte sich, dass das bilanzpolitische Gestaltungspotential der Rechnungslegung nach den Vorschriften des HGB am größten war[1013]. Obwohl an dieser Stelle ein um-

---

[1005] Pellens/Sellhorn, in Lutter: Das Kapital der Aktiengesellschaft in Europa, ZGR-Sonderheft 17 2006, 451, 457.
[1006] Engert, ZHR 170 (2006), 296, 314.
[1007] Wulf/Klein/Azaiz, DStR 2005, 260, 262.
[1008] Vgl. hierzu Wulf/Klein/Azaiz, DStR 2005, 260, 262; Anderßen, DB 2001, 2561, 2563; Hellermann, S. 143; Bezzenberger, Das Kapital der Aktiengesellschaft, S. 149.
[1009] So auch Bezzenberger, Das Kapital der Aktiengesellschaft, S. 146.
[1010] Gemäß § 5 Abs. 1 S. 1 EStG ist für die Steuerbilanz die Handelsbilanz maßgeblich.
[1011] Wulf/Klein/Azaiz, DStR 2005, 260, 262; Hellermann, S. 143; Havermann, WPg 1988, 612, 614.
[1012] Simmonds/Azières, Accountig for Europe.
[1013] Im Rahmen der Untersuchung wurden die in den nationalen Regelwerken vorhandenen Wahlrechte und Spielräume so genutzt, dass ein möglichst hoher und möglichst niedriger Jahresüberschuss ausgewiesen werden konnte. In Deutschland wurde im Rahmen dieser Studie zwischen dem höchsten

fassender Vergleich bezüglich des Umfangs der von den jeweiligen Konzepten eröffneten bilanzpolitischen Spielräume nicht möglich ist, lässt sich jedoch festhalten, dass auch das HGB den Bilanzierenden erhebliche bilanzpolitische Spielräume, insbesondere durch explizite Wahlrechte, eröffnet[1014]. Im Vergleich dazu gewähren die IAS/IFRS den Bilanzierenden zwar wesentlich weniger explizite Wahlrechte[1015]. Mit einer Umstellung würden die IAS/IFRS den Bilanzierenden aufgrund einer Reihe von Ermessensspielräumen dennoch bilanzpolitische Gestaltungspotentiale eröffnen[1016].
Obwohl keines der vorliegenden Rechnungslegungskonzepte frei von bilanzpolitischen Gestaltungspotentialen ist, sind für die Aussagekraft und damit für das Informationspotential der Abschlüsse vor allem die im System verankerten Identifikations- und Interpretationsinstrumente von Bedeutung. Hierbei sehen zwar beide Systeme obligatorische Anhangsangaben vor. Allerdings liegen die Anforderungen an die Anhangsangaben nach den IAS/IFRS quantitativ und inhaltlich weit über den Anforderungen des HGB[1017].
Größenabhängige Erleichterungen für Anhangsangaben, wie nach § 288 HGB[1018], sind in den IAS/IFRS ebenfalls nicht verankert.
Zur Beurteilung der Identifizier- und Interpretierbarkeit einer aktiven Bilanzpolitik sind vor allem die Anhangsangaben zu den Bilanzierungs- und Bewertungsmethoden von Bedeutung.
In diesem Zusammenhang verpflichten zunächst beide Systeme den Bilanzierenden zu entsprechenden Anhangsangaben. Obwohl sich die Systeme dem Wortlaut nach scheinbar entsprechen, bestehen bezüglich des Umfangs teilweise jedoch erhebliche Unterschiede. Sowohl nach IAS 1.97 als auch nach § 284 Abs. 2 Nr. 1 HGB müssen die Bilanzierenden im Anhang Angaben über die angewandten Bilanzierungs- und Bewertungsmethoden machen. Im Unterschied zu der generalklauselartigen Regelung des § 284 Abs. 2 Nr. HGB[1019] enthält das IASB-Regelwerk über den IAS 1.91, 1.94, 1.97, 1.99, 1.01 hinaus in jedem einzelnen Standard[1020] besondere Angabepflichten zu den Bilanzierungs- und Bewertungsmethoden. Zusätzlich zu den Angaben hinsichtlich

---

und niedrigsten Gewinnausweis ein Differenzbetrag von 106 Mio. € ermittelt. Im Vergleich dazu belief sich die Abweichungsdifferenz in England und Italien auf 23 Mio. € bzw. 26 Mio. €. Eine tabellarische Übersicht findet sich bei Simmonds/Azières, Accounting for Europe, S. 36. Zur Simulationsstudie, Pellens, Internationale Rechnungslegung, S. 3; Hellermann, S. 181; Haller/Walton, Unternehmenspublizität im Spannungsfeld, S. 50.

[1014] Müller/Wulf, BB 2001, 2206 ff.; Möhlmann-Mahlau, StuB 2004, 849 ff.; Beisse, FS Müller (2001), S. 731, 742; Engel-Ciric, DStR 2002, 780, 780; Anderßen, DB 2001, 2561, 2563; Born, Rechnungslegung international, S. 13.

[1015] Vgl. hierzu Möhlmann-Mahlau/Gerken/Grotheer, StuB 2004, 849, 858; beschränkt auf die Herstellungskostenermittlung, Wohlgemuth/Ständer, WPg 2003, 203, 211.

[1016] Fröschle/Kroner, Internationale Rechnungslegung, S. 97, gehen davon aus, dass die IAS-Rechnungslegung geringere Bilanzierungs- und Bewertungswahlrechte eröffnen. In diesem Sinne wohl auch Anderßen, DB 2001, 2561, 2563.

[1017] Wulf/Klein/Azaiz, DStR 2005, 260, 262; Heering/Heering, StuB 2004, 149, 149.

[1018] Zu den Erleichterungen, vgl. Schülen in Beck HdR Band II, B 428, Rn. 1 ff..

[1019] Ausnahmsweise können sich Angabepflichten aus weiteren Vorschriften des HGB ergeben, wie z.B. § 280 Abs. 3, § 268 Abs. 2 S 3, § 264 Abs. 2 S 2 und § 297 Abs. 2 S 3 HGB.

[1020] Vgl. hierzu Ellrott in Beck BilKomm., § 284 Rn. 208.

der Bilanzierungs- und Bewertungsmethoden sind gemäß IAS 1.97 (a) und IAS 1.98 die verwendeten Bewertungsgrundlagen im Anhang anzugeben. § 284 Abs. 2 Nr. 1 HGB hingegen wird allgemein dahingehend verstanden, dass Bilanzierungs- und Bewertungsmethoden dann nicht angabenpflichtig sind, wenn das Gesetz eine Bilanzierungs- und Bewertungsmethode zwingend vorschreibt und dem Bilanzierenden weder ein Wahlrecht noch einen Spielraum eröffnet[1021], denn die Erwähnung im Anhang könnte nur eine gesetzliche Selbstverständlichkeit zum Ausdruck bringen. In diesem Zusammenhang beurteilen sich nach den IAS/IFRS die Angabepflichten zur Bilanzierungsmethode ausschließlich nach dem Maßstab der Verständlichkeit aus dem Blickwinkel der Adressaten (IAS 1.99)[1022].
Auch hinsichtlich der Berichtspflicht über die Veränderung der Bilanzierungs- und Bewertungsmethoden ist das Regelwerk der IAS/IFRS im Vergleich zum HGB-Konzept ungleich umfassender. Änderungen der Bilanzierungsmethode sind i.R.d. Berichtspflicht nach dem HGB-Konzept von geringer Bedeutung[1023]. Abweichende Bilanzierungsmethoden unterliegen nach dem HGB keiner Angabenpflicht, wenn sie auf zwingenden gesetzlichen Vorschriften beruhen[1024]. Darüber hinaus unterliegen Veränderungen der Bilanzierungsmethode, die auf der Ausübung von Ansatzwahlrechten beruhen, nicht der Berichtspflicht nach § 284 Abs. 2 Nr. 3 HGB, da Ansatzwahlrechte nicht von dem Stetigkeitsgebot des § 252 Abs. 1 Nr. 6 HGB erfasst sind[1025].
Im Unterschied zum HGB sind nach den IAS/IFRS sämtliche Änderungen der Bilanz- und Bewertungsmethode im Anhang anzugeben. Lediglich die nach IAS 8.44 als eine „Nicht-Änderung" zu qualifizierenden Fälle[1026] unterliegen nicht dem Stetigkeitsgrundsatz und damit der Berichtspflicht nach IAS 8.53 und IAS 8.57.

Schließlich ist zu berücksichtigen, dass Änderungen der Bilanzierungs- und Bewertungsmethode nach IAS 8.53 und IAS 8.57 im Unterschied zu § 284 Abs. 2 Nr. 3 HGB betragsmäßig zu dokumentieren sind[1027].

Gegenüberstellend lässt sich somit festhalten, dass das HGB-Konzept der Vermittlung von „zuverlässigen" Informationen dient, wohingegen nach dem Konzept der IAS/IFRS die Vermittlung von wirtschaftsrelevanten Informationen im Mittelpunkt steht.

[1021] Morck in Koller/Roth/Morck, HGB, 4. Aufl., § 284 Rn. 6; Schülen in Beck HdR Band II, B 420 Rn. 5; Ellrott in Beck Bil-Komm., § 284 Rn. 86; Schülen, WPg 1987, 223, 227.
[1022] Schülen, WPg 1987, 223, 227; ders. in Beck HdR Band II, B 420 Rn. 5, hält einen solchen Massstab aufgrund der Erläuterungsfunktion des Anhangs auch für das HGB für zweckmäßig.
[1023] Von größerer Bedeutung für die Berichtspflicht sind Abweichungen in der Bewertungsmethode, vgl. Morck in Koller/Roth/Morck, HGB, 4. Aufl., § 284 Rn. 11.
[1024] MüKo HGB-Lange, § 284 Rn. 65.
[1025] MüKo HGB-Lange, § 284 Rn. 66; Morck in Koller/Roth/Morck, HGB, 4. Aufl., § 284 Rn. 10; Ellrott in Beck Bil-Komm., § 284 Rn. 146.
[1026] Biener in Baetge/Kleekämper/Wollmert, Rechnungslegung nach International Accounting Standards (IAS), Teil B, IAS 8 Rn. 67.
[1027] Biener in Baetge/Kleekämper/Wollmert, Rechnungslegung nach International Accounting Standards (IAS), Teil B, IAS 8 Rn. 101; Born, Rechnungslegung international, S. 396.

Insgesamt ist der informationsorientierte Gläubigerschutz in Deutschland deutlich schwächer als in Serbien ausgeprägt. Systemwechselbedingt war in Serbien eine Effektuierung des informatorischen Gläubigerschutz erforderlich. Das „Minus" an institutionellem Gläubigerschutz wird nunmehr durch eine stärkere Transparenz ausgeglichen.
Sollte man sich in Deutschland entschließen, den kontinentaleuropäischen Kapitalschutz zu modifizieren oder gar abzuschaffen, wäre eine entsprechende Publizitätserweiterung auf die Rechtsform der GmbH und damit auf den Bereich der kleineren und mittleren Unternehmen unerlässlich. Beiden Themenkomplexen steht man in Deutschland gegenwärtig jedoch weitestgehend ablehnend gegenüber.

Hinsichtlich der Geschäftsbriefpublizität lässt sich festhalten, dass auf den Geschäftsbriefen einer deutschen GmbH gegenwärtig keine Angaben über das eingetragene und eingezahlte Stammkapital zu machen sind[1028].

C. Gläubigerschutz durch privatautonome Sicherungsmaßnahmen

Mittels der jährlich offengelegten Finanzberichte werden die Gläubiger in Serbien die Insolvenzwahrscheinlichkeit ihrer Vertragspartner künftig besser prognostizieren können. Das ermittelte Forderungsausfallrisiko wird den Gläubigern einerseits als Verhandlungsgrundlage dienen, andererseits wird es ihnen aufzeigen, inwieweit sie sich privatautonomer Sicherungsmaßnahmen bedienen müssen. Dabei stehen insbesondere den Finanzgläubigern[1029] und Warenkreditgebern[1030] eine Vielzahl an gesetzlichen Sicherungsmitteln zur Verfügung.
Im Unterschied zu privatautonomen Sicherungsabreden haben die konventionellen gesetzlichen Sicherungsmittel den Nachteil, dass sie nicht das notwendige Maß an Flexibilität aufweisen, teilweise nicht zeitgemäß sind, häufig den wirtschaftlichen Anforderungen nicht entsprechen und ausschließlich auf den Sicherungsfall konzipiert sind. Vertragliche Sicherungsabreden hingegen haben den Vorteil, dass sie sich jeweils auf das vom Gläubiger zu erwartende Ausfallrisiko konkret und präzise anpassen lassen[1031]. Solche privatinitiierte Sicherungsklauseln entstammen der angloamerikanischen Rechtstradition und werden als sog. „Financial Covenants" bezeichnet[1032].

[1028] Der noch im Entwurf zur Neuregelung des Mindestkapitals der GmbH (MindestkapG) vom 15.04.2005 vorgesehene Ansatz, auf dem Briefbogen einer GmbH die Stammkapitalausstattung verpflichtend offen zu legen, wurde im Referentenentwurf eines Gesetzes zur Modernisierung des GmbH-Rechts und zur Bekämpfung von Missbräuchen (MoMiG) vom 29.05.2006 nicht mehr weiterverfolgt. Für die Einführung einer Geschäftsbriefpublizität, Lutter, Die GmbH-Reform in der Diskussion, 211, 215.

[1029] Finanzgläubigern stehen persönliche und dingliche Sicherungsmittel zur Verfügung.

[1030] Neben der Zug um Zug Auslieferung gegen Bezahlung können Warenkreditgeber auf die Vorauskasse, den Eigentumsvorbehalt und persönliche sowie dingliche Sicherungsmittel zurückgreifen.

[1031] Köndgen, Financial Covenants, S. 127, 134; Kahle, WPg 2003, 262, 269.

[1032] Vgl. hierzu Fleischer, ZIP 1998, 313, 313; Schneider, FS Zöllner (1998), S. 539, 544; Früh, GmbHR 1999, 842, 843; Köndgen, Financial Covenants, S. 127, 128; Wittig, WM 1996, 1381, 1381; Eidenmüller, Vertragliche Vorkehrungen gegen Insolvenzrisiken, S. 43, 60; Sundermeier/Wilhelm,

Financial Covenants werden im angloamerikanischen Rechtskreis vor allem als Surrogat für das wesentlich liberalere Kapitalschutzsystem verwendet und haben die konventionellen Kreditsicherungsinstrumente zunehmend substituiert[1033]. Wenngleich der Gläubigerschutz im kontinentaleuropäischen System stark institutionalisiert ist, haben die Financial Covenants auch in der kontinentaleuropäischen Rechtspraxis weitestgehend Einzug erhalten[1034]. Obwohl sich diese Form der privatautonomen Besicherung für nahezu alle Gläubigergruppen und damit auch für die Warenkreditgeber eignet, haben sich Covenants ausschließlich im Bereich der Kreditvergabe durchgesetzt[1035].

Unter dem Begriff „Financial Covenants" versteht man vertragliche Nebenabreden, die der Reduktion von Forderungsausfallrisiken dienen. Regelmäßig setzen sich Financial Covenants aus einem verhaltensgebundenen und einem rechtsfolgendefinierenden Teil zusammen, sodass dem schuldnerischen Unternehmen sanktionsbewährte Verhaltenspflichten auferlegt werden. Inhaltlich haben sich dabei eine Vielzahl an Covenants herausgebildet[1036].

Je nach Zielrichtung können sich die verhaltensgebundenen Covenants teilweise erheblich voneinander unterscheiden[1037]. Finanzbezogene Verhaltenspflichten knüpfen regelmäßig an die Eigenkapitalausstattung, an den Verschuldungsgrad, den Ertrag und die Liquidität des Unternehmens an[1038]. Sollen Covenants als „Frühwarnsystem" fungieren, werden die Schuldner verpflichtet, Informationen zur finanziellen Lage innerhalb bestimmter Zeitabstände zu erbringen. Zur Einschränkung von bilanzpolitischen Spielräumen sind Maßnahmen denkbar, die sich auf den Stetigkeitsgrundsatz beziehen[1039].

Im Rahmen der finanzbezogenen Covenants werden insbesondere ausschüttungsbezogene Verhaltenspflichten von Bedeutung sein, die bereits heute in der kautelarju-

---

DStR 1997, 1127, 1132; Reuter, NZI 2001, 393, 394; Thießen, ZBB 1996, 19, 21; Kästle, S. 27; Merkel, S. 3.

[1033] Fleischer, Kapitalschutz und Durchgriffshaftung bei Auslandsgesellschaften, S. 49, 72; Merkt, ZGR 2004, 305, 313; Köndgen, Financial Covenants, S. 127, 129; Alberth, WPg 1997, 744, 744; Bauer, S. 304 ff.; Manning/Hanks, Legal Capital, S. 98 ff.; Kübler, Aktie, Unternehmensfinanzierung und Kapitalmarkt, S. 31 ff..

[1034] Merkt, ZGR 2004, 305, 314; Theißen, ZBB 1996, 19, 19; Wittig in Karsten Schmidt/Uhlenbruck (Hrsg.), Die GmbH in Krise, Sanierung und Insolvenz, 3. Aufl. 2003, Rn. 149.

[1035] Vgl. Drygala, ZGR 2006, 587, 598; Eidenmüller, Vertragliche Vorkehrungen gegen Insolvenzrisiken, S. 43, 64; Merkel, S. 17; Kästle, S. 42; Diem, BKR 2002, 1034, 1038.

[1036] Vgl. hierzu Böckmann, Gläubigerschutz bei GmbH und close corporation, S. 142 ff., 156 ff..

[1037] Eine Übersicht findet sich bei Bratton, EBOR 7 (2006), 39, 51 ff.; Bezzenberger, Das Kapital der Aktiengesellschaft, S. 115; Kästle, S. 239 ff.; Thießen, ZBB 1996, 19, 20, 21; Köndgen, Financial Covenants, S. 127, 155.

[1038] Kästle, S. 66 ff.; Diem, BKR 2002, 1034, 1038; Früh, GmbHR 1999, 842, 843; Wittig, WM 1996, 1381, 1382; ders. in Karsten Schmidt/Uhlenbruck (Hrsg.), Die GmbH in Krise, Sanierung und Insolvenz, 3. Aufl. 2003, Rn. 152 ff., 171.

[1039] Hierbei kann bestimmt werden, dass Kreditnehmer während der Laufzeit eines Kredits verpflichtet sind, die gleichen Bilanzierungs- und Bewertungsmethoden beizubehalten, vgl. Kästle, S. 64; Wittig, WM 1996, 1381, 1384; ders. in Karsten Schmidt/Uhlenbruck, Die GmbH in Krise, Sanierung und Insolvenz, 3. Aufl. 2003, Rn. 169.

ristischen Praxis häufig anzutreffen sind[1040]. Neben finanzwirtschaftlichen Covenants können sich die Verhaltenspflichten ferner auf den Bereich der Investitions- und Produktionspolitik erstrecken[1041].
Die verhaltenssteuernde Wirkung der Covenants ist maßgeblich auf die in den Covenants vorgesehenen Sanktionsmaßnahmen zurückzuführen. Je strafbewährter eine vertragliche Verhaltenspflicht ist, desto eher wird sie Beachtung finden.
Wie auch bei den Verhaltenspflichten haben sich im Bereich der Sanktionsmaßnahmen eine Vielzahl von Regelungen herausgebildet[1042]. Bei Zuwiderhandlung der in den Covenants begründeten Pflichten können den Gläubigern Rechte wie z.B. die Erzwingung von Nachverhandlungen, ein sofortiges Kündigungsrecht, die Verweigerung weiterer Kreditgewährungen, nachträgliche Besicherungsansprüche, der Vorfälligkeitseintritt eines gewährten Kredites, sowie weitreichende Kontroll- und Gestaltungsrechte[1043] auf die Unternehmens- und Geschäftspolitik erwachsen.
Die Vorzüge der Financial Covenants sind insbesondere darin zu sehen, dass sie effizient und individuell gestaltbar sind[1044]. Mittels der Covenants kann die Finanzlage der Schuldner laufend überwacht werden, sodass die Gläubiger bereits zu einem relativ frühen Zeitpunkt[1045] etwaige Ausfallrisiken aufdecken und durch entsprechende Maßnahmen unterbinden können. Dabei steht den Gläubigern ein nahezu unbegrenztes Arsenal an Steuerungs- und Sicherungsmaßnahmen zur Verfügung, wobei die Einräumung von Mitwirkungsrechten sowie die Einflussnahme auf die Investitions-, Produktions-, Finanzierungs- und Dividendenpolitik aus Sicht der Kreditgeber das wohl attraktivste Mittel der Krisenabwendung darstellen dürfte. Insbesondere das riskante finanz- und unternehmenspolitische Handeln, zu dem das Management in Krisenzeiten neigt, könnte mittels der Covenants kontrolliert und unterbunden werden.
Dieser Vielzahl an Vorzügen stehen jedoch auch einige Nachteile gegenüber. Besonders im kontinentaleuropäischen Rechtsraum kann der Gebrauch von Covenants mit Rechtsunsicherheiten verbunden sein[1046]. Financial Covenants können trotz der scheinbar unbeschränkten Gestaltungsmöglichkeiten unter rechtlichen Gesichtspunkten unwirksam sein.

[1040] Neben der im Gesetz verankerten Ausschüttungssperre können Gläubiger mittels etwaiger Dividendenklauseln (Dividend Covenants) die Höhe des jährlichen Ausschüttungsbetrages bestimmen, vgl. hierzu Diem, BKR 2002, 1034, 1039; Thießen, ZBB 1996, 19, 20; Eidenmüller, Vertragliche Vorkehrungen gegen Insolvenzrisiken, S. 43, 60; Kästle, S. 70, 71.

[1041] Eidenmüller, Vertragliche Vorkehrungen gegen Insolvenzrisiken, S. 43, 61.

[1042] Eine Übersicht findet sich bei Thießen, ZBB 1996, 19, 21 ff.; Eidenmüller, Vertragliche Vorkehrungen gegen Insolvenzrisiken, S. 43, 61; Köndgen, Financial Covenants, S. 127, 133; Kästle, S. 72 ff.; Wittig, WM 1996, 1381, 1385; vgl. hierzu auch Böckmann, Gläubigerschutz bei GmbH und close corporation, S. 161.

[1043] Kreditgeber können sich neben Mitwirkungsrechten faktisch die Übernahme der Unternehmensleitung einräumen lassen, vgl. Kästle, S. 35; ferner Eidenmüller, Vertragliche Vorkehrungen gegen Insolvenzrisiken, S. 43, 61; Wittig, WM 1996, 1381, 1389.

[1044] So auch Kuhner, ZGR 2005, 754, 760; ähnlich Spindler, JZ 2006, 839, 841.

[1045] Bevor der Schuldner zahlungsunfähig oder überschuldet ist.

[1046] Vgl. hierzu Thießen, ZBB 1996, 19, 26; Wittig, 1996, 1381, 1385 ff.; Köndgen, Financial Covenants, S. 127, 140 ff.; Kästle S. 85 ff.; Merkel S. 177 ff..

Je nach Intensität der aus den Covenants resultierenden Kontroll- und Mitwirkungsrechte, können covenantsberechtigte Gläubiger eine gesellschafterähnliche Stellung einnehmen, sodass sich hieraus ein Darlehensrückgewährverbot nach den Vorschriften des Eigenkapitalersatzrechts ergeben kann[1047]. Dieses rechtliche Risiko besteht in Serbien und in Deutschland gleichermaßen, da das in Art. 135 Abs. 3 ZOPDS und § 32 a Abs. 3 GmbHG geregelte Kapitalersatzrecht nahezu identisch ist[1048]. Grenzen der Vertragsautonomie können sich aber auch unter dem Gesichtspunkt der Knebelung und der unangemessenen Benachteiligung ergeben[1049]. Ferner können die aus den Covenants resultierenden Rechte, insbesondere das der Nachbesicherung, mit einem Anfechtungsrisiko behaftet sein[1050].
Ungeprüfte, besonders einschneidende Covenants, sind daher stets der Gefahr der Rechtsunwirksamkeit ausgesetzt.
Des Weiteren können Covenants kontraproduktiv sein, indem z.B. sinnvolle Investitionsprojekte vereinbarungsbedingt unterbunden werden[1051]. Zudem werden kleine Gläubiger aufgrund ihrer schwachen Marktstellung ohnehin nicht in der Lage sein, etwaige Covenants auszuhandeln[1052]. Covenants können darüber hinaus mit einem erheblichen finanziellen Aufwand verbunden sein.

[1047] Vgl. Drygala, ZGR 2006, 587, 599; Spindler, JZ 2006, 839, 841; Merkt, ZGR 2004, 305, 314; Böckmann, Gläubigerschutz bei GmbH und close corporation, S. 162; Fleischer, ZIP 1998, 313 ff., 319; eingehend hierzu Kästle, S. 164 ff., 178 ff., 187, 188, mit dem Ergebnis eines äußerst eingeschränkten Anwendungsbereichs des Eigenkapitalersatzrechts bezüglich der Financial Covenants; ebenfalls einschränkend Diem, BKR 2002, 1034, 1038, 1041, 1042; bedenkenlos Früh, GmbHR 1999, 842, 843.

[1048] Während das Kapitalersatzrecht in Serbien früher nach den Art. 359 i.V.m. Art. 245, 246 ZOP ausschließlich auf die Darlehensgewährung zu nachteiligen Konditionen abstellte und daher im Anwendungsbereich sehr eingeschränkt war, stellt Art. 135 ZOPDS nunmehr, wie auch § 32 a GmbHG, auf die Darlehensgewährung im Zeitpunkt der Krise ab. Hinsichtlich des Tatbestandes und der Rechtsfolge sind Art. 135 ZOPDS und die §§ 32 a, b GmbHG nunmehr nahezu identisch. Bei der Entwicklung der Klauselpraxis war in den USA das Eigenkapitalersatzrecht ohne Bedeutung, vgl. Kästle, S. 151 (Fn. 9).

[1049] Vgl. Drygala, ZGR 2006, 587, 598. Solange sich die Einschränkungen der unternehmerischen Handlungsfreiheit allerdings im Rahmen eines vertrebaren Maßes halten, sind Covenants rechtlich unbedenklich. In Serbien sind gemäß Art. 107 Abs. 1 des Gesetzes über obligatorische Verhältnisse (Zakon o obligacionim odnosima, Službeni list SFRJ br. 29/78, 39/85, 45/89, 57/89, Službeni list SRJ 31/93) Rechtsgeschäfte, die gegen die guten Sitten verstoßen, ebenfalls nichtig.

[1050] Vgl. Mankowski, in Lutter: Das Kapital der Aktiengesellschaft in Europa, ZGR-Sonderheft 17 2006, 488, 506; Wittig, WM 1996, 1381, 1387; Thießen, ZBB 1996, 19, 26; Häuser, Rechte und Pflichten der Kreditinstitute bei der Sanierung von Unternehmen, S. 75, 113 ff.. In Deutschland resultiert das Anfechtungsrisiko aus den §§ 130 ff. InsO. In Serbien kann sich ein Anfechtungsrecht aus den Art. 98 bis 108 des Gesetzes über das Konkursverfahren (Zakon o stečajnom postupku, Službeni glasnik RS br. 84/03) ergeben.

[1051] Vgl. Klaus M. Schmidt, EBOR 7 (2006), 89, 91; Eidenmüller, Vertragliche Vorkehrungen gegen Insolvenzrisiken, S. 43, 64.

[1052] Mülbert, EBOR 7 (2006), 357, 376, 377; Schön, EBOR 7 (2006), 181, 192; Haas, Reform des gesellschaftsrechtlichen Gläubigerschutzes, E 95; Goette, ZGR 2006, 261, 276; Mankowski, in Lutter: Das Kapital der Aktiengesellschaft in Europa, ZGR-Sonderheft 17 2006, 488, 495; Engert, in Lutter: Das Kapital der Aktiengesellschaft in Europa, ZGR-Sonderheft 17 2006, 743, 785;

Ferner ist zu berücksichtigen, dass Nebenabreden auch negative externe Effekte erzeugen können. Obwohl die Einhaltung der verhaltensgebundenen Pflichten regelmäßig, wenn auch nur reflexiv[1053], allen Gläubigern zugute kommen, kann sich vor allem der rechtsfolgenbezogene Teil der Covenants erheblich zu Lasten der unbesicherten Gläubiger auswirken. Gelingt es den covenantsberechtigten Gläubigern eine vorzeitige Befriedigung zu erlangen, gehen die unbesicherten Gläubiger zwangsläufig schutzlos aus[1054].

Denkbar ist auch, dass das schuldnerische Unternehmen mit dem vorzeitigen Abzug von Finanzmitteln durch covenantsbesicherte Gläubiger in eine Finanzkrise bzw. in den Zustand der Zahlungsunfähigkeit geführt wird. Regelmäßig wird man unterstellen müssen, dass covenantsberechtigte Gläubiger ihre Rechte primär bzw. ausschließlich zum eigenen Vorteil nutzen werden[1055].

Schließlich können Financial Covenants die Komparabilität und damit die Aussagekraft der offengelegten Jahresabschlüsse nicht unerheblich beeinträchtigen. Die der Öffentlichkeit nicht zugänglichen Covenants können je nach Art und Umfang der Vereinbarung den Bilanzierenden verpflichten, von der aus den Abschlüssen erkennbaren Unternehmens-, Finanz- und Bilanzpolitik in den Folgejahren abzuweichen[1056]. Zudem bleibt es den Rechnungslegungsadressaten verborgen, ob, in welcher Intensität und mit welchen finanziellen Folgen das rechnungslegungspflichtige Unternehmen covenantsbelastet ist.

Je liberaler ein Kapitalschutzsystem ist, desto gravierender wird der Gläubigerschutz daher durch individualvertragliche Sicherungsmaßnahmen zu substituieren sein. In Serbien wird die Praxis der Financial Covenants aufgrund des Systemwechsels künftig verstärkt Einzug erhalten und die konventionellen Sicherungsinstrumente verdrängen. Dabei wird sich die Praxis der Financial Covenants nicht nur i.R.d. Kreditvergabe, sondern auch in anderen Bereichen etablieren.

In den USA hat die Rechts- und Wirtschaftspraxis gezeigt, dass der im kontinentaleuropäischen Rechtsraum gesetzlich verankerte Kapitalschutz teilweise durch die

---

Wilhelmi, GmbHR 2006, 13, 15; Merkt, ZGR 2004, 305, 314; Fleischer, ZGR 2001, 1, 13; Schön, ZGR 2000, 706, 727.

[1053] Vgl. Merkt, EBOR 7 (2006), 95, 108, 110; Priester, Die GmbH-Reform in der Diskussion, 1, 7. Financial Covenenats werden primär im Intersse eines einzigen Gläubigers getroffen, vgl. hierzu Merkt, ZGR 2004, 305, 313; Eidenmüller, Vertragliche Vorkehrungen gegen Insolvenzrisiken, S. 43, 64.

[1054] Mülbert, EBOR 7 (2006), 357, 377; Mankowski, in Lutter: Das Kapital der Aktiengesellschaft in Europa, ZGR-Sonderheft 17 2006, 488, 491, 495 ff.; Wilhelmi, GmbHR 2006, 13, 15; Merkt, ZGR 2004, 305, 314; Eidenmüller, Vertragliche Vorkehrungen gegen Insolvenzrisiken, S. 43, 64.

[1055] So auch Haas, Reform des gesellschaftsrechtlichen Gläubigerschutzes, E 96; Merkt, EBOR 7 (2006), 95, 109; Mankowski, in Lutter: Das Kapital der Aktiengesellschaft in Europa, ZGR-Sonderheft 17 2006, 488, 496; Engert, in Lutter: Das Kapital der Aktiengesellschaft in Europa, ZGR-Sonderheft 17 2006, 743, 785; Kuhner, ZGR 2005, 754, 763, 764; Engert, ZHR 170 (2006), 296, 305; Böckmann, Gläubigerschutz bei GmbH und close corporation, S. 188, 189.

[1056] Allerdings können Nebenabreden, die den Bilanzierenden zur Kontinuität der Bilanzierungs- und Bewertungsmethoden verpflichten, zur besseren Komparabilität der Rechnungslegungsabschlüsse beitragen.

Covenants simuliert wird[1057]. Es ist zu erwarten, dass sich die kautelarjuristische Praxis in Serbien zunächst an den in den USA entwickelten und bewährten Sicherungsklauseln orientieren wird, die sich später gegebenenfalls verselbstständigen und den besonderen Marktgegebenheiten anpassen wird.

[1057] Merkt, EBOR 7 (2006), 95, 108; ders., ZGR 2004, 305, 313; Mülbert, EBOR 7 (2006), 357, 391; Kästle, S. 70, 71.

5. Kapitel: Abschließende Gesamtbetrachtung

A. Zusammenfassende Betrachtung

Abschließend lässt sich konstatieren, dass sich der Kapitalschutz der serbischen GmbH von dem der deutschen GmbH teilweise erheblich unterscheidet. Der Unterschied ist besonders auf den reformbedingten Systemwechsel im serbischen GmbH-Recht zurückzuführen.
Der Kapitalschutz der serbischen GmbH ist auf nahezu allen Ebenen angloamerikanisch geprägt. Dabei hat das angloamerikanische System nicht nur im Gesellschaftsrecht, sondern auch im Registerrecht Einzug erhalten. Der Systemwandel wurde schließlich mit der vollständigen Implementierung der IAS/IFRS-Rechnungslegung komplettiert.
Künftig wird der Gläubigerschutz in Serbien mit dem modifizierten Kapitalerhaltungsrecht und verstärkt mit der privatautonomen Besicherung realisiert werden. Das ausgewählte System versucht, eine ausschüttungsbedingte Insolvenz zu verhindern und die Gläubiger mittels einer umfassenden Publizitätspflicht mit hinreichenden Informationen zu versorgen, damit sie entscheiden können, ob, zu welchen Konditionen und mit welchem Sicherungsaufwand sie einen geschäftlichen Kontakt eingehen möchten.
Mit der Absicht, die seinerzeit bestehenden Gründungsbarrieren abzubauen, wurde das Kapitalaufbringungsrecht in Serbien erheblich dereguliert, sodass dem gesetzlichen Grundkapital bezüglich der Realisierung des Gläubigerschutzes keine nennenswerte Bedeutung mehr zukommt.

Im deutschen GmbH-Recht basiert der Kapitalschutz hingegen auf dem traditionellen kontinentaleuropäischen Konzept.
Entsprechend streng und rigide ist das Kapitalaufbringungs- und Kapitalerhaltungsrecht ausgestaltet. Flankiert wird dieses System mit den tiefgreifend vom Vorsichtsprinzip geprägten HGB-Bilanzierungsgrundsätzen. Obwohl die überwiegende Anzahl der europäischen Staaten das kontinentaleuropäische Recht in ihren Gesellschaftsrechten noch fest verankert haben, kündigt sich auf einzelstaatlicher und auf gemeinschaftlicher Ebene ein Trendwechsel an. Dem kontinentaleuropäischen System eilt zunehmend der Ruf mangelnder Effektivität, Flexibilität und rechtspolitischer Unattraktivität voraus.
Aufgrund des gesteigerten Wettbewerbsdrucks der europäischen Regelgeber gewinnt das Argument der rechtspolitischen Attraktivität bei den nationalen Gesetzgebern verstärkt an Bedeutung[1058]. Auch in Deutschland gerät der kontinentaleuropäische Kapitalschutz zunehmend unter Druck. Obwohl das kontinentaleuropäische System seit über einem Jahrhundert fest im deutschen Kapitalgesellschaftsrecht verankert ist und ein beachtlicher Teil der Literatur noch heute an diesem Prinzip festhält, scheint den

[1058] Das zeigen die Deregulierungsmaßnahmen in Frankreich, Spanien und Italien.

deutschen Gesetzgeber das stammkapitalbasierten System nicht mehr besonders zu überzeugen[1059]. Es bleibt abzuwarten, wie der GmbH-rechtliche Kapitalschutz künftig in Deutschland ausgestaltet sein wird.
Eine lediglich auf die Abschaffung des Kapitalaufbringungsprinzips beschränkte Reform wird den Anforderungen an ein dereguliertes und wettbewerbsfähiges System allerdings nicht gerecht werden können. Vielmehr wird eine umfassende Deregulierung des Sacheinlagen- und Registrierungsrechts, eine Flexibilisierung des Kapitalerhaltungsrechts, eine Erweiterung der Publizitätspflichten sowie eine umfassendere Implementierung der internationalen Rechnungslegungsstandards für die GmbH langfristig unabdingbar sein. Bereits heute kündigt sich rechtspolitisch in der Europäischen Union ein deutlich extensiverer Abbau des kontinentaleuropäischen Systems an[1060]. Obwohl sich die geplanten Maßnahmen zunächst auf das Aktienrecht beschränken, würden diese Reformmaßnahmen zwangsläufig auch im GmbH-Recht ihre Wirkung zeigen.

Das im deutschen GmbH-Recht geltende System erweist sich besonders in der Gründungsphase als unnötig überreguliert. Ein abstrakt geregeltes, starres und wenig wirksames System sind die unerwünschten Nebenfolgen des institutionalisierten Gläubigerschutzes. Vertragliche Sicherungsmaßnahmen hingegen ermöglichen individuelle Lösungen, die sich am jeweiligen Sicherungsbedarf der Gläubiger orientieren[1061]. Dabei ist allerdings zu berücksichtigen, dass die reflexive Wirkung der Covenants auch kleinen Gläubigern zugute kommen kann, dieses jedoch keine zwingende Folge sein muss.

Insgesamt hat man sich in Serbien vom Mindeststammkapital und damit vom schwächsten Glied der Kette des Haftkapitalsystems[1062] getrennt, das Kapitalerhaltungsrecht um die Solvenzprüfung erweitert und die Transparenz- bzw. Publizitäts-

---

[1059] Begründung zu Art 6. des Entwurfs eines Gesetzes zur Bekämpfung von Missbräuchen, zur Neuregelung der Kapitalaufbringung und zur Förderung der Transparenz im GmbH-Recht (MiKaTraG) vom 30.11.2004; Begründung zu Art. 1 des Entwurfs eines Gesetzes zur Neuregelung des Mindestkapitals der GmbH (MindestkapG) vom 15.04.2005.

[1060] Nach dem Bericht der HLG soll dem Stammkapital keine nennenswerte Bedeutung mehr zukommen. Im Bereich des Kapitalerhaltungsrechts soll das einstufige Bilanzprüfungsverfahren durch ein kumulativ durchzuführendes, zweistufiges Bilanz- und Solvenzprüfungsverfahren substituiert werden. Gemäß den Vorschlägen der SLIM-Gruppe soll das Registrierungs- und Offenlegungsverfahren sowie das Sacheinlagenverfahren dereguliert werden. Auch die Verordnung (EG) Nr. 1606/2002, betreffend die Anwendung internationaler Rechnungslegungsstandards, ABl.EG 2002, L 243 S. 1 ff., gewährt nach Art. 5 im Unterschied zum BilReG ein wesentlich umfangreicheres Anwendungswahlrecht hinsichtlich der IAS/IFRS.

[1061] Allerdings ist die Verwendung von Covenants mit einem Rechtsunsicherheitsrisiko behaftet. Es wird zudem vorgebracht, dass die individualvertragliche Ausarbeitung der Covenants mit erhöhten Kosten verbunden sei, vgl. Merkt, ZGR 2004, 305, 320; Schön, ZGR 2000, 706, 727; Kirchner, FS Beisse (1997), 267, 279. Die Kosten werden aber durch die Verwendung standardisierter Sicherungsklauseln vermieden, vgl. Merkt, ZGR 2004, 305, 320.

[1062] So die Begründung zu Art. 6 des Entwurfs eines Gesetzes zur Bekämpfung von Missbräuchen, zur Neuregelung der Kapitalaufbringung und zur Förderung der Transparenz im GmbH-Recht vom 30.11.2004; ähnlich Vasiljević, Komentar ZOPDS, Einleitung S. 10.

pflichten deutlich erhöht. Angesichts der Tatsache, dass die Rechtsform der GmbH meist aus lauteren Motiven gewählt wird und sich fast ausschließlich redliche Unternehmen am Geschäftsverkehr beteiligen[1063], sind die in Serbien durchgeführten Reformen aus rechts- und wirtschaftspolitischen Gesichtspunkten durchweg begrüßenswert.

B. Gestaltungsmöglichkeiten für den Kapitalschutz im deutschen GmbH-Recht

Das gegenwärtig im deutschen GmbH-Recht verankerte kontinentaleuropäische System ist besonders dem Vorwurf der mangelnden Effektivität ausgesetzt.
Diese systemimmanenten Lücken könnten durch eine Verschärfung des gegenwärtigen Systems erreicht werden. Besonders im Bereich der Kapitalaufbringung bieten sich hierfür zahlreiche Gestaltungsmöglichkeiten an.
Denkbar wäre z.B. die Einführung eines Volleinzahlungsgebots[1064], eine „angemessene" Anhebung der Mindestkapitalziffer[1065] sowie ein noch schärferes Kapitalaufbringungsverfahren. Das inhärente Spannungsverhältnis zwischen der Haftkapital- und Betriebskapitalfunktion könnte durch einen absoluten Schutz des Stammkapitals gelöst werden. Das in der Satzung ausgewiesene Stammkapital müsste allerdings vor jeglichem Zugriff, damit auch vor dem betriebsbedingten Verzehr geschützt werden.
Ein etwas differenzierter Vorschlag geht dahin, dass die Gesellschafter entgegen der gegenwärtigen Rechtslage das Stammkapital erst in der Insolvenz einzahlen müssen[1066].
Neben der Schwierigkeit, eine geeignete oder gar angemessene[1067] Höhe des aufzubringenden Stammkapitals zu bestimmen, würden verschärfende Maßnahmen die Unternehmensfinanzierung und damit die Gründung einer GmbH unnötig erschweren. Ohne die Kapitalausstattung langfristig nennenswert zu verbessern, müssten sich die Gründungsgesellschafter bereits zur Beschaffung des Mindeststammkapitals verschulden[1068]. Die Bildung eines realen Haft- bzw. Garantiekapitals wäre unter betriebswirt-

1063 Missbräuchlich motivierte Teilnahmen am Geschäftsverkehr waren und werden die Ausnahme bilden.
1064 Vgl. Wachter, GmbHR 2004, 88, 97; Koegel, GmbHR 2003, 1225, 1227, schlägt vor, das Volleinzahlungsgebot mit der Herabsetzung der Mindeststammkapitalziffer zu kombinieren.
1065 So auch Haas, Reform des gesellschaftsrechtlichen Gläubigerschutzes, E 128; Blaurock, FS Raiser (2005), S. 3, 16; Seibert, ZIP 2006, 1157, 1157; Römermann, GmbHR 2006, 673, 675; Michalski-Zeidler, GmbHG, § 5 Rn. 10. Für eine Erhöhung der Mindestkapitalziffer Priester, Die GmbH-Reform in der Diskussion, 1, 7; Altmeppen, NJW 2005, 1911, 1912; Kleindiek, DStR 2005, 1366, 1368; Wilhelmi, GmbHR 2006, 13, 21.
1066 Zum sog. Soll-Eigenkapital, vgl. Kallmeyer, GmbHR 2004, 377, 379. Ähnlich der Vorschlag von Thiessen, ZIP 2006, 1892 ff., statt dem Mindestkapital ein Insolvenzeröffnungskapital leisten zu müssen.
1067 Trotz zahlreicher Ansätze ist es der Finanztheorie nicht gelungen, objektivierbare Kriterien zur Ermittlung des angemessenen Kapitalbedarfs aufzustellen, vgl. hierzu 2. Kapitel, S. 87.
1068 Koegel, GmbHR 2003, 1225, 1227.

schaftlichen Gesichtspunkten jedoch höchst sinnwidrig und in der Höhe einer pauschalierten Summe für die Gläubiger von einem äußerst geringen Nutzen.
Der Vorschlag, das Stammkapital erst in der Insolvenz einzuzahlen, stößt auf große praktische Schwierigkeiten. Einerseits würden die Gläubiger in einer solchen Konstellation unnötig dem persönlichen Insolvenzrisiko[1069] der Gründungsgesellschafter ausgesetzt. Andererseits wäre die dadurch existente Kapitalsumme der Höhe nach kaum geeignet, die Gläubiger nennenswert zu befriedigen. Zudem müssten die Gründungsgesellschafter den laufenden Geschäftsbetrieb ganz oder teilweise mit Finanzierungshilfen aufrechterhalten und im Insolvenzfall das Eigenkapital zusätzlich einzahlen. Die Gründungsgesellschafter würden für dasselbe Risiko damit zweifach in Anspruch genommen[1070].
Verschärfende Maßnahmen wären daher stets dem Vorwurf der mangelnden rechtspolitischen Attraktivität und Durchsetzbarkeit ausgesetzt. Zudem haben die Erfahrungen in Deutschland gezeigt, dass sich verschärfende Maßnahmen nicht besonders bewährt haben. Wie die Rechtsfigur der verdeckten Sacheinlage dokumentiert, versuchen die Gesellschafter das langsame, kostspielige und komplizierte Sacheinlageverfahren stets durch neue Gestaltungen zu umgehen. Im Ergebnis hat sich dazu eine komplexe und komplizierte Einzelfalljudikatur herausgebildet.
Auch das Image der schlechten Kapitalausstattung und der hohen Insolvenzanfälligkeit der GmbH konnte mit der Anhebung der Stammkapitalziffer von 20.000,- DM auf 25.000,- € nicht beseitigt werden.
Im Übrigen konnte sich das Volleinzahlungsgebot in Deutschland bisher rechtspolitisch nicht durchsetzen[1071] und eine erneute Anhebung der Mindeststammkapitalziffer hielt der deutsche Gesetzgeber nicht für geboten[1072]. Angesichts des verschärften Wettbewerbs der europäischen Regelgeber wäre ein strengeres stammkapitalbasiertes System in Deutschland rechtspolitisch nicht zu vertreten[1073].

Unter Beibehaltung des stammkapitalbasierten Systems sind aber auch punktuelle Deregulierungsmaßnahmen denkbar[1074]. In diesem Zusammenhang wird insbesondere

---

[1069] Dies könnte verhindert werden, indem die Gründungsgesellschafter im Unterschied zu einer reinen Zahlungsverpflichtung bereits zum Zeitpunkt der Gründung im Rahmen einer „vorab Kaution" verpflichtet wären, die Stammeinlage auf ein treuhänderisch verwaltetes Konto zu leisten. Im Ergebnis würde dies auf die Bildung eines realen Haft- bzw. Garantiekapitals hinauslaufen und ist aus den breits genannten Gründen abzulehnen. Ablehnend auch Thiessen, ZIP 2006, 1892, 1896, der im Rahmen seines Vorschlags für ein Insolvenzeröffnungskapital die Verlagerung des Bonitätsrisikos auf die Gläubiger damit bewusst in Kauf nimmt.

[1070] So auch Grunewald/Noack, GmbHR 2005, 189, 195.

[1071] Der Entwurf des § 16 GmbHG des Reichsjustizministeriums aus dem Jahre 1940, der ein Volleinzahlungsgebot vorsah, wurde nie realisiert.

[1072] BT-Durcksache 13/9347, S. 38.

[1073] Begründung zum Entwurf eines Gesetzes zur Bekämpfung von Missbräuchen, zur Neuregelung der Kapitalaufbringung und zur Förderung der Transparenz im GmbH-Recht (MiKaTraG) vom 30. November 2004, S. 23; Haas, Reform des gesellschaftsrechtlichen Gläubigerschutzes, E 126, E 129, E 130; Fastrich, DStR 2006, 656, 660; Römermann, GmbHR 2006, 673, 675.

[1074] Ablehnend die Stellungnahme des Handelsrechtsausschusses des DAV, NZG 2005, 548; Gehb/Drange/Heckelmann, NZG 2006, 88, 91.

eine Senkung der Mindeststammkapitalziffer für diskussionswürdig erachtet[1075]. Hierbei ist jedoch zu berücksichtigen, dass eine Senkung der Mindestkapitalziffer, die ohnehin geringe Seriositätsfunktion[1076] weiterhin deutlich beeinträchtigen würde, ohne dem System jedoch die notwendige Flexibilität und Attraktivität zu verleihen. Da sich vor allem das starre Kapitalaufbringungsverfahren gründungserschwerend auswirkt, wäre eine isolierte Senkung der Mindestkapitalziffer, ohne eine umfassende „Deregulierung" des Kapitalaufbringungsrechts, nahezu wirkungslos. Die in Serbien durchgeführte Reform hat gezeigt, dass nicht nur die Frage des Mindestkapitals zu regeln, sondern das gesamte Kapitalaufbringungs- und Kapitalerhaltungsrecht zu reformieren war. Für die notwendige Flexibilität sorgten vor allem Deregulierungsmassnahmen im Kapitalaufbringungsverfahren.

Im Ergebnis lässt sich somit festhalten, dass eine Verschärfung des stammkapitalbasierten Systems in Deutschland keinesfalls geeignet erscheint und einen erheblichen Attraktivitätsverlust der GmbH zur Folge hätte[1077].
Isolierte Deregulierungsmaßnahmen, wie bspw. die Senkung oder Abschaffung der Mindestkapitalziffer, würden lediglich marginale Wirkung zeigen, ohne das System nennenswert wettbewerbsfähiger und effizienter erscheinen zu lassen. Zutreffend wird daher angemerkt, dass die Frage, ob am Mindeststammkapital festgehalten werden soll, nicht alleine ausschlaggebend ist[1078]. Bei der Schaffung eines kompetitiven Kapitalschutzsystems böte sich eine Kombination von kontinentaleuropäischen und angloamerikanischen Elemente an[1079], mit der sich ein ausgewogenes Kapitalschutzkonzept erzeugen ließe, welches den Anforderungen an ein wettbewerbsfähiges Gesellschaftsrecht mit einem angemessenen Drittschutz gerecht werden könnte.
Dadurch könnte die Gründung von Gesellschaften vereinfacht, beschleunigt und die damit verbundenen Kosten gesenkt werden.

[1075] Koegel, GmbHR 2003, 1225, 1227; Frank/Wachter, GmbHR 2002, 17, 22; Merkt in VGR, Gesellschaftsrecht in der Diskussion 1999, VGR Bd. 2 (2000), S. 111, 138. So auch der Entwurf eines Gesetzes zur Neuregelung des Mindestkapitals der GmbH (MindestkapG) vom 15.04.2005 sowie der Entwurf eines Gesetzes zur Modernisierung des GmbH-Rechts und zur Bekämpfung von Missbräuchen (MoMiG) vom 29. Mai 2006.

[1076] Merkt, ZGR 2004, 305, 317; Hirte, ZInsO 2003, 833, 835.

[1077] In diesem Sinne auch Triebel/Otte, ZIP 2006, 311, 312; Teichmann, NJW 2006, 2444. 2449; Spindler, JZ 2006, 839, 844; Römermann, GmbHR 2006, 673, 675.

[1078] Vgl. Goette, ZGR 2006, 261, 276; Schön, Der Konzern 2004, 162, 164; Vossius/Wachter, BB 2005, 2539, 2539; Bericht der HLG auf dem Gebiet des Gesellschaftsrechts über moderne gesellschaftsrechtliche Rahmenbedingungen in Europa vom 04.11.2002, S. 88. Allerdings ist zu berücksichtigen, dass die Mindeststammkapitalziffer im Rahmen der Gründung stets mit einem erhöhten Finanzierungsaufwand der Gründungsgesellschafter verbunden ist und daher im Rahmen einer umfassend angelegten Reform entweder abgeschafft oder auf ein erträgliches bzw. vertretbares Maß herabgesetzt werden sollte. Ähnlich Haas, Reform des gesellschaftsrechtlichen Gläubigerschutzes, E 130; E 141.

[1079] So auch Blaurock, FS Raiser (2005), S. 3, 16. Gemeint ist hiermit keinsfalls eine Kumulation der besonders strengen Kapitalsicherungselemente beider Systeme. Zutreffend weist Merkt, ZGR 2004, 305, 321, darauf hin, dass eine Kumulation der gesetzlichen und vertraglichen Kapitalsicherungen zu einer besonders strengen und damit überzogenen Kapitalbindung führen würde.

Im Bereich der Kapitalerhaltung bietet das zweistufige Ausschüttungsverfahren das erforderliche Maß an Flexibilität und Präzision, ohne jedoch die Gläubiger schutzlos zu stellen[1080]. Bezüglich der inhaltlichen Ausgestaltung bietet sich eine Fülle an Möglichkeiten an.

Im Rahmen der Bilanzprüfung könnte der Gesetzgeber beispielsweise an das Stammkapital zuzüglich eines gegebenenfalls durch Gesetz bestimmten Vermögenspuffers[1081] anknüpfen oder lediglich den Ausgleich der Aktiva und der Passiva fordern.

Im Solvenzprüfungsverfahren könnten unterschiedliche Anforderungen an das Deckungsverhältnis zwischen dem Umlaufvermögen und den Verbindlichkeiten gestellt werden. Denkbar wäre z.B. eine einfache oder qualifizierte[1082] Deckung der Verbindlichkeiten durch das Umlaufvermögen.

Ein ausgewogenes Kapitalschutzkonzept sollte zudem einen angemessenen und effektiven Drittschutz gewährleisten. Nur so lassen sich unnötige Risiken und Kosten aller Beteiligten reduzieren.

Hierbei sollte der privatautonomen Besicherung eine wichtige Bedeutung beigemessen werden, weshalb den Gläubigern die erforderlichen Unternehmensinformationen zugänglich gemacht werden müssten. Notwendig ist daher eine Erhöhung der Publizitätspflichten. Zudem sollte die Kapitalausstattung der Unternehmen im Geschäftsverkehr transparent gemacht werden, sodass die Unternehmen den Betrag des gezeichneten und des eingezahlten Stammkapitals auf ihren Geschäftsbriefen angeben müssten. Dadurch hätten es die Gesellschafter selbst in der Hand, die finanzielle Solidität ihres Unternehmens im Geschäftsverkehr zu dokumentieren, was zu einer Verbesserung der Eigenkapitalausstattung der Unternehmen führen könnte.

[1080] Die Kombination einer Bilanz- und Liquiditätskontrolle hält auch die Group of German Experts on Corporate Law für diskussionwürdig, vgl. Stellungnahme der deutschen Arbeitsgruppe Europäisches Gesellschaftsrecht (Group of German Experts on Corporate Law) zum Bericht der HLG in ZIP 2003, 863, 874. Für die Einführung einer situativen Ausschüttungssperre, Triebel/Otte, ZIP 2006, 311, 313; dies., ZIP 2006, 1321, 1327; Spindler, JZ 2006, 839, 850. Für ein duales, kumulativ durchzuführendes Ausschüttungsbemessungssystem hat sich jüngst der von Lutter initiierte Arbeitskreis „Kapital in Europa" ausgesprochen, vgl. Lutter, in Lutter: Das Kapital der Aktiengesellschaft in Europa, ZGR-Sonderheft 17 2006, 1, 11, 14; Pellens/Sellhorn, in Lutter: Das Kapital der Aktiengesellschaft in Europa, ZGR-Sonderheft 17 2006, 451, 484; Veil, in Lutter: Das Kapital der Aktiengesellschaft in Europa, ZGR-Sonderheft 17 2006, 91, 113; ferner Schön, EBOR 7 (2006), 181, 193, 196; offen Kuhner, ZGR 2005, 754, 787. Gegen die Einführung eines Solvenztestes wohl Dierksmeier/Scharbert, BB 2006, 1517, 1521; Wilhelmi, GmbHR 2006, 13, 21. Nach Ansicht von Haas, Reform des gesellschaftsrechtlichen Gläubigerschutzes, E 141, E 151, besteht neben einer solvenzbasierten Ausschüttungssperre keine Notwendigkeit mehr für eine an das Mindestkapital anknüpfende Ausschüttungssperre; ähnlich Rickford, EBOR 7 (2006), 135, 171.

[1081] Gemäß § 500 (b) des California Corporations Code ist eine Ausschüttung möglich, wenn nach der Ausschüttung die Aktiva die Verbindlichkeiten mindestens zu 125 % deckt. Zum Kapitalschutzsystem des California Corporations Code, vgl. Pellens/Brandt/Richard, DB 2006, 2021 ff..

[1082] Eine per Gesetz geforderte Liquiditätsreserve, wie beispielsweise eine 120 %-ige Deckung der Verbindlichkeiten durch das Umflaufvermögen. Ablehnend Engert, ZHR 170 (2006), 296, 327, 328; Schön, EBOR 7 (2006), 181, 198.

Eine Reform müsste in Deutschland daher umfassend[1083] angelegt sein, denn nur so könnte eine fühlbar deregulative Wirkung erzeugt werden.
Nur ein ausgewogenes System, das die Unternehmen nicht mit übertriebenen Drittschutzmechanismen belastet und die Gläubiger- und Gesellschafterinteressen ökonomisch und effizient in Einklang bringt, wird sich in dem eröffneten Wettbewerb der Regelgeber behaupten können.

[1083] In diesem Sinne auch Triebel/Otte, ZIP 2006, 311 ff.; dies., ZIP 2006, 1321, 1327; Karsten, GmbHR 2006, 57, 65; Bayer/Lieder GmbHR 2006, 1121, 1129; Blaurock, FS Raiser (2005), S. 3 ff.; Vossius/Wachter, BB 2005, 2539, 2539; Eidenmüller, FS Heldrich (2005), S. 581, 592; Kallmeyer, GmbHR 2004, 377, 377; Meilicke, GmbHR 2003, 793, 808; ders., GmbHR 2003, 1271, 1273; Hirte, ZInsO 2003, 833, 835; Koegel, GmbHR 2003, 1225, 1230. Zu den alternativen Regelungsmodellen, wie der Unternehmensgründergesellschaft (UGG), der FlexCap, der GmbH-light (Basisgesellschaft), dem Einzelkaufmann mbH sowie der Kommanditgesellschaft mit beschränkter Haftung, vgl. Drygala, ZIP 2006, 1797, 1799, 1800 ff.; Seibert, ZIP 2006, 1157, 1168; K. Schmidt, DB 2006, 1096 ff.; Lutter, Die GmbH-Reform in der Diskussion, 211, 219 ff., 222; Priester, ZIP 2006, 161 ff.; ders., Die GmbH-Reform in der Diskussion, 1, 9 ff., 12, 24.

Anhang[1084]

Einlagen, Eigentum, Grundkapital und die Einlagenpflicht

Artikel 13.

(1) Partner, Gesellschafter und Aktionäre einer Wirtschaftsgesellschaft sind verpflichtet, ihre Einlagen nach den Vorschriften dieses Gesetzes, den Vereinbarungen im Gründungsakt und Gesellschaftsvertrag oder aufgrund sonstiger Vereinbarungen zu erbringen.

(2) Nach Maßgabe der nach Absatz 1 dieses Artikels geleisteten Einlage erlangen die Partner beziehungsweise Gesellschafter einer Gesellschaft ihren Geschäftsanteil und die Aktionäre ihre Gesellschaftsaktien.

(3) Die in Absatz 1 dieses Artikels genannten Personen, die ihre im Zusammenhang mit der Gründung stehenden Pflichten nicht erfüllen oder falsche Angaben zur Einlage machen, haften der Gesellschaft für den entstandenen Schaden.

(4) Auf die Erfüllung der Einlagepflichten gegenüber der Wirtschaftsgesellschaft finden die Vorschriften dieses Gesetzes und die Vorschriften des Obligationengesetzes Anwendung.

(5) Leisten die in Absatz 1 dieses Artikels genannten Personen die vereinbarte Nicht-Bareinlage nicht, kann nach einer vorherigen Zustimmung der Gesellschaft bestimmt werden, dass sie statt dieser, eine dem Wert der vereinbarten Nicht-Bareinlage entsprechende Bareinlage leisten.

(6) Sämtliche, der Gesellschaft zugeführten Einlagen stehen im Eigentum der Gesellschaft und können von den Partnern, Gesellschaftern und Aktionären nicht mehr als ihr persönliches Vermögen genutzt werden.

(7) Die Gesellschaft kann die in Absatz 1 dieses Artikels genannten Personen von der Einlagepflicht weder befreien noch kann sie die Einlagepflicht mindern.

[1084] Einige ausgewählte, aus dem Serbischen übersetzte Normen des ZOPDS.

(8) Die in Absatz 1 dieses Artikels genannten Personen haben weder einen Anspruch auf Rückgewähr noch einen Zinsanspruch auf die geleistete Einlage. Zahlungen an diese Personen, die aufgrund von Aktienrücknahmen und Aktienvernichtungen oder dem Erwerb von eigenen Aktien oder Anteilen erfolgen, sowie sonstige Zahlungen, die im Einklang mit diesem Gesetz stehen, gelten nicht als Rück- oder Zinszahlungen der Einlagen.

(9) Werden Gesellschaftsanteile beziehungsweise Aktien im Einklang mit diesem Gesetze übertragen, haften der Veräußerer und der Erwerber solidarisch für die bis zum Zeitpunkt der Übertragung begründeten Einlageverbindlichkeiten des Veräußerers.

(10) Ansprüche der Gesellschaft, die aufgrund der Absätze 1 bis 9 dieses Artikels entstanden sind, können von der Gesellschaft oder denjenigen Partnern beziehungsweise Gesellschaftern oder Aktionären geltend gemacht werden, die mit mindestens zu 5 % am Grundkapital beteiligt sind.

(11) Gesellschaftsvermögen im Sinne dieses Gesetzes ist der Gesamtwert aller Sachen und Rechte, den die Gesellschaft durch Einlagen und Geschäftsaktivitäten erlangt hat.

(12) Grundkapital im Sinne dieses Gesetzes ist die Differenz des Gesamtvermögens und der Summe aller Verbindlichkeiten beziehungsweise der Gesamtwert der Anteile oder Aktien der Gesellschaft.

Bewertung der Sacheinlagen

Artikel 14.

(1) Unter Nicht-Bareinlagen im Sinne dieses Gesetzes versteht man Einlagen in Form von Sachen und Rechten, Arbeit und Dienstleistungen, sowie Anteilen und Aktien an anderen Gesellschaften.

(2) Nicht-Bareinlagen einer Offenen Handelsgesellschaft und Kommanditgesellschaft, sowie der Gesellschaft mit beschränkter Haftung und der geschlossenen Aktiengesellschaft werden im Einklang mit dem Gründungsakt und der Übereinstimmung der Partner, Gesellschafter und Aktionäre bewertet.

(3) Lässt sich der Wert der Nicht-Bareinlagen nicht nach Maßgabe des Absatzes 2 dieses Artikels bestimmen, können die Partner, Gesellschafter oder Aktionäre einen bevollmächtigten Sachverständigen mit der Bewertung dieser Einlage beauftragen oder beantragen, dass das Gericht den Wert in einem nichtstreitigen Verfahren bestimmt.

(4) Nicht-Bareinlagen einer offenen Aktiengesellschaft werden von einem bevollmächtigen Sachverständigen bewertet, den die Gründer beziehungsweise der Verwaltungsrat von der Liste der bevollmächtigten Sachverständigen auswählen oder das Gericht diesen in einem nichtstreitigen Verfahren auf Antrag der Gründer oder des Verwaltungsrates bestimmt.

(5) Die Bewertung der Nicht-Bareinlagen erfolgt in Übereinstimmung mit den Vorschriften des Gesetzes zur Regelung der Buchführung und Revision.

Missbrauch der Rechtspersönlichkeit

Artikel 15.

(1) Die Kommanditisten einer Kommanditgesellschaft wie auch die Gesellschafter einer Gesellschaft mit beschränkter Haftung und die Aktionäre einer Aktiengesellschaft haften Dritten gegenüber für die Verbindlichkeiten der Gesellschaft persönlich, wenn sie die Wirtschaftsgesellschaft für ungesetzliche oder betrügerische Zwecke missbrauchen oder wenn sie über das Gesellschaftsvermögen wie über ihr Eigenes verfügen, als ob die Gesellschaft als juristische Person nicht bestehen würde.

(2) Personen nach Absatz 1 dieses Artikels haften für die Verbindlichkeiten der Gesellschaft solidarisch.

(3) Die Haftung nach den Absätzen 1 und 2 dieses Gesetzes stellt das zuständige Gericht fest. Hierbei zieht es sämtliche Umstände des Missbrauchs in Betracht und insbesondere, dass der allgemeine Grundsatz der begrenzten Haftung auf die in Absatz 1 dieses Artikels geregelten Fälle keine Anwendung findet.

Einlageformen

Artikel 110.

(1) Einlagen der Gesellschaft mit beschränkter Haftung können Geldeinlagen oder Nicht-Bareinlagen sein, einschließlich der gegenüber der Gesellschaft erbrachten Arbeits- und Dienstleistungen.

(2) Die Einlagen der Gesellschafter einer Gesellschaft mit beschränkter Haftung müssen nicht von gleichem Wert sein.

(3) Einlagen der Gesellschaft mit beschränkter Haftung, Geldeinlagen oder Nicht-Bareinlagen, werden entsprechend den Festsetzungen im Gründungsakt eingebracht.

Mindestgrundkapital

Artikel 112.

(1) Der Baranteil am Grundkapital einer Gesellschaft mit beschränkter Haftung beträgt mindestens 500,00 Euro (fünfhundert Euro) im Gegenwert des Dinar zum Mittelkurs am Tag der Einzahlung, von dem mindestens die Hälfte auf ein vorläufiges Konto bis zur Registrierung der Gesellschaft eingezahlt sein muss. Der übrige Teil muss innerhalb von 2 Jahren ab dem Zeitpunkt der Registrierung auf das Konto der Gesellschaft eingezahlt werden.

(2) Durch ein gesondertes Gesetz zur Gründung von finanzdienstleistenden und versichernden Organisationen und für Wirtschaftsgesellschaften, die einen durch Gesetz bestimmten Unternehmensgegenstand in der Rechtsform einer Gesellschaft mit beschränkter Haftung ausüben, kann ein höheres Mindestgrundkapital bestimmt werden.

Begrenzte Auszahlungen

Artikel 133.

(1) Die Gesellschaft mit beschränkter Haftung kann keine Auszahlungen an ihre Gesellschafter vornehmen, wenn nach der Zahlung:

1. das Nettovermögen der Gesellschaft niedriger als ihr Grundkapital wäre, erhöht um die Reserven, die an die Aktionäre im Einklang mit diesem Gesetz oder dem Gesetz zur Regelung der Buchführung und Revision ausgezahlt werden können und gemindert um denjenigen Betrag, den die Gesellschaft zur Bildung von Rücklagen verpflichtet ist, in dem Jahr, in dem sie die Zahlung vornimmt;

2. die Gesellschaft zur Zahlung ihrer Schulden nicht in der Lage wäre, deren Fälligkeit innerhalb eines ordentlichen Geschäftsganges zu erwarten ist.

(2) In Ausnahme zu Absatz 1 dieses Artikels kann die Gesellschaft mit beschränkter Haftung Auszahlungen an ihre Gesellschafter tätigen, wenn aus den Finanzberichten, die im Einklang mit dem Gesetz zur Regelung der Buchführung und Revision erstellt wurden, hervorgeht, dass die Auszahlung den vorgegebenen Umständen entspricht. Durch Gründungsakt oder Gesellschaftsvertrag kann bestimmt werden, dass solche Auszahlungen besonderer Finanzberichte, Präzisierungen der Standards der Rechnungslegungslegungspraktiken und Angaben zur Bewertungsmethode bedürfen.

Haftung für verbotene Auszahlungen

Artikel 134.

(1) Gesellschafter einer Gesellschaft mit beschränkter Haftung, die entgegen Artikel 133. dieses Gesetzes von der Gesellschaft eine Auszahlung erlangt haben, sind zur Rückgewähr der erlangten Zahlung verpflichtet, wenn sie zum Zeitpunkt der Auszahlung wussten oder unter Berücksichtigung der Umstände hätten wissen müssen, dass die Auszahlung unzulässig war.

(2) Die Gesellschafter, der Direktor und die Mitglieder des Verwaltungsrates einer Gesellschaft mit beschränkter Haftung, die für eine solche verbotene Auszahlung verantwortlich sind und die wussten oder unter Berücksichtigung der Umstände hätten wissen müssen, dass die Auszahlungen zu diesem Zeitpunkt unzulässig waren, haften der Gesellschaft für die verbotenen Auszahlungen.

(3) Sind mehrere Personen nach den Absätzen 1 und 2 dieses Artikels für die verbotenen Auszahlungen verantwortlich, haften sie solidarisch.

(4) Durch Gesellschaftsvertrag einer Gesellschaft mit beschränkter Haftung kann bestimmt werden, dass die Gesellschafter verpflichtet sind, die Minderung des Grundkapitals zu vervollständigen, wenn die in Absatz 2 dieses Artikels genannten Gesellschafter und Organe nicht in der Lage sind, solche verbotenen Auszahlungen zu erstatten.

STUDIEN ZUM VERGLEICHENDEN UND INTERNATIONALEN RECHT

Herausgeber: Bernd von Hoffmann, Erik Jayme und Heinz-Peter Mansel

Band 1 Ferdinand Henke: Die Datenschutzkonvention des Europarates. 1986.

Band 2 Peter Czermak: Der express trust im internationalen Privatrecht. 1986.

Band 3 Peter Kindler: Der Ausgleichsanspruch des Handelsvertreters im deutsch-italienischen Warenverkehr. Eine rechtsvergleichende und kollisionsrechtliche Untersuchung. 1987.

Band 4 Wilhelm Denzer: Stellung und Bedeutung des Engineers in den FIDIC-Bauvertragsbedingungen. 1988.

Band 5 Marijan-Maximilian Lederer: Die internationale Enteignung von Mitgliedschaftsrechten unter besonderer Berücksichtigung der französischen Enteignungen 1982. 1989.

Band 6 Rainer Esser: Klagen gegen ausländische Staaten. 1990.

Band 7 Chang Jae-Ok: Auf dem Weg zu einer Materialisierung des Immateriellen? Personen-, Persönlichkeitsschutz und Geldersatz des immateriellen Schadens in rechtsvergleichender Hinsicht am Beispiel des koreanischen und japanischen Zivilrechts unter besonderer Berücksichtigung des deutschen Rechts. 1990.

Band 8 Paul-Frank Weise: Lex mercatoria. Materielles Recht vor der internationalen Handelsschiedsgerichtbarkeit.1990.

Band 9 Werner Born: Der Auftrittsvertrag für Musikgruppen im Bereich der Rock- und Popmusik. 1990.

Band 10 Ralf Erich Jürgens: IPR und Verfassung in Italien und in der Bundesrepublik Deutschland. 1990.

Band 11 Rainer Gildeggen: Internationale Schieds- und Schiedsverfahrensvereinbarungen in Allgemeinen Geschäftsbedingungen vor deutschen Gerichten. 1991.

Band 12 Klaus Grabinski: Die kollisionsrechtliche Behandlung des Durchgriffs bei rechtlich verselbständigten Unternehmen in privater oder öffentlicher Hand. 1991.

Band 13 Dieter Stummel: Konkurs und Integration. Konventionsrechtliche Wege zur Bewältigung grenzüberschreitender Insolvenzverfahren. 1991.

Band 14 Joachim Güntzer: Die Rechtsstellung des Geschäftsführers im spanischen Aktienrecht. Die Neuregelung des spanischen Aktienrechts nach dem Beitritt Spaniens zur EG. 1991.

Band 15 Sabine Isenburg-Epple: Die Berücksichtigung ausländischer Rechtshängigkeit nach dem Europäischen Gerichtsstands- und Vollstreckungsübereinkommen vom 27.9.1968. Untersuchungen zum Anwendungsbereich von Art. 21 EuGVÜ unter schwerpunktmäßiger Behandlung der Frage nach der Bestimmung eines europäischen Streitgegenstandsbegriffs. 1992.

Band 16 Ulrich Nickl: Die Qualifikation der culpa in contrahendo im Internationalen Privatrecht. 1992.

Band 17 Theo Rauh: Leistungserschwerungen im Schuldvertrag. Eine rechtsvergleichende Untersuchung des englischen, US-amerikanischen, französischen und deutschen Rechts unter besonderer Berücksichtigung der gerichtlichen Praxis. 1992.

Band 18 Bernadette Chaussade-Klein: Vorvertragliche "obligation de renseignements" im französischen Recht. 1992.

Band 19 Josef Sievers: Verbraucherschutz gegen unlautere Vertragsbedingungen im französischen Recht. Vom Code civil zum "Code de la consommation" – die Entstehung eines Sonderprivatrechts für Verbraucher. 1993.

Band 20 Achim Schäfer: Grenzüberschreitende Kreditsicherung an Grundstücken, unter besonderer Berücksichtigung des deutschen und italienischen Rechts. 1993.

Band 21 Eugenio Hernández-Breton: Internationale Gerichtsstandsklauseln in Allgemeinen Geschäftsbedingungen. Unter besonderer Berücksichtigung des deutsch-südamerikanischen Rechtsverkehrs (dargestellt am Beispiel Argentinien, Brasilien und Venezuela). 1993.

Band 22 Ingo Reng: Unterhaltsansprüche aufgrund nichtehelicher Lebensgemeinschaft – Internationales Privatrecht und ausländisches materielles Recht. 1994.

Band 23 Stefanie Roloff: Die Geltendmachung ausländischer öffentlicher Ansprüche im Inland. 1994.

Band 24 Katharina Ludwig: Der Vertragsschluß nach UN-Kaufrecht im Spannungsverhältnis von Common Law und Civil Law. Dargestellt auf der Grundlage der Rechtsordnungen Englands und Deutschlands. 1994.

Band 25 Malte Diesselhorst: Mehrparteienschiedsverfahren. Internationale Schiedsverfahren unter Beteiligung von mehr als zwei Parteien. 1994.

Band 26 Manfred Kost: Konsensprobleme im internationalen Schuldvertragsrecht. 1995.

Band 27 Wolff-Heinrich Fleischer: Das italienische Wettbewerbsrecht und die Probleme des selektiven Parfümvertriebs unter Berücksichtigung der Rechtslage in Frankreich und Deutschland. 1995.

Band 28 Angelika Fuchs: Lateinamerikanische Devisenkontrollen in der internationalen Schuldenkrise und Art. VIII Abschn. 2 b) IWF-Abkommen. 1995.

Band 29 Jacques Matthias Aull: Der Geltungsanspruch des EuGVÜ: "Binnensachverhalte" und Internationales Zivilverfahrensrecht in der Europäischen Union. Zur Auslegung von Art. 17 Abs. 1 S. 1 EuGVÜ. 1996.

Band 30 Hartmut Ost: EVÜ und fact doctrine. Konflikte zwischen europäischer IPR-Vereinheitlichung und der Stellung ausländischen Rechts im angelsächsischen Zivilprozeß. 1996.

Band 31 Stefan Wagner: Die Testierfähigkeit im Internationalen Privatrecht. 1996.

Band 32 Wolfgang Jakob Hau: Positive Kompetenzkonflikte im Internationalen Zivilprozeßrecht. Überlegungen zur Bewältigung von *multi-fora disputes*. 1996.

Band 33 Markus Schütz: UN-Kaufrecht und *Culpa in contrahendo*. 1996.

Band 34 Volker Geyrhalter: Das Lösungsrecht des gutgläubigen Erwerbers. Ein "vergessener" Kompromiß und die Auswirkungen auf das heutige deutsche Recht unter besonderer Berücksichtigung des internationalen Sachenrechts. 1996.

Band 35 Andreas Kramer: Abwicklungsstörungen bei Kaufverträgen. Die Lieferung vertragswidriger Sachen im deutschen und italienischen Recht. 1996.

Band 36 Petra Krings: Erfüllungsmodalitäten im internationalen Schuldvertragsrecht. 1997.

Band 37 Tonja Gaibler: Der rechtsgeschäftliche Irrtum im französischen Recht. 1997.

Band 38 Dirk Otto: Rechtsspaltung im indischen Erbrecht. Bedeutung und Auswirkungen auf deutsch-indische Nachlaßfälle. 1997.

Band 39 Gregor W. Decku: Zwischen Vertrag und Delikt. Grenzfälle vertraglicher und deliktischer Haftung dargestellt am Beispiel der Berufs- und Expertenhaftung zum Schutze des Vermögens Dritter im deutschen und englischen Recht. 1997.

Band 40 Ulrike Höpping: Auswirkungen der Warenverkehrsfreiheit auf das IPR unter besonderer Berücksichtigung des Internationalen Produkthaftungsrechts und des Internationalen Vertragsrechts. 1997.

Band 41 Andreas Bartosch: Die vermögensrechtlichen Beziehungen der Ehegatten bei bestehender Ehe im englischen Recht – Eigentum, Besitz, Schuldvertrag. 1997.

Band 42 Helene Boriths Müller: Die Umsetzung der europäischen Übereinkommen von Rom und Brüssel in das Recht der Mitgliedstaaten. Dargestellt am Beispiel Deutschlands und Dänemarks. 1997.

Band 43 Bernd von Hoffmann / Myong-Chang Hwang (eds.): The Public Concept of Land Ownership. Reports and Discussions of a German-Korean Symposium held in Seoul on October 7-9, 1996. 1997.

Band 44 Oliver Heeder: Fraus legis. Eine rechtsvergleichende Untersuchung über den Vorbehalt der Gesetzesumgehung in Deutschland, Österreich, der Schweiz, Frankreich und Belgien unter besonderer Berücksichtigung des Internationalen Privatrechts. 1998.

Band 45 Heinrich Schütt: Deliktstyp und Internationales Privatrecht. Dargestellt an grenzüberschreitenden Problemen der Arzthaftung. 1998.

Band 46 Axel Steiner: Die stillschweigende Rechtswahl im Prozeß im System der subjektiven Anknüpfungen im deutschen Internationalen Privatrecht. 1998.

Band 47 Martina Schulz: Der Eigentumsvorbehalt in europäischen Rechtsordnungen. Rechtsvergleichende Untersuchung des deutschen, englischen und französischen Rechts unter besonderer Berücksichtigung von Erweiterungen und Verlängerungen. 1998.

Band 48 Karin Dreher: Die Rechtswahl im internationalen Erbrecht. Unter besonderer Berücksichtigung des italienischen IPR-Reformgesetzes N. 218 vom 31. Mai 1995. 1999.

Band 49 Giuliano Gabrielli: Das Verhältnis zwischen der Anfechtung wegen Eigenschaftsirrtums und den Gewährleistungsansprüchen im deutschen, österreichischen und italienischen Recht. 1999.

Band 50 Bernd von Hoffmann / Myong-Chan Hwang (eds.): Developments in Land Law. Reports and Discussions of a German-Korean Symposium held in Berlin and Trier on July 21-24, 1997. 1999.

Band 51 Volker Heidbüchel: Das UNCITRAL-Übereinkommen über unabhängige Garantien und Standby Letters of Credit. Vergleiche mit den Richtlinien der Internationalen Handelskammer, dem deutschen, englischen und US-amerikanischen Recht. 1999.

Band 52 Jan Christoph Nordmeyer: Pflichtteilsansprüche und Wiedervereinigung. Eine systematische Analyse der Ausgleichsansprüche nach BGB-Pflichtteilsrecht unter besonderer Berücksichtigung der durch den Wiedervereinigungsprozeß eingetretenen Wertveränderungen. 1999.

Band 53 Bettina Linder: Vertragsabschluß beim grenzüberschreitenden Verbraucherleasing. 1999.

Band 54 Almontasser Fetih: Die zivilrechtliche Haftung bei Vertragsverhandlungen. Eine rechtsvergleichende Studie zum deutschen, französischen, ägyptischen und islamischen Recht. 2000.

Band 55 Sona Rajani: Die Geltung und Anwendung des Gemeinschaftsrechts im Vereinigten Königreich von Großbritannien und Nordirland. Der Grundsatz der Parlamentssouveränität im Wandel. 2000.

Band 56 Joachim Kayser: Gegenmaßnahmen im Außenwirtschaftsrecht und das System des europäischen Kollisionsrechts. Eine Analyse der EU-Abwehrverordnung gegen die Auswirkungen extraterritorialer Rechtserstreckung eines Drittlandes. 2001.

Band 57 Albrecht Conrad: Qualifikationsfragen des Trust im Europäischen Zivilprozeßrecht. 2001.

Band 58 Bernd Borgmann: Die Entsendung von Arbeitnehmern in der Europäischen Gemeinschaft. Wechselwirkungen zwischen Kollisionsrecht, Grundfreiheiten und Spezialgesetzen. 2001.

Band 59 Aleksandar Jaksic: Arbitration and Human Rights. 2002.

Band 60 Islamisches und arabisches Recht als Problem der Rechtsanwendung. Symposium zu Ehren von Professor Emeritus Dr. iur. Omaia Elwan. Veranstaltet vom Institut für ausländisches und internationales Privat- und Wirtschaftsrecht der Universität Heidelberg und der Gesellschaft für Arabisches und Islamisches Recht e.V. Herausgegeben von Herbert Kronke, Gert Reinhart und Nika Witteborg. 2001.

Band 61 Patrick Fiedler: Stabilisierungsklauseln und materielle Verweisung im internationalen Vertragsrecht. 2001.

Band 62 Werner Mangold: Die Abtretung im Europäischen Kollisionsrecht. Unter besonderer Berücksichtigung des spanischen Rechts. 2001.

Band 63 Eike Dirk Eschenfelder: Beweiserhebung im Ausland und ihre Verwertung im inländischen Zivilprozess. Zur Bedeutung des US-amerikanischen discovery-Verfahrens für das deutsche Erkenntnisverfahren. 2002.

Band 64 Bernd Ehle: Wege zu einer Kohärenz der Rechtsquellen im Europäischen Kollisionsrecht der Verbraucherverträge. 2002.

Band 65 Heiko Lehmkuhl: Das Nacherfüllungsrecht des Verkäufers im UN-Kaufrecht. 2002.

Band 66 Jochen Nikolaus Schlotter: Erbrechtliche Probleme in der Société Privée Européenne. IPR-Harmonisierung im einheitlichen Europäischen Rechtsraum. 2002.

Band 67 Konrad Ost: Doppelrelevante Tatsachen im Internationalen Zivilverfahrensrecht. Zur Prüfung der internationalen Zuständigkeit bei den Gerichtsständen des Erfüllungsortes und der unerlaubten Handlung. 2002.

Band 68 Tobias Bosch: Die Durchbrechungen des Gesamtstatuts im internationalen Ehegüterrecht. Unter besonderer Berücksichtigung deutsch-französischer Rechtsfälle. 2002.

Band 69 Ursula Philipp: Form im amerikanischen Erbrecht. Zwischen Formalismus und harmless error. 2002.

Band 70 Christian Stefan Wolf: Der Begriff der wesentlich engeren Verbindung im Internationalen Sachenrecht. 2002.

Band 71 André Fomferek: Der Schutz des Vermögens Minderjähriger. Ein Vergleich des deutschen und des englischen Rechts unter Berücksichtigung des schottischen und irischen Rechts. 2002.

Band 72 nicht erschienen

Band 73 Markus Dreißigacker: Sprachenfreiheit im Verbrauchervertragsrecht. Der Verbraucher im Spannungsfeld zwischen kultureller Identität und Privatautonomie. 2002.

Band 74 Vassiliki Myller-Igknay: Auskunftsansprüche im griechischen Zivilrecht. Auswirkungen im deutsch-griechischen Rechtsverkehr sowie im deutschen internationalen Privat- und Verfahrensrecht. 2003

Band 75 Stefan Bruinier: Der Einfluss der Grundfreiheiten auf das Internationale Privatrecht. 2003.

Band 76 Nika Witteborg: Das gemeinsame Sorgerecht nichtverheirateter Eltern. Eine Untersuchung im soziologischen, rechtsgeschichtlichen, verfassungsrechtlichen, rechtsvergleichenden und internationalen Kontext. 2003.

Band 77 Peter Stankewitsch: Entscheidungsnormen im IPR als Wirksamkeitsvoraussetzungen der Rechtswahl. 2003.

Band 78 Jan Wilhelm Ritter: Euro-Einführung und IPR unter besonderer Berücksichtigung nachehelicher Unterhaltsverträge. Eine Untersuchung mit Blick auf das deutsche, französische und schweizerische Recht. 2003.

Band 79 Wolf Richard Herkner: Die Grenzen der Rechtswahl im internationalen Deliktsrecht. 2003.

Band 80 Ira Ditandy: Internationale Zuständigkeit. Neuregelung durch die LOPJ 1985. Vergleich mit dem europäischen Vorbild und Auswirkungen auf das spanische internationale Zivilverfahrensrecht. 2003.

Band 81 Andrea Verena Schefold: Werbung im Internet und das deutsche Internationale Privatrecht. 2004.

Band 82 Klaus Herkenrath: Die Umsetzung der Richtlinie 93/13/EWG über missbräuliche Klauseln in Verbraucherverträgen in Deutschland, dem Vereinigten Königreich, Frankreich und Italien. Auswirkungen nationaler Umsetzungstechniken auf dem Harmonisierungserfolg. 2003.

Band 83 Alexander Thünken: Das kollisionsrechtliche Herkunftslandprinzip. 2003.

Band 84 Barbara v. Daumiller: Die Rechtswahl im italienischen internationalen Erbrecht: und ihre Auswirkungen im deutsch-italienischen Rechtsverkehr. 2003.

Band 85 Robert Mödl: Macht, Verantwortlichkeit und Zurechnung im Konzern. Eine rechtsvergleichende Untersuchung auf der Grundlage des deutschen, spanischen und US-amerikanischen Rechts. 2003.

Band 86 Ursula Kerpen: Das Internationale Privatrecht der Persönlichkeitsrechtsverletzungen. Eine Untersuchung auf rechtsvergleichender Grundlage. 2003.

Band 87 Barbara Ploeckl: Umgangsrechtsstreitigkeiten im deutsch-französischen Rechtsverkehr. Bestehende internationale und nationale Regelungen und der geplante *europäische Besuchstitel.* 2003.

Band 88 Katrin Wannemacher: Die Außenkompetenzen der EG im Bereich des Internationalen Zivilverfahrensrechts. Der räumliche Anwendungsbereich des Art. 65 EGV am Beispiel der EuGVO und der EheVO. 2003.

Band 89 Maren B. Eilinghoff: Das Kollisionsrecht der ungerechtfertigten Bereicherung nach dem IPR-Reformgesetz von 1999. 2004.

Band 90 Patrick Niehr: Die zivilprozessuale Dokumentenvorlegung im deutsch-englischen Rechtshilfeverkehr nach der deutschen und der englischen Prozessrechtsreform. 2004.

Band 91 Anna Christina Gördes: Internationale Zuständigkeit, Anerkennung und Vollstreckung von Entscheidungen über die elterliche Verantwortung. Die VO(EG) Nr. 1347/2000, ihre geplanten Änderungen und das Verhältnis beider zum Minderjährigen- und Kinderschutzabkommen. 2004.

Band 92 Martin Rädler: Rechtsbehelfe des Käufers eines Unternehmens oder einer unternehmerischen Beteiligung gegen den Verkäufer im deutschen und französischen Recht. 2004.

Band 93 Marc-Yngve Dietrich: Rechtsstellung und Beteiligung der Gläubiger im französischen Insolvenzverfahren. 2004.

Band 94 Katia Niemann: Die rechtsgeschäftliche und organschaftliche Stellvertretung und deren kollisionsrechtliche Einordnung. Deutschland und England im Vergleich. 2004.

Band 95 Daniel Ludwig: Neuregelungen des deutschen Internationalen Insolvenzverfahrensrechts. Eine Untersuchung unter vergleichender Heranziehung der Europäischen Insolvenzverordnung. 2004.

Band 96 Cordelia Faulenbach: Der gemeinschaftsrechtliche Vorbehalt im europäischen Wettbewerbsrecht. Die Herkunftslandanknüpfung der E-Commerce-Richtlinie unter dem Einfluss der Grundfreiheiten. 2004.

Band 97 Ulf Dörner: Der Vertragsgerichtsstand nach dem Protokoll von Buenos Aires. 2004.

Band 98 Martin Schmidhuber: Verhaltenskodizes im nationalen und grenzüberschreitenden elektronischen Geschäftsverkehr. Zur Frage der Integration der Selbstregulierung durch Private in die staatliche Rechtsordnung. 2004.

Band 99 Florian Kienle: Die fehlerhafte Banküberweisung im internationalen Rechtsverkehr. Unter besonderer Berücksichtigung des Artikels 4A US Uniform Commercial Code. 2004.

Band 100 Thomas Alexander Brandt: Die Adoption durch eingetragene Lebenspartner im internationalen Privat- und Verfahrensrecht. 2004.

Band 101 Florian Pulkowski: Subunternehmer und Internationales Privatrecht. Der Subunternehmer als Quasi-Verbraucher im Europäischen Kollisionsrecht. 2004.

Band 102 Ulrich Becker: Grundrechtsschutz bei der Anerkennung und Vollstreckbarerklärung im europäischen Zivilverfahrensrecht. Bestimmung der Grenzen für die Einführung eines europäischen Vollstreckungstitels. 2004.

Band 103 Thomas Badelt: Aufrechnung und internationale Zuständigkeit unter besonderer Berücksichtigung des deutsch-spanischen Rechtsverkehrs. 2005.

Band 104 Florian D. Wagner: Vorvertragliche Aufklärungspflichten im internationalen Franchising. Zur Harmonisierung von Delikts- und Vertragsstatut im internationalen Privatrecht unter besonderer Berücksichtigung der Franchise-Gesetzgebung des US-Bundesstaates Kalifornien. 2005.

Band 105 Vera Heine: Die Umsetzung der *EG-Richtlinie über missbräuchliche Klauseln in Verbraucherverträgen* im englischen und deutschen Recht. 2005.

Band 106 Alexander Franz: Überregionale Effektentransaktionen und anwendbares Recht. Eine kollisionsrechtliche Untersuchung unter besonderer Berücksichtigung der Vorschrift des § 17 a DepotG. 2005.

Band 107 Hanna-Maria Uhlenbrock: Gesetzliche Regelungen für nichteheliche Lebensgemeinschaften in Deutschland und Frankreich. Ein Vergleich des Unterhaltsrechts bei der eingetragenen Lebenspartnerschaft und beim Pacte civil de Solidarité. 2005.

Band 108 Katrin Stieß: Anknüpfungen im internationalen Urheberrecht unter Berücksichtigung der neuen Informationstechnologien. 2005.

Band 109 Hendrik Otto: Der gesetzliche Abschlussprüfer im italienischen Recht. Eine rechtsvergleichende Untersuchung unter besonderer Berücksichtigung der zivilrechtlichen Haftung. 2005.

Band 110 Frauke Stuphorn: Bankhaftung für Kreditauskünfte im deutschen und französischen Recht. 2005.

Band 111 Nina Fürer: Die zivilrechtliche Haftung für Raucherschäden. 2005.

Band 112 Giovanni B. Barillà: *Contratto autonomo di garanzia* e *Garantievertrag*. Categorie civilistiche e prassi del commercio. 2005.

Band 113 Timo Torz: Gerichtsstände im Internationalen Insolvenzrecht zur Eröffnung von Partikularinsolvenzverfahren. 2005.

Band 114 Martina Schmid: Die Grenzen der Auslegungskompetenz des EuGH im Vorabentscheidungsverfahren nach Art. 234 EG. Dargestellt am Beispiel der überschießenden Richtlinienumsetzung. 2005.

Band 115 Stephan Lesage-Mathieu: Dispositives Kollisionsrecht im prozessualen Kontext. 2005.

Band 116 Jürgen Görtz: Die subjektiven Grenzen der Rechtskraft US-amerikanischer Urteile. 2005.

Band 117 Vera Hoppe: Die Einbeziehung ausländischer Beteiligter in US-amerikanische class actions. Unter Berücksichtigung des Class Action Fairness Act 2005. 2005.

Band 118 Silke Pütz: Parteiautonomie im internationalen Urhebervertragsrecht – Eine rechtsdogmatische und rechtspolitische Betrachtung der Grenzen freier Rechtswahl im internationalen Urhebervertragsrecht unter besonderer Berücksichtigung des neuen deutschen Urhebervertragsrechts. 2005.

Band 119 Alice Nieroba: Die europäische Rechtshängigkeit nach der EuGVVO (Verordnung (EG) Nr. 44/2001) an der Schnittstelle zum nationalen Zivilprozessrecht. 2006.

Band 120 Jan Kayser: Alternative Formen gerichtlicher und außergerichtlicher Streitbeilegung im deutschen und französischen Zivilprozess. Les modes alternatifs judiciaires et extrajudiciaires de résolution des conflits en procédure civile allemande et française. 2006

Band 121 Mirko Ehrich: Der internationale Anwendungsbereich des deutschen und französischen Rechts gegen irreführende Werbung. Freie Wahl von Form und Mittel, Rom II und Herkunftslandprinzip. 2006.

Band 122 Daniel Thelen: Die Haftung des Sekundärschädigers für Gewalttaten anderer im US-amerikanischen Deliktsrecht ausgehend von dem Problem rechtsextremistisch motivierter Gewalttaten. 2006.

Band 123 Anne Winterling: Die Entscheidungszuständigkeit in Arbeitssachen im europäischen Zivilverfahrensrecht. 2006.

Band 124 Sarah Gerling: Die Gleichstellung ausländischer mit inländischen Vollstreckungstiteln durch die Verordnung zur Einführung eines Europäischen Vollstreckungstitels für unbestrittene Forderungen. Im Vergleich zum bisherigen Recht und zur Rechtslage in den USA. 2006.

Band 125 Christian Bank: Präventivmaßnahmen börsennotierter Gesellschaften zur Abwehr feindlicher Übernahmeversuche in Deutschland und Großbritannien. Eine rechtsvergleichende Untersuchung des deutschen und britischen Rechts unter Berücksichtigung der Europäischen Übernahmerichtlinie. 2006.

Band 126 Christian Weis: Kaufrechtliche Gewährleistung und Garantievergabe in Deutschland und Spanien. Unter besonderer Berücksichtigung des Unternehmenskaufs. 2006.

Band 127 Emilio Maus Ratz: Der Nacherfüllungsanspruch nach UN-Kaufrecht. Im Lichte der deutschen, spanisch-mexikanischen und US-amerikanischen Rechtswissenschaft. 2006.

Band 128 Constanze Jacobs: Die Sachmängelgewähr im deutschen und belgischen Kaufrecht nach Umsetzung der Verbrauchsgüterkauf-Richtlinie. 2006.

Band 129 Ulrike Teichert: Lückenfüllung im CISG mittels UNIDROIT-Prinzipien – Zugleich ein Beitrag zur Wählbarkeit nichtstaatlichen Rechts. 2007.

Band 130 Sascha Reichardt: Internationale Zuständigkeit im Gerichtsstand der unerlaubten Handlung bei Verletzung europäischer Patente. 2006.

Band 131 Bilgehan Cetiner: Die Sachmängelhaftung des Verkäufers im UN-Kaufrecht und im neuen deutschen Schuldrecht. Eine rechtsvergleichende Studie. 2006.

Band 132 Jan Streer: Die Umsetzung der Verbrauchsgüterkaufrichtlinie im englischen Recht durch die Sale and Supply of Goods to Consumer Regulations 2002. 2007.

Band 133 Kathrin Wannenmacher: Einstweilige Maßnahmen im Anwendungsbereich von Art. 31 EuGVVO in Frankreich und Deutschland: Eine Betrachtung ausgesuchter Verfahren des einstweiligen Rechtsschutzes im internationalen Zivilverfahrensrecht – gerichtliche Zuständigkeit, Anerkennung und Vollstreckung. 2007.

Band 134 Wim Kreytenberg: Die individuelle Schwerpunktbestimmung internationaler Schuldverträge nach der Ausweichklausel des Artikel 4 Absatz 5 Satz 2 EVÜ. Ein Beitrag zur Förderung von Rechtssicherheit und Einzelfallgerechtigkeit im europäischen Kollisionsrecht der Schuldverträge. 2007.

Band 135 Nikolaus Geiben: Der Vorvertrag im Internationalen Privatrecht. Unter besonderer Berücksichtigung des Immobilienerwerbs im portugiesischen und brasilianischen Recht. 2007.

Band 136 Predrag Maksimovic: Der Kapitalschutz im europäischen, serbischen und deutschen Recht der Gesellschaft mit beschränkter Haftung. 2007.

Kolibri 360 GmbH
Ferdinand-Jühlke-Straße 7
99095 Erfurt, Deutschland
produktsicherheit@kolibri360.de

Druck:
CPI Druckdienstleistungen GmbH
im Auftrag der
Kolibri 360 GmbH
Ferdinand-Jühlke-Str. 7
99095 Erfurt